张群传

王俊彦 著

作家出版社

图书在版编目（CIP）数据

张群传 / 王俊彦著. —北京：作家出版社，
2017. 8
ISBN 978-7-5063-9671-4

Ⅰ．①张… Ⅱ．①王… Ⅲ．①张群（1889—1990）—
传记 Ⅳ．①K827=7

中国版本图书馆CIP数据核字（2017）第217797号

张群传

作　　者：王俊彦
责任编辑：张　平
装帧设计：北京高高国际文化传媒有限责任公司
出版发行：作家出版社
社　　址：北京农展馆南里 10 号　　　　　邮　　编：100125
电话传真：86-10-65930756（出版发行部）
　　　　　86-10-65004079（总编室）
　　　　　86-10-65015116（邮购部）
E-mail：zuojia@zuojia.net.cn
http://www.haozuojia.com　（作家在线）
印　　刷：北京亚通印刷有限责任公司
成品尺寸：170×240
字　　数：357千字
印　　张：26
版　　次：2018年1月第1版
印　　次：2018年1月第1次印刷
ISBN 978-7-5063-9671-4
定　　价：58.00 元

前　言

张群作为国民党元老之一，在北伐战争、抗日战争、解放战争和蒋介石逃到台湾后，都曾经活跃在中国政坛上，产生过一定的影响。

但是，自张群 1990 年 12 月 14 日以一百零二岁的高龄去世至今，无论是在中国大陆及台湾乃至全世界，都没有一本关于张群的传记问世，仅有一两个年谱出现，这其中有着极其复杂的原因。

第一个原因是张群几十年来一直唯蒋介石马首是瞻，无不遵从蒋介石的旨意行事，几乎没有自己的半点主张，没有什么可写的。

第二个原因是张群始终效忠蒋介石，到台湾后多次作为蒋介石的"总统特使"访问日本，与吉田茂、岸信介、佐藤荣作、贺屋兴宣等日本右翼政客打得火热。

第三个原因是有关张群的材料很难搜集，我原来对老朋友张继平先生寄予很大希望，因为他是张群的侄子，是武汉大学历史系教授、中国二战协会会长，在美国，以及台湾地区都有他与张群的一些亲朋好友。我们两人曾经商量合作撰写《张群传》，但是他一趟美国之行，却没有带回什么有价值的材料。

几年后张继平先生过早地不幸逝世，遂使《张群传》的撰写无从谈起，但是我仍然没有放弃撰写此书的念头。

在如此困难的情况下，我在从事日本问题研究和国际题材纪实文学创作的过程中，特别是在撰写《浪人与蒋介石》《中国外交演义（民国时期）》《战后日台秘史》和编审《蒋家结局》等书的过程中，注意搜集有关张群的资料，同时采取各种方式访问张群的亲友和民国问题专家，翻阅大量民国时期的档案，千方百计搜集张群的材料。

经过十余年的悉心搜集，材料逐渐多了起来，我又向中国著名蒋介石研究专家王朝柱、张景旭等人请教。经过深入细致的研究，我认为张群不是一个一无是处的政治家，并归纳出他的八个可取之处：参加辛亥革命和讨袁斗争，推翻清朝和袁世凯统治；参加北伐有所建树；出任外交部长与强敌折冲樽俎；督促蒋介石抗战坐镇后方；

参加重庆谈判，签署《双十协定》；重视吸收日美先进科学技术发展台湾经济；对日外交维护国家利益；主张国共合作和一个中国原则；廉洁谦恭，德高望重，讲究修养，影响深远。

当然，张群作为蒋介石的终身幕僚，他一生也有不可饶恕的罪过，我归纳出三条：一是为蒋介石发动"四一二反革命事变"出谋划策；二是帮助蒋介石发动全国性内战；三是到台湾后跟着蒋介石叫嚣"反攻大陆"、破坏中日关系。

据此分析，我写出题为《试评张群历史功过》的论文，认为张群是个有功有过的人物。我认为，我们今天来研究张群，可以达到以下几个目的：

其一，有助于民国史和蒋介石的研究。因为张群毕竟是民国时期和国民党逃到台湾之后的重要人物，在许多重大事件中起过重要作用；他又是蒋介石的终身幕僚，不研究张群，民国史和蒋介石研究中的一些重要问题就得不到科学而清楚的解释。

其二，提供研究包括"日台"关系在内的中日关系史的重要资料。张群一生的涉外事件，主要是奉蒋介石之命处理对日关系：战前陪同蒋介石赴日本与日本首相田中义一会谈，担任外交部长时与日本三任驻华大使进行艰苦的外交谈判；战后六次访问日本，被称为战后"日台"关系的见证人和亲历者，外国人把张群看作蒋介石对日政策的发言人。由此可见，不研究张群，包括"日台"关系在内的中日关系中的许多问题就搞不清楚。

其三，无论到日本还是赴欧亚非美访问，张群都很注意做海外侨胞的工作。他不辞劳苦地会见旅居世界各地的华侨，与他们亲切交谈，关心他们的疾苦，尽可能解决他们提出的问题，绝不粗暴地简单应付。因此，在这方面取得了一定的成效，对我们开展华侨工作具有一定的借鉴意义。

其四，张群一生结交了很多颇有影响的朋友，这些朋友至今仍然分布在中国大陆以及台湾、香港、澳门地区和世界各地。他们始终念念不忘张群的方方面面，他们之间由浓厚的爱国之情联系在一起。我们追念张群，会引起他们怀念祖国的深厚感情，有利于祖国的统一大业。

其五，张群一生重视道德和身心各方面的修养，发表过《谈修养》等著作，他的豁达大度，他的处世交友之道，他的修养之道，在海内外都有很大影响。

在写作过程中，作者对国内外重要事件的陈述都是以历史事实为根据的，绝不随意杜撰，力争经得起人们的推敲和历史的考验，作者力图在历史史实的基础上，还张群的本来面貌。但是，本书既然属于传记文学"家族"，就具有文学作品的特性。也就是说，本书传主和重要事件都是根据典型化这一原则经过艺术加工的，这势必比历史上的人物和事件更为典型。为塑造张群这个主要人物，对个别人物和事件进行了艺术加工。

本书在撰写过程中，曾向王朝柱等著名专家学者请教，参考了国内外大量资料，特别是拜读了台湾记者黄天才、卜幼夫、乐恕人、黄肇珩、司古文、曾恩波、陈长华、刘宗固、李嘉等的有关报道，但是书中没有一一列明出处，在此表示感谢。

如何掌握书写张群的分寸，对他的评价是否恰当，由于作者水平有限，掌握的资料仍然不够理想，书中的失误之处在所难免，敬请海内外专家学者及张群的亲朋好友提出宝贵意见。如果本书能够起到对张群的深入研究，进而对推进祖国统一大业有所进展的作用，就感到莫大荣幸了。

目　录

引　子 …………………………………………………………… 1

第一章　留学日本 ……………………………………………… 4

第二章　辛亥风云 ……………………………………………… 15

第三章　走南闯北 ……………………………………………… 24

第四章　投奔蒋介石 …………………………………………… 31

第五章　玩弄韬晦之计 ………………………………………… 40

第六章　济南惨案办交涉 ……………………………………… 57

第七章　促张学良东北易帜 …………………………………… 63

第八章　奔走于军阀之间 ……………………………………… 71

第九章　外交部长任内 ………………………………………… 82

第十章　促蒋抗战 ……………………………………………… 103

第十一章　主理川政 …………………………………………… 116

第十二章　抗战胜利 …………………………………………… 128

第十三章　重庆谈判主谈人 …………………………………… 137

第十四章　参加停战谈判 ……………………………………… 163

第十五章　出任行政院长 ……………………………………… 173

第十六章　访日会见麦克阿瑟 ………………………………… 181

第十七章　狼狈地逃出大陆 …………………………………… 191

第十八章　扶蒋重登大宝 ……………………………………… 203

第十九章　协助签订"日台"和约 …………………………… 210

第二十章 赴日报聘 ……………………………………… 219

第二十一章 《吉田书简》 ………………………………… 226

第二十二章 再访日本 …………………………………… 252

第二十三章 蒋介石、张群与佐藤 ……………………… 258

第二十四章 拼凑东亚反共链条 ………………………… 273

第二十五章 死保联合国非法席位 ……………………… 285

第二十六章 阻止"日台""断交" ……………………… 302

第二十七章 为蒋介石送终 ……………………………… 320

第二十八章 美满的婚姻生活 …………………………… 337

第二十九章 不做寿，不避寿 …………………………… 349

第三十章 高超的处世生活艺术 ………………………… 356

第三十一章 与张大千的友情 …………………………… 362

第三十二章 张群的欧非亚美之行 ……………………… 373

第三十三章 百年人生讲修养 …………………………… 381

第三十四章 撰写《我与日本七十年》 ………………… 389

第三十五章 张群的历史功过 …………………………… 392

张群年谱 ………………………………………………… 400

引 子

在中国近代史特别是国共关系史上，有一个著名而又神秘的人物，他就是大名鼎鼎的张群。

然而，张群到底是怎样一个人物，中国大陆方面由于复杂的政治原因，至今没有人对他做专门的研究，未见到有关张群的有分量的著述；就是在对他特别看重的祖国宝岛台湾，他一百零二岁去世后，悼念、回忆的文章随处可见，但是也仅有一两本年谱出现。

在海峡两岸的中国人心目中，张群的形象形形色色，耐人寻味：

"终身顾问"。 这倒如实地反映了张群一生的重要特点：从清王朝开办的保定陆军速成军官学校，到留学日本，直到蒋介石 1975 年在台湾去世，张群追随蒋介石鞍前马后六十余年，可以说是蒋介石的"终身幕僚"。

"影子助手"。 在中华民国三十八年的历史中，在蒋介石任国民党政府首脑二十二年的历史中，蒋介石身边的助手走马灯一般变化不停，数不胜数，唯有张群一直受到蒋介石的宠信与倚重，重大政务大事多与其密商，身旁不能一时或缺，像影子一样跟着蒋介石，张群的同僚称他"辅佐蒋介石如影随形"。

"不倒翁参谋长"。 蒋介石长于计谋，喜怒无常，高级参谋换得不计其数，只有张群永远随伺身旁，而且官职步步高升，被拜为"相国"——位居一人之下、万人之上的行政院院长，人们把他戏称为"蒋介石的不倒翁参谋长"。 张群虽然是蒋介石的同学与盟弟，但是他却从来不以学友或昆仲相称，他善于揣摩蒋介石的心理，深知蒋介石最忌讳属下拉帮结派，因此时时处处对蒋介石曲意逢迎，唯唯诺诺，恭顺有加，不求闻达。 张群虽然有政学系头目之称，但他不搞组织，不收党徒，没有自己的纲领和自私的主张，还为蒋介石拉拢青年党、民社党等其他党派领袖及地方实力派军政头目，出力颇多。 张群一生唯蒋介石马首是瞻，因此深得蒋介石的赞许与青睐。

"军人政治家"。 张群一生担任过许多军职，从保定通国陆军速成学堂和日本陆军士官学校肄业后，张群历任参谋、团长、参议、国民革命军总司令部总参议、重庆绥靖公署主任、国防最高委员会秘书长等军职，又曾出任外交部长和行政院长等行政要职，被称为"军人政治家"。

"一人智囊团"。张群头脑灵活，富于智慧，只要蒋介石需要，张群总是能够随时拿出蒋介石急需的计谋策略；凡是蒋介石遇有危难之时，必有张群相伴左右。蒋介石满意地称张群为他的诸葛孔明、智慧的化身，美国《时代周刊》则称张群为"一人智囊团"。

"走狗""使女""厨子"。对于人们称赞他深受蒋介石信任，张群有时对镜自嘲："张群者，蒋介石的走狗也。"对于人们称赞他谦恭有礼、不愠不怒、忍辱负重、毁誉疑谤均所不计，张群大度地笑着说："我不过是蒋介石的小妾、使女。夫人可以对丈夫大发脾气，小妾、使女是断断不可对主人发脾气的。"有人称赞张群总是能够急蒋介石之所急，想蒋介石之所想，做蒋介石所吩咐之事，能够与蒋介石安危同仗，甘苦共尝，张群笑着说："我只不过是主人的厨子，主人喜欢吃什么菜，我厨子就做什么菜。"

"怀刀"。这是说张群乃蒋介石怀中之刀，专门为蒋介石所用，平时藏在怀中不为他人所见。蒋介石一旦需要，可以随时拿出来使用，短小锋利，主人能够运用自如。

"忍字先生"。张群是国民党里涵养最好的高层人士，他最喜欢四川乐山大佛寺弥勒佛处的一副对联："笑天下可笑之人，容他人难忍之事。"他对"忍"有独到的研究，将"忍"与顽强的毅力结合起来，频发妙论："所谓忍，并不是将勃发的感情强勉抑制下去，乃是用理智将感情醇化了，所涵者广，便不计较小的；所见者远，便不计较近的，所以我们必须有宽广的胸怀，远大的志气，才能不沮于一时的阻挠讥笑，不馁于一时失败的寂寞，不安于眼前的小成就，能用毅力恒心，百折不回以贯彻最后的目的。鸿鹄之飞愈高，眼界愈大，目标愈远，一切荆棘、蓬蒿，它看也看不在眼，更算不得它的阻碍，这是最后同时也是事业成功必备的条件，所以我对此言之不厌其长。"他特别推崇《书经》所说"必有忍其乃有济"，极其赞成孔子所说"小不忍则乱大谋"，也欣赏老子的名言"能下人者能上人，能后人者能先人"，他经常谈论汉高祖刘邦的深切体会："我之所以胜，项羽之所以败者，在一忍字。"

"可信任的人物"。如果说以上是国民党人士的赞美之词，那么共产党领导人周恩来 1955 年接见日本"反核和平会"议长、前众议员穗积七郎的时候，据穗积七郎回忆，周恩来曾经发出这样的重要评价之语：蒋介石手下的张群，是可信任的人，他不是那种为了个人私利而出卖国家和人民让人担心的人；而某些人为个人私利则是可以出卖祖国和人民的。 日本绪方竹虎副总理正准备同他联系，对内对外都要多加注意。

周恩来总理的这一评价，又赫然出现在 1992 年 7 月 3 日的《光明日报》上，更引起海峡两岸的中国人及世界舆论的广泛注意，使关注两岸关系和张群命运的人都感到特别有兴趣。

那么，张群到底是何等样人？ 为什么这样神秘？ 本书将以许多珍贵的史料、鲜为人知的逸闻，做揭秘式的回答。

本人早就有志于撰写一部《张群传》，有幸得到张群的侄子、武汉大学历史系教授、中国二战协会会长张继平先生的大力支持，曾经商定一起合作撰写。 可惜张先生遽然去世，遂将此事延宕下来，拖至今日才得以撰写，也算作对张先生未竟之志的继承吧。

第一章　留学日本

1889年5月9日（清光绪十五年四月初十），四川省长宁县县城一个小官吏张汉霞的温暖之家，一个幼小的男孩呱呱落地，为这个家庭带来巨大的欢乐。

这个男孩就是张群，其母亲姚氏是个丫鬟，自幼教育他宽厚待人，凡事让人三分。有人说，这与张群一生谦恭礼让特别有涵养不无关系。

长宁县是地处四川与贵州交界的贫穷小县，张群的父亲张汉霞（字星号、星亭）在长宁县衙谋事。尽管长宁是个贫瘠落后的地区，但张汉霞还是在家里延师授馆，让幼小的张群熟读四书五经，受到严格的汉学教育，后来感到长宁文化落后，不利于孩子成长，就把张群送回老家华阳县读书。

那时候，华阳县与成都县同在一个县城，为四川的首府之地，更是中国西南边陲的政治中心，人员众多，买卖繁华，设有新式学堂，非长宁等县所能够相比。张群进入老家的华阳中学读书，不仅可以学到近代的科学文化知识，而且呼吸到进步的新鲜空气，逐渐成为一个热血青年。

张群在成都读了一些革命书刊，对清廷在1894年甲午战争中的惨败、八国联军对北京的烧杀抢掠、俄国在中国土地上进行日俄战争、残害中国人民极为不满。张群受到孙中山等革命先行者反对清王朝腐败统治的民族民主革命思潮的影响，为挽救国家的危亡，产生了投笔从戎的愿望。张群后来回忆说：

> 这一连串的丧权辱国事件，对于一个具有民族意识和国家观念的青年，无疑是一种最大的冲击。这时候我已经是十七岁，正就读于华阳中学。举国人士对于清政府之颟顸无能，措施乖谬，看到列强对中国的窥伺侵凌，深惧国亡之无日，纷纷亟谋自救之道，更鉴于1898年"戊戌政变"流产，清光绪皇帝被幽禁，谭嗣同等六君子被杀，已深深地感觉到希望清政府维新变法，也已经不可能。为顺应这个时代的需要，国父孙中山先生倡导的国民革命运动，遂潜滋弥漫于全国各地。

我在学校里，看到了许多的宣传文字，已经间接地受到孙先生革命思想言论的影响，激起了青年救国的志愿。

恰在此时，清朝政府开办的保定通国陆军速成学堂到四川首府成都招生，张群认为成都虽然是四川省会，但是毕竟"地区偏西，见闻难广，觉得学问事业，两难进展，亟思出外求学"。

张群觉得投考通国陆军速成学堂是投笔从戎、出外以广见闻的好机会，不能错过，便瞒着父母偷偷参加了考试。初试、复试都顺利通过后，他拿着录取通知书高高兴兴地回家报告父母，说明机会难得，请求父母同意他远行去闯天下。

张汉霞见事已至此，就拿出六十块银圆交给张群做旅费，跟随监护人和一个姓王的年轻伙伴，赴京参加会试。张群与王君性情相投，志同道合，一路虽然吃尽千辛万苦，却也十分愉快。于是，1906 年冬，十八岁的张群离别故乡四川，千里迢迢来到北京。

关于会试的情况，张群晚年满含深情地回忆说：

> 会试时，由段祺瑞亲自召见，监考官就是他的部属。他叮嘱我们在拜见段祺瑞时，一定要行请安礼（即北方人的屈膝半跪式见面礼）。

> 我认为这有失我的尊严，于是我对监考官说，假如要行这种旗人的请安礼，那我就宁愿弃考回乡。我的监护人，也就是我的保证人急得要死说："这怎么可以呢？而且你若弃考，那么连回家的盘费都没有着落，你还是将就一点吧！"

> 我和同学王君商量，两人决定来一个金蝉脱壳之计，那就是去就考而不做答题，来个交白卷，看他们如何发落。两人商量妥后就假装同意去应试，同来的监护人也就高兴万分。那次考试的科目共分三科，即文科、数学科和理化科。数学科和理化科我为了表示抗议根本一题没答，但国文题目却引起了我的兴趣，于是大做文章，自己也认为非常满意。

> 本来我想既然交了两科白卷，一定不会录取我，结果出乎意料之外，我竟金榜有名，而且与其他被录取的青年，一同得到段祺瑞的召见。这时我又对监护人提出抗议——我拒绝请安。这可难为了监护人，他们一半劝说，一半威迫就范，我想，当时大家一定认为我是个大逆不道的叛徒。段大爷驾到后，我们被个别点名去见段氏。轮到我时，我只向前走了几步，点点头，左右的人高声喊："请安！请安！"

我当时年轻气盛，马上回答说："我从来没有请过安，不知道怎样做。"他们见我如此，竟也不再勉强。我想，当时的当政旗人已非常担心汉人的反叛，遇到我这血气方刚的年轻人，与其把我除名，倒不如把我收到军校训练一番为上，就这样我被录取了。这也许是欲擒故纵之计。

我本来是为了反抗封建专制，不愿遵守请安及与请安相同的各种规定而不愿意进军校的，想不到人算不如天算，竟顺利过了关。我也只好暂时听候安排，准备到校后再作一番道理。

学校的正式名称为"通国陆军速成学堂"，是清朝政府陆军部在甲午战争后为振兴军事、培养新式军队的骨干而建立的第一所全国性的军官学校。该校督办由段祺瑞亲任，总办是赵理泰，监督为曲同丰。

张群被分到步兵第二队，满人裕坤任队长。张群对学校的封建专制作风很不满意，曾借写作文之机大发反专制议论，发泄心中的不平之气。队长裕坤看张群不像旗人学生那么百般服从，就老觉得他不顺眼，便想找个机会把张群打发走，免得在学校惹是生非。

在步兵二队，张群虽然对北方的气候和伙食都不适应，但还是咬紧牙关，刻苦学习，还参加日文班进修。

也是事有凑巧，此时清廷计划保送一批青年赴日本留学，张群当然想留学东洋，就赶快报了名。但是由于与校监、队长裕坤关系不好，也不敢抱太大期望。

一天晚上，他已上床就寝，忽然校友曲同丰来到宿舍把张群从熟睡中推醒，大声通知说："张群，你已考取了赴日留学，马上准备去日本！"

原来，校方对思想活跃的张群深感头疼，怕他在校闹事，就把他打发到日本去，也减少校监和裕坤队长的负担。

张群对通国陆军速成学堂印象极坏，尤其讨厌队长裕坤，听到校监的通知大喜过望，欣然接受赴日保送，马上从保定来到北京，应陆军部复试正式录取。1908年春，由北京乘火车到大连，再乘船前往日本。

关于赴日留学的动机，张群在回忆录中说有两个：第一是想去了解日本明治维新之后的实际情形，以充实谋求国家富强的知识；第二是要求取得新的军事学识，以便回国参加实际的救国行动。

乘船途中，"两个捣蛋学生"——蒋介石和张群相识，在船上相互照拂，友谊日增，很快成为好朋友。 蒋介石认为张群是与他兴趣相合的青年，两人畅谈国家形势，共同发出"大丈夫要干出一番轰轰烈烈事业"的豪言壮语。 两人志趣相投，言语投机，相见恨晚。

张群早就对蒋介石名闻全校的一个果敢行动推崇备至：有一次上细菌课的时候，一个日本军医教官大讲日本民族是"太阳神的子孙"，可谓"世界上最优秀的民族"，"大和民族从五世纪统一日本起，大脑结构就与其他民族不同，大和民族应该统治全世界"。

日本教官说着，从公文包中取出一个纸包，一本正经地当众打开，众人一看竟是一块泥块，日本教官别有用心地问："这块泥土，大约有一立方英寸，约十六立方公分，知道这里面有什么吗？"

中国学生不知道日本教官要搞什么鬼，都瞪大眼睛看着那土块一言不发。

日本教官以鄙夷的神情说："别看这块泥土小，但是这里面有四亿个微生虫，能寄生四亿细菌，中国有四亿人口，就像四亿中国人一样寄生在里面！"

蒋介石听了气愤地跑上讲台，把泥块掰成八小块，指着日本军医官挑衅地质问道："日本有五千万人，相当于中国人的八分之一，是否也像五千万细菌寄生在这块泥土里？"

这突如其来的反击使日本军医官恼羞成怒，看到蒋介石没有辫子，就咆哮着诬陷蒋介石："你，你，你是革命党！"

日本军医官要求学校当局严惩蒋介石，总办赵理泰认为日本军医官理屈，只命令监督曲同丰训诫蒋介石一顿了事。

蒋介石也对张群在作文中大发反专制宏论等有所耳闻，两人志同道合，都有相见恨晚之感。

蒋介石告诉张群，他曾经在两年前一人闯荡日本，想学军事但未能如愿，后来在清华学校住了几个月，结识了不少朋友。 张群觉得蒋介石见多识广，颇有主见；蒋介石觉得张群头脑灵活，胆大心细，两人越谈越投机。

张群原本学步兵，经与蒋介石朝夕相处，蒋介石大讲炮兵在当今作战中有极其重要的作用，张群深以为然。 为了共同切磋帮助，张群也改学炮兵，两人成为同窗好友，由此决定了他一生的前途。

张群和蒋介石一行四十余人在神户弃船登岸，换乘火车到达东京，进入振武学校深造。

振武学校是日本政府为留日学习军事的中国学生设立的陆军预备学校，校址设在东京牛迈区河西町，凡是中国陆军部考送留日学习陆军知识的留学生，必须先到该校学习三年，再到日本陆军联队实习一年，才能升入日本陆军士官学校进一步深造。

因为蒋介石曾经早一年来东京清华学校学习过日语，有不少同乡熟人，在振武学校显得比较老成，张群也就处处跟着他转。

当时，福岛安正中将担任中国学生监理委员长，木村宣明中佐为学生监，野村岩藏为舍监，长冈外史为教官，他们对中国学生进行严格的军事训练。

长冈外史参加过日本军国主义侵略中国的甲午战争，那时在大岛旅团任参谋，日俄战争时为大本营参谋次长，其后升任第十三师团长，因为参加侵略中国与朝鲜有"功"，被晋升为少将，又因为长着大胡子，所以被称为"胡子将军"。

长冈外史接到日本教官从保定发来的密信，说明蒋志清（蒋介石）、张群志向远大，野心勃勃，可以利用，要多加关照。于是，长冈外史便把两人找来，告诉他们：

"我是长冈外史教官，你们是振武学校第十一期学生，学炮兵专科。你们要悉心学习日本皇军的武士道精神，严格遵守日本皇军的严明纪律！"

长冈外史用手一指站在一旁的一位仪表堂堂的日本年轻军人说："这是我在日本士官学校的学生铃木贞一，你们都是我的学生，要绝对听从铃木贞一的指挥！"

铃木贞一大步走上前来，抡起胳膊"啪、啪"打去，蒋介石、张群一人挨了一记清脆的耳光，还没有等两人明白是怎么回事，铃木贞一又一人各给一记耳光。铃木贞一打过后，又神气地问道："怎么样，有何感想？"

张群脸上火辣辣地发痛，心里正在暗骂日本人不是东西，只见蒋介石规规矩矩，双脚并拢，直立一旁回答："打得好，打得好！"

长冈外史大感惊诧，颇感兴趣地问道："怎么个好法？"

蒋介石急忙乖巧地回答："中国有句古话，叫作治军要严……"

张群恍然大悟，抢先报告："治军严格，军队才能打胜仗，这样管教学生是对的！"

长冈外史训斥道："你们要记住刻苦用功，不许胡跑乱蹿，惹是生非，去吧！"

蒋介石、张群走后，长冈外史满意地对另一个教官霜天藤次郎说："我对他们的回答很满意，中国留学生中有如此理解武士道精神的人，实为不易！"

霜天藤次郎把大圆头摇得拨浪鼓一般："也未必，说不定是两个小滑头，当面一套，背后又是另一套！"

长冈外史觉得霜天藤次郎说得也有道理，为搞清情况，他厉声吩咐："铃木贞一，你要多接近他们，你的密探记录要仔细记录蒋志清、张群的所有言行，以便进一步考察！"

铃木贞一欣然领命而去，履行日本密探的职责，不敢稍有懈怠。

那时候，孙中山领导的同盟会在日本很活跃，张群也积极向同盟会靠拢。

进入振武学校不久，张群受到中国革命志士大力宣传的影响，唤起了反对清王朝统治的热情和斗志。他读了一些革命书籍，极力拥护"驱除鞑虏，恢复中华，创立民国，平均地权"的同盟会革命宗旨，产生了参加革命政党的要求。

蒋介石已经在 1908 年经陈英士介绍加入了中国同盟会，高年级的黄郛也是同盟会会员，张群经黄郛介绍，参加了中国留日军事人员的秘密组织"丈夫团"，秘密从事革命活动。"丈夫团"后来改为"成城团"，在孙中山的影响下，以革命造反、"富贵不能淫，威武不能屈，贫贱不能移"等相互激励。

张群经常和蒋介石在一起，邀请志同道合者和同乡中的同盟会会员同学，在星期天租一间约二十平方米的房子，开会研究活动计划，学习孙中山先生的文章和邹容所著的《革命军》、陈天华所著的《警世钟》《猛回头》等书籍。他们还常花八九角钱买些便宜的猪下水，自己动手做饭菜吃，边吃边高谈阔论。

张群等人热烈讨论邹容所著的《革命军》，激动地低声挥拳呼喊邹容提出的革命口号："打倒满洲人树立的北京野蛮政权！""把满洲人从中国赶出去！""创立中华民国！"

张群对蒋介石早于他两年加入同盟会极为推崇，与蒋介石的关系越来越密切。他激动地高声朗诵蒋介石在邮寄给表兄单维则的照片上写的一首颇有气势的七言绝句：

> 腾腾杀气满全球，
>
> 力不如人肯且休！
>
> 光我神州完我责，
>
> 东来志岂在封侯！

张群朗诵声未落，就引起一片喝彩之声，突然坐在门口的人低声发出嘘声："密探来了！"

众人抬头一看，原来是铃木贞一带着几个日本密探耀武扬威走来，蒋介石、张群急忙迎上前去热情招待。蒋介石举着酒杯，张群端一盘肉，送到铃木贞一手中，故意怪腔怪调地大声叫嚷："日本的下女漂亮极了，真够味！"

第二天，铃木贞一便向长冈外史报告："据密探调查，蒋志清、张群一伙人只是凑在一起吃吃喝喝，他们对日本下女的秘密倒是很感兴趣，有的开始往妓院跑了！"

长冈外史得意地哈哈大笑，吩咐密探跟踪监视，这时门外响起有力的"报告"声。长冈外史对霜田藤次郎、铃木贞一使了个眼色说："这两个家伙来了，我再问问他们！"说罢厉声喝令："进来！"

蒋介石、张群低头走进教官办公室，向长冈外史请假，说要去会见有黑社会背景的国民党领导人陈其美，长冈外史久闻陈其美的大名，便对蒋介石和张群另眼相待。

为了压制中国学生的爱国热情，日本当局为中国学生制定的纪律非常严厉，严格规定中国学生不仅要专心学习，而且要顺服上级，耐劳忍苦，敏捷准时，不准随便议论，等等；教官灌输的尽是效忠皇上、重名轻死、崇尚勇武等"武士道"封建道德观念。

张群和蒋介石在振武学校苦熬三年，所学的课程可以分为普通学和军事学两部分。所谓"普通学"的课程有：日语、历史、地理、数学、物理、化学、情报、图画等科；所谓"军事学"的课程有：徒手教练、机械教练、部队教练、测量、战术等。

日本当局对中国留学生采取严格的防范措施，他们并不将先进的军事学知识和技术传授给中国学生。张群等人在图书馆中可以找到的书籍，也都陈旧不堪，因此引起张群等中国学生的不满。

1908 年 8 月，张群参加了振武学校学生的集体要求退学事件，以抗议振武学校当局实行日本文部省颁布的"取缔清韩留日学生规则"，学生名单中有张群而无蒋介石的名字。

1910 年 12 月 5 日，张群从振武学校毕业，和蒋介石一起身着日本陆军卡其制服，以士官学校候补生资格，乘二等火车，来到驻扎在新潟县高田镇的第十三师团野炮十九联队实习。

张群与蒋介石身背行李走下火车，只见遍地银装素裹，冰雪厚厚地覆盖着大地，眼睛被日本北部的雪光刺得眯缝起来，什么也看不清。蒋介石急忙问张群："高田在哪里？"张群困惑地摇摇头，就去向前来迎接中国实习生的日本陆军须藤少尉询问，须藤少尉微微一笑，指着不远处的一个牌子说："请看！"

张群急忙走过去一看，只见那个牌子上用日文写道："在这下面是高田！"

张群大感不解，向须藤少尉打听究竟。须藤少尉告诉他俩，高田镇是日本著名的豪雪地带，大雪一下就是一米多深，在皑皑积雪的覆盖之下，整个高田镇都看不出来了！

对张群、蒋介石初到高田镇时的情况，日本当地报纸《高田新闻》曾经有如下形象有趣的报道：

> 向他们说明豪雪的情况的时候，他们更加表现出大为惊讶的神色。正因为他们的家乡也并不是不下雪，所以对于像高田这样的大雪感到惊异，才是有理由的。还有，他们觉得此地的寒冷程度也是出乎意料之外。

日本偏僻的北国边陲之地忽然来了几十个中国兵，一下引起许多当地人的注意，《高田新闻》当天以《清国学生入队》为题，对张群、蒋介石等在日本入伍做了详细的报道：

> 上午九时许，由须藤少尉率领入伍，接收体格检查，并且编入第三中队六名，第四、第五中队各五名。
>
> 伙食方面，与骑兵队一样，给予特别待遇（骑兵队的伙食是在一般的食品之外，每人给予适合于中国人口味的副食一盘）。

在甲午战争中任侵华日军第一军军长山县有朋的作战参谋的长冈外史担任师团长，飞松宽吾担任联队长。这两人完全把张群和蒋介石按普通一兵对待，进行严格的训练。

张群、蒋介石在当时是二等兵，在他们上面有一等兵、下士、中士、曹长、特务长，再上面还有正式军官，他们都要绝对服从，小心伺候，稍有疏忽就会受到申斥，拳打脚踢更是家常便饭。

时值隆冬，大雪下得把高田镇都覆盖了起来。晨五时军号一吹，张群等人便被赶到马房用稻草擦马，必须把马浑身上下擦遍，至少擦上一个小时，直擦得军马通身发热，擦马人大汗淋漓才能停手。

当时日本军队的伙食很差，每顿只许吃一中碗饭，有时还要改吃麦饭，菜只有咸萝卜三片，偶尔才能够吃上一小片咸鱼，星期天改善生活才能有点豆腐和青菜。生活苦、训练重，还要给日本老兵擦皮鞋、叠被褥、洗衣服，张群吃尽了日本武士道军人的苦头。

几十年后，高田镇仍然保存着联队长飞松宽吾做完严厉的训话后的记载：

> 四川　张　群——5.39尺（163.3公分），15.660贯（58.7公斤）。
>
> 浙江　蒋志清——5.59尺（169.4公分），15.780贯（59.2公斤）。

对于高田联队艰苦的当兵生活，张群等咬定牙根，耐着性子坚持下来。

大概是军营生活太清苦、寂寞了，蒋介石、张群星期天常常到高田镇有漂亮女人的地方去寻找乐趣。

蒋介石、张群跑得最勤的地方是三一洋食店，因为店老板渡边长五郎的长女太露眉清目秀，颇有几分姿色，人也活泼可爱。蒋介石、张群就常买一些食油和面粉，到三一洋食店请太露一起动手做饭炒菜，玩耍吃喝。

那时的张群是出名的美男子，相貌堂堂，一表人才，烹调手艺颇为高明，太露很喜欢他，就好奇地问道："你们怎么会这么能干呢？"

张群正要开口，蒋介石抢先说道："我们的国家太大，不知道什么时候会发生内乱，所以要学会自己做饭炒菜。"

蒋介石又与张群商量，应该拉拢长冈外史，就向太露借来笔墨，画了一幅石兰，题款赠送给师团长，长冈外史非常高兴地收下了。

蒋介石与张群常去的另外一个地方是叫作"八百屋"的蔬菜水果店，恰巧老板桥场增吉刚刚结婚，老板娘生得娇小玲珑，打扮得花枝招展，蒋介石与张群等人常到那里一睹芳容。

有一天，老板收到祝贺他新婚和新店开张的一件礼物——一面榉木招牌，就求蒋介石说："听太露说你会画兰，字也写得好，就替我写个招牌吧！"

蒋介石想叫新娘子出面来求，就找借口推托，桥场增吉生气地指责说："在日本，招牌就是商人的生命，你真是丝毫不给我面子！"

张群看事情闹僵了，就赶快悄悄给老板出主意，老板恍然大悟，就让新娘子去求蒋介石。这一手果然灵验，蒋介石挥毫写下"青物杂货"四个大字，然后向新娘子喊道："喂，新娘子，拿个大碗来！"

新娘子大感不解："要大碗干什么？"

张群急忙告诉新娘子："他自有妙用！"

新娘子特别愿意听张群的，就转身去厨房拿了个大碗递给蒋介石。只见蒋介石含笑接过，将大碗倒扣在招牌正中，挥笔沿着大碗的边沿画了个大圆圈，又在圆圈内写了一个代表"八百屋"店招牌的"八"字。

张群与众人见状，都拍手叫好。这个招牌一直挂到日本投降之后。

张群在日本军队学不到真正的军事技术，就跑到图书馆去找军事书籍，寻找日本军队强盛的秘密，并和蒋介石一起，与陈其美、竺绍康、苏曼殊、张泰等同盟会会员会面，寻找反清救国之路。

1911 年 10 月辛亥革命爆发后，革命风潮汹涌澎湃，同盟会中部总会庶务部长陈其美紧急向东京发电，邀蒋介石立即归国参加革命。

蒋介石接电后马上与好友张群密谈，他们深知此事绝非轻而易举，日本军队的纪律极其严格，任何军人都不得擅自离开队伍，否则就以逃亡论处，由宪兵查缉，严厉惩处。

蒋介石与张群反复商量，最后写了个请假回国的报告，递交给师团长长冈外史。看了请假报告，长冈外史说："你们这些留学生是清政府陆军部委托我们管理的，没有清政府的许可，你们谁也不能擅自归国！"

两人在长冈外史那里碰了钉子，一时都束手无策，只好回到宿舍密谋对策，一时也没有好办法，还是张群脑袋瓜灵活，将手一拍，提出妙计一条："我们请四十八小时的长假，那要比获准回国容易得多！"

蒋介石连声道好，就叫上志同道合的陈星枢一同去找联队长飞松宽吾，提出要请四十八小时的长假去看老乡。

飞松宽吾知道其中有鬼，也不想多管，就和长冈外史研究了一下，在联队长职权范围内给三人四十八小时长假，厉声强调说："这是联队长职权范围内所能够核准的最大时限，如果在四十八小时内不归队，就要被当作逃兵，宪兵队就要开始缉拿追捕！"

实际上，这是因为当时日本政府对中国的辛亥革命采取观望态度，对于中国留学生要求回国，既不阻拦，也不公开批准，只许请假离队四十八小时。

张群、蒋介石、陈星枢如同拿到大赦令，回到宿舍拿上东西匆忙出走。走出营房刚要喘一口气，突然听到背后有人追赶的脚步声。三人大吃一惊，正要拔腿开跑，只听他们的教官小室敬二郎赶上来低声相告："别害怕，我们知道你们要离营驰赴革命，我们是悄悄来送行的！"

张群将信将疑，赶紧虚与周旋道："送行？ 谢谢了！"

小室敬二郎热情地发出邀请："走，到三一洋食店去！"

张群与蒋介石、陈星枢交换了一下眼色，暂时只好照办，就与一帮老师、同学来到三一洋食店，悄悄地把门关上，请老板摆上酒菜。 小室敬二郎高举酒杯，低声说道：

"今天设宴惜别，祝贺你们迈向人生新的旅程。 日本军人在道别的时候，要饮酒干杯，这是日本武士诀别之际，传杯共饮、誓不生还的表现！"

小室敬二郎说着端起一大杯酒，首先以武士道精神仰脖喝了一大口，然后依次传给蒋介石、张群、陈星枢，三人喝罢挥泪而别，大有"风萧萧兮易水寒，壮士一去兮不复还"的气概。

张群三人正要上路，长冈外史和飞松宽吾也匆匆赶来。三人大吃一惊。长冈外史急忙解释是为三人送行，按照日本武士道的礼节，举起"武士誓不生还的辞别杯"，以冷水代酒表示壮别。

张群和蒋介石、陈星枢三人告别日本老师与同学，悄悄乘火车自新潟县高田镇来到东京，分别向同盟会浙江、四川、山东省支部领取了回国的路费，然后脱掉日军二等兵服装，换上日本和服，装扮成"大陆雄飞"的日本人，避开日本宪兵、警察宪兵和清廷秘密的监视，悄悄乘火车前往长崎，跨上开往上海的轮船归国。

临行前，张群和蒋介石、陈星枢来到邮局，把日本军服和武士刀，用邮包寄回高田野战炮兵联队，一为归还公物，二为表示不再归队。

在蒋介石和张群的影响下，先后有一百二十名留日学生动身归国，追随孙中山、陈其美投入辛亥革命，成为可观的生力军。

几天后，日本陆军省给张群、蒋介石等二十三人以"退队"处分。考虑到中日关系，日本陆军大臣石本新六11月8日通知日本外务大臣内田康哉称："似此行动，在我军纪严肃的陆军中最为忌讳；彼等虽属清国人，但隶属于我陆军部内，则不能轻易置之不问。"

11月11日，日本外务大臣内田康哉照会中国驻日公使，由于蒋介石、张群等留学生严重违反军纪，日本政府已通知日本陆军士官学校，将擅自回国的二十三个留学生予以开除。

张群历时一年的日本陆军生活至此结束。一年的日本军队生活时间虽然短暂，但却意义重大。他再也不是不懂时事的四川毛头小子，而成为具有一定民族觉悟的同盟会会员，成了一个富有军事素质的下级军官，更重要的是得以结识蒋介石并结为挚友，定下了他一生发展的大致方向。

张群后来多次回忆说，日本留学使他终身受益的不仅仅是坚忍耐苦，还有更重要的一条，那就是对上司的绝对顺服。

第二章　辛亥风云

1911 年 10 月 30 日，张群冒着被日本当局逮捕的危险，穿便衣回到上海。 他手摸口袋暗笑，原来口袋里仅剩下一块银圆！

张群从日本学成归来之日，正是反清风潮涌动之时。

二十天前，孙中山领导的中国同盟会和革命党人，乘四川掀起风起云涌的保路风潮、湖北省会武汉防范空虚之际，一举发动武昌起义，在黄鹤楼插上了革命旗帜，接着顺利光复汉口、汉阳，建立起湖北军政府。

武昌城头的炮声迅速传遍神州大地，极大地鼓舞了全国人民的民族精神，湖南、江西、安徽、广东等省纷纷响应起义，宣告独立的捷报频频传来。

蒋介石、张群是应同盟会中部总会负责人陈其美发自上海的一封"十万火急的电报"而紧急动身回国的。

陈其美根据孙中山的指示，在上海加紧筹划起义。 他日夜联络上海、浙江的革命团体、青帮和驻防军，把他主持的民声报馆和马霍路（今黄陂南路）德福里的住处作为联络机关。

陈其美是辛亥革命前后的风云人物，在同盟会领导成员中，他以"四捷"——口齿捷、主意捷、手段捷、行动捷著称，他自称"以冒险为天职"，敢想敢干，颇有影响力。

张群和蒋介石立即赶到民声报馆向陈其美报到。 当时正是急于用人之际，陈其美对蒋介石和张群的到来十分欢迎，把他们当作亲信。 陈其美拉蒋介石一起在德福里的机关里纵情声色，生活挥霍，与一些流氓来往密切，以此为掩护进行起义的最后准备工作，张群则尽量设法避免参加某些不堪入目的活动。

蒋介石早在日本就由陈其美介绍加入了青帮，二人的关系更为密切。 蒋介石告诉张群，陈其美是上海最大的帮派——青帮的一个头目，张群对陈其美更加敬重，更加积极地参加上海的起义斗争。

陈其美根据张群与蒋介石的特长给他们分配了任务：蒋介石具有指挥才能，被派往杭州参加武装起义；张群头脑灵活，被留在陈其美身边帮助他领导上海起义。

这时，光复会首领李燮和奉辛亥革命的国内总指挥黄兴的命令，率领部分人员到达上海，陈其美命张群负责接待，帮助李燮和进行对驻守上海的清军的策反工作。陈其美见他们与青帮、商团和当地士绅的联系工作也取得进展，便决定 1911 年 11 月 3 日发动上海起义。

在轰轰烈烈的上海起义中，张群一直在陈其美身边工作。

陈其美一声令下，李燮和等首先在闸北起事，占领了上海巡警总局，南市各机关也顺利解放，陈其美亲自率领主力部队进攻江南制造局。

张群深知江南制造局储存着大量的军火物资，是这次起义的主要进攻目标，张群跟随陈其美参加了这一战斗。

张群看到陈其美果然是一个非凡人物，他很有号召力，而且事先做了清军的策反工作，因此 9 月 13 日，陈其美信心十足地率领由商团、青帮和艺人潘月樵等人组成的队伍，勇敢地发动进攻。

出乎张群和陈其美预料之外，起义军遇到异常猛烈的抵抗，陈其美亲自带领部队进攻两个小时，付出很大牺牲仍然没有攻克。

这时，陈其美打算在时任上海自治公所董事兼江南制造局提调的李书平的陪同下，毅然进入江南制造局，打算用自己的声誉威镇对手，争取谈判解决。

张群等人都为陈其美的大无畏精神所感动，钦佩陈其美具有奋不顾身的革命精神，但是也觉得太冒险，就劝说陈其美三思而行。但是陈其美太相信辛亥革命的有利形势和他个人的影响，不顾劝告贸然进入江南制造局，结果被清军扣留，用铁链锁在一把椅子上。

上海革命军主帅被扣留非同小可，作为陈其美身边的工作人员，张群等急忙把此消息报告李燮和，请他出面主持大计。

李燮和向张群等问明情况后，调集兵力向江南制造局重新发动进攻，上海市民听说陈其美被清军扣留，纷纷前往支援，革命派力量大增，终于在第二天早晨攻克江南制造局，陈其美得以脱险，上海随之光复。

中国最大的城市上海光复，立即在全中国引起强烈反响。1911 年 11 月 6 日成立沪军都督府，陈其美被拥戴为沪军都督兼都督府司令部长，黄郛任参谋长兼第二师师长（后改任第二十三师师长），蒋介石任第五团团长（后改任第九十三团团长），张群被任命为军务处军械科长，他小心谨慎地筹划饷械，传达陈其美的命令，很得陈其美的赏识。

杭州光复后，陈其美的威信大大提高，成了著名的英雄人物。看到南京仍然被清军将领张勋率领重兵盘踞，陈其美大声疾呼，指出攻克南京、支援武昌已经成为辛亥革命的重要任务，就与各地起义军首领联系，共同组织江苏、浙江、上海和镇江联军，推举徐绍桢为联军总司令。

为支援起义军攻克南京、武昌的军事斗争，陈其美利用这一形势招兵买马，扩大自己的实力，他用上海商团捐助的四万元组建了沪军第五团，隶属黄郛为师长的第二师，任命蒋介石为团长，张群为参谋。第五团后改为第八十九团。

在上海期间，张群与黄郛、蒋介石的关系更加密切，他们同为陈其美的亲信，常常在一起研究如何完成陈其美交给的任务，因此有机会朝夕相处，加之又有在日本留学时期结下的老关系，便仿照三国时期刘备、关羽、张飞的"桃园三结义"之举，在上海打铁浜 45 号，举行结拜仪式，相约"安危他日终须仗，甘苦来时要共尝"。

黄郛为人精明细致，他很看重两个盟弟：蒋介石野心勃勃、颇有纵横之术，张群头脑灵活、足智多谋，都是前途不可限量的人物。黄郛认为，与这两个非同凡响的人物结成八拜之交，自己的前程将会辉煌灿烂。

黄郛越想越高兴，他把结拜仪式搞得郑重其事，三人互换兰谱，结拜为盟兄弟。一报生辰八字，黄郛年长，三十一岁，被尊为大哥；蒋介石二十四岁，算作老二；张群最小，二十二岁，自然成为老三。从此以后，张群对黄郛、蒋介石更加尊重，对蒋介石更是言听计从。随着蒋介石地位升高，张群更是鞍前马后、不辞辛苦、奔走四方，但是从来不敢以昆仲相称。

不久，张群的日本同学铃木贞一来访，老同学相见分外高兴。

张群忙问老同学到上海有何公干，有什么需要帮助之处。

原来，辛亥革命震动全球，在西方国家引起强烈的反响。为了维护日本的侵华权益，先后任日本首相的西园寺公望、桂太郎认为日本控制中国的机会已经来临，就勾结日本黑社会头子头山满、内田良平，借支持辛亥革命之机浑水摸鱼，实现日本军国主义梦寐以求的肢解满蒙的野心。

1912 年 1 月 1 日，中华民国临时政府在南京成立，孙中山出任临时大总统，但是面临严重的经济困难问题，临时政府的金库中只有一百元现金。

为渡过难关，孙中山与最信任的日本朋友宫崎滔天商量，聘请日本几个实力人物为顾问，通过他们去获得日本的援助，结果聘请犬养毅、头山满为政治顾问，内田良平为外交顾问，寺尾亨和副岛义一为法律顾问。日本黑社会头子头山满提出严重损害中国主权的条件，被孙中山严词拒绝，头山满拂袖而归。

与此同时，日本情报巨头东久迩宫亲王派出特务铃木贞一来到上海，负责监视从日本回国后已经加入革命军的陈其美、蒋志清（蒋介石）、张群、陈星枢等人的行动，从中发现可以为日本军国主义侵华服务的人才，日本黑社会头子头山满、内田良平指示派到中国的人员予以配合，必要时可以找中国黑社会头子黄金荣等助一臂之力。

一天深夜，身为沪军第五团团长的蒋介石，把张群请到他的办公室来商榷紧急军务，因为事情紧急而神秘，两人都不能立即下定决心，各自低头沉思，久久默默无言。这时候，窗外朔风吼叫，寒冷刺骨，直冻得手脚冰凉，然而两人对坐，呆若木鸡。蒋介石一言不发，张群也苦无良策，直到东方大明，张群才想出制胜之策，这段故事在国民党营垒里广为流传。

不久，蒋介石接到沪军都督陈其美的一项秘密任务，命他以维护上海治安为名，暗杀光复会首领陶成章。蒋介石感到此事很难办，就把张群请来商量。

张群吓了一跳，当然知道陶成章绝非等闲之辈。他1902年到日本留学，1904年与蔡元培发起成立光复会，与革命志士秋瑾、徐锡麟共同发动武装起义，终于光复上海、杭州，在社会上具有较高的名望与影响，孙中山称赞他在反对清王朝的斗争中"实有巨功"，鲁迅先生在《华盖集》和《华盖续集》也一再提到他并倍加赞扬。

张群看到当时革命阵营内部派系繁多，成员复杂，互相之间存在严重的政见分歧，陈其美具有强烈的个人权欲，从而把具有很大影响的陶成章视为眼中钉，对陶成章在上海设立练兵筹饷办公处颇存嫉恨之心，必欲除之而后快。

张群思前想后，不愿意干这类缺德勾当，又不便得罪盟兄蒋介石，就借口最近有特殊任务，建议蒋介石找铃木贞一商量对策。

铃木贞一正在考虑控制已经掌握了一定军权的蒋介石，这时见蒋介石向自己求援，就去找与日本关系密切的商界巨头虞洽卿，请他做引见师，介绍蒋介石拜黄金荣为先生。黄金荣与西园寺公望早有交情，他见有日本著名政治家西园寺公望的介绍，就吩咐他的大弟子、绰号"闹天宫"的徐福生充当传导师，正式举行拜师仪式。

蒋介石用心伺候黄金荣，颇得黄金荣的欢心，在适当时机提出暗杀陶成章的问题。没几天，黄金荣就告诉他，陶成章因病住在上海法租界的广慈医院，蒋介石即收买光复会的叛徒王竹卿，于1912年1月14日枪杀了陶成章。

陶成章是辛亥革命时期的著名革命活动家，光复会的主要领导人之一，他被突然刺杀举国震惊，孙中山对他的重要助手被杀极其愤怒，命令沪军都督陈其美悬赏缉拿凶手，陈其美只得煞有介事地悬赏罪犯。

蒋介石大惊，为躲避风浪，急忙把沪军第五团团长的职位让给他的好朋友张群，匆匆忙忙逃到日本避难。张群代任团长之后，运用圆滑的手段极力平息部属对蒋介石的猜疑与不满。

1912年春，孙中山将中华民国大总统让给袁世凯，国民政府迁至北京，沪军都督府宣布撤销，张群也只得自谋生路。

这时候，蒋介石已经悄悄回国，张群见追捕枪杀陶成章凶手的风声仍然很紧，就劝蒋介石暂时返回老家溪口闲居。

1913年初，张群得知北京政府稽勋局将选派三十人到国外深造，便到溪口与蒋介石商量，请时任北京政府稽勋局局长的同盟会元老冯自由帮忙，送他们出国深造。

事有凑巧，冯自由打算尽量选拔同盟会会员中的年轻有为的人才出国培养，张群与蒋介石正巧在他的考虑之中，于是初步决定蒋介石前往德国，汪精卫去法国，张群到英国留学。

到英国去留学是张群梦寐以求之事，得此信息他欣喜若狂，急忙与新婚的妻子马育英商量。马育英是个颇有见识的女士，也大力支持张群的英国之行，两人便匆忙做送张群到伦敦的准备工作。

在杨柳新绿的新春三月之初，张群偕夫人马育英与黄郛夫妇一起从上海来到天津，黄郛在天津河北区车站附近租了一所房子住下。黄郛身负陈其美之命到北京，找袁世凯交涉沪军都督府的撤销事宜，张群则计划从天津乘火车经中国东北、西伯利亚大铁路到欧洲，再过英吉利海峡前往英国求学深造。

黄郛经常离开天津到北京办事，张群夫妇由黄郛的夫人亦云热情招待。一天，黄郛突然派人送信回来，说袁世凯把中华民国临时大总统的职位篡夺到手之后，对国民党的不满情绪更加强烈，担心国民党得到国会多数议席组成责任内阁，从而把他这个总统架空，因而要对国民党领导人下毒手的阴谋已极为明显。

黄郛还让亦云告诉张群，袁世凯对陈其美颇为怀疑，因为陈其美是很有实力的上海都督，在上海一带声望甚高，袁世凯在北京一时对陈其美"鞭长莫及"。

这时候，黄郛通过秘密渠道已经得到袁世凯要刺杀陈其美的可靠情报，他敏锐地预感到一场激烈的暴风雨即将袭击上海，因此要张群马上返回上海，将此情况上报陈其美。

张群一向对蒋介石、黄郛两个盟兄言听计从，得此秘密情报不敢怠慢，即刻由天津返回上海将此消息报告陈其美，要陈其美小心戒备。 陈其美却过高地估计了自己的力量，认为袁世凯不至于对他下毒手，反而劝张群早点返回天津，出国前往伦敦深造。

1913 年 3 月 20 日，张群完成任务后离沪返津，还没有过海河，就接到国民党代理干事长宋教仁在上海火车站被刺的消息。 张群气愤万分，急忙赶到黄郛家里报告凶信："不得了，钝初被刺，生死尚不得而知。"

几小时之后，陈其美从上海来电报告了宋教仁被刺身亡的情形，敦促黄郛即日南归。 这时，张群已经把行李搬上东行的火车，亦云便让张群把行李搬下火车，回到黄郛的家里。

张群与黄郛分析刺杀宋教仁的凶手到底是谁，一致认为是袁世凯，因为国会召开在即，国民党在议会占有绝对多数席位，宋教仁很可能成为即将组成的国民党责任内阁的首领人物，必然招致袁世凯的嫉恨。

张群与黄郛都感到事态严重，袁世凯早就蓄意摧残民主、反对共和，可能很快就要撕下虚假的伪装，公然要对国民党要人下毒手了！ 事态紧急，需要立即采取果断措施，黄郛当即说明自己已经取消到日本考察军事的计划，也劝张群暂时不要去英国留学了。

张群觉得黄郛的话很有道理，就中止赴英留学，跟着黄郛由天津前往上海，投入到孙中山领导的反对袁世凯独裁统治的斗争之中。

袁世凯刺杀宋教仁后觉得其统治地位仍然不太牢固，就出卖国家主权，寻求帝国主义国家的支持。

为此，袁世凯 1913 年 4 月与英、法、德、俄、日五国银行团签订了丧权辱国的"善后大借款"合同，得到两千五百万英镑巨款，在外交上也取得了帝国主义国家的支持，更加趾高气扬，接着发布"除暴安良"的命令，又下令免去江西李烈钧、广东胡汉民、安徽柏文蔚三个国民党籍都督的职务。 袁世凯准备动用武力消灭南方的革命力量。 他派出精锐的北洋军队，疯狂地向国民党势力较强的地区发动进攻，妄图一举消灭国民党的进步势力。

面对袁世凯大军南下造成的严重局面，张群等急切地盼望孙中山回国领导复杂而艰巨的反袁斗争。

孙中山不负众望，很快从日本赶回国内，与他的得力助手黄兴、陈其美商量反对袁世凯独裁统治的良策。孙中山认为对袁世凯已经仁至义尽，根本无理可讲，只能断然出兵进行武力讨伐，但是只获得江西都督李烈钧等少数人的支持，多数人主张"通过法律途径解决"。

尽管如此，孙中山仍然决定武装对抗袁世凯。

张群久已盼望的又一场轰轰烈烈的斗争开始了！1913 年 7 月 12 日，是张群终生难忘的日子。

这一天，江西都督李烈钧首先在江西湖口宣告独立。

张群对李烈钧素怀敬重之心，知道他生于 1882 年，原名烈训，字协和，别号侠黄，江苏宁武人。早年加入同盟会，他积极追随孙中山从事革命活动，在辛亥革命中建立奇功，深得孙中山的信赖与倚重。他首先率领由赣军组成的讨袁军向北洋军发起进攻，打响了二次革命武装讨伐袁世凯的第一枪。张群激动地捧读李烈钧的《讨袁檄文》：

> 袁世凯违反约法，蹂躏民权，破坏共和，实行专制，种种不法行为，难以枚举。兹复无故派遣重兵，扰乱赣省，实堪痛恨，烈钧养疴湖滨，痛念桑梓，特回赣同军界诸君，声罪致讨，诸祈赐教。
>
> 李烈钧

张群看到李烈钧打响二次革命的第一枪后，黄兴在江苏、陈炯明在广东、许崇智在福建、蒋翊武在湖南等地纷纷宣告独立。陈其美也在 7 月 18 日宣布上海独立，成立上海讨袁军，自任总司令。陈其美想起蒋介石和张群的军事才能，急调两人到上海参加二次革命。

张群、蒋介石应陈其美之召又由津返沪，到江苏讨袁军总司令部听候调遣。张群在总司令陈其美的指挥下任讨袁军副长官，协助陈其美筹划讨袁军事斗争的方略，深得陈其美信任。

陈其美首先调集兵力进攻江南制造局，张群深知位于上海高昌庙的江南制造局的地理位置极为重要，双方对江南制造局都非常重视，明白这是全国最大的兵工厂，储藏着该工厂制造的大量枪炮弹药。从辛亥革命的经验看，得江南制造局即得上海，谁占领它就会获得取胜的砝码，袁世凯深明此理，特意派出心腹郑汝成重兵把守。

张群得知郑汝成已经对江南制造局严加防守，只许进不许出，劝陈其美慎重从事，但是陈其美求胜心切，奋不顾身带领部队冲锋，张群与蒋介石也带领一支部队参加战斗。讨袁军虽然英勇奋战，但是寡不敌众，仅仅僵持了两天就不得不匆忙撤退。

陈其美不甘心失败，急忙召集人员商量调集援兵，人们都不约而同地把目光集中到蒋介石和张群身上，对他俩寄予殷切的期望。

这是因为蒋介石和张群曾经指挥过第九十三团，这支部队就驻在上海龙华，是一支在当时危急情况下唯一可以指望迅速得到支援的部队。张群离任后，由广西籍的陈其蔚继任团长，其曾经担任保卫江南制造局的重任。

张群、蒋介石看到众人投过来的殷切目光，就自告奋勇要去动员第九十三团参战。陈其美大喜，吩咐两人快快前去做动员工作。

张群与蒋介石奉陈其美之命来到龙华的第九十三团团部，见到团长陈其蔚，讲明二次革命的严峻形势，劝说陈其蔚毅然率领所部官兵参加具有决定意义的攻打江南制造局的战斗。

陈其蔚深知袁世凯势力强大，郑汝成已经对江南制造局重兵防守，第九十三团参加战斗取胜的把握不大，反而会给自己带来杀身之祸。

张群和蒋介石见陈其蔚态度消极，也不敢过分地施加压力，就离开陈其蔚悄悄劝说副团长出面起事，但副团长也不愿冒险从事。

蒋介石气得大骂"娘希匹"，张群却比较冷静，在困难关头，他想起自己与一个叫张绍良的营长关系较好，建议蒋介石去动员张绍良起事。蒋介石认为这个办法切实可行，就直接向各营官兵讲解当前反对袁世凯斗争面临的严峻形势，号召他们断然奋起，为国锄奸。

张群与蒋介石见到张绍良，发现他刚刚结婚，就向他表示祝贺，然后慷慨激昂地分析目前形势，激发他率部为国立功；张绍良是个热血男儿，他深明大义，在紧急关头毅然响应蒋介石、张群的号召出兵起事。

蒋介石、张群费尽口舌，也没有说服其他部队参加二次革命，军情紧急，事不宜迟，就带领张绍良营离开龙华向上海市区进发，很快来到江南制造局附近向陈其美报到。

陈其美虽然觉得杯水车薪，很难扭转不利形势，但是目前也无可奈何，更觉得张绍良营的宝贵，就命令蒋介石、张群指挥这个营参加攻打江南制造局的激烈战斗。

这次战斗打得非常激烈，钮永建率领的松军作战勇敢、冲杀在前，刘福彪从南京带来的福字营成为进攻的先锋，张群、蒋介石拉过来的一个营成了二次革命的一支重要力量。 关于蒋介石、张群指挥这个营作战的情况，亦云在其回忆录中有如下记载：

> 故上海起事，有进攻制造局之事，攻者亦仍是陈团所部。此役蒋介石（中正时犹名志清）先生实身临前线。战局虽小，亦有两次功败垂成之事：其一，前锋已至壕沟，天雨泥泞，枪口为塞；其二，当时只有几枚炸弹，有连长张绍良至勇敢，自携一枚炸弹充任先锋，而与部下约，听其令同时掷弹。前锋已到制造局门，郑汝成兵向后退，张连长忽掷弹，不幸一弹正中张连长。为首者身倒，众复后退，自此不再有锐气。张连长新婚甫月余，呜呼，这样的壮士牺牲了！

应该补充说明的是，张群与蒋介石一起指挥战斗，张绍良是营长而非连长。

遗憾的是，讨袁军虽然作战勇敢，但是毕竟兵力有限，各部队之间缺乏配合，袁世凯的守军又严密防守，结果以失败告终。

蒋介石、张群带领部队撤回闸北，被租界的英国军队解除了武装，两人只得逃入租界躲避起来，先后亡命日本。

第三章　走南闯北

日本首都东京，是许多中国人理想的亡命之地，他们都对东京怀有深厚的念旧之情，日本人则将他们称为"亡命客"。

二次革命失败后，袁世凯以北京总检察厅的名义，通缉孙中山等革命首要分子，蒋介石与张群亦被列入通缉名单之中。为逃避袁世凯的悬赏缉拿，黄郛、张群夫妇四人匆匆搭乘日本客轮"八幡丸"，再次到日本避难。

张群静下心来思考自己在日本的生活出路，首先想到中国驻日本大使馆秘书林铁铮。此人为江苏吴兴人，是有名的词社——"南社"的诗人，张群深知他一向待人忠厚，就前往拜访。张群谈起他今日的处境，林铁铮极其同情，答应在使馆里设法帮忙。

张群四处打听寻找学习的机会，计划利用亡命之机过留学生活。没几天，林铁铮就送来好消息：张群仍然有振武学校结业的学籍，日本政府允许辛亥年曾在日本陆军联队当过兵的士官候补生，经过实习可以进入日本陆军士官学校深造。

张群大喜，便于1914年春天进入日本陆军士官学校，在第十期炮兵科继续学习，将夫人马育英送进长崎基督教会主办的活水女子学校完成学业。

就这样，张群夫妇暂时在日本安顿下来，都重新过起了学习生涯，有张群的官费收入勉强维持，生活虽然清苦，却感到非常充实。他们与黄郛夫妇甘苦共尝，使他们的友谊日益加深，亦云在回忆录中颇带感情地回忆道：

> 我们亡命时经济状况，有已得到的出洋经费，可以维持生活，然还有缓急相需不得已的用途，因此我把饰物都变卖了，连结婚纪念品亦不留。这种心理解放，是从我母亲处学得。连累一对朋友夫妇，他们暗中立意要补偿我其中一件纪念品，是膺白送我刻有字的一只钻戒。二十年后，我真个接到他们这件高贵礼物，和超过礼物百倍的友情。我珍藏而不使用。又十余年，待他们的长子——我们的继儿

结婚，我拿出来作为贺礼。少奶奶初从四川到沪，带上这件有意义的纪念物来看我，我说不出的欢喜。这对朋友即张岳军、马育英二位。数十年的友谊中，这件特别为我的美意和深心，我不能不记的。

但是好景不长，张群 1915 年在日本士官学校毕业之时，正是袁世凯复辟帝制甚嚣尘上之日。张群见袁世凯接受卖国的"二十一条"，又企图恢复帝制，也担心归国后因曾参加过辛亥革命和讨袁斗争而被通缉，便应南洋友人之约，赴印尼爪哇巴达维亚（雅加达）中华学校教书，因为许多华侨都在印尼等东南亚国家干出了一番事业。其夫人马育英在长崎活水女校结业后回上海任教。

张群从长崎动身前往印尼的时候，黄郛夫妇到码头送别，他们借花献佛，黄郛抄送共同的朋友彭凌霄的诗送别：

驿路明朝驶万千，白云深处水无边。

劝君莫畏征途苦，重耳出奔十九年。

张群郑重地接过赠诗珍重保存，亦云也掏出恭笔缮写的余维谦所写的离别诗赠给马育英：

异乡送行人，行人还异乡。

谁识此中苦，西风吹大荒。

天地一掬水，为君作行觞。

大醉三五日，一梦到扶桑。

1915 年 12 月 25 日，蔡锷在云南举起讨袁护国义旗，宣告独立。不久，浙江等省也纷纷宣告独立。张群在印尼得到消息欣喜异常，感到中国形势已经发生重大变化，迅速化装从爪哇秘密回国参加讨袁斗争。

张群看到袁世凯在上海的势力仍然很大，而浙江在他保定军官学校的同学吕公望的领导下革命形势发展很快，已经取得浙江独立，由吕公望出任省长兼督军。张群感到浙江的形势很有希望，便前往浙江会见吕公望，晓以民族大义，表明了联合起来推翻袁世凯反动统治的豪情壮志。

吕公望非常赞成张群的见解，就任命张群为浙江督军署参谋，让他秘密前往上海，在浙江驻沪办事处担任与各方反对袁世凯势力联络的工作。

这时，袁世凯加紧准备称帝，1915 年 8 月指使筹安会公开进行复辟帝制的活动。

孙中山发表讨伐袁世凯的檄文号召讨袁，张群积极响应，与中华革命党人在江苏、广东等地准备发动反袁起义。

袁世凯 1915 年 12 月 12 日悍然称帝，准备于元旦"登基"，张群义愤填膺，积极响应孙中山的第二次讨袁宣言，号召永远铲除帝制，促进中华革命党和各地反袁斗争的蓬勃发展。原云南都督蔡锷和李烈钧等人在云南通电反袁，成立护国军政府和护国军，掀起一场轰轰烈烈的反对袁世凯称帝的斗争，张群联络各地反袁斗争的工作进展顺利，逐渐在军界崭露头角。

经张群的大力促进，全国人民的强烈抗议斗争更加高涨，袁世凯只做了八十三天皇帝，就被迫取消"洪宪"帝制，重新恢复民国"总统"的职位。但是袁世凯已经成为过街老鼠，人人喊打。袁世凯的亲信纷纷在四川、湖南宣布独立，袁世凯更加气恼忧惧，终于在 1916 年 6 月 6 日毙命，风起云涌的反袁护国战争也就偃旗息鼓。

下一步怎么办？张群一时惶惑无主，他想到外国进一步深造，就到北京有关方面设法活动。他听说北京政府要保送一些人到日本陆军大学深造，张群通过各种关系设法把自己位列其中。

这时，副总统黎元洪继任总统，上台后地位不稳，见张群逐渐在反袁斗争中崭露头角，就要把张群留在总统府任事，或者主办军官学校，这在别人看来是求之不得的差事，张群却婉言谢绝。这是因为他看到北京的北洋军阀势力太大，不得人心，难有大的作为，便离开北京返回上海。

张群这一步看得很准，袁世凯死后，担任北京政府国务总理的皖系军阀段祺瑞，依靠日本的支持出卖国家主权，换取"西原借款"等巨额贷款，以此为资本公然拒绝恢复《中华民国临时约法》，也拒绝召开国会，顽固地推行"武力统一"中国的反动政策，遭到全国人民的强烈反对。

为打倒祸国殃民的北洋军阀，孙中山挺身而出，大声疾呼号召捍卫来之不易的共和制度，维护《中华民国临时约法》和国会。他偕同国民党元老廖仲恺等人，率领驻沪海军及一部分国会议员南下广州，另外开辟一番革命天地。张群顺应这一形势，随同他们南下。

1917 年 9 月，孙中山在广州组织军政府，并出任陆海军大元帅，张群和蒋介石赶去参加。蒋介石向孙中山表示他决心抛妻离子，不怕牺牲，专程来追随领袖参加革命；张群也表示愿意追随孙中山革命到底，请求给他们分配工作。

孙中山对这两个年轻人还没有深刻的印象，就让蒋介石当他身边的侍卫官，任命张群为大元帅府参军。

蒋介石看不上这个小小的侍卫官，便从广州偷偷溜回上海，又做起股票交易所的投机生意。张群与铃木贞一把蒋介石劝回广东，张群协助蒋介石制订了《对北军作战计划》和《滇粤两军对于闽浙单独作战之计划》，上呈孙中山，使蒋介石得到孙中山的赏识。

军政府参谋长李烈钧见四川军阀对立，斗争激烈，不仅新旧川军割据地盘，各自为战，而且有滇军顾品珍、赵又新，黔军何应钦、袁祖铭率部入川，与新旧川军抢夺城池，更使四川乱作一团。为稳定四川，奠定北伐基础，李烈钧请示孙中山，欲派张群回四川做联络协调工作。张群也愿为稳定西南局势和建设桑梓出力，便答应了李烈钧的请求。

张群以李烈钧代表名义一到四川，即发现北洋政府总理段祺瑞为控制西南地区，准备派湖南总督傅良左、长江上游总司令兼四川查办使吴光新率兵入川，引起川人大哗。

张群因势利导，联合四川军阀杨森和川人朱叔痴、夏之时等，在重庆发起成立"川事维持会"，开展反对北洋军队入川活动。

段祺瑞一得此密报，就马上秘密向四川督军周道刚发电，令其逮捕"川事维持会"主要成员，张群首当其冲。岂知周道刚与张群私交甚密，为救张群便派其心腹——四川督署参谋长杨廷薄将段祺瑞下达命令之事告诉张群，劝张群离开四川以避风头。

张群闻讯大惊，便去找重庆镇守使熊克武商量。熊克武为张群安排了一个僻静而安全的处所住下，劝他随黔军支队司令袁祖铭离开四川。当时，袁祖铭率部驻在四川綦江，奉命到重庆领解协款饷。张群见在四川无所作为，就随黔军经綦江、贵阳、柳梧转赴广州。

张群回广州向李烈钧汇报了四川之行情况，李烈钧推荐他为军政府副官长，张群以与军政府总裁岑春煊不熟婉拒，虽经李烈钧力劝稍事停留，但却很快离穗赴沪。

张群一回到上海，便投入反对北洋政府卖国的"西原借款"活动之中。

西原龟三虽是日本民间人士，但却是日本寺内内阁的智囊，为首相寺内正毅和大藏相胜田主计的亲信，由他在中日间秘密奔走，撮合大笔借款。

经调查，张群知道中日当局都有不可告人之目的：段祺瑞企图借中国参加第一次世界大战之机，利用日本贷款扩充军备；日本则以重利引诱，不仅提供"西原借款"一亿日元，而且声称提供"第二次借款垫款""吉长铁路借款""第一次军械借款""第二次军械借款"，诱其上钩，榨取侵华权益。

张群和国民党主办《民国日报》《中华新报》的同人对"西原借款"详加分析，认为此借款表面上虽包括建设有线电报、开发金矿森林、兴建吉会铁路、满蒙四铁路、济顺和高徐二铁路等五笔借款，但实则包藏巨大祸心，仅支付偿还内外债本利即占50.4％，军费及购买军械又占35.3％。他们认为，日本政府绝不会白白借款给北洋政府，段祺瑞肯定出卖中国许多权益，必须予以反对。

恰在此时，上海各界应日本新闻界的邀请组团访日，参观日本新闻事业。张群作为《民国日报》和《中华新报》的代表随团赴日。

张群一行来到大阪，很快获悉段祺瑞正派他的小舅子吴光新活动"西原借款"。于是，张群在各种集会上大力宣传他的主张：要实现中日真正合作之目的，日本必须站在平等的立场上，以维护中国人民利益的观点，与中国携手合作。应绝对避免帮助中国某一派系，或将中国分为若干部分，分化挑拨。只有这样，中日间始有全面亲善的可能。

张群和访日同伴多次研究，认为要打掉段祺瑞的"西原借款"，必须说服日本陆军参谋本部次长田中义一。因为田中义一是决定日本侵华政策的最有力人物之一，又位于陆军权力中枢，掌握陆军实权。人们说他是"一脚能使日本皇宫颤抖的人"，但张群并不认识田中义一，便通过日本陆军参谋本部的熟人周旋，最后得以会见田中义一。

张群和田中义一稍加寒暄后，立即单刀直入询问"西原借款"进展情况，质问日本为什么要帮助段祺瑞？

田中义一晃动日本人少有的高大身躯，夸夸其谈，中国不统一，日本亦受其害，而东亚前途亦可忧虑，但要求中国统一，必须有一个拥有力量的人物为中心，来收拾混乱分裂的局面。段祺瑞就是中国最大的实力派，北京政府就是中国的中央政府，段祺瑞就是中央政府的总理。因为中日亲善，现在段祺瑞没有钱，而中国要参加欧战，必须增加实力，所以要帮助他，扶植段祺瑞就是帮助中国实现统一。

张群认为，田中义一这种似是而非的论调，显然是阴谋分化侵略中国的一种借口，代表了日本朝野相当多数人对中国局势的意见，尤以军部为甚，但是却足以蒙蔽日本朝野大部分人士对中国问题的认识，因而当即指出：

"那你们不是看错人了吗？中国和日本不一样。日本实行的是征兵制，军队属于国家；中国则是军阀割据，军队不属于国家而属于私人。而且中国军阀派系众多，段祺瑞所领导的皖系，占据北京政府，专制独裁祸害中国，仅能代表中国北洋军阀部分。即就北洋军阀而言，与皖系抗衡之军阀，尚有直、奉两系，均为中国人民所不满。如日本扶持旧军阀一系，将引起各派的反感，增加中国军阀混乱之局，更引起中国全民的愤怒，使中国内乱不休，更贫更弱，哪里算是帮助中国呢？在日本实为短见的做法！"

张群还根据孙中山先生对于中日关系的主张，说明中日亲善合作之道，但是这些言辞并未能动摇田中义一的见解。 张群和田中义一的谈话毫无结果，不欢而散，"西原借款"终于签订，中国新闻访日团只得在东京解散。

张群仍留在日本，为反对"西原借款"而四处奔走，回国后又撰写了《中日亲善的疑云》一文，在上海《中华新报》发表，揭露日本当局分化中国，割裂中国国土的阴谋。 这是张群为解决中日关系中的难题而四处奔走的开始。

1919 年，张群又被派往四川，调解四川省督军熊克武和省长杨庶堪的矛盾，疏通川、滇、黔军关系。

张群运用圆滑的手段居间调停，颇得双方的赞许，被他们留下任四川警务处长兼省会警察厅长，更便于调解军警两署的关系。 后因四川军阀之间矛盾太深，他不遗余力进行调处仍然毫无结果，张群只得又离开四川抵达上海，恰巧得悉有个四川朋友在上海集资开办了一个利用四川特产白猪鬃制造牙刷的公司，张群入股参加，帮助友人经营。

经商毕竟不是张群愿干之事，1923 年得到盟兄黄郛出任北京政府外交总长、教育总长的消息，便赶往北京去见黄郛。 在盟兄的举荐下，张群担任总统府总务处长，后任交通部航政司司长，在北京工作了一段时间。

1924 年 5 月，孙中山在广东创办黄埔军校，蒋介石任校长。 蒋介石派他的亲信王柏龄持其亲笔信，到上海邀请张群到黄埔军校任职。 张群正要动身，突然得到他的父亲在四川去世的消息，张群急忙赶回四川料理父亲的丧事，恪守丁忧，未能南行。

1924 年 10 月，冯玉祥率国民军到达北京，联合志同道合的胡景翼、孙岳等人发动"北京政变"（即"首都革命"）取得成功，逼迫曹锟去职，然后共同建立革命军，冯玉祥担任总司令，胡景翼出任革命军副总司令兼第二军军长。 不久，胡景翼受命南下，督办河南军备，联合熊克武夺取武汉。

就在此时，冯玉祥邀请张群赴察哈尔任职，张群又接到胡景翼、熊克武的来信，请他到河南任职。

胡景翼，字笠僧，是张群在东京留学期间相识的好朋友。 张群仔细考虑之后决定不赴察哈尔而到河南，任豫省警务处长兼警察厅长，帮助胡景翼管理河南治安，一时河南称安。

张群虽然是胡景翼的河南督军府中的重要人物，但是两人志同道合，志趣相投，友谊弥笃。 两人共事期间，经常一起练习书法。 胡景翼特别崇拜民族英雄岳飞，临摹岳武穆书法颇有长进，张群称赞胡景翼的书法有功力，胡景翼就作了一幅长卷赠给张群。 张群爱不释手，倍加珍惜。

未料到，次年，胡景翼病逝于任所。 张群向其继任者岳维峻要求离职出走。 但是河南士绅却请求张群留下来维持河南省会开封的秩序，等直隶军队到达后，张群才离开开封返回上海。

此后多年，张群一直把胡景翼赠给他的临摹长卷岳飞书法携带在身边，一有空就拿出来仔细欣赏，情不自禁地诗兴大发，写下怀念老友的《初题》：

> 武穆精忠呼欲出，将军风采似相承。
>
> 当年霸业今何在，垂老才知负笠僧。

在台湾的闲适生活中，张群走南转北，访遍宝岛的名胜古迹，悠游山林，怡然自得。 他不禁又想起当年的好友胡景翼，便把他比作留侯张良倍加思念，但是却永远看不到他们充满欢歌笑声的风雪关山，令人难忘的崤函归路也不知消失在何方，见到的只是夜空的满天星斗。 张群觉得那颗大星就是他的好友胡景翼，于是怀着惆怅的心情，无奈地提笔写下《再题》诗：

> 风雪关山共几程，崤函归路昔曾经。
>
> 张侯佳句吾能记，夜色微茫见大星。

越到老年，张群越是愿意怀念他在大陆的那些好朋友，胡景翼便是他经常想到的一个好朋友。 张群常常回忆起他们一同行走在汤阴道上，趁着皎洁的月色访问深山高僧的情景，于是又作《三题》以寄托自己的思念之情：

> 武穆书法世绝伦，几番风雨更招魂。
>
> 夜深犹是汤阴道，老木风声叩庙门。

让我们把话题再拉回来。 应该说，这十个春秋，张群国内国外走南闯北，奔走四方，虽然没有大的作为，但是也颇有收获。 张道镕等在《民国十大幕僚》一书中有恰当的总结：

> 正是在十年的沉浮中，他学到了不少政坛宦海的为官之道。诸如谦恭待人，绝不颐指气使；贪敛有度，不可卖弄官缺；顺从上司，遇事察言观色；度量宽宏，能够忍辱不恼，等等。张群正是带着这些为官之道，在大革命的浪潮中去投奔已经发迹的同窗、二兄蒋介石的。

第四章　投奔蒋介石

1926 年 7 月 1 日，南国"狮城"广州热气腾腾，广州市民载歌载舞，欢声雷动，一派革命景象。

广州东校场更是热闹非凡，蒋介石在这里举行就任国民革命军总司令暨北伐誓师典礼，五万军民踊跃参加隆重的庆祝典礼。

张群一身戎装，神采奕奕地站在蒋介石身旁，听蒋介石宣读他与老同学铃木贞一一起精心策划的北伐誓师词：

> 国民痛苦，火热水深；土匪军阀，为虎作伥；帝国主义，以枭以张，本军兴师，救国救民；总理遗命，炳若日星。吊民伐罪，歼厥凶酋；复我平等，还我自由。嗟我将士，为民前锋，有进无退，为国效忠，实行主义，牺牲个人，丹心碧血，革命精神……

原来斗转星移，十年来，蒋介石在铃木贞一等的帮助下，纵横捭阖，玩弄"以退为进"的策略，利用军权夺取党权，又利用党权扩大军权，先后十三次辞职又复职，一步步爬上国民党军事委员会主席、国民军总司令的高位，又迅速着手筹划北伐事宜。

蒋介石感激地置酒款待他的日本师兄道："老同学，你不愧为我的诸葛孔明！"

铃木贞一酒酣耳热之际，不忘日本陆军参谋本部交给的任务，乘机向蒋介石提出要求："老同学，你功成名就之时，千万不要忘记照顾日本帝国的在华权益！"

蒋介石满口答应："一定，一定！"

两人边喝酒边谈起在日本相识的难忘岁月，自然提到张群，蒋介石感到在北伐之时若有张群作为助手，事情就好办多了。于是就请铃木贞一打听张群的下落，让他速来广州参与军务。

张群正在上海无事可做，就应蒋介石之邀来到广州。蒋介石正为北伐军司令部缺乏智囊人物而四处延揽人才，见张群出落得文质彬彬，思路敏捷，办事稳妥，又善于言辞，恰好是最好的幕僚人选，就马上把张群安插在北伐军司令部做高级参谋，参与北伐重大战略、政略的谋划。 张群更使出浑身解数为蒋介石出谋划策，一些事果然办得十分漂亮。 蒋介石大喜，很快就把这个盟弟视为肱骨。

不久，一个显示张群才能的机会来到了。

北伐的作战对象是拥有几十万重兵的北洋军阀。 当时军阀经多年争斗，已经形成三大派系，张作霖、吴佩孚、孙传芳都拥重兵割据一方，三者合计有重兵七十五万，北伐军只有六万余人。

张群认为两者兵力相差悬殊，北伐军兵力有限，无法与北洋军阀全面抗衡。 为利用军阀矛盾实施北伐，张群等协助蒋介石制定了在战略上联络冯玉祥以牵制张作霖，分化孙传芳以孤立吴佩孚的策略。 蒋介石便命张群和何成浚去做分化孙传芳的工作。

张群与孙传芳并不认识，他首先与何成浚对孙传芳进行了一番调查研究。

张群感兴趣的是孙传芳也是日本陆军士官学校毕业，曾在日本加入同盟会，回国后善于运用怀柔之术对待部下，使士兵为他卖命，不少官兵对孙传芳颇有好感："听了孙长官讲话，三天不吃饭，精神都是振奋的！"

孙传芳就这样飞黄腾达，历任营长、团长、旅长、师长，又一度投靠直隶军阀吴佩孚扩大自己的势力。 现在以苏、浙、皖、赣、闽五省总司令自称，占据东南五省，控制着津浦线南段和宁沪杭线，手下拥有二十万重兵，真有气吞山河之势，根本不把蒋介石和北伐军放在眼里。

面对艰巨的任务，张群与何成浚多次密商对策。 张群兴致勃勃地说，他从许多情报中发现，孙传芳与吴佩孚虽然都是直隶军阀，但是两人之间存在浓厚的戒备心理，其国际背景也不相同。 如果巧妙地对他们进行离间分化工作，有可能争取孙传芳在北伐军进攻湖南、湖北的时候，暂时采取中立态度。

何成浚，字雪竹，1882年生于湖北省随县，1905年留学日本，与张群、蒋介石都是振武学校的同学，在东京加入同盟会。 此人足智多谋，历任讨袁军总司令部总参议、湖北招讨使兼建国军北伐总司令部参谋长等职，很得孙中山、蒋介石的信任，经常派他担任联络工作。

何成浚对张群的分析极其赞成，也滔滔不绝地讲起孙传芳对北伐军此时大举进入湖南有自己的如意算盘，不断地散布"保境安民""不陷入任何漩涡"的言论，声称"人不犯我，我绝不犯人"，狡猾地拒绝了吴佩孚向他提出的出兵援助湖南的要求。

张群将双手一拍，极力表示赞成说，孙传芳实际上是想坐山观虎斗，先让北伐军与吴佩孚打个两败俱伤，孙传芳就可以在适当时机轻取湖南、湖北，坐收渔人之利，小算盘打得精极了！

张群与何成浚商量，先由何成浚去见孙传芳，做试探性接触，根据孙传芳的态度再决定下一步的行动。

何成浚依计而行，到南京与孙传芳深谈两次，运用三寸不烂之舌大讲北伐军以势不可挡之势大举进攻，将来必然统一中国，劝说孙传芳顺应形势，早举义旗。孙传芳老奸巨猾，虚与周旋，不肯明确表态。

何成浚回来向蒋介石和张群汇报了他试探性交涉的情况，蒋介石立即决定让张群亲自出马去见孙传芳。

张群到南京后并不急于会见孙传芳，他胸有成竹地先打外围战，因为孙传芳的部属中有日本陆军士官学校毕业生几十人，张群利用老校友身份与他们拉关系，先把孙传芳身边的亲信拉过来，最后再去见孙传芳，就较有成功的把握。

张群首先拜访浙江师长周凤岐、陈仪，他们是多年的老相识了，今日一见分外亲热。张群出手阔绰，举办丰盛的酒宴予以招待，送上大笔银两，请他们设法打通孙传芳的关系，两人自然大力相助。张群又与江苏省省长陈陶遗叙旧紧拉关系，还得到孙传芳周围的日本士官学校其他同学的帮助，这才去见孙传芳。

张群见孙传芳生相英俊清秀，谈吐淋漓痛快，就施展杰出的辩论之才，指出当时中国的形势有利于北伐的发展，并针锋相对地抓住孙传芳的要害弱点，重申广州方面的意向，孙传芳如果能够与北伐军合作，广州国民政府将委派孙传芳为东南五省首领，由孙传芳负责维持五省治安，然后双方协同作战，一致行动夹击湖北，两军会师武汉，成就辉煌大事。

孙传芳冷笑几声，说明他手中握有二十万大军，北伐军才有六七万人，怎能承认广州国民政府为中央政府？因此，不能接受广州国民政府的任命。

张群不慌不忙地问孙传芳有何高见？孙传芳提出了一个由吴佩孚、孙传芳、唐继尧及两广实力派"分区治理，共同改造中央"的方案。

张群频频摇头，说那是逆历史潮流而动的危险方案，将给自己带来杀身之祸，为大丈夫所不屑为也。

孙传芳哈哈大笑，不以为然，张群滔滔不绝地分析时局发展趋势，说自己设身处地为孙传芳的切身利害考虑，有三条方策可以供孙传芳挑选：上策是与国民革命军携手共同北伐，中策为局外中立，下策是帮助吴佩孚对抗国民革命军大举北伐。

狡猾的孙传芳以"五省联帅"自居，根本未把只有六万人的北伐军看在眼里，便说他曾受吴佩孚提携，出于"道义"不能有负吴佩孚。

张群收起满脸笑容，严厉地质问道：你到底打算怎么办？

孙传芳老奸巨猾，他不愿意得罪广州国民政府，为虚与周旋，眉头一皱计上心来，把他的老方案稍加修改提出一个折中方案，即由吴佩孚、孙传芳、唐继尧和国民革命军四家分区治理，共同改造中国。

张群滔滔不绝地分析形势，陈说利害，孙传芳才被说服，答应采取中策，让担任北京政府农商总长的杨文恺提出三条具体办法：一是北伐军不侵犯孙传芳的辖境；二是将来与广州国民政府立于对等地位，"商量收拾全局"；三是广州方面"须表明非共产"。

张群对此很不满意，但是看到一时只能如此，就告别孙传芳赶往北伐前线向蒋介石汇报。孙传芳很快发表五省通电，发出"人不犯我，我不犯人"、各自保境安民的通电，孙传芳采取中立态度，坐视北伐军击败吴佩孚。

张群深知孙传芳反复无常，以总参议身份建议蒋介石把监视重点放在江西、福建，因此，在孙传芳背信弃义自赣西进攻北伐军时，北伐军突然攻入江西，迅速拿下南昌、九江，张群随国民革命军总司令部移驻南昌。

接着，张群和何成浚以日本士官学校同学资格，拉拢、分化孙传芳部下重要将领，使孙传芳几员大将投向北伐军阵营，结果令孙传芳力孤势单，仓皇溃败北窜，为北伐军占领中原大地打下了基础。

1927年初，蒋介石正式任命张群为北伐军总司令部总参议，不仅参与重大事项的谋议和决策，还奉命主持司令部的日常工作，成了蒋介石名副其实的首席顾问和幕僚。

蒋介石命张群留守南昌，自己率军攻下南京。

这时，革命营垒内的矛盾越来越尖锐，蒋介石为扩张自己的势力，大力笼络军事将领，收编各派军队，拥兵自重，不断进行反共活动，引起各方面的强烈反对。不少人主张把在海外的汪精卫迎接回国复职，用汪精卫来制约蒋介石，他们主张把首都定在武汉。

蒋介石反对建都武汉，主张在南昌建都，但是他的主张遭到很多人的反对，使蒋介石感到事情很难办，迫切需要一批像张群那样的智多星，遇事为蒋介石拿出切实可行的办法，顺利地确定下一步的军事行动。蒋介石命令张群将南昌留守任务交给李烈钧，赴南京就任总参议兼军事委员会委员之职。

张群与蒋介石绞尽脑汁，也不能阻止国民政府、国民党中央迁到武汉，蒋介石大为生气，但是也无可奈何，只好另做打算。

对于如何拿下江苏、浙江和上海，控制中国最富庶的地区，蒋介石、张群两人共同想到他们的盟兄黄郛，认为他阅历丰富，老谋深算，要成就大业，没有黄郛的帮助是不可想象的。

1926 年 12 月 18 日，蒋介石把一封信交给盟弟张群。张群一看，原来是蒋介石给黄郛的亲笔信：

> 二兄大鉴：渴念既殷，欲言无由，特嘱岳军兄面达一切，尚祈不吝教益，共底玉成，是为至祷。

张群携带蒋介石的亲笔信来到天津黄郛家中，盟兄弟相见分外亲热。张群详细地向黄郛报告了北伐战争的进展和内部的矛盾情况，说明蒋介石有解除苏联顾问、清除共产党的意向，但是存在"底定东南"的许多困难，需要足智多谋的盟兄前去帮助筹划。

黄郛考虑再三，觉得蒋介石既是北伐军总司令，又是自己的盟弟，在关键时刻想到他黄郛的才能，又派盟弟张群亲自来请自己出山，面子可谓大矣，认为无论从哪一方面说，都不能再把天津当作卧龙冈的茅庐了。于是，他决定再次出山干一番轰轰烈烈的事业，但是在表面上却装作一副不情愿的样子，一再推迟行期。

黄郛并非无故延宕，他在等待一个重要人物来访，这个人将给他黄郛带来送给蒋介石的颇有分量的见面礼。

张群再三催促黄郛启程，黄郛仍然借故拖延，只是说明这几天将有一个张群认识的客人来访，到时候一见便知。张群晓得盟兄绝非等闲之辈，只得耐着性子等待。

一天，黄郛等待的重要客人终于来到，张群一看，竟然是他在保定陆军速成学堂时的教官佐分利贞男，现在已经升任日本外务省条约局局长。不久前，他与黄郛一起在北京参加国际关税会议。

这是段祺瑞政府与帝国主义国家就增加附加税税率讨价还价的会议，美、英、日、意、法、比、葡、瑞典、挪威、西班牙、丹麦和中国等十三国参加。这个会议原定在华盛顿会议闭幕后三个月内召开，但是帝国主义国家迟迟不动，后来看到北伐军顺利进展，为破坏中国人民的反帝斗争，才同意召开这个会议。

黄郛与佐分利贞男分别作为中日代表参加这个会议，两人因蒋介石的关系而打得火热，一个是蒋介石的教官，一个是蒋介石的盟兄，关系当然非同一般。 佐分利贞男负有进一步考察蒋介石的任务，只说有重要事情相商。

今天三人在黄郛家里会见，张群这才解开黄郛一再推迟行期之谜，三人互有需求，因此格外亲热。

佐分利贞男详细地询问了蒋介石和北伐军的情况，然后对黄郛和张群大力吹捧。张群明白这位日本浪人出身的高级官员如此吹捧，必然有所请求，只是含笑推托做出谦虚之态。

不多时，佐分利贞男果然提出要求说："黄君、张君，我有重要事务要见蒋介石，请代为引见。"

张群、黄郛知道这绝非寻常会见，就满口答应，便带着佐分利贞男离开天津南下，特意路过上海，顺便与江浙财团拉关系，会见了中国银行副总裁张嘉璈，商谈江浙财团向蒋介石提供财政援助问题。

这时候，随着北伐战争的迅速发展，工人运动空前高涨，江浙资产阶级感到恐惧，他们把上海工人阶级的正义斗争视为对自己的最大威胁，他们通过各种途径要蒋介石镇压共产党和工人运动。

张嘉璈告诉黄郛和张群，只要蒋介石改变联俄联共政策，蒋介石就可以在汉口中国银行信用透支一千两百万元，作为他的军饷费用。

黄郛和张群带着佐分利贞男从上海来到武汉，会见国民政府外交部长陈有仁，然后前往南昌旧江西督署，在北伐军总司令部会见了蒋介石。

蒋介石见张群终于把号称"隐身仙人"的黄郛请了出来，表示非常高兴。 黄郛把张嘉璈的丰厚礼品献上，蒋介石更是赞不绝口，让张群把黄郛安排在北伐军总司令部里居住，派两名副官、一队卫兵供黄郛使唤，天天设大小宴会招待，照顾得极其周到。

经张群、黄郛引见，蒋介石接见了佐分利贞男。

佐分利贞男对蒋介石的左倾言论很不满，说日本政府认为蒋介石虽然军权在握，外国观察家把他视为正在崛起的明星，但却是一颗闪烁不定、令人眼花缭乱的新星，督促蒋介石及早进行"清党"。

蒋介石告诉日本当局的代表："我目前处境极其危险，武汉政府和共产党都在与我捣乱，左倾言论我不得不发。 娘希匹，总有一天我会向共产党开刀的，请日本朋友放心！"

蒋介石让张群把黄郛请到南昌之后，将黄郛与张静江、戴季陶当作南昌右派的核心人物对待。

为策划反共阴谋，蒋介石让张群请他们登上风景秀丽的庐山，在牯岭仙岩旅馆朝夕相处，一起制定镇压工人阶级和共产党的方案。

蒋介石和张群征求黄郛对进一步北伐的意见，黄郛认为中国两个"邻居"都不善，目前尤其要分清轻重缓急，无论中日关系与中苏关系如何发展，蒋介石都不应该放弃日本这条道路。

在张群的帮助下，蒋介石、黄郛、戴季陶等制定了一份行动纲领，主要内容有四个方面：第一，必须离俄"清党"，放弃联俄联共政策，并适时地向国民明示这一政策。 第二，在外交上首先谋求同日本、英国的"谅解"，特别是"不应该放弃日本这条道路"。 第三，力争早日光复京沪，联络绅商，谋求东南底定。 第四，联络北方的冯玉祥、阎锡山，尽快形成"中心力量"，"以减少内争而早致统一"。

根据这个行动纲领，蒋介石、黄郛、张群三兄弟在南昌秘密商议如何与各方面协调关系，以便使北伐军能够顺利地进占江浙。

日本外务大臣币原喜重郎接到佐分利贞男的报告，摸到了蒋介石的底，为吸引蒋介石走出"朦胧混沌"的深渊，1927 年 1 月 16 日特地发表对华政策演说，向蒋介石传递信息：

> 对于中国国民之合理期望，日本当以充分之同情与理解考虑之。如果中国方面能如我们之所期望，以稳健平衡之精心相待，则改定条约之交涉，必可顺利进行。日本当尊重中国的主权与领土完整，对中国内政采取绝对不干涉主义。

张群马上把来自日本政府的信息报告蒋介石，又向蒋介石呈上美国国务卿凯洛格 1927 年 1 月 27 日对蒋介石发出的示意声明：

> 美国政府对所有互相持、图谋控制中国的各党派，曾经尽一切努力保持严谨的中立态度，美国政府愿意以最宽大的精神同中国办交涉。

蒋介石得到来自日本、美国、英国的信息后受到鼓舞，但又觉得没有把握，就把他的好朋友张静江、虞洽卿、黄郛、张群找来商量。

蒋介石开口骂道："娘希匹，日本人、美国人跟我捉什么迷藏？ 有话也不明说，他们要干什么名堂？"

张静江、黄郛、张群等告诉蒋介石，日美朋友对他还不放心，必须采取果断的行动。 蒋介石便派戴季陶前往日本活动，做改变联俄联共政策的"转风试探"；派黄郛、张群奔赴武汉，从中国银行信用透支一笔巨款以解燃眉之急，然后悄悄前往大上海，与江浙财团及帮会首领秘密联络，再来到北京与阎锡山、冯玉祥秘密会见，笼络他们拥戴蒋介石。

黄郛和张群不辞劳苦，为蒋介石四处奔走，南北游说，没有经费也不敢向蒋介石要，就自己掏腰包赔钱干，张群大发感慨说："我这几年积蓄的一万多元钱，都快赔光了！"

1927 年 1 月中旬，日本驻九江总领事江户千太郎找到黄郛、张群，奉日本政府之命请求会见蒋介石。 黄郛、张群安排他们在庐山牯岭会见。

江户千太郎告诉蒋介石，日本政府对蒋介石与苏联顾问鲍罗廷过从甚密感到不安，对蒋介石在黄埔军校所讲的左倾言论感到分外刺耳，对蒋介石要打倒帝国主义的讲话不能容忍！

蒋介石接受黄郛、张群的意见，明确地告诉江户千太郎，他本人非但不打算废除不平等条约，而且要尽可能地尊重现有条约，保证承认外国借款并如期偿还，外国人投资的企业将受到充分的保护。

江户千太郎大喜过望，紧紧地握住蒋介石的手说："蒋总司令，大日本帝国对你的表态，给予极高的评价！"

江户千太郎迅速把蒋介石的反应上报日本外务省，外务大臣币原喜重郎马上把他的密友、日本海相财部彪请来，共商拉拢蒋介石的方策。

财部彪说他的秘书官小室敬二郎曾经当过蒋介石和张群留学时的教官，蒋介石和张群逃离日本的时候，小室敬二郎曾经置酒送行。 币原喜重郎大喜，立即决定派小室敬二郎前往南昌摸蒋介石的底。

小室敬二郎奉日本当局之命，悄悄来到南昌，通过黄郛、张群的关系，在牯岭见到了蒋介石。

蒋介石知道小室敬二郎大有来头，就主动谈及当年他与张群刚刚跑出营房，就见小室敬二郎带人来追，真吓了一跳，教官低声告诉他们不要害怕，日本朋友特意赶来送行。 蒋介石至今记忆犹新，他绝不忘记日本朋友的深情厚谊。

小室敬二郎看张群、黄郛一眼，这才抛出日本政府的真意，劝说蒋介石与共产党分道扬镳，蒋介石理解日本在政治、经济上与东北关系密切，保证将来尊重日本的在华特权，双方约定今后通过日本驻汉口总领事高尾亨与黄郛、张群随时保持联系。

1927 年初，由于英国帝国主义残酷镇压中国工人运动，中国人民奋起收回汉口、九江英租界，大大地激发了中国人民的反帝热情。日本当局非常紧张，又派铃木贞一来探虚实。铃木贞一战后在东京国际法庭上交代他的罪行说：

我在 1926 年担任久留米步兵联队大队长。这年年底陆相宇垣通知我去接受特殊命令，这个特殊命令是："中国如果和共产党携起手来进行赤化，日本将陷于困境。你去游说蒋介石，让他断绝和共产党的关系，搞纯粹的国民革命。同时，侦察鲍罗廷的行动。"

奉命后，我先到汉口找到老朋友黄郛。此时，蒋介石在南京，我和黄郛商量后，通过他又和蒋介石的参谋长张群（张群也是我在上海时的老朋友）取得联系。随后张群通知我到九江去和蒋介石见面。

几天后，我在九江和蒋介石见了面。蒋介石给我看了他写的《建国方略》一书，他的结论是："为了保全东亚，中日两国的合作是必要的。"

最后，他告诉我："我打算用三民主义统一中国，你就放心吧，我到南京就正式表明态度，你等着瞧吧！"

第五章　玩弄韬晦之计

1927年8月的南京，闷热异常，蒋介石烦躁不安，骂声不绝。

蒋介石发动"四一二"反革命政变后，在南京另立国民党政府和国民党中央机构，张群被任命为中央政治会议委员，参与蒋介石一系列重大方针政策的谋划，帮助担任上海特别市市长的盟兄黄郛与江浙财团头面人物联系，动员他们支持蒋介石。

张群很快看到，由于蒋介石死心塌地投靠帝国主义，血腥屠杀革命群众，不仅受到共产党人的愤怒声讨，也被武汉国民党中央决定开除党籍，取消其国民革命军总司令之职。加之蒋介石指挥的反攻徐州之战失利，威信一落千丈，这给反对蒋介石的势力提供了有利时机。

8月9日，在武汉的国民党主席汪精卫、第四集团军总司令唐生智发表讨伐蒋介石的通电，率领部队沿着长江东进。蒋介石要桂系军阀白崇禧率领所部官兵回击武汉方面的进攻，白崇禧不仅严词拒绝，而且与李宗仁、何应钦等串通一气，武力"逼宫"，顿时使蒋介石处于四面楚歌的境地。

蒋介石气得暴跳不安，吼声如雷，急忙召集张群、张静江等亲信商讨对策。蒋介石气急败坏地说：

"我一组成南京政府，就让外交部长伍朝枢发表对外政策讲话。在这篇对外政策讲话中已经明确地表示：第一，不采取暴力政策；第二，于适当时候提议废除不平等条约；第三，打倒帝国主义并非排外。我向美日等国表明了这样的立场，为何对方至今没有反应？"

蒋介石的谋士们一个个焦急万分，但是一时都找不出帮助蒋介石一举挽回颓势的灵丹妙药，蒋介石便把目光转向一向足智多谋的张群身上。

张群早对此考虑多时，这时候不慌不忙地把自己的独特想法轻轻说出：

"从我与外国朋友接触的情况看，中国局势现在处于极其微妙的状态。美国人怕你为日本所利用，日本人又担心你为美国人所利用，他们各怀鬼胎，正在暗中斗法，当然现在不会公开表态。"

蒋介石不置可否，请张群详细地介绍他的意见。

张群说明为今之计，只有当机立断，急流勇退："总司令这样硬顶下去，最多只有半个领袖好当，绝不能实现掌握国民党全部大权的欲望。"

张群此言一出，举座皆惊，蒋介石露出怀疑之色，蒋介石的亲信一个个都强烈反对。蒋鼎文大叫："当前北伐正在进行之中，胜负处在关键时刻，总司令此时离开，岂不是群龙无首吗？"

蒋鼎文一言既出，立即得到所有人的赞同："总司令不能走，我们恳请总司令留下！"

蒋介石不动声色，将手一举，制止亲信们的吼叫，示意张群把他的主张细细从头道来。

张群胸有成竹，滔滔不绝地分析说，蒋总司令此时如果恋栈不走，很快就会成为众矢之的，各方面的攻击集中打来，蒋总司令至多有半个国民党领袖好当。

这是蒋介石最为头痛的问题，他曾经为此苦思多时，但是难以找到挽回颓势之策，他极不情愿地示意张群继续讲下去。

张群以特有的论辩才能侃侃而谈道："蒋总司令一走，就可以马上避开攻击锋芒，观战局外，让宁、汉两派去互相争吵，蒋总司令就可以待机而起，坐收渔翁之利。"

蒋介石听到这里拍案而起，大叫："好！好极了！岳军请讲！"

张群深受鼓舞，将自己思之已久的锦囊妙计和盘托出：在宁、汉相争的复杂局势中，冯玉祥一直处于超然地位。蒋总司令如不退让，冯玉祥就会在宁、汉调停中得到实利，蒋总司令的大权有可能旁落。

张静江是蒋介石在上海做股票生意时的老搭档，这时担任浙江省主席，背后有江浙财团的支持，这时把那条瘫痪了的大腿一拍说："你先演个辞职剧，这就如同我们当年在上海交易所所玩的那一套伎俩，略施小技放出空气，让那些笨蛋信以为真，然后出其不意杀他个回马枪，岂不是以退为进的妙计一条？"

蒋介石这才明白了张群的真意，认为与其恋栈不走，不如"急流勇退"，使自己处于超然地位。

于是，蒋介石经反复权衡利弊之后，向国民政府提出请辞国民革命军总司令的呈文，1927年8月13日宣布下野，当晚在张群陪同下离宁返沪，翌日在上海发表"辞职宣言"，述说反共经过，期望实行宁汉合作、并力北伐、彻底"清党"三件大事，然后带两百名警卫回浙江奉化原籍。

蒋介石按照张群等人的建议，电请冯玉祥主持津浦路战事，胡汉民也发电报称冯玉祥"一柱擎天"，从而把冯玉祥推进斗争的旋涡，待各派系闹得不可开交之时，蒋介石再以公正者的姿态出面，收拾残局。

蒋介石在奉化的二十多天中，表面上为母亲扫墓，处理与毛福梅和姚冶诚的关系，尽情游山玩水，实际上时刻与张群一起密切观察中国时局变化，寻求东山再起的机会。

在此期间，国民党内部争夺权力的斗争越来越激烈，宁、汉、沪三派鼎足分裂，汪精卫公然宣称要亲自去奉化请蒋介石复职。蒋介石的一些亲信得意忘形，劝蒋介石立刻出山重掌国民党大权。

恰在此时，传来了宋美龄随母亲倪老太太已赴日本的消息。

1927 年 9 月 23 日，蒋介石正与张群议论如何取得美国、日本等西方列强支持的问题，突然，新编补充团团长王世和进来递给蒋介石一封信。蒋介石漫不经心地打开一看，顿时大惊失色，急得一句话也说不出来。

张群见此情况，急忙问道："总司令，出了什么事？"

蒋介石急得抓耳挠腮，满头是汗，只得告诉他的盟弟："美龄她……就要随倪老太太去日本！"

张群不解地问道："为什么现在急着去日本？"

蒋介石掏出手帕擦擦额头的汗水说："美龄没有说，她只说等我回信——岳军兄，此事如何是好？"

张群稍做思考，忽然拍手大笑道："天下好事都成双，此之谓也！"

蒋介石大惑不解："此话怎讲？"

张群微微一笑，轻轻道来："看来，总司令访问日本的事情就要实现了，再加上取得婚事的成功，岂不是喜上加喜？真是可喜可贺啊！让他们厮杀吧，咱们到东京办喜事去！"

张群将计就计，协助蒋介石制订了利用国民党内部矛盾激化之机，赴日取得倪老太太允婚和得到日本当局对蒋介石支持的计划。

一番话说得蒋介石心花怒放，简单准备一下，就带领张群从奉化来到上海，受到上海警备司令杨虎和总司令部顾问黄金荣、杜月笙、虞洽卿等的热烈欢迎。

张群自告奋勇去日本打前站，为蒋介石访问日本进行一系列活动，做周密的安排。

蒋介石接受张群的建议，在上海公开声称："此行与政治无关，唯在获宋氏家族对美龄女士婚事之同意。 如获同意，则将在上海结婚，然后偕游海外。"

张群作为先遣人员来到日本神户，住在有马温泉大旅社，会见宋美龄的母亲倪老夫人，说明蒋介石已经与其妻妾毛福梅、陈洁如、姚冶诚离婚，劝倪老夫人与蒋介石见一次面，宋子文、宋美龄也劝母亲答应这桩婚事，终于使倪老夫人的态度有所松动。

9 月 27 日，代蒋介石打前站的张群回到上海，向蒋介石报告访问日本的准备工作已经就绪。 蒋介石大喜，就在张群、陈群的陪同下，登上日本客轮"上海丸"前往日本。

在波涛滚滚的大海上，蒋介石与张群密商访日取得政治联络、喜结良缘的万全之策。

面对碧海蓝天，蒋介石想起他与日本的长期复杂关系和中国的混乱局势，狡诈地对张群说："让何应钦、李宗仁与武汉政府那些人狗咬狗吧，我们用一年时间历访世界各国，同列强要人晋接，观摩他人的优点！"

张群颇感兴趣地问："总司令想学什么?"

蒋介石愉快地侃侃而谈："学日本的政治与社会学，德国的哲学与军事学，法国的政治与社会学，英国的政治、经济与海军，美国的哲学与经济，意大利的社会与政治，土耳其的革命历史！"

张群了解了蒋介石的基本思路，马上献上打响头一炮的良策妙方："日本是我们这次海外旅行的第一站，必定要旗开得胜，马到成功！"

张群这番话说到了蒋介石的心坎上，喜滋滋地问道："岳军兄定有高论，我洗耳恭听！"

张群悄悄相告："阁下目前是在野之身，要先把'家'事办好，选定将来的第一夫人，方可再言国事！"

蒋介石乐得眉开眼笑，称赞说："高，不愧是我的诸葛孔明！"

"不敢当！"张群掏出早已准备好的一份文件，毕恭毕敬地递到蒋介石手中，"我已经为阁下拟定抵达长崎时的宣言，请过目。"

蒋介石接过一看大喜，挥舞着宣言雄心勃勃地喊道："啊，这是我第八次来日本了，但愿我一帆风顺，得胜而归……"

9 月 29 日，蒋介石一到日本，就对东方通讯社记者发表了张群亲自为他起草的假借追求爱情和重温旧好，为掩世人耳目的声明：

> 余此次来日，乃欲观察及研究十三年以来进步足以惊人之日本，以定未来之计划。且余之友人居日者甚多，欲乘此机会重温旧好，并愿借此与日本名流晋接，此外并无其他目的。关于以后之事，尚无任何打算。现拟赴云仙小住，暂时静养。

蒋介石为什么要说在"云仙小住"呢？ 因为宋美龄一家就住在那里。

蒋介石一行急忙赶到长崎云仙旅馆，一问才知道，倪老太太听说要从中国来一个已经下台的官要追宋美龄，就急急忙忙赶往神户。 蒋介石兜头被浇了一盆冷水，不由得连声叹气。

张群笑嘻嘻地劝蒋介石先在长崎小住，他和宋子文到神户去疏通关系，请蒋介石在云仙旅馆静候佳音，蒋介石将信将疑在长崎住下。

张群和宋子文离开长崎，到达神户。 宋子文把张群领进面向蔚蓝色大海的有马温泉大旅社，先会见宋美龄的母亲倪老太太，说明蒋介石已和妻妾毛福梅、陈洁如、姚冶诚离婚，竭力澄清社会上对蒋介石的"流言蜚语"，劝倪老夫人和蒋介石见一面。

在张群和宋子文、宋美龄软硬兼施、内外夹攻之下，倪老夫人终于同意在有马大旅馆客厅正式召见蒋介石。

张群认为这是最为关键的一次会面，亲自为蒋介石梳妆打扮：帮助蒋介石穿上崭新的深褐色和服，腰间束一条绸布腰带，更显得从容潇洒，神采奕奕，把蒋介石与毛福梅离婚的证件带好，再将倪老太太最爱吃的香蕉交到蒋介石手中，这才送他去见倪老太太。

蒋介石按照张群定下的锦囊妙计，果然说动了倪老太太，不一会儿就怀抱倪老太太送给他的《圣经》跑了回来，在客厅门口与有马大旅社的女老板千代子撞了个满怀。 他兴奋地大声喊道："老板娘，成功了！ 成功了！ 婚约成功了！"

张群兴高采烈地上前祝贺，蒋介石吩咐张群快快磨墨，对老板娘说："哦，对了！ 给你写字吧！"

张群准备好文房四宝后，蒋介石乘兴挥毫，一鼓作气连写五幅字："平等""革命""宁静致远""千客万来"等。 张群称赞蒋介石的字写得好，老板娘郑重收藏起来。

蒋介石和宋美龄一起泡在热气腾腾的清澈泉水中,向宋美龄吐露真情:"我在日本发表谈话的用意,旨在糊弄东洋鬼子,真实目的之一是求得你的爱,之二是通过与日本名流晋接之机会,让他们知道我蒋某人并不反对日本政府。 唯有如此,才能给奉系的胡帅张作霖来个釜底抽薪,加速我回国后北伐的进程!"

蒋介石特别强调:"岳军兄代我在东京上下斡旋,左右奔走。"

张群安排完蒋介石、宋美龄的婚礼后,即前往东京,通过铃木贞一和日本黑社会头子头山满与日本政界、军界当权派联系,设法使蒋介石得到日本当局的支持,选择适当的时机在日本政府的支持下东山再起。

张群首先去找他和蒋介石在东京士官学校的同学铃木贞一。

这时候,铃木贞一刚从中国回到日本不久,蒋介石也下野来到日本。 日本当局见蒋介石一心追求宋美龄,日本新闻界更对蒋介石的日本之行猜测纷纭。 日本外务省次官森恪对蒋介石来到日本的目的有所怀疑,找到铃木贞一家里询问根由,商量对策。

铃木贞一心中有数,知道蒋介石一定会找上门来寻求他的帮助,就以万事亨通的股票经纪人特有的精明,得意地告诉森恪:"次官不必多虑,我的好朋友蒋介石、张群是在玩障眼法,蒋介石找到美国线上的宋美龄之后,就一定会找上我的门来,以得到日本政府的支持,助其一臂之力。 不然的话,蒋氏政权就如同空中之楼阁,水中之花月。"

森恪以为铃木贞一直在吹牛皮,恰巧使女来报:"老爷,中国人张群前来拜访!"

森恪见张群果然来访,对铃木贞一敬佩万分,心中便对蒋介石和张群的来意明白了十之八九。 铃木贞一请森恪一起会见张群,森恪认为自己是朝政大员,不能随便接见中国人,就急忙躲入内室,偷听张群与铃木贞一交谈。

铃木贞一把张群请入客厅,自然流露出故友重逢的欣喜之情。 张群仔细打量铃木贞一,只见这位老同学依然精明消瘦,具有万事亨通的股票经纪人所特有的神气:长脸、高额头、戴眼镜、头发剪得很短,嘴角上的皱纹显得他若有所思,深不可测。

张群请铃木贞一斡旋沟通,会见日本政府主要领导人。

铃木贞一却板起面孔,指责蒋介石不懂复杂的军国大事,还像当年在上海滩一样沉迷女色,真是执迷不悟,可恶又可恨!

张群从日本报纸上看到日本人对蒋介石与宋美龄关系的诸多误解,暗暗高兴万分,庆幸他为蒋介石设计的韬晦之计果然蒙蔽了不少日本人,于是略施小计拉拢铃木贞一。

这是因为张群了解他们不仅有同窗之友谊，而且铃木贞一曾受日本参谋本部谍报课的指令，作为日本在中国的特务组织——坂西机关的干将，担任粤军第二军总参谋长、前敌总指挥蒋介石的顾问。1924年，蒋介石被任命为黄埔军校校长后，铃木贞一向蒋介石介绍了日本为培养军官在皇宫成立"大学寮"的经验，蒋介石在黄埔军校的许多做法是受"大学寮"的启发而采取的。

张群深知铃木贞一绝非等闲之辈。1926年底，铃木贞一接受日本陆相宇坦一成的秘密特殊命令，为防止北伐军与共产党携起手来"赤化"中国，妨碍日本的侵华权益，来中国游说蒋介石，让他断绝和共产党的关系，搞纯粹的国民革命，同时侦察鲍罗廷顾问的行动。

张群更知道铃木贞一与蒋介石是老朋友，早在1916年蒋介石与张人杰、戴季陶、陈果夫结为盟兄弟，投靠青帮头目杜月笙、黄金荣做投机生意的时候，铃木贞一就跟这帮人混得很熟，跟蒋介石结成密友，背后甚至对杜月笙、黄金荣以杜大耳朵、黄老板相称。

正是由于这些原因，张群和铃木贞一混得很熟，觉得铃木贞一"温文尔雅""到处活跃"，总是穿得笔挺，很像一个参加化装舞会而扮成银行家的军人。

张群深知铃木贞一是日本昭和天皇裕仁最信赖、最依靠的两三个年轻的陆军军官之一，西方情报界对铃木贞一有很高的评价：

> 早在本世纪初，铃木贞一就在东京的陆军士官学校中认识了蒋介石，并曾数次作为裕仁的私人特使会见蒋介石，他是陆军中的经济学家，因而他具有起双重作用的能力。

张群滔滔不绝地追忆往事，然后做出结论说，蒋介石和他对日本人是够朋友的，他安排蒋介石与宋美龄的恋爱剧，只是上演的一场微不足道的垫场戏，蒋介石与日本当局的联系才是这场戏的正题和最高潮。

铃木贞一在蒋介石发动"四一二政变"大肆屠杀共产党人后，已经对蒋介石和张群刮目相看，急忙回国述职，向日本当局邀功请赏。这时，他才称赞老朋友所讲的话都是真情。

张群这才放下心来，请铃木贞一在使蒋介石获得日本当局支持、建立蒋氏政权问题上助一臂之力。

这正是铃木贞一求之不得的事情，就露出故友重逢的样子，请张群提出具体要求。

张群大喜过望，请他居间斡旋，使蒋介石会见日本军政要人和黑社会头子头山满、内田良平，铃木贞一满口答应。

张群邀请铃木贞一去见蒋介石，铃木贞一认为蒋介石和张群有求于他，应该让蒋介石来拜访他，但是并不将此意说明，只是借口太忙拖延时间。张群是何等聪明之人，马上告辞铃木贞一，去向蒋介石复命。

这期间，蒋介石在日本的奈良、箱根、芦湖、热海、伊东等地漫游了二十多天，以旅游之名等待张群与铃木贞一交涉的消息。在接到张群的准确消息后，于 1927 年 10 月 23 日到达东京。

张群把蒋介石安顿在东京帝国饭店。蒋介石仔细打量这座花岗石营造的楼房，对其宏伟的建筑风格赞叹不已。张群介绍说，这是美国著名建筑师威锐特设计的杰作，经受了关东大地震的考验而完整无损。

蒋介石对这些不感兴趣，迫不及待地询问道："岳军兄，我们在东京的活动怎样安排？最重要的是和田中首相举行会谈。"

张群笑眯眯地说："我已和铃木贞一联系过，他愿意代我们安排会见日本政界要人和社会名流。"

蒋介石大喜，情不自禁地击节赞叹道："不愧是老同学，够朋友！你快去把他请来商量！"

张群连连摇头不止："不可，我们应该去拜访他！"

蒋介石大感惊诧："为什么？不是一向都是他来拜见我吗？"

张群急忙说明此一时、彼一时也："他如今可是田中首相的红人，我们尊重他一些比较好！我们东京之行的成败，可以说就掌握在他的手上！"

此时的蒋介石是个可伸可缩的人，对张群是言听计从。

铃木贞一此时牛气十足是有他的道理的，他自信手中掌握着蒋介石打开中日关系的钥匙，不怕蒋介石不登门求助。

原来，日本首相田中义一从侵略中国的前提出发，时刻关注着中国政局的发展变化，得到蒋介石下野来日本的信息，马上找铃木贞一和日本外务省次官森恪及情报头子土肥原贤二商量对策。

他们认为张作霖态度强硬，在很多问题上不买日本人的账。而蒋介石态度灵活，而且下野后依然控制着中国的军政实权。桂系军阀虽然赶走了蒋介石，但是不但没有抓住实权，连大局也控制不住，此时中国上上下下到处响起一片请蒋介石复出的呼声。原为众怒所指的蒋介石，一变而身价百倍，不久之将来统治中国者，非蒋介石莫属！

基于这一分析，日本当局对蒋介石有了更大的兴趣，日本首相田中义一指示铃木贞一主动找张群，为蒋介石在东京安排一切。

一天，蒋介石偕同张群登门拜访铃木贞一。铃木贞一见事态发展果然如他所料，急忙把两个老同学让到客厅热情招待，先从蒋介石最高兴的事情谈起："老同学，看你满面春风，有何喜事告诉我？"

蒋介石含笑回答道："托老同学的福，我已取得倪老太太对我与美龄婚事的同意！"

铃木贞一故意开玩笑说："可喜可贺！我还听到这样的话：'此行与政治无关，唯在获得宋氏家族对美龄女士婚事之同意。若获同意，则将在上海结婚，然后偕游海外。'对吗？"

蒋介石见铃木贞一揭穿了他和张群定下的借婚事掩盖政治谋略的巧妙计谋，笑着看了张群一眼，见张群点头后，才哈哈大笑说："老同学才高八斗，明察秋毫，什么事能逃得出老同学的眼睛？会见日本各界要人之事，还望老同学费心格外关照。"

于是，铃木贞一便以老朋友的身份说："我祝贺你在婚姻问题上旗开得胜，预祝你在东京也打一个漂亮的胜仗。在这期间，需要我做些什么，就请直言！"

蒋介石便提出了他早已考虑好的想法，与铃木贞一、张群共同研究了一份访问名单，包括日本首相田中义一、陆相白川义则和头山满、内田良平、秋山定辅、佃信夫、萱野长知、梅屋庄吉、涩泽容一、犬养毅、山本条太郎、长冈外史、飞松宽吾等人。

铃木贞一答应与日本各方面联系，促成蒋介石与日本政要的会谈，然后又询问有何要首先披露日本报端的消息。

张群早就为蒋介石起草了一篇《告日本国民书》，蒋介石从张群手中接过，郑重地交给铃木贞一："请先把岳军兄的这篇杰作公诸报端。"

铃木贞一接过，迫不及待地低头去看：

> 我孙总理尝称中日"两国为兄弟之邦"，无论在任何方面观察，均有唇齿相依之关系，中正深信贵国国民……吾人今后努力亲善之工作，首当扫除国民间以前之误会与恶感，打倒亲善障碍之军阀，并切望日本七千万同文同种之民族，对

于我中国革命运动彻底了解，而予以道德及精神之援助……

铃木贞一看完，仔细收起说："好，我把它交给报馆明天发表——老同学，你打算首先会见谁？"

蒋介石根据他与张群早已考虑成熟的方案说："头山满！"

铃木贞一一愣，很快明白张群让蒋介石首先会见这位黑社会头子出身的中国通，目的是通过这位关系复杂、威力无穷的人物，与日本各界及各国使节进行广泛的接触，为印证自己的想法问道："为什么？"

蒋介石早与张群商量好了应付之词："我这是第八次访问贵国，十分了解日本右翼团体的实力，我希望通过和头山满等右翼领袖的交往，改变日本政府支持奉系军阀张作霖的路线！"

铃木贞一对蒋介石、张群的这一决定深表赞成："好，有眼光！ 我们的'侠盗罗宾汉'头山满，又被称作日本下层社会的天皇，他的确具有不可轻视的力量。 在日本，只要有他支持，事情就好办多了！"

根据张群的建议，蒋介石告诉铃木贞一："请立即联系，我还想就会见头山满发布一条消息！"

于是，日本各大报纸都报道了蒋介石到达东京的消息，突出强调"蒋介石发表对日宣言，宣称对日联合之必要，蒋介石今日将拜谒中国通头山满"。

张群在帝国旅馆小憩片刻，即在夜色朦胧之中，去拜访日本黑社会首领头山满，他认为这是"日本的杜月笙、黄金荣"。

张群、蒋介石早在 1907 年在日本士官学校学习时就与头山满拉上了关系，1913 年随孙中山到日本避难时，蒋介石、张群同头山满来往密切。 从多年交往中，张群知道头山满是日本黑社会鼻祖，为日本最有势力的帮派巨魁，被称作"黑社会天皇"。 他在日本政界地位很高，在裕仁天皇和良子皇后的盛大婚礼上，头山满被邀作座上宾，与王公大臣、高官贵戚并列。 在皇宫御花园森林区的皇室神殿外，头山满还享有日本举行重大仪式和集会时带领臣民三呼"天皇陛下万岁"的殊荣。

因此，张群恭恭敬敬拜见头山满，请他接见蒋介石，以"侠盗罗宾汉"自居的头山满"慨然"答应。

很快，在一个华灯初上的夜晚，头山满在黑社会密室里接见了蒋介石和张群。

七十二岁的头山满银须飘拂，满头华发，却仍然虎背熊腰、言语响亮，他把经过黄金荣介绍的客人邀请进密室，在榻榻米上盘腿而坐，命下女献上香茶，热情招待。

蒋介石以后生晚辈的身份拜见头山满说："我来日本之前，我师傅黄金荣让我首先拜会头山满先生，代他向你问候！"

头山满以赞赏的眼光看看蒋介石和张群，朗声大笑道："你是黄金荣的徒弟，太好了！欢迎，欢迎！我对黄老板非常敬重！我的老朋友西园寺公望到上海访问的时候，黄老板对他照顾得无微不至，西园寺公望公爵多次交代我要照顾黄老板的人。没有想到中日两国帮会人员的因缘，就应在了你的身上。"

张群大吹头山满与中国国民革命之父孙中山很有交情。从1895年孙中山第一次反清起义失败流亡日本起，头山满就给孙中山大力支持，又协助孙中山在黑龙会总部成立中国同盟会；"二次革命"失败后又打通日本当局关节，让孙中山在日本登陆，进行革命活动。

张群声称"中国若无日本不变的合作就无法生存"，请头山满对蒋介石伸出援助之手。

头山满身穿和服，盘腿坐在榻榻米上，摸着雪白的胡子，以狡猾的目光注视着他的两个中国"密友"，不慌不忙地从蒋介石和张群口里窃取情报。

头山满从黑龙会设在中国的情报系统，完全掌握了蒋介石此次日本之行的目的。他认为蒋介石是日本侵略中国用得着的人物，便对这个中国政坛新冒出的"明星"表示支持，答应运用他在日本的权势和影响，安排蒋介石同日本首相田中义一、陆相白川义则、参谋总长金井范三、参谋次长南次郎等军政要员会见。

蒋介石和张群大喜，对头山满奉若神明，因而三人倾心交谈，情投意合，最后欣然合影留念。

头山满忽然想起什么事，便问蒋介石："你住在哪里？"

蒋介石如实回答："帝国饭店。"

头山满手拂银须摇摇头："阁下昨夜住旅馆，一定招待不周，非常不舒服，实在委屈你了！"

蒋介石、张群知道孙中山"二次革命"失败后逃亡日本的时候，就是住在头山满的邻居海妻猪勇彦家里，利用头山满的声势，才得到安全保障。

蒋介石想仿效孙中山的做法，借助头山满的地位和影响，达到自己的目的，便想让张群代替他张口，说蒋介石在东京还没有理想的住处，请头山满代为寻找一个清净而安全的下榻之处。

张群对此心领神会，他想让蒋介石步孙中山的后尘，既表明蒋介石是孙中山的信徒，住在那里舒服而安全，又可以利用头山满的旗号与日本各界人士交往，就抢先问道："头山满先生有合适的地方住吗？"

头山满对此早已胸有成竹，便说准备让蒋介石住在他隔壁邻居家中，当年孙中山曾在那里住过，两家有暗道相通，有事也好照应。现在房屋虽然已经换了主人，但是可以借住，头山满极力拉拢蒋介石说："有，我已经借了川野长成的别墅，今天就请阁下同张先生搬过去住好了！"

蒋介石、张群大喜，却故意推托怕麻烦头山满先生，头山满纵声大笑道："别客气！无论什么事，我看准了就干，绝不会蚀本！川野现在是大资本家，一幢房子算什么！别说借给你们住，就是送给你们，也没有什么了不起，我们合作的日子长着呢！你们回国掌了权，别忘了报答他就行！"

二人这才鞠躬异口同声致谢："那就恭敬不如从命了，谢谢！"

头山满马上带领蒋介石与张群来到隔壁拜访川野长成，只见这所宅院果然与众不同，林木茂密，鲜花盛开，曲径通幽，湖水清亮，金鱼遨游，鸟语花香，犹如一个大公园；屋里设施豪华，窗明几净，二人都异常满意。

蒋介石在张群的示意下，大发感慨说："一到这个庭院，恍如回到溪口老家。日本是我旧游之地，简直是我的第二故乡！"

头山满手拂银须看看张群，又对蒋介石进一步拉拢说："阁下的话说得好极了，我一定把阁下刚才的话报告田中首相、天皇陛下！"

头山满看火候已到，就把蒋介石、张群引进密室，屏退下女，与二人进行实质性的交谈。头山满以狡猾的目光看着蒋介石，询问蒋介石此次日本之行的真实目的。

蒋介石与张群交换一下眼色，看到张群悄悄递来同意的眼色，就破釜沉舟以实相告道："主要是我们的北伐即将告成，但是贵国却仍然在支持奉系军阀张作霖，恐怕将来难免不发生冲突。想请前辈斡旋，与田中首相会谈，支持我完成中国的统一大业，将来贵我两国关系，一定会水乳交融，和谐无比！晚辈一定不忘前辈的提携大恩！"

头山满欣然答应："好，我保证让你见到田中义一，让他和你会谈！"

头山满与蒋介石、张群越谈越投机，简直成了忘年之交。蒋介石忙让张群拿来笔墨纸砚，挥笔写下"亲如一家"的条幅，送给头山满和川野长成。

头山满掠着花白胡子，不慌不忙地从蒋介石、张群口中套取对日本有用的情报，为笼络蒋介石这个日本侵略中国用得着的人物，便以教师爷训谕弟子一般的口吻对蒋介石说："阁下写的'亲如一家'的条幅，含义深刻，实在是妙极了，真不愧是中国政坛上新冒出的新星！我一定要把阁下的话启禀天皇，陛下也会视阁下如同亲人一般。在此敢问阁下，还有什么具体问题同在下商量？"

为给日本当局施加压力，蒋介石按照张群的建议，请求日本当局支持他进行北伐，然后再根据情况决定有无必要再到美国访问。

头山满把胡子一撇，露出高低不平的牙齿大笑道："美国人太坏，不像我们东洋人同文同种，亲如兄弟！阁下不必到美国去，东京能够为阁下解决一切问题！"

蒋介石与张群交换一下眼色，明白美国和日本都在考验他，心想找到宋美龄已经接通了与美国的关系，但是远水解不了近渴，取得日本人的支持最为重要，便急忙表态说："我这一辈子，跟日本绝不三心二意！"

头山满抢起毛茸茸的蒲扇似的大手，在茶几上"啪"地一拍说："好！美国是白种人，日、中是黄种人。中国有句老话说得好：'非我族类，其心必异'，阁下必须在日本与美国之间做出明确的选择！"

蒋介石深知到了关键时刻，与张群交换一下眼色，信誓旦旦地向头山满表态道："当然选择日本！"

头山满哈哈大笑说："好，有阁下这句话，我就介绍阁下会见大日本帝国首相田中义一！"

分别前，张群还以后生晚辈身份把一张日本报纸递到头山满手中，头山满接过一看，只见报纸上登着这样一则新闻：蒋介石发表对日宣言，宣称对日联合之必要，蒋氏今日将拜见中国通头山满。

头山满暗中很有把握地推测说："蒋氏无论如何是和日本一致的。他对共产党，不管在国内和国外，一定要加以排斥的。当他表示这样的决心时，我和他的意见是一致的。"

蒋介石和张群会见头山满一事，很快作为重要新闻在中国《晨报》和日本报纸报道出来。东京电通社消息说：蒋介石设法与头山满接近，以期借重现在谋划将来。故现特借居下涩谷之某洋式房屋，与头山满住宅为邻。

日本报纸纷纷发表评论说，蒋介石此举旨在通过头山满和日本上层人士拉关系，求得日本实权人物的支持，日本政要力劝蒋介石发表联合日本的宣言。

1927年10月25日，蒋介石和张群密谈后，在东京帝国饭店举行茶话会，招待国民党人士。 蒋介石在会上发言说："国民党预备容纳日本、苏俄及任何强国之助力，借可达其目的……力誓将倾余年，而革命事业抵于成功！"

路透社认为这是蒋介石释放的探测气球，借此向日本当局讨价还价；西方列强非止日本一家，为了实现蒋氏一统天下，使蒋介石在充满争夺中国权益的西方列强间，"可以有所作为"。

张群又与他和蒋介石当年在日本陆军炮兵联队当见习生时的师团长长冈外史、野炮联队队长飞松宽吾打电话联系，相互约定在东京原宿长冈外史家里与两人见面。

第二天，蒋介石、张群以师生之礼拜见长冈外史和飞松宽吾，两人感谢老师的栽培之恩，蒋介石挥毫写下"不负师教"书赠两位师长。

一个日本记者从张群那里了解到蒋介石两次题词的故事，写下一篇文章大发感慨评论道："一个'亲如一家'，一个'不负师教'，把蒋介石对日本帝国的倾心整个和盘托出了。"

1927 年 10 月 25 日，蒋介石偕同张群、殷汝耕前往日本外务省，出席该省次官出渊胜次为欢迎蒋介石访日举行的盛大招待会，接着前往东京面町事务所，与日本大财阀涩泽荣一就中日关系进行交谈，又分别拜会日本陆军大臣白川义则、参谋总长金井范三、参谋次长南次郎，争取对蒋介石复职的支持。

经张群、铃木贞一、头山满多方斡旋，蒋介石终于进入他此次访日的高潮阶段：11 月 5 日下午一时半，张群陪蒋介石来到东京青山别墅，拜访日本首相田中义一，进行微妙的讨价还价的交易。

蒋介石、张群首先受到佐藤安之助少将的迎接。 张群悄悄告诉蒋介石，佐藤是田中的心腹，也是个"中国通"。 他每天早晨晋见田中首相，向首相报告前一天的中国情报。 田中义一之所以比较了解中国情况，实际上是由于佐藤安之助的帮助。

蒋介石与田中义一是第一次见面，果然如张群所说，田中义一身材高大，谈吐粗鲁，穿一身带镶边的衣服。

按照张群的建议，蒋介石身穿一身崭新的西服，打着花哨领带，会谈一开始就以后生晚辈身份对待田中义一，卑称"把阁下看作是自己的前辈，以师长相待，毫无隔阂"。

三个月前，田中义一主持召开臭名昭著的"东方会议"，制定了侵略中国的《田中奏折》，决定了"征服满蒙""征服支那"的侵略方针，田中义一决定在蒋介石和张群身上牛刀小试，大力推行日本帝国主义对中国的侵略政策。

张群看到田中义一盛气凌人地摇动粗壮身躯，以宗主国首脑训斥藩帮小国头目一般声称："今日会见之际，无须向阁下询问过去之事实，对近来情况已有详细报告，亦无须向阁下问讯之必要，唯独今后如何计划，愿闻阁下有何打算？"

蒋介石毕恭毕敬地表示："过去曾有多次计划及希望，但均告失败，将来究竟如何，愿聆教益！"

对此，田中义一以教师爷的口吻，警告蒋介石"应该自重，即整顿江南，不必过分急于北伐，否则，焦急对你大为不利，对于北方，还是放任不管为上策"。

按照事前与张群商量的对策，蒋介石表示革命军必须渡江继续北伐，完成孙中山先生统一中国的遗志，要求日方谅解，中途换马，支持自己统一中国。

张群没有料到田中义一闻之色变，声称日本希望中国南北两政府划江分治，并提出支持蒋介石的三个先决条件：一为蒋介石必须反共；日本对于中国内争一概不加干涉，然而在中国有共产党"跋扈"时则断难旁观；二为必须不牺牲日本之权利；三为蒋介石先行巩固南方，不要立即北伐。

田中义一对蒋介石特别强调说："日本共产主义之蔓延，其原因在于中国共产主义之增长。日方一贯坚决反对贵国之赤化，纯为自卫，别无其他。我等之同情蒋君亦在于此。如阁下为共产党之同情者，我等则不信赖阁下。确信阁下之共产观与余相同。"

蒋介石把田中义一当作久已相知的前辈，故毫无隐讳倾述己见，以求教诲。蒋介石以灵活的手腕，乞求日本不再当张作霖的靠山，而支持他蒋介石。如果真能如此，声称他冒着被国人怒斥为卖国贼的危险也要这样干，因为田中首相阁下是他所信赖之前辈，故敢以衷情诉诸阁下！

经过既勾结又矛盾的交锋和讨价还价，双方在决心反共的基础上达成两项谅解：一是国民革命成功，中国完成统一之时，日本即予以承认；二是对日本在满洲的地位和特殊权益，蒋介石予以承认和保护。

几天后，张群陪同蒋介石再次前往青山别墅，拜访田中义一。蒋介石和张群总结首次会见田中义一的经验教训，避开田中义一讨厌的话题，专门挑田中义一喜欢的话讲，甚至不惜出卖国家利益。对于日本在中国东北的地位和权益，蒋介石明确地予以承认。田中义一也承诺，在蒋介石统一中国时，日本立即予以承认。

会谈结束时，蒋介石还和田中义一约定，蒋介石"万一离开东京，张群暂留此地。阁下意见请直接告知张群或通过佐藤少将示知"。

然而，蒋介石、张群认为，在北伐统一中国问题上，未与田中义一完全谈拢，很觉遗憾。蒋介石在其日记中写道："余此行之结果，可于此决其为失败"，"日本必将妨碍我北伐之行动，以阻止中国之统一"。

张群不愧为蒋介石的高级谋士，盟兄在想什么，他完全清楚，就笑嘻嘻地劝说道："蒋公不必烦恼，中国有句古话说得好：西方不亮东方亮，黑了北方有南方！"

蒋介石大惑不解："岳军兄，此话怎讲？"

张群胸有成竹，侃侃而谈："我们与日本方面密谈得不完全成功，反倒是中美友好的契机。"

"岳军兄此言顿开茅塞，请详加分析！"

"蒋公得到宋美龄小姐为妻，就打开了对美外交的大门。"

蒋介石击节赞叹："真是妙不可言！我们怎样与美国人联系？"

张群笑答："我已与美国人有所联系。"

蒋介石急不可待："快请来相见！"

原来，美国驻日公使根据美国国务卿的指示，早就想与蒋介石取得联系，但是苦于没有合适的机会。现在蒋介石与日本政府首脑的会谈不太成功，于是乘机与张群挂上了钩。

于是，张群陪同蒋介石会见美国驻日代表，决定以美国为靠山东山再起。

美国驻日公使阴阳怪气地告诉蒋介石："我们美国政府一直密切地注视着蒋先生的动向，并没有被阁下的反帝口号所迷惑！"

蒋介石尴尬地辩解道："不把反帝口号喊得震天响，我怎能利用共产党的力量？但是，我觉得贵国似乎对我有很多误解，几件事情都使我有难以下台之感。"

美国公使哈哈大笑说："所以你就到日本来了？我今天的话完全可以代表华盛顿：日本人对阁下有兴趣，美国人对阁下的期望更大！我们考虑了很久，认为阁下才是统一中国的理想人物，但是需要你表明态度。"

蒋介石看了张群一眼，狡猾地与美国公使周旋："'四一二'黑色星期二的遍地鲜血，不早已表明我与共产党势不两立了吗？"

美国公使把大长脸一绷，毫不含糊地说："先生在反共方面的态度已经非常鲜明，只是阁下在对美国的忠诚方面，还很不令人满意！"

蒋介石以为美国对蒋经国仍然在苏联不满，就急忙说很快让蒋经国回国。

美国公使频频摇头，把几张纸递给张群说："不，不忙着让蒋经国回来，让他在苏联多待一些时候也有好处；蒋介石先生要得到华盛顿的支持，就要签署这项协议！"

张群急忙接过来扫了一眼，见是必须保证美国在华权益的条款，就赶快交给蒋介石。蒋介石看罢出了一身冷汗，但是为了取得美国的支持，也只得忍痛签字。

张群又帮助蒋介石与日本要人会谈，最后达成如下默契：日本支持蒋介石继续从国民党内"清除"中国共产党人，在长城以南确立蒋介石的独裁统治；交换条件是："用中国边远的满蒙诸省换取日本的援助与友谊"。蒋介石还特别答应，"在蒋介石与黑色星期二时幸免于难的参加国民党的共产党领导人发生内战的时候，如果日本保持友好的中立，蒋介石就对日本人在长城以北的行动，只表示象征性的反对"。

这样，在日本期间，张群帮助蒋介石与日本、美国当局取得联系，为东山再起找到了有力的靠山，又促成了蒋介石与宋美龄的婚事。张群与蒋介石朝夕相处，更加深了"兄弟情义"。

这时，张群看到国民党内部发生了有利于蒋介石出山的变化，建议蒋介石赶快归国复职。于是，蒋介石接受谋士们的意见，于 1927 年 11 月 10 日离日回国，运用纵横捭阖之术赶走汪精卫、胡汉民。

经张群大力操办，1927 年 12 月 1 日蒋介石在上海与宋美龄结婚，实现了中国买办财团与军事独裁者的有机结合，标志着帝国主义、官僚买办与新军阀已经结为一体了。

1928 年 1 月 4 日，蒋介石由沪抵宁，正式复任总司令之职。

蒋介石雄心勃勃重掌军权，不久，却与日本帝国主义的侵华行径发生了剧烈冲突……

第六章　济南惨案办交涉

1928 年 5 月 1 日，闻名遐迩的泉城济南，真个家家泉水，户户垂杨，山清水秀，鸟语花香。

春风得意的蒋介石在宋美龄的陪同下，乘坐黑色高级轿车，耀武扬威地开进著名的山东省会济南，直接开进省督办公署，把他的北伐军司令部设在那里。

蒋介石一杯龙井茶还没有喝完，他的盟兄、外交部长黄郛就慌慌张张地跑了进来，失声喊道："总司令，大事不好！"

蒋介石见一向办事极其稳重的盟兄今天表现异常，就笑着让勤务兵献上龙井茶问道："膺白兄，何事惊慌？"

黄郛急忙报告："福田中将率部进入济南城！"

蒋介石大吃一惊，没有想到他进入济南仅仅两个半小时，日军第六师团主力就在师团长福田彦助的率领下，以迅雷不及掩耳之势从龙山开到济南，在正金银行设立了师团司令部。整个济南只有两千一百六十名日侨，而以保护日侨为名侵入济南的日军竟然达到两千五百人！

根据福田彦助的命令，日本侵略军在济南商埠繁华地区到处设置铁丝网，堆砌沙包，修筑工事，擅自划定东西两个"警戒区"，禁止中国军民通行。

这样，著名泉城济南就出现了日本侵略军与蒋介石率领的北伐军的严重对峙，形势异常危险！

原来，蒋介石在 1928 年初在张群等的策划下，重新掌握军政大权，担任了中政会主席与军事委员会主席，任命张群为中政会委员兼外交事务委员会委员，策划继续北伐。

张群与蒋介石商议东山再起后重新率师北伐的问题，认为要顺利进军，就要取得英美等国特别是日本当局的支持。

早在 1927 年 12 月 1 日，张群于上海为蒋介石、宋美龄大办婚事、准备北伐的时候，日本驻上海总领事矢田七太郎就通过张群，以祝贺蒋介石、宋美龄结婚为名，严厉警告蒋介石："如果北伐军打到济南，为了保护侨民，日本政府将再次出兵山东！"

为进一步向蒋介石施加压力，矢田七太郎又于 12 月 26 日到外交部长黄郛的住宅，再次警告蒋介石不要北伐。

为减少日本对北伐的阻力，蒋介石接受张群等人的意见，在继续北伐之前的 1928 年 3 月 6 日，特意把日本记者邀请到首都南京，亲自为日本记者们设宴洗尘，向日本当局"暗送秋波"说："此次继续北伐，实为我中华民族争生死存亡之举……日本与我国唇齿相依，休戚与共，故吾敢相信日本国民对我之北伐，不特不加阻碍，且必进而乐观我之成功……于是乎，亚洲之幸福可保，世界之和平有望，尚望诸君为我转达于日本国民于政府。"

但日本田中内阁对此毫不理会，而且在田中内阁成立一周年时，决定第二次出兵山东，阻碍轰轰烈烈的北伐战争。

蒋介石见日本当局态度强硬，就与张群商量，派殷汝耕为赴日谈判代表，要求会见日本首相田中义一。但是，日本当局却置之不理，给蒋介石吃了闭门羹。

蒋介石心中着慌，就与张群商量，通过孔祥熙请日本当局派遣秘密特使来华商谈，田中义一和日本当局包藏祸心，便把日本侵华间谍佐佐木到一作为联络官，派到蒋介石身边。

原来，佐佐木到一 1886 年 1 月 27 日生于日本一个武士家庭。其父佐佐木透为日本陆军少佐，伯父佐佐木草野任陆军主计监少将，从小就给佐佐木到一灌输军国主义思想，做侵华的"中国通"成为其终生志愿。他多次到中国从事情报活动，1921 年调入日本陆军参谋本部第六课中国班，与侵华战犯冈村宁次、土肥原贤二、板垣征四郎、酒井隆等著名间谍一道工作。

1922 年，佐佐木到一奉日军参谋总长上原元帅的命令，经孙中山的政治顾问山田纯三郎介绍，到广东做了孙中山的军事顾问，认识了蒋介石、张群、何应钦等人，与蒋介石结为挚友，依靠这层关系搜集到大量中国情报，受到日本当局的赏识。因为他与铃木贞一名字的最后一个字都是"一"，因而被日本称为日本的"双一中国通"。

1927 年 3 月，佐佐木到一被任命为日本驻南京政府武官来到南京，通过张群可以经常会见蒋介石，蒋介石对他极其信任，与日本当局联系，把佐佐木到一作为联络官留在蒋介石的身边，一起来到济南。

为避免北伐军同日本侵略军发生冲突，蒋介石让张群把一个日本浪人佃信夫请来，曲意奉承说："大侠在日本神通广大，与日本军部过从甚密，今有一事相求！"

佃信夫 1917 年曾经帮助军阀张勋搞过复辟清王朝的闹剧，与日本军部、黑社会关系密切，对蒋介石的求助要求大包大揽道："蒋总司令如有所命，敢不效犬马之劳！"

蒋介石赶快提出要求说：请将本总司令的要求向田中首相和军部转达，请将在山东的日本军队由济南移到青岛，日军移防的经费由中国负担，还透露要派日本最信任的张群去当青岛市市长。

佃信夫摇摇头说："远水救不了近渴，我同斋藤旅团长有莫逆之交，我和他商量商量，再回复总司令！"

第二天，佃信夫又会见蒋介石，声称日本军方拒绝了蒋介石的要求，这就使济南形势日趋紧张。

5 月 1 日，北伐军攻占济南。蒋介石估计日本军队可能阻挠北伐，便派张群赴日本直接交涉，避免造成北伐军与日本在山东驻军的冲突危机。

张群奉命 5 月 4 日晚到达东京时，先与日本外务省亚细亚局局长有田八郎通了一个电话，得知山东局势恶化，又通过各种关系知道发生了"济南惨案"。日本侵略军惨杀中国军民千余人，张群根据发生了巨大变化的形势，多方与日本有关方面联系，请他们帮助解决。

第二天，张群访问日本参谋本部第二部长松井石根，说明从东京士官学校的老同学处获悉，日本军方的气焰极为嚣张，强烈主张"将中国北伐军彻底打垮""中国北伐军必须投降""要蒋介石自己来日本交涉"，侵入济南附近的日军第六师团长福田彦助要求与北伐军总司令蒋介石直接交涉，希望日本政府对山东的日军有所约束。

张群还约见日本外务省次官出渊胜次和军部伊藤安之助少将，进行游说乞和活动。

张群深知松井石根等是强烈主张日本出兵山东之人，与他不能决定重要事项，也不能指望由两国军方解决问题，便去访问日本首相田中义一。

张群对田中义一说："中日两国必须友好，而要达到全面亲善之目的，必须让国民革命军完成北伐，统一中国。因此，国民政府希望日本政府不仅对北伐不加阻挠，更应站在正义的立场上，同情并帮助中国革命。对于济南事件，不要任凭当地双方军方直接折冲，应该通过外交交涉予以解决。"

田中义一对张群的正当要求根本听不进去，但为掩盖日本政府通过的增兵山东的决议，为欺骗中日人民和世界舆论，又假惺惺地通知张群，日本出兵山东，目的在于保护侨民，并无影响北伐之意。

田中义一还表示，日本不袒护奉系方面；当北伐将要完成的时候，日本理当帮助中国统一，接着又狡辩说，护桥护路（指胶济铁路）问题属于军事范畴，由军事长官福田彦助负责；其他交涉事务统统由外交当局办理。最后声称，日本政府将派参谋本部第二部长松井石根中将，作为日本的全权代表去中国山东处理济南事件，希望中方与松井谈判。

1928年5月8日，张群再次前往首相官邸与田中义一首相晤谈，说明中国北伐军总司令蒋介石来电表示：

"如果日本出兵只意在保护日侨，不影响国民革命军北伐，则我们必将尽力完成北伐，达成统一中国之使命。至于'济南惨案'，如果查明其由在我，我们亦愿向日本道歉。总之，我们均得以光明磊落的态度来了结这次的不幸事件。福田师团长曾提出要蒋总司令前往他的师团部与他直接谈判，对那种迫作'城下之盟'的要求，中国方面当然不能接受。既然田中首相决定协派松井中将前往济南，则福田所提出的无理要求当已作罢。"

田中义一对张群的意见表示可以考虑，催其速返中国。

张群于5月8日动身离开日本，5月13日一回到上海，就接到国民政府主席谭延闿的一封信，希望由张群担任与日本代表松井石根会谈的任务。

这时，张群得到消息说松井动身来华之前，日本当局已先派皇室侍从武官沼藩来华，"实地视察第三师团各队并传达圣旨"，鼓舞侵华部队士气。接着又获悉，侍从武官澜川章友少将又奉旨来"视察山东所派部队及中国驻屯军"，并向指挥官以下官兵各员分授恩赏物。

张群于5月13日离开上海，正要赴徐州向蒋介石汇报东京交涉情况，忽然接到蒋介石派赴济南谈判的代表何成浚带回的报告；尽管何成浚答应日方提出的最后通牒条件，但福田仍拒绝接受，坚持在侵华日军撤退之前，中国必须将抵抗日军侵略的方振武、贺耀租、陈调元三军团全体在日本军队面前解除武装，并将坚决抗日的中国军官处以严刑。福田还蛮横地声称："如不照日方条件办理，日方即不再接见中方代表！"

接着，张群又收到日本驻青岛总领事转来福田的5月11日电报，催逼中方按日本提出的条件屈膝投降。

张群认为这又是节外生枝的要求，便根据蒋介石的指令，催促国民政府致电国际联盟秘书长德兰孟、美国总统柯立芝，要求根据《国际联盟盟约》第十一条第二项的规定，立即召开理事会会议，要求日本军队停止暴行并立即撤军。

张群认为日军的侵略行径，显然与他在东京与田中义一等商讨的情形有很大出入，即于5月14日向田中义一发去如下电报：

> 出渊次官、有田局长、佐藤先生并请代转呈田中总理阁下勋鉴。
>
> 张群在东京承诸先生掬城指示，8日在首相官府，承首相面示各节，均先后申陈蒋总司令及黄外交部长。昨晚到沪，除详细报告国民政府外，正拟电蒋总司令，一面与福田师团长妥为接洽，从事调查事实，开始交涉，并一面严令防止排日风潮，以释悬念。而政府当局意旨，因鉴于两国根本之利害，并遵中山先生生平之主张，亦极不愿事态扩大，使国民受刺激太深，影响及于东亚前途。即蒋总司令复群8日晡首相去电，亦云：如果首相所示，日本出兵护侨，不影响北伐，中正当本初衷，尽力完成中国之统一，以符友邦之企望。如济案查明，其曲在我，我将表示真沈，对日道歉，决以光明磊落出之云云。至福田师团长提出之条件，如撤辛庄张庄之兵，胶济沿线及济南周围二十华里不驻兵及处罚肇事长官等，均已大体照办。乃代表赴济之何总参议成浚，10日由济南回报；福田师团长坚持必须在日军撤退之前，将曾抵抗日军之方、贺、陈三军团全体解除武装，并将肇事军官，处于严刑。如不照条件承认，此后即不再接受我方代表云云。12日，青岛总领事转来福田师团长11日电，亦催询我方是否完全承认条件。查福田师团长此等态度，与首相及诸公对群之表示，大相径庭，不知何故。且当日张群与首相面谈后，复承佐藤先生赴参陆各部传达首相意旨，想福田师团长必已接洽，何尚坚决若是？张群意拟请松井先生遵照首相意旨克日首途，一面电达福田师团长，静候和平解决，两国幸甚，迫切陈词，静候电音。
>
> 张群叩寒

日本政府不但对张群的电报交涉毫不置理，反而于5月18日电令日本驻南京总领事，送来日本政府第三次出兵声明书，声称"济南事件"是"日本政府为保护山东侨民及确保胶济路之交通而为之"。

在张群等推动下，南京国民政府5月29日复函予以驳斥，再次要求日本政府派全权代表来华谈判。

日本见中国南京政府向全世界揭露了"济南惨案"真相，又呼吁美英等国领导人出面主持正义，害怕引起世界舆论谴责，才派松井石根启程来华。

松井石根虽身材矮小，侵略者的架子却不小，1928 年 6 月 1 日一到济南，即盛气凌人地通知中国谈判代表，到济南谈判；张群认为，济南当时处在侵华日军福田师团的控制之下，便拒绝前往济南。

经张群据理力争，日方才同意把会谈地点定在离济南南方三十华里的党家庄。 那时，党家庄仍处在侵华日军铁蹄的蹂躏之下。

张群带领一名副官前往党家庄途中，沿途看到侵华日军的装甲列车在铁道线上来往不断，黑洞洞的大炮炮口指向中国北伐军，侵华日军士兵荷枪实弹，戒备森严，似乎已进入战争的边缘。

双方会谈在停于党家庄的火车上进行，松井石根携日军第六师团参谋长黑田周一与会。 在会谈中，松井石根气焰嚣张，凭借军事占领迫使中方让步。 张群后来回忆当时的情况时说："老实说，我当时的心情是感到很冒险的。 这一次虽说是外交交涉，但难免是在那样迁就一方面的状态之下进行。 我们的决策是尽量容忍，使完成北伐统一为第一要务。 在我与松井的交涉中，曾经一再发生变化。 我力主应由双方外交当局进行公正交涉，速谋解决。 松井虽勉强应允，中日双方在现地达成临时停火协议，但问题并未因此解决，日军仍驻留济南如故，我国民革命军不得不绕道北伐。"

在张群与松井的会谈中，张群主张通过外交途径解决济案，不与日方磋商解决济案的具体办法。 迫于世界舆论压力，松井只得同意将济案交涉交由中日外交机构交涉解决。

经反复争议，日本方面被迫同意循外交途径解决争端，然而侵华日军还是强行占领了济南全城，烧杀抢掠，无恶不作。 据事后统计，在"济南惨案"中，中国军民死6123 人，伤 1701 人；而侵华日军则无一人死亡，只有 30 人负伤，日侨亦毫无损失。

张群在济案交涉告一段落后，出任国民党中央政治会议外交委员会委员，兼军政部政务次长、兵工署长和同济大学校长，1929 年担任国民党中央执行委员、上海特别市市长。

在中国人民的愤怒抗议下，田中内阁内外交困，又忙于举行裕仁天皇的登基大典，才由中国外交部长王正廷和日本驻华公使芳泽谦吉签订了《济案协定》和《秘密记录》。

第七章 促张学良东北易帜

1928 年 6 月 4 日清晨，一阵急促的电话铃声把古都金陵寓所里酣睡的张群惊醒。

张群知道此刻有电话找他必有急事，便迅速披衣起床，拿起电话，一听才知道是青帮巨头、蒋介石混迹上海滩时的弟兄"杜大耳朵"杜月笙打来的电话。

原来，杜月笙在 6 月 3 日上海《新闻报》看到著名记者顾执中的一则电讯："弟拟于本日晚偕小妾离京，所有家务，由郭务院先生代为管理。"

杜月笙综合所获情报获悉，奉系军阀、陆海军大元帅张作霖已离开北京，政局由北京国务院代为维持。

杜月笙深知这个情报的重要性，但不敢惊动新婚宴尔的蒋介石、宋美龄的春宵晨梦，便打电话给蒋介石的心腹总参议张群。张群不敢怠慢，马上打电话叫醒蒋介石，为研究新形势下的方略，蒋介石立即把他的两个总参议张群和何成浚请到南京黄埔路官邸密商对策。

蒋介石正和两个谋士策划如何填补张作霖出走北京后的"权力空白"，机要侍从慌慌张张跑来递上一封电报，蒋介石急忙接过电报看了起来：

> 今晨 5 时许，张作霖的专车在皇姑屯被炸，生死不详。
>
> 6 月 4 日晨

蒋介石看罢，愕然不语，随手把电报递给两位高参看，张群迅即做出判断："皇姑屯一声巨响炸出了一个张学良。看来从现在起，总司令的对手就由胡帅变为少帅了。"

蒋介石提起当前的急办事宜，张群应声而答："当前的急务，自然是首先控制平津！"

何成浚不以为然，摇头叹气说："京津地区非比寻常，不但设有各国使领馆，而且驻扎有外国军队，日本制造济南事件反对我们北伐，更反对我们占领平津。据可靠情报，田中内阁正按照他们的既定方针，调兵遣将，准备出兵京津，实行直接干涉。"

蒋介石急得活像热锅上的蚂蚁一般，与张群、何成浚、宋美龄等人商议。张群认为应该抓紧时间做日本当局的工作，宋美龄冷笑连声说："日本人能帮助我们解决东北易帜问题？真是天大的笑话！"

蒋介石觉得宋美龄这句话大有来头，急忙问道："夫人定有妙计，请讲！"

宋美龄看了张群一眼，有意向"智多星"提出挑战道："这有何难？我已经请了两位美英朋友，必能为你化险为夷！"

"他们是谁？"

"马慕瑞和端纳！"

张群深知美国驻华公使马慕瑞在1927年英国炮轰南京的时候，就强烈主张美国与英法等国采取一致行动，美国当局没有采纳他的意见，气得他叫嚷要辞职，便以为这个美国公使能力有限，就以怀疑的目光望着蒋介石，盟兄明白盟弟之意，频频摇头冷笑道："马慕瑞在南京事件时闹得那么凶，他能帮助我？"

宋美龄施展女性特有的辩才，讲明日本出兵山东、威胁平津，触犯了美国在华权益，美国人岂能善罢甘休？

蒋介石连忙夸奖夫人言之有理，把马慕瑞和端纳请来，请他们运用特有的巨大影响，协助南京政府完成统一中国的大业，马慕瑞与端纳欣然答应。

张群当即对蒋介石提出重要建议，为了达到制服奉军、统一中国之目的，蒋介石对奉军应该改变武力进攻的策略，应善于利用张学良对日本的杀父之仇，用谋略手段把几十万奉军拉到蒋介石方面来。等到蒋介石的中央政权得以巩固，再采取其他手段，逐次分化消灭之。

蒋介石认为张学良虽然尚在弱冠之年，但绝非阿斗之辈，孙中山早年就对他寄予厚望。如果处置不当，像杨宇霆等亲日派就会借机取而代之，岂不更糟？

张群连忙称赞蒋介石言之有理，应该采用蒋介石所定的"因势利导，为我所用"的方针展开对张学良的工作。

蒋介石和张群获悉张学良秘不发丧，悄然完成权力过渡的情报后，都认为张学良是少见的英才。为便于做张学良的工作，蒋介石6月26日在张群等人的陪同下离开南京北上，7月3日到达北京。

蒋介石与张群认为东北能否易帜归附，是国民党政府能否统一全中国的最后标志，必然引起日本政府的阻挠。经过一番商议，由蒋介石出面向日本方面表示：只要日本政府对东北不抱有任何领土要求，国民政府将承认日本在这一地区的特殊地位。

日本政府对中国东北早就抱有虎狼之心，尽管看到蒋介石和张学良在易帜问题上已经得到美国、英国的明确支持，仍然强烈反对。

蒋介石见日本政府、白崇禧等内外势力都在争夺张学良，而自己派往东北与张学良联系的代表却没有任何消息，他急得睡不着觉，在床上辗转反侧，夜不成眠。

这时，摸熟了盟兄脾气的张群笑眯眯地来见蒋介石，声称是特意给总司令送安眠之药。蒋介石满心欢喜，迫不及待地向张群求教。

张群不慌不忙，说明毛泽东、朱德已经在江西井冈山拉起"造反"大旗，冯玉祥、阎锡山公然与蒋介石对立，加之济南事件的教训，必须和平解决东北问题。现在天遂人愿，张学良派出和谈代表邢士廉、王树翰前来商谈。

蒋介石大喜，但是又担心张学良此举是对付日本人的权宜之计，没有下决心倒向中央，因此犹豫不决。

张群打量了一下蒋介石的表情说："我们应当把诸种因素都考虑进来，方能立于不败之地。至于张学良倒向中央是出自本意，还是为形势所迫，或者二者兼而有之，我们都应该热情地接待他，促使他变被动为主动，早下倒向中央的决心。"

蒋介石派人与邢士廉、王树翰会谈后发现张学良态度暧昧，便接受张群的建议，派江西省省长方本仁作为蒋介石的全权代表，赴奉天劝说张学良易帜。

接着，张群又和何成浚同蒋介石议定了方本仁出使奉天的三大任务：一是代表国民革命军总司令蒋介石吊唁张作霖，表明蒋介石没有进军东北之意；二是谋求和平统一中国的途径；三是了解东北军、关东军的动向，防止发生突发事件。

方本仁到奉天后，按照张群所授锦囊妙计与张学良会谈。犹如一股强劲的东风，吹散了张学良心头的愁云，当即请方本仁转告蒋介石："换旗统一根本不成问题，我们正在策划之中，只待时机成熟便可行动！"

方本仁与张学良多次商谈，最后达成 1928 年 7 月 12 日易帜的协议：届时在整个东北降下北洋政府时代的红黄蓝白黑五色国旗，改挂国民党政府的青天白日满地红国旗，表示服从民国政府的领导。

张学良的这一决定举国震惊，更犹如晴天霹雳打乱了日本帝国主义的侵华步伐。日本首相田中义一下令动员日本各种力量给张学良施加压力。田中义一还在 9 月 2 日致电蒋介石，希望他致力于改善两国关系，并要求蒋介石同意日本派特使到南京商讨有关事宜。

为排除日本的阻挠，蒋介石派张群作为他的私人代表，到东京参加日本的阅兵典礼。张群拜见田中义一，介绍中国政局和中国政府的对日政策，希望日本能够在东北问题上采取友好态度，不要阻碍国民党的统一事业，还特别代表蒋介石向日本政府表示，愿意讨论双方悬而未决的问题。对此，田中义一傲慢地置之不理。

这些情况使东北局势和中日关系变得更加错综复杂，张学良审时度势，觉得面临日本帝国主义猖狂侵略的威胁，只得推迟易帜时间，从长计议，再寻良机。

蒋介石见张学良在东北易帜问题上犹豫不决，又把谋士们请来商量对策。众人都认为，应该再派得力人员前往奉天给方本仁助阵。

蒋介石与众人商量再三，也找不到合适的人选，都把目光转向张群。

张群微微一笑说："就常理而言，我应代表总司令出关，但是眼下双十节就要到了，而且建立五院政府机构的文件仍需起草，一时难以脱身。我看雪竹兄，此行出关非你莫属，我看你就打点行装启程吧？"

众人都觉得何成浚与奉系军阀关系源远流长，可以说是恰当的人选，蒋介石马上答应拨给何成浚十万银圆。

何成浚喜出望外，连说"足矣，足矣"，却听张群频频摇头说："总司令，为了给雪竹兄一壮行色，为和这位少帅交好朋友，可否再增加十万元？"

蒋介石闻之一愣，暗骂张群瞎大方，但是又想到张群素以节俭惜金著称，其中定有名堂，就大方地同意再给何成浚增加十万元。

这时，张群才笑容满面地伸出右手，交出谜底："慢，我所说的追加十万元，并非真的是十万元！"

何成浚大惑不解："那又是什么呢？"

蒋介石知道张群又有高招儿，只听张群侃侃而谈：张学良目前最为缺少的不是金银财宝，而是精神和道义上的支持，建议委任张学良为国民政府高级官员。

何成浚疑虑重重，认为张学良面临日本人的巨大威胁，又有杨宇霆等东北军元老派的阻挠，恐怕不敢接受蒋介石的高官委任。

张群不以为然，根据他掌握的大量情报，认为这是一石三鸟之策：

"据我的判断，张学良是会接受我们的委任的。只有获得我们的支持，他才会坚定易帜的决心，才能和我们站在一起反对日本。如果东北军中的元老加以遏制，我们就因势利导，帮助少帅排除异己；万一少帅拒绝授任，我们就应当调整全局性的战略部署。"

　　按照张群的计谋，何成浚在沈阳每天专以烟牌与张学良周旋，靠着大把金钱，很快和张学良周围的人成了酒肉朋友。何成浚还告诉张学良，他已被国民政府会议选举为国民政府委员，这都对张学良的态度产生了很大影响。

　　按照张群的建议，何成浚与端纳、何千里一起请张学良在奉天劝业银行的礼宾室打麻将。张学良决心易帜之后，也想与蒋介石的代表何成浚及时沟通信息，就愉快地答应了何成浚的邀请。

　　于是，在劝业银行的礼宾室里，四个人稳坐在紫檀木雕花太师椅上，围着一张铺有丝绒台布的八仙桌坐定，开始彬彬有礼地打起麻将来。奇怪的是，总是端纳、何成浚、何千里三个人输，唯独张学良一个人赢。三个人边打边骂日本人狼心狗肺，称赞孙中山和三民主义的伟大。

　　何成浚按照张群的嘱咐适时抛出关键之词："今晚汉卿的牌运极佳，我看是应了孙中山先生的一句名言：世界潮流，浩浩荡荡，顺之者昌，逆之者亡！"

　　何千里更借题发挥："用这句名言，形容汉卿一生的政治抱负也不为过。"

　　张学良是何等聪明之人，立刻当场表态说："我受之有愧！"

　　在三人的一片夸奖声中，张学良想到国恨家仇，心情极其激动，突然推倒面前的麻将牌，慷慨激昂地说："中山先生在天之灵，请相信我张学良吧，我决心做您的信徒，照您的教导行事！"

　　这时候，何成浚急忙让人把墙上的五色旗拿下，改挂了一面青天白日满地红旗，与端纳、何千里一齐鼓掌。张学良这才明白了这场政治麻将的真实用意，也以微笑鼓掌代替答复。

　　于是，张学良公开宣布接受南京国民政府的委任，并在双十节那天举行隆重的阅兵式，向日本人示威。

　　这时候，蒋介石因编遣问题与冯玉祥、阎锡山、李宗仁矛盾重重，处境困难，更希望张学良早日易帜。

　　张群猜透了蒋介石的心思，向他提出了扫去其心头疑云的妥善计划：首先任命张学良为东北边防总司令，坚定张学良易帜的决心；然后蒋介石亲自派出高级代表，携带青天白日满地红旗和总理遗嘱赴奉天，参加隆重的易帜典礼；为使张学良巩固易帜后的东北政权，应该多方设法制造矛盾，帮助张学良消灭身边的亲日派势力。

　　蒋介石听了大喜，决定派张群担当这一重任："我思之良久，承办这样重大事件的人选，非岳军兄莫属！"

张群欣然允诺，为取得蒋介石的信任，特提出增派德高望重的蒋介石亲信方本仁和吴铁城同行。 蒋介石欣然同意，还特别加派国民党元老李石曾做张群的助手。

张群到达沈阳后，充分利用张学良和日本霸占东北造成的杀父之仇，鼓动张学良不顾日本的强烈反对，排除杨宇霆等亲日派的重重干扰，终于在 1928 年 12 月 29 日毅然易帜。

隆重的东北易帜典礼于 12 月 29 日上午 7 时整在奉天礼堂举行，除日本外，各国驻奉天总领事均应邀参加，以张群为首的南京代表团最受欢迎。

在隆重的乐曲声中，张学良首次穿上定做的中山服，在张群、方本仁等陪同下，登上主席台。 在雷鸣般的掌声中，张群宣布国民党政府命令，特任张学良为边防军司令长官，张作相、万福麟为副司令长官，宣布将奉军列入国民革命军行列，但冠以"东北"字样；宣布成立东北政务委员会，特派张学良、莫德惠等十三人为委员。

接着，张学良率领东北文武官员，走到孙中山的遗像前，高举紧握拳头的右手，在张群和方本仁的监督下宣誓就职。 张学良精神抖擞地发表演讲称：

"东三省今日易帜，是仿效先进国家的做法，地方军阀把国家大权归还中央，走致富强国之路，以谋国家真正的统一。"

其后，张学良毅然发布易帜艳电："于即日起宣布遵守三民主义，服从国民政府，改帜易旗。 伏祈诸公不遗在远，时赐明教，无任盼祷。"

在灿烂的阳光下，张学良率领文武官员在大帅府门前整齐列队，命令降下悬挂多年的红黄蓝白黑五色旗，从张群手中接过青天白日旗，交给升旗兵。

张群怀着激动的心情目送青天白日旗冉冉升起，全场响起雷鸣般的掌声，欢迎东北和全国实现统一。

张群思前想后，感慨无量，忽听大帅府门前响起庄重的乐曲声，随着"嚓嚓嚓"威武有力的脚步声，张群看见从大帅府走出一百人为一方队的整齐队伍，每个士兵手执一面青天白日旗。 只见一个个士兵英姿飒爽，步伐坚定有力，一面面旗子迎风招展，甚为壮观。

张群纵目远望，见一队队士兵走出大帅府，在奉天城内巡弋。 旗帜队过处，奉天城里的机关、学校、商店、住宅、兵营，纷纷挂出青天白日旗。 不一会儿，几万面青天白日旗遍城飘扬，顿使奉天城变成了青天白日旗的海洋。

这时，张群又听张学良宣布，把奉天省改为辽宁省，将奉天市改为沈阳市。

张群还听张学良余兴未尽地吩咐他的秘书主任王家桢说："易帜典礼非比寻常，请国民政府代表和东北政务委员会委员留下合影！"

王家桢一宣布合影留念，众人立即在一片欢呼声中把张群、方本仁、张学良等拥到中央，摆好合影的架势，但杨宇霆却不屑置理，挟起皮包，拉上常荫槐要走。张学良忙上前挽留，请父执辈的杨宇霆合影留念，但杨宇霆个子不高，可架子不小，爱答不理地说声："我有事，恕不奉陪！"便挟起皮包，头也不回地愤愤而去。

张学良见杨宇霆公开在张群面前顶撞自己，又被新闻记者摄入纪录片中，他年少气盛，顿觉狼狈不堪，不由对张群发牢骚说："这个邻葛，越来越不像话了！"多亏王家桢见多识广，善打圆场，忙拉张学良坐在张群身旁合影留念，才将这场风波掩盖过去。

张群为给张学良撑腰打气，大声告诉张学良："张总司令，我等也是你的贵客呀！"张学良见有蒋介石的亲信大员张群大力支持，脸色才由阴转晴。

张群完成蒋介石交给他的促成张学良东北易帜、实现全国统一的任务后，又想起蒋介石赋予他的"设法制造矛盾，帮助张学良消灭其左右亲日势力"的任务，想起在庆祝东北易帜宴会上，他在日本士官学校学习时的先后同学杨宇霆公开顶撞张学良，拉常荫槐中途退场捣乱，觉得这是个严重的信号，应该给予足够的重视，予以认真对待。

张群知道，杨宇霆背后肯定有日本人指使，便请何成浚、何千里等人到他的下榻处连夜秘密协商对策。

张群通过各种途径获悉，杨宇霆已和他在日本士官学校的教官、当时的日本首相田中义一取得了联系，日本当局决定支持杨宇霆和张学良分庭抗礼，在必要时可干掉"小孩子"张学良以自代。因此，杨宇霆敢于在日本人的撑腰下，趾高气扬地顶撞张学良："你走你的中央路线，我走我的日本路线，两宝总有一宝押中，不是很好吗？"

何成浚向张群报告说，杨宇霆、常荫槐已经偷偷建立起一支黑龙江省山林警备队，并从捷克订购了三万只步枪，作为对抗张学良的部队使用。更令人注意的是，杨宇霆借庆祝他父亲生日之机，在小河沿杨公馆与日本人签订了一项密约，特别是杨宇霆强迫张学良答应他私自与日本人秘密签署的修建满蒙新五条铁路的要求，等等，这已使张学良和杨宇霆的矛盾极其尖锐。

于是，张群决定采取因势利导、利用矛盾的策略，联合刚从蒋介石身边来的顾问端纳，展开纵横捭阖的谋略工作。

张群首先采取措施提高张学良的权威，他频繁会见大权在握的张学良，与其密商决定，任命"老把叔"张作相为东北边防军驻吉林副司令，万福麟为东北边防军黑龙江副司令，又经蒋介石批准，于1929年1月7日再次赶往大帅府，宣布成立东北政务委员会，把张学良推上东北政务委员会主席的宝座。

这样，便使张作霖被炸身亡后处于困难境地的张学良腰杆子硬了起来。因此，当田中义一的特使町野武马1月10日逼张学良同意日本建设满蒙新五条铁路时，张学良敢于坚决回答："现在中央主持外事，一切协定合同，非有国府参加不能生效。我已宣布易帜，无权和贵国谈这类大事了！"

町野武马在张学良那里碰了钉子，就去找杨宇霆，恶毒地挑拨张学良与杨宇霆的关系，杨宇霆大发雷霆，马上约常荫槐来逼张学良签字。张学良气愤至极，便在张群和国民政府做靠山的情况下，下决心将杨宇霆、常荫槐在大帅府老虎厅枪毙。

第二天，张学良领衔发表震惊中外的"统一告成"通电，张群由此完成了蒋介石交给他的促张易帜、实现中国统一的任务。

第八章　奔走于军阀之间

蒋介石对张群忍辱负重、善于辞令的才华极其赏识，先后任命张群为军政部政务次长、上海特别市市长，经常派张群南北奔波处理棘手问题。令张群不安的是，不久就发生了1929年3月的蒋桂战争。

原来，蒋介石千方百计削弱地方实力派的兵力，与李宗仁、阎锡山、冯玉祥等之间的矛盾逐渐增长。

以李宗仁为首的桂系乘蒋介石北伐之机，极力扩充实力。蒋介石很快发觉，桂系从南岭横贯长江蜿蜒北上以迄长城，犹如一条长蛇包围着政府控制的东南地区，便找张群等商议消灭地方实力派之策。他们选定对其威胁最大的桂系作为第一个打击目标，决心发动蒋桂战争。

蒋介石与张群等密谋策划，精心设计了倒桂的三项阴谋：首先策反桂军第三路代总司令李明瑞阵前倒戈，瓦解驻扎武汉的李宗仁总部；接着囚禁著名爱国人士李济深，拆散粤桂联盟；同时扶持唐生智、打倒白崇禧，控制桂系在北方的军事力量，然后于1929年3月26日以国民政府的名义下达了讨桂令。

然而蒋桂战争爆发后，战争局势远非蒋介石设想得那么顺利。张学良到北戴河静观战局发展，于是交战双方都想到了手握几十万东北军的张学良的态度，把张学良争取到手便成为蒋桂战争双方的制胜条件。

蒋介石对拉拢张学良更为迫切，立即与张群、宋美龄等制定借苏联之手削弱张学良的实力、迫使张学良效忠蒋介石的计谋，又命张群到北戴河密访张学良，挑拨张学良与苏联闹摩擦，坐收渔人之利。

这时候，张学良为接收中东铁路增加税收，又受到蒋介石、张群的鼓动，便在1929年6月27日指使哈尔滨特警处派遣军警搜查了苏联驻哈尔滨领事馆，逮捕了正在馆中的三十九名苏联人，查抄了一批"与中国共产团体有关系"的文件，挑起了中东路事件。

蒋介石见张学良果然中计，但是迟迟不与苏联开战，就于 1929 年 7 月急忙带着张群等人从南京来到北京，特地召见张学良。根据张群的建议，蒋介石给张学良分析形势说："东北的形势是险恶的！日本人管辖的南满铁路，好似一把由西刺向北满的利剑；苏联人管辖的中长铁路，又好似一把由西满刺向东满的宝剑，而这两把宝剑恰好构成了一个十字架，把东北死死地钉在了这个十字架下了！"

蒋介石按照张群的计谋，声称中央政府支持张学良收回中长铁路的"正义行动"，说明中央政府已经与苏联断交，还投张学良所好，假意答应把收回中长铁路的一切收入拨归张学良支配，还准备让张学良在内蒙古、河北的权益问题上"为中央分忧"，怂恿张学良赶快对苏联动手。

张学良鉴于东北军将士大都反对与苏联动兵，一时犹豫不决。蒋介石、张群就反复给张学良打气，让张学良大胆地与苏联开战，军费由中央政府拨给，打出问题有蒋介石和中央政府顶着。

张学良再次上了蒋介石的当，1929 年 7 月 20 日悍然与苏联红军开战。

蒋介石接到张群的报告，马上发表《告东北将士书》，命令东北军进入紧急防卫态势，还通电全国号召"抗俄"。

装备落后的东北军怎能抵挡得住苏联红军的飞机、大炮？很快被苏联红军打得落花流水，损失惨重。苏联红军水陆夹攻，相继攻克扎兰诺尔、满洲里，构成直取哈尔滨之势。张学良手下勇将旅长韩光第、梁忠甲等相继阵亡，整个战局的发展与张学良预计得完全相反，张学良这才发觉上了蒋介石的当，就向南京发去要求与苏联决心谈判的电报。

这时候，蒋介石、宋美龄自以为得计，正在兴高采烈地举杯祝贺，张群匆忙赶来报告："总司令，夫人，这位少帅已经中途撤火了！"

蒋介石大惊，急忙问道："岳军，张学良那里有何消息？"

张群手持电报报告："张学良发来紧急电报，要求与苏联停战言和。"

蒋介石一下子被打闷了，忽然跳起来大骂张学良胡闹，接着声色俱厉地给张群下达命令："立即回电，命令张学良，战和之决，权操中央，不得擅自做主！"

张学良心如火燎，坐飞机到南京去见蒋介石。

蒋介石与张群商量采取拖延战术，寻找借口不见，张学良生气地声称要睡在总统府前，蒋介石才勉强接见，软硬兼施把张学良撵出南京。

张群估计张学良不会买蒋介石这个账，就建议指示已经派往张学良身边的何成浚，装出关心张学良荣辱的姿态，劝说张学良继续与苏联红军作战。 张学良坚决拒绝："请你立刻回到南京告诉蒋主席：我张学良此时此刻就想一件事，我要对得起东北三千万父老，我不能再让东北军将士无故去送死！"

何成浚马上将此事上报南京，蒋介石与张群商议后立即向张学良发电："不准擅自罢兵言和！"

张群深知，仅凭蒋介石的一纸命令不能改变张学良吃亏上当后的决心，就急忙给端纳发电，让他利用在张学良眼里的崇高地位和影响，贯彻蒋介石的意志。

端纳利用可以随意出入张学良官邸的权力，直接来劝张学良不可违背蒋介石的命令独断专行。 张学良陷入极大的苦闷之中，端纳见此情况暗喜，操着英语滔滔不绝地陈明利害说：

"起初，我并没有支持你对苏用兵；而今，这样不光彩的休兵罢战我也不赞成。时下主和，不仅会损伤东北军将士的锐气，而且还必然影响汉卿你的威望。 只要再坚持一下，我深信英美诸国会出面干涉的。"

张学良的部下王家桢等反对把自己的命运交给别人掌握，以历史事实说明西方列强决不会帮助中国人抵御外敌的侵略，促使张学良从迷雾歧路走了出来，毅然决然地做出重要决策："立即宣布停战，派蔡运升与苏联谈判！"

端纳想到蒋介石、张群的电报内容，急忙出面阻拦，劝说张学良请示南京政府再做决定，张学良断然回答道："不用了，打是我决定的，和也应该由我来做主！"

端纳严厉地威胁道："万一南京政府要治罪于你呢？"

张学良堂堂正正昂首而答："那就由他们治罪好了！"

于是，蔡运升奉张学良之命出使苏联，与苏联代表西曼诺夫斯基在伯力开始谈判，1929 年 12 月 22 日签订了《伯力会议议定书》（亦称《和平协议议定书》），规定中苏两国立即罢兵息争，一切恢复冲突前状态，彼此释放所俘军民，召开会议解决中苏通商中出现的问题。

蒋介石得到张群等的报告勃然大怒，大骂张学良是"又一个东北王"，下令要给张学良严厉的惩罚，否则不足以惩罚那些地方实力派。

张群认为张学良手中握有几十万大军，蒋介石正有求于张学良，此时与张学良闹翻非常危险，急忙出来劝说蒋介石："恰恰是为了镇服那些地方实力派，我们才不能处分张学良！"

蒋介石觉得张群言之有理，暂时没有触动张学良，只是把蔡运升撤职查办，以起到杀鸡给猴看的作用。

不久，中原大战爆发，中国人民又陷入一场空前激烈的战争灾难之中。

1930 年 4 月，冯玉祥、阎锡山联合国民党反蒋实力派向蒋介石盘踞的河南、山东发动进攻，这就是国民党统治时期最大规模的军阀混战——中原大战。

在这场席卷大半个中国的军阀混战中，双方势均力敌，旗鼓相当，均把保持中立的张学良看作决定胜负的筹码。双方都派代表穿梭般到沈阳会见张学良，竭尽全力想把张学良拉到自己这方面来。

中原大战初期，张学良力主和平，多次发表和平通电，希望通过谈判解决分歧，静观战局发展达半年之久。

张群把争取张学良入伙视为取得中原大战胜利的关键，他看得极其准确，他告诉蒋介石：“时下，谁获得这位张少帅的支持，谁就能够赢得这场战争的胜利，绝不可等闲视之。”

为此，张群煞费苦心，请蒋介石派出亲信李石曾、吴铁城等轮班盯在张学良身边，决心以高昂的代价，优厚的条件拉拢之。

1930 年 6 月 3 日，是张学良的三十大寿和于凤至的三十四岁生日，蒋介石和张群抓住这个机会，把喜庆生日双寿宴会变为进行政治交易的场所。

张学良见蒋介石、冯玉祥、阎锡山的祝寿代表，都带着特别丰厚的礼品等候传见献礼，断然做出决定：“谁都不见！”

端纳受蒋介石、宋美龄和张群之托，利用自己的特权会见张学良，施加压力说：“不见不好吧？适才蒋夫人给我发来电文，询问汉卿为什么不见蒋主席的代表？我如何回答？”

张学良冷笑而答：“请转告蒋夫人，我张学良依然沉溺于酒色。”

端纳绝非寻常之辈，也冷笑着给张学良进一步施加压力，认为这显然不是充足的理由，声称你张学良长期在中原大战中采取观望态度，会给交战双方都造成深厚的误解，对你张少帅不见得有利！

张学良吃过蒋介石的巨大苦头，越说越生气：“那就悉听尊便了！”

老奸巨猾的端纳觉得不能跟张学良来硬的，便改换脸色，露出一副可怜之态。张学良也见好即收，给端纳一个台阶下：

“你可以对蒋夫人如实说：今年的 6 月 3 日，是汉卿和于夫人的双寿，他正在忙于准备做寿的事。”

　　张群接到端纳的报告，虽然感到非常失望，但是觉得张学良没有把门关死，事情还大有希望，就说服蒋介石派李石曾作为南京国民政府主席、陆海空总司令蒋介石的代表，身穿西式大礼服，双手捧着大红帖子，于6月3日昂首傲视走进寿堂，走到张学良、于凤至面前，打开大红帖子，取出精致的任命书，宣布蒋介石任命张学良为陆海空副总司令的命令。

　　张学良、于凤至大惊，但是他们毕竟是久经官场风云的人，相互交换一下眼色，为留有余地而接收了李石曾的贺礼。

　　李石曾刚走，阎锡山的代表梁汝舟又到，代表自封的"中华民国陆海空总司令"阎锡山任命张学良为陆海空军副总司令。张学良微微一笑，也将阎锡山代表的贺礼收下。

　　蒋介石见仍拉不动张学良，自己在前线指挥作战屡遭失败，一次险些做了冯玉祥的俘虏，更感到拉拢张学良的必要，就在6月21日发表命令任命张学良为国民党政府陆海空军副总司令，并派张群携带厚礼和特任状、印信再赴沈阳，与张学良较量。

　　张学良深知张群在蒋介石阵营里的分量，昔日两人也有些交情，照顾到张群的面子，马上接见了张群。

　　张群毕竟是见过大世面之人，一见面就笑嘻嘻地像久别重逢的老朋友一样打招呼："汉卿，别来无恙乎？"

　　张学良亲热地与张群紧紧握手表示感谢："托岳军先生的福，身体还算健康吧！"

　　张群亲热地挽着张学良并排在双人沙发上落座，腰身一躬致歉说："对不起，6月3日，千载难逢你和于夫人的双寿，可惜我官身不得自由，未能出关亲来祝贺！"

　　张学良毫不客气地皱着眉头顶了回去："幸亏岳军先生未到，不然我就更下不了台了！"

　　张群故意做出大为吃惊之态询问缘由，张学良唉声叹气地让张群看摆在面前茶几上的那两张任命他为同样官职的委任状。

　　张群拿起这两张委任状，心里一阵慌乱，感到事情真是棘手得很，大笑着掩饰他的尴尬之态："有意思，实在有意思！哈哈……"

　　张学良故意在两张委任状上面巧做文章，在老朋友面前大发牢骚："难办啊，都是作为寿礼送给我的，搞得我接也不是，不接也不是，真是难办啊！"

　　张群毕竟是老到之人，这事难不住他。他板起面孔，以蒋介石代表的身份软中带硬地驳斥道："我看并不难办，主动权操在汉卿兄手中！你就是拒收阎老西的伪任命书，他也对你无可奈何！"

张学良没有想到，一向温文尔雅的张群今天态度这样强硬，怔了一下，好言好语解释一番他有苦衷。

张群见他的强硬态度有了效果，就堂堂正正指出两张任命书截然不同，振振有词"教训小兄弟"说："蒋主席任命汉卿兄为陆海空军副总司令，是为了维护国家的统一，而阎锡山任命汉卿兄为陆海空军副总司令，是为了制造分裂，把多灾多难的人民推向战争的深渊！"

张学良对张群这一套为蒋介石涂脂抹粉的说教嗤之以鼻，冷笑一声反驳道："不见得吧？ 蒋介石、阎锡山希望我出兵的目的，都是为了帮着一方消灭另一方，对吧？"

张群暗想这个张少帅果然名不虚传，狡猾地轻轻将头一摇说："你的话不完全对！"

张学良大为不悦："那我要当面请教了！"

张群笑着以奇兵出击："汉卿兄以为我是为蒋主席做说客，动员汉卿挥师入关，消灭冯玉祥和阎锡山的叛乱来了？"

"难道还有其他……"

"你误会了！"

"不会吧？"

张群也不多言，他从公文包里取出一张支票往张学良面前一推："汉卿兄，你看这是什么？"

张学良见是一张三千万元的支票，一时不知如何是好。

张群见此情况，得意地恩威并施地拉拢说："蒋主席为补偿东北军对苏作战时的损失，特命我带来了三千万元军费。 另外，他考虑到渤海湾的安全，为不重蹈甲午战争之辙，建议将青岛港交由你统辖！"

张学良虽感到张群带来的三千万元军费分量很重，但自然懂得蒋介石付出巨款和交出青岛港的用意，是要他站在蒋介石一方，与蒋介石形成南北夹攻之势，打败冯、阎反蒋联军，其用心真是毒辣！

张群乘机发动进攻："汉卿兄，你对蒋主席的这番用心有何感想？"

张学良不由得大发感慨："还是蒋主席厉害！"

张群得意地笑了："汉卿兄，何时挥师入关？"

张学良仍然不肯轻易松口："此事嘛，不着急，让我们从长计议。"

张群大吃一惊，暗想这张少帅本事果然大有长进，想到蒋介石的急切催促，只得以低姿态请求张学良尽快领兵参加中原大战。

张学良借口事态重大难以一人做主，客气地稳住张群，随即电令东北军高级将领速来沈阳，共同商讨对中原大战的态度。

张群见仍说不动张学良，便向蒋介石献计，对张学良软硬兼施，迫其就范。

于是，蒋介石派吴铁城以南京铁道部代表的身份于7月2日到达葫芦岛，出席张学良主持该岛建港工程的开工典礼，为葫芦岛工程开工纪念碑揭幕。蒋介石和张群对张学良极尽奉承、拉拢之能事，还下狠心把北京、天津和河北的大片地区交给张学良；任命东北军将领于学忠为平津卫戍司令，封王树常为河北省主席，从而使张学良尝到很大甜头，态度才有所松动。

这时候，蒋介石在津浦线打了败仗，差点做了冯玉祥的俘虏，张群再次发电请吴铁城给张学良施加压力。吴铁城人称"铁嘴钢牙"，他不失时机施展辩才发动进攻："蒋主席正在危难之际，汉卿为什么不在此时拔刀相助呢？古语说得好，国难出忠臣嘛！"

张学良与张群之流打交道久了，也从他们身上学到了应付之策："我始终认为，蒋主席在这场大战中必稳操胜券，用不着我再挥师入关，给中原人民带来更大的负担；我希望由于局势的演变，双方息争言和，停止内战。"

吴铁城对张学良这番冠冕堂皇的话肚子就要气炸了，但是他牢记张群的嘱咐，耐着性子与张学良周旋："你真的以为双方会息争言和吗？"

张学良故意制造紧张气氛："从现在的情况看，暂时恐怕没有息争言和的希望。"

吴铁城询问以最小的代价结束中原大战之策，张学良怀着要与张群一比智慧高低的豪兴应付吴铁城：

"你一定清楚，经过两次直奉战争，东北军和阎锡山、冯玉祥所部积怨甚多，东北军全体将士都不希望由于加剧这种矛盾而使军阀混战的局势一发而不可收拾。因为在冯玉祥、阎锡山占优势的时候，我们出兵，等于口中夺食，他们会像恶狼似的扑上来，战局便会扩大。如果势均力敌之时，东北军再挥师入关，可不费一枪一弹，迅速结束战争！"

张学良这番高论把吴铁城惊得目瞪口呆，心里有气却也无可奈何，只得违心地称赞张学良这步棋走得妙，不战而胜方为上策。他想到蒋介石、张群交给的任务，急忙问道："汉卿兄的均势标志是什么？"

张学良对此早已有成竹在胸："比方蒋主席所部，重新夺回被晋军傅作义将军占领的济南城……"

吴铁城费尽九牛二虎之力，总算有了一点希望，紧紧抓住不放追问："如果蒋主席所部一举拿下济南城……"

张学良果决地表态："我将立即率领东北军入关！"

吴铁城大喜，立即把此消息发电报告蒋介石。蒋介石空欢喜一场，迟迟不见张学良有所动作，他气得要死，但是看到双方百万大军在中原厮杀，他一直处于不利地位，而张学良手握几十万大军居于举足轻重地位，一时也无可奈何。

蒋介石想到张群曾建游说张学良易帜之功，就决心调时任上海特别市市长的张群再次出马，命他即日赶到沈阳，与吴铁城一起督促张学良尽快出兵，指示张群不必再到南京请训，蒋介石将派外交部长王正廷携带文件，当夜乘坐夜车赶到上海面交。

第二天早晨，王正廷就把两个重要文件交到张群手中：一个是蒋介石任命张学良为陆海空副总司令的派令，一个是任命张群为张学良宣誓就职时候的监督人之命令。

张群以蒋介石派出的中央特使的身份，1930 年 7 月 29 日乘火车到达沈阳，张学良、吴铁城等到车站迎接。

张学良虽然对张群执礼甚恭，但是对出兵问题却避而不谈；张群心里急如油煎，然而他却面露沉着之色，只是频繁地与张学良交往，造成张学良与他关系密切的印象。

张群这一手果然奏效，阎锡山、冯玉祥派到沈阳的代表极为紧张。又暗中从监视中国银行的来往电报中得知，张群可以随时从银行取款支用，就更为紧张。于是，他们采取以毒攻毒之计，大张旗鼓地制造空气，宣传蒋介石派张群将以巨款收买东北军将领，呼吁东北军将领不要上蒋介石和张群的当。

虽然张群口若悬河，但是张学良却稳坐钓鱼船，不置可否地静观待变，又借口葫芦岛建港开工，离开沈阳来到葫芦岛躲开那些讨厌的说客。张群、吴铁城紧跟不舍追到葫芦岛，留下萧同兹与张学良的高级幕僚周旋。

在风景秀丽的葫芦岛，张学良住在行馆，张群住在海军公所，吴铁城夫妇留在专车的卧车里。

张群、吴铁城天天到行馆会见张学良，堂而皇之地以春秋大义劝说张学良，要少帅立即表明态度拥护中央，带兵出关；张学良始终彬彬有礼地予以敷衍，不肯表示明确的态度。

张群不得不另想办法，他觉得一天老是一本正经地讲那些政治问题，实在乏味得很，只会招惹张学良的讨厌，就改变方式从联络感情方面着手，考虑到张学良对麻将很感兴趣，就提议每天玩几圈卫生麻将。

张群这个提议很得张学良赞同。于是，张学良、张群、吴铁城夫妇每天晚饭后在张学良行馆摆开棋局，一面聊天，一面玩起麻将。有时停下来吃一些夜宵，有时张学良停下手中的牌到另外的房间里打针，张群、吴铁城总是耐心地等待。

就这样，张群与张学良等打打停停，停停打打，边谈边打，而且总是张学良大赢，张群、吴铁城夫妇越输越高兴，他们千方百计哄张学良欢喜。张学良是何等聪明之人，利用这个借口观察中原大战局势。双方在轻松愉快的气氛中，彼此打着哈哈，想方设法达到自己的目的。

据张群后来回忆说，在开始玩麻将的十多天中，张学良虽然没有明确地对他与吴铁城表示什么，但是却把冯玉祥、阎锡山的代表的每天活动情况毫无保留地告诉了他们。这样的卫生麻将，总是从天黑打到天明，而且总共只打八圈，速度之慢可能是破纪录的。天天如此，没有间歇，连续了三星期之久，恐怕也是少有的。天亮之后，张群回到海军公所，吴铁城夫妇回到火车站的专车上，张学良则就在行馆中安歇。

与此同时，蒋介石又接受张群的建议，以卑鄙阴险的手段收买张学良的部下，如以三百万现大洋收买东北军第二十三旅旅长马廷福叛张投蒋，使张学良极为头痛。

张群一直不离开张学良，对张学良软磨硬泡，费尽心机，他的软硬兼施之计终于收到成效。张群、吴铁城代表蒋介石与张学良谈判，答应给张学良四个条件：第一，拨给出兵费五百万元；第二，由财政部发行一千万元公债，整理奉票和东北铁路公债；第三，华北军政大权归张学良掌握；第四，驻守平津的军费由南京承担。

张学良静观中原大战和中国局势的发展，权衡利害得失，从保护东北军的利害关系出发，终于在8月23日有所松口，对张群、吴铁城表示，在适当时机可以挥师入关助蒋。

张群急忙将此消息急电报告蒋介石，在中原大战中被冯玉祥、阎锡山打得焦头烂额的蒋介石大喜，命令张群加紧工作，催促张学良早日发兵。张群更是与张学良打得火热，促使张学良于9月10日在北陵别墅召开东北军高级将领会议，对形势做出如下分析：

"蒋介石亦系一阴谋的野心家，在他的阴谋里，本想以军事解决西北，以政治解决西南，以外交解决东北问题。他对我们，亦无特殊的关系。从马廷福的事变，更可看出他的不顾友谊和不择手段。不过目前国事日非，如非国内统一，更不足以对外。我们为整个大局计，必须从速实现全国统一，早停内战。最近阎锡山、冯玉祥的军队业已退至黄河北岸，蒋军业已攻下济南，我方拟应实现出兵关内的诺言。"

这样，张学良就中了张群的拉拢之计，觉得冯玉祥、阎锡山"太小气"，对自己"不尊重""不诚恳"，于是犯了一个无法挽回的错误，于9月18日发出拥护蒋介石的"中央政府呼吁和平"的巧电，下达了第四次入关的命令。

于是，张学良下令其劲旅董英斌部浩浩荡荡挥师开进山海关，直向平津出发，冯玉祥、阎锡山腹背受敌，形势急转直下，阎锡山首先下令在河北、山东的山西部队，尽快撤回娘子关，自己通电下野；冯玉祥的部队在开封至兰州一线死伤累累，得到张学良挥师入关的消息，也立刻向后撤退；汪精卫没有一兵一卒，发表说明说了一些大话，便躲到天津自己家里；广西的李宗仁也偃旗息鼓。

张群施展浑身解数，动员张学良加入蒋介石集团，帮助蒋介石打败了反蒋联军。蒋介石称赞张群为取得中原大战的胜利立了大功，也正因为东北军主力入关，才给日本军国主义一年后发动"九一八事变"创造了有利条件。

为把蒋介石扶上大总统的宝座，张群和戴季陶大造制定宪法的舆论，张群的调门最高："我赞成戴公之见，我建议在正式召开国民会议之前，首先对立宪治国的理论进行广泛的讨论。法制之观念一旦深入国民之中，就可以从根本上剪除阎冯之乱。"

接着，张群又给蒋介石出谋划策制服张学良：邀请张学良到南京参加国民党三届四中全会，张群受蒋介石之命率文武官员专程到码头迎接，在码头举行隆重的欢迎仪式，然后陪张学良乘车来到国民政府官邸。

这时候，蒋介石早就按张群的建议，身穿上将军官制服迎候，张学良一下车，就被蒋介石紧紧热情拥抱。到记者给他们摄影时，张学良才发现蒋介石是以三军总司令身份欢迎他这个副司令的，张学良身着便装站在三军总司令蒋介石旁边，又颇似蒋介石的文官侍从，心中很不是滋味！

在蒋介石陪张学良拜谒中山陵时，张学良吸取教训，特地穿上威风凛凛的陆海空三军副司令军服，到那里一看，蒋介石却头戴银灰色的大礼帽，身披过膝的黑色斗篷，罩住极其考究的西服，俨然以中国第一政治家的身份出现，张学良又活似蒋介石的侍从武官。

张群的精心安排使张学良觉得蒋介石确实比自己高明，不由产生"敬畏"之感。

蒋介石听从张群的建议，在拉拢张学良方面真是煞费苦心：张学良到南京的当天，蒋介石亲自出席隆重的欢迎仪式，规格之高，气氛之热烈，实为罕见；在欢迎仪式后举行的舞会上，宋美龄首先出来请张学良跳舞，以她的名义请于凤至来南京，并与于凤至结为干姐妹，蒋介石亲自给张学良的卫队讲话；蒋氏夫妇又邀请张氏夫妇同游汤山，在汤山俱乐部共进野餐，特别请戴季陶、胡汉民和宋子文作陪。

张群等给蒋介石策划的热情欢迎张学良的活动，使张学良很快上当受骗。于是，他在1930年11月17日国民党中央党部纪念会上发出誓言："学良誓尽精诚以拥护中央完成和平统一，虽牺牲生命，亦必完成此志！"

这样，蒋介石靠张群等人的锦囊妙计征服了张学良，使其加入蒋介石集团，把自己和东北的命运都交给了蒋介石，打下了听从蒋介石摆布的思想基础，使张学良个人和国家都付出了巨大代价。

第九章　外交部长任内

由于东北军主力入关，日本帝国主义对东北的侵略野心恶性膨胀，1931 年发动"九一八事变"侵占东三省，中华民族陷入深重的危难之中！

"九一八事变"发生的时候，蒋介石正与宋美龄在江西南昌行营，部署对红军进行新的"围剿"。

蒋介石看罢日本帝国主义不宣而战发动侵略战争的宣言，拍案而起，骂道："一派胡言，无耻之尤！"

蒋介石正在烦恼之际，总参议张群来到行营进言道："蒋主席，这次'围剿'三战，尽遇曲折：第一仗上官云相师被歼，第二仗郝梦麟师失利，第三仗毛炳文师遇难，我军被歼七万，失枪五万多支，断难再打下去，不如回师南京，对付日本侵略，才是得民心之举。"

蒋介石此时"围剿"红军被打得落花流水，一时无法再调更大兵力发动新的"围剿"，日本人发动"九一八事变"绝非小事，处理不好影响重大，便把这个面子给了他的盟弟："岳军兄言之有理，传令驾返南京！"

蒋介石风风火火赶回南京，立即召开高级军政官员会议商讨对日政策，决定设立特种外交委员会，对日本侵略者提出"文明抗议"，把一切希望寄托在国际联盟身上。

这时，张群身为上海特别市市长，眼见上海人民同全国人民一样民情激昂，抗日救亡运动空前高涨，但是仍然硬着头皮执行蒋介石的"攘外必先安内"方针，对日本奉行妥协退让策略，想方设法防弥民众的抗日救亡运动，不使扩大为全面冲突。

张群秉承蒋介石的意旨，一再宣传什么如果国内不统一，国力不充实，对日关系不能破裂。上海民众强烈反对张群的妥协投降谬论。

"九一八事变"激起了全中国人民的抗日怒潮，蒋介石的不抵抗主义掀起了全国范围的抗日反蒋运动。蒋介石处境困难，与张群等反复商量，决定再次玩弄权术，1931年 12 月 15 日发表下野通电被迫下野，张群也难以为继，亦辞去上海特别市市长之职。

张群随蒋介石返回溪口的老家"隐居"，随时为蒋介石出谋划策，通过蒋介石的心腹仍然牢牢地掌握着军政大权，新上任的国民政府主席林森、代理行政院院长陈铭枢、行政院长孙科寸步难行，只得联名请求蒋介石复出。

蒋介石刚刚复出，日本侵略者1932年就在上海挑起战争，制造"一·二八事变"，在长春建立伪满洲国，接着把侵略的魔爪伸向华北。蒋介石仍然奉行不抵抗政策，把主要精力用在"围剿"红军上，从而使中华民族面临深重的民族危机。

为更有力地"围剿"红军，蒋介石1932年5月任命张群为鄂豫皖三省"剿匪"总司令部党政委员，还要张群兼任政务指导委员会常务委员，张群也卖力地为蒋介石实施"三分军事、七分政治"的"围剿"政策服务。

这时候，华北形势危急，国民政府决定设立北平政务委员会和军事委员会北平分会，一度指定张学良负责。蒋介石对张学良很不放心，就派张群北上，任这两个组织的常务委员、委员，兼任北平市整理指导文化委员会副委员长，名义上帮助张学良策划北方军政大计，实际上是代表蒋介石监视张学良，负责主持对日交涉。

1933年2月下旬，日寇向热河省大举进攻，热河省省长汤玉麟带头逃跑，热河省不出十天沦丧敌手。蒋介石将责任转嫁于张学良，逼迫张学良下野出国考察。蒋介石调黄郛、何应钦主持北平军政大事，命令张群在幕后予以协助。几经周折，终于在1933年签订了丧权辱国的《塘沽协定》。

1933年9月，蒋介石调集二十四个师另加五个旅共一百万大军、二百架飞机，决定对工农红军实施第五次军事"围剿"，他亲自坐镇武汉督"剿"。为保证这次"围剿"取得胜利，特地在七月任命张群为湖北省政府主席。

这是因为工农红军在湖北的力量有了很大发展，鄂豫皖革命根据地和洪湖革命根据地的存在和发展，形成对江西根据地的有力支援，使蒋介石如芒刺在背，寝食难安。因此，他充分利用张群的"清廉"名声和才能，加强湖北的基层政权建设，向根据地展开政治攻势，以免除蒋介石发动第五次军事"围剿"的后顾之忧。

张群对蒋介石这番用心心领神会，也想在湖北搞出一点政绩来，恰值湖北发生严重的水灾，洪水暴发，险象环生，张群不敢怠慢，一方面指挥防洪抢险，救济灾民，一方面整理税收，平衡财政预算，力图振兴工商业，但是日本帝国主义造成的侵华危机，又使他奔赴新的外交岗位。

这是因为随着日本帝国主义的侵华活动日益深入中国内地，不仅影响了美英等国的在华权益，更使蒋介石的统治地位受到威胁，亲日的行政院院长兼外交部长汪精卫1935年11月1日被爱国志士枪击受重伤，只得离职出国治疗。蒋介石接任行政院长后，与张群等反复商量，认为必须调整对外政策。

蒋介石召集张群等人研究他在国民党第五次全国代表大会上的外交演说，经反复推敲，斟酌用词，蒋介石终于在11月19日在大会上发表了令人瞩目的外交演说：

> 和平未到绝望时期，绝不放弃和平；牺牲未到最后关头，绝不轻言牺牲……到最后关头，即当听命党国下最后之决心，抱定最后牺牲之决心，而为和平最大之努力，期达奠定国家复兴民族之目的。

日本帝国主义正在蓄意扩大侵华战争，很快敏感地听出经张群等人煞费苦心搞出的蒋介石外交演说的弦外之音，日本驻华大使有吉明第二天就要求会见蒋介石。

1935年11月20日，蒋介石在南京接见有吉明，除外交部次长唐有壬陪同之外，张群也奉命参加了此次谈话，因为蒋介石已内定张群为即将改组的行政院的外交部长。张群陪同蒋介石与有吉明就华北情势及中日外交问题交换意见达两个小时，双方就广田三原则和所谓华北自治问题展开交涉。

有吉明骄横地对蒋介石说："如果中国采取压迫或武力镇压等方法处置华北自治运动，势必引起纠纷事态，使治安受到破坏，进而还会严重地影响与该地有密切关系之日本及'满洲国'。关东军决不会对此默视不问。"

迫于国内外形势，蒋介石根据张群的建议做出强硬的回答："作为中国，对引起违反国家主权完整、破坏行政统一等之自治制度，绝对不能容许！"

对于日本军国主义明目张胆地侵略中国的广田原则，蒋介石声称凡涉及华北问题，必须由中央派大员赴华北主持军政民政，方能与日方负责人员进行商讨。

张群也发表意见说："只要土肥原不做总顾问，即可无事。"

这是张群出任外交部长前，与当时的日本外交使节的首次接触。

中国国民党第五次代表大会闭幕之后，接着召开五届一中全会，决定改组国民政府。改组后的行政院长由蒋介石兼任；内务部长是原任驻日大使蒋作宾，外交部长由张群担任，军政部长何应钦，实业部长吴鼎昌，铁道部长张嘉敖。

蒋介石、张群等六人都曾经留学日本，均与日本有些渊源关系，对日本政情比较了解。

张群认为，蒋介石的这个安排，乃是因为鉴于当时的国际组织对于日本侵略中国的行径，无法加以阻止和制裁，希望利用我们这些人的对日关系，直接与日本办交涉，调整中日关系，与日本暂时取得妥协，设法缓和中日间的紧张情势。如能延缓二三年的时间最好。

当时的舆论认为，蒋介石、张群等六位阁员都是亲日派，尤其是启用与日本关系最久的张群来担任外交部长，是屈服于日本压力的结果。

针对这种情况，张群在回忆录中解释说，他是主张中日亲善合作的，因为只有中日亲善合作，才能促成亚洲民族团结，达成亚洲的安定与繁荣。他既然担任外交部长负责折衷中日关系，执行国策，自更无加以说明的必要，只希望能尽力运用个人对日本的关系，使国家能够拖过这段艰苦的时间，正所谓明知不可为而为之。

正因为如此，当蒋介石与他商量此事的时候，他极力主张由蒋介石亲自兼任外交部长，或者由黄郛出任此职，但是蒋介石虽然有意自己主持外交工作，可是顾虑外交工作事务性太强，害怕遭人责骂，不愿意干这个差事；黄郛因为在华北问题上主持对日屈辱外交遭到中国人民的猛烈抨击，郁郁寡欢住进医院，势难再次出马，因此蒋介石才提名张群担任外交部长。

在此情况下，张群也不愿意干这个差事，他在蒋介石面前故作惊恐不安之态，谦让再三，只是在蒋介石说明国民党五大已经决定了外交方针，今后遇有大事可以一起商讨，且蒋介石愿意做后盾的情况下，张群才勉为其难，于1935年12月16日披挂上阵。

张群担任外交部长后，于12月18日向中外新闻记者发表谈话，首先表示极愿尽其所能，努力于邦交之改善，与国际友谊之增进，同时特别说明："中国决以不侵犯主权为限度，谋友邦之政府协调；以互惠平等为原则，谋友邦之经济合作；以合法途径，解除不平等条约。抱定最后牺牲之决心，而为和平最大之努力，期达奠定国家复兴民族之目的。"

第二天，日本政府就做出强烈的反响，不允许中国撤销原订的各项不平等条约，态度极其蛮横。

如何开展对日外交，张群颇动了一番脑筋。

张群认为，汪精卫的对日外交过分依赖国际联盟，但是国际联盟毫无国际影响，而且日本已经声称要退出国际联盟，很难再用国际联盟来约束日本。因此，应该采取主动与日本当局交涉的策略，与日本进行正式的外交谈判，以求全面调整两国关系，极力缓和一触即发的紧张局势。对争论不下的重大议案多加周旋，不反对也不妥协，采取拖的办法，再为抗战争取二至三年时间。

1935 年 12 月 20 日，日本驻华大使有吉明到南京外交部拜访张群，张群与他做上任后的第一次会谈，揭开了中日两国正式外交谈判的序幕。

张群彬彬有礼地指出，近年来，中日之间许多问题未能圆满解决，究其原因，遇事辄为一时敷衍之解决，未做根本的打算。日方未能认识我方之诚意，中国则感觉日方要求无厌，如不进行两国关系根本的调整，前途殊堪忧虑。

张群提出两点意见：一为本人愿意以最大努力，经由外交途径采用正常办法商谈中日间整个关系之调整；二为用何种方式进行商谈，亦愿交换意见。

有吉明是 1935 年 5 月中日外交关系由公使级提高到大使级后的第一个驻华大使，六月来到中国，成为张群的第一个交涉对象。

这时候，有吉明不得不狡猾地原则上赞成做整个调整，可是又说华北问题应该仍然归华北地方当局处理，希望中国政府给冀察政务委员会以较大权限，还声称华北问题如果不从速解决，恐怕会造成严重后果。

张群不以为然，指出华北是中华民国的一部分，一切问题仍然必须由中央政府负责解决，由中日双方正式商谈做整体调整，除此别无他途；日本方面应该停止在华北的一切策动，以免发生不良影响。

有吉明初次尝到张群的厉害，又把攻击矛头指向中国爱国学生，声称"学生运动逐渐扩大殊堪忧虑"，促使中国政府加以镇压。

张群微微一笑，以反问方式予以拒绝："中国学生何以有此举动，日本方面应该特别加以认识。"

有吉明大为恼怒，把话题转移到"广田三原则"上来。

这是标榜"日中亲善""经济提携"的日本外务大臣广田弘毅 1935 年 8 月 5 日提出的对华邦交"调整原则"，主要内容有三：一是"中国先彻底取缔排日，抛弃依赖英美政策，采取亲日政策"；二是"中国应正式承认满洲国，暂时可对满洲国做事实上的默认，反满政策自应抛弃，华北与满洲接壤的地区应实行经济、文化融通与提携"；三是"来自外蒙的赤化是日满支三国的共同威胁，中国应依日本排除威胁的希望，在与外蒙接壤地带搞各种合作设施"。

广田弘毅骄横地会见中国驻日大使蒋作宾，要他把"广田三原则"通报中国政府，但是广田弘毅做贼心虚，希望中国方面"勿向外发表，以免惹起实行上之障碍"。

蒋介石与张群等研究了"广田三原则"，指示蒋作宾回答日本方面说，中国主张除满洲问题外，一切都恢复到"九一八事变"前的状态，《上海停战协定》《塘沽协定》等均应立即撤销。

有吉明气势汹汹地威胁说，蒋介石先生在 11 月 20 日的会谈中，对"广田三原则"表示无条件的赞同，外交部长阁下不会有不同意见吧？

这的确给张群出了一道难题，因为蒋介石当时曾经说"个人意·见赞成，无有对案"，张群眉头一皱，计上心来，反驳说：

"蒋委员长之言'赞成'，系赞成三原则之商讨；'无对案'者，系因三原则无具体意见，无从提出对案，绝非无条件地赞成三原则，乃希望贵方提出更具体之意见，以便商谈之意。"

有吉明声称，日本方面主张以"广田三原则"作为中日外交谈判的前提，逼迫张群拿出对待"广田三原则"的具体措施。

张群不买有吉明的账，不动声色，搪塞道："'广田三原则'是日方所提，当然具体办法亦应由日方提示。　总之，中方希望中日问题有一个整体的解决办法。"

有吉明厉声说道，中日问题要求根本解决，事实上非常困难，还是应该由贵方拿出具体方案。

张群以圆滑的外交手腕周旋，双方的目的如果相同，纵然意见相差甚远，亦可由讨论而求接近。

由于张群开动脑筋巧妙抵制，有吉明的无理侵略要求只得不了了之。

有吉明对张群这样的谈判对手感到头痛，于是向日本政府建议，对中日交涉不要操之过急，要缓步进行。　这就招致少壮派军国主义分子的强烈不满，纷纷向日本外务大臣广田弘毅提出撤换有吉明的建议。

广田弘毅是个具有强烈侵华思想的家伙，1936 年 1 月 21 日在日本贵族院发表演说的时候，把见不得人的"广田三原则"公布出来，胡说中国政府对"广田三原则"表示了赞成的意见，到了最近更进一步提议，根据"广田三原则"举行日华亲善提携的谈判。

张群见广田弘毅竟然这样厚颜无耻地造谣，立即指示中国外交部发言人于 1 月 22 日严正地宣布："广田外相演说谓中国（对'广田三原则'）业已同意，殊非事实！"

张群这一严正的外交举措，戳穿了日本方面强加于中国人的卑劣手法，一下使日本当局处于狼狈境地，外务大臣广田弘毅把罪过转嫁到日本驻华大使馆，"主张缓进"的有吉明成了替罪羊，被日本政府调回东京，改派更富有侵略性的有田八郎出任日本第二任驻华大使。

　　张群与有田八郎算是老相识了，1928 年日本制造侵略中国的"济南惨案"的时候，张群奉命到东京与日方交涉，曾经与时任日本外务省东亚局长的有田八郎打过交道。张群希望能够与他好好地谈一谈，使中日关系能够谈出一个结果来，即使在南京谈不拢，要张群去东京谈也可以。

　　有田八郎于 1936 年 2 月 26 日抵达上海，日本少壮派法西斯军人当天就发动了臭名昭著的"二二六事变"。许多日本元老政治领袖被杀，日本军部势力恶性膨胀，张群对中日关系的前途更加忧心忡忡。

　　张群陪同有田八郎 3 月 16 日递交国书后，进行第一次会谈。有田八郎大有感慨地讲起两人几年前的会见，声称什么中国人民"对日本人的仇恨情绪"很不好理解，张群认为这恰恰是当时中日两国关系紧张的症结所在，他巧妙地利用广田弘毅的话"以子之矛攻子之盾"道："中国人民对日本人民初无宿怨，其愈趋愈烈的仇恨心理完全出自被动，是由于最近数年日方连续用武力或威胁来压迫中国。广田外相所表示的不侵略、不威胁政策，务须实行，以释中国人民之疑虑。"

　　有田八郎绝非等闲之辈，他鼓动如簧之舌鼓吹尽快解决华北问题，张群按照事先与蒋介石商定的交涉要点和原则回答说：

　　"最近几年中日两国外交失去常轨，遇到问题每每不循正常之轨道，而只求局部之解决，以弥缝于一时，结果徒贻事后之纠纷。以后任何问题皆须经外交途径由中央解决，方有圆满之时。"

　　有田八郎被张群这番堂堂正正的话驳斥得哑口无言，便摆出大日本外交官的架子，胡说中日发生纠纷起因于华北问题，要求尽快予以解决，使日本无条件霸占华北，张群堂堂正正反驳道：

　　"中日纠纷起因于'九一八'东北事变，调整中日关系的根本办法，先应将东北问题谋一适当之解决。否则，中日之间诸问题，任何人为之努力亦不能解决！"

　　有田八郎梗着细长脖子一口回绝："目前尚非其时！"

　　张群寸步不让，提出至少必须先行消灭妨碍冀察内蒙行政完整的状态，有田八郎坚决反对，两人唇枪舌剑三个多小时，无结果而散。

　　第二天，即 3 月 17 日下午两人再次会谈，有田八郎鼓动如簧之舌坚持为日本帝国主义扶植的伪满洲国和华北"特殊化"的侵略立场辩解，还说日本军方素来认为中国的中央政府没有办法，所以华北问题仍然必须由地方当局负责解决。

张群针锋相对，予以反驳，认为满洲问题必须有一适当之解决办法，以东北问题迫使日方在华北问题上做出让步。

有田八郎断然拒绝："此刻不能再谈满洲问题！"

这本来就在张群的预料之中，他又退一步予以反击："如果满洲问题一时不能解决，目前最低限度须解决华北问题，先由日本取消中日邦交之障碍物，如《塘沽协定》《何梅协定》及军人间之一切约束。"

有田八郎冷笑连声，不肯吐出已经吞入日本帝国主义口中一部分的食物，但是却无理硬搅三分："必须先由中国政府承认'满洲国'，而后方能谈判取消《塘沽协定》诸问题！"

张群振振有词地强调，日本应该尊重中国主权之完整，华北问题应当依照外交途径由中央谈判解决，不能由地方办理。有田八郎则一定要确定华北政权之"特殊独立"地位，由华北地方当局来解决问题。

有田八郎为拉拢蒋介石和张群，主动提出日本愿意与蒋介石共同对付共产党，为此中日两国应订立"防共协定"。

张群一眼识破了有田八郎的险恶用心，稳稳当当地回答："必须在将'满洲国'及华北问题解决之后，始可考虑日方的提议。日本必须首先容纳中国方面的要求，中国方可接受与日本的谈判。"

有田八郎厉声予以拒绝说："中国必须首先表示对日亲善的诚意，而后日本方可考虑中国之要求。"

张群对与有田八郎进行会谈极为头痛，在第四次会谈前，专门致书征求他的盟兄黄郛的意见，黄郛马上给张群写了这样一封信：

> 中日两国欲求表里合一之亲善，实非从根本上解决满洲问题不可，然体察年来两国内情，此问题一时实无法解决。故兄于前年冬，即命（殷）桐生姑先与对方为废除塘（沽）协（定）之运动，不料办未及半，即遭反对，遂而中止。嗣后北局日非一日，今则对方认华北已为彼之特殊力区域，既成事实范围，任何政治家外交官，均不敢越此限界。吾弟适于此时身当其冲，困难可以想见。他人或不知，兄过来人，此中滋味，真俗语所谓"寒天吃冰水，点点滴滴在心头"，终其身而未能忘也。

这里虽然有黄郛为自己的某些亲日行为辩解之嫌，但是也正如张群所说："把当时中日关系问题的症结跟交涉的困难，说得非常清楚，他这封信给我很大的影响。"

1936 年 3 月 19 日下午，张群与有田八郎进行最后一次会谈，彼此披陈最低限度意见并发表共同声明，大意是说双方意见未能全部一致，但是有此机会，畅聆彼此的见解，于将来调整中日关系之交涉不无裨益，但是由于日本政府坚持侵略立场，四次会谈都是"空对空"。

这时，有田八郎接到了奉调回国的命令。因为日本于 3 月 24 日成立广田内阁，有田八郎被任命为外务大臣。

广田内阁是在日本少壮派军人发动"二二六事变"后军部势力大增的情况下建立的，一切政策措施唯军部之见是命，没有人敢于撄军人之锋而稍做主张。新内阁于 4 月 17 日任命日本驻天津总领事、华北事变策划人川樾茂为驻华大使。日本第三任驻华大使川樾茂于六月下旬来华。

这期间，日本侵略军向华北大量增兵，天津驻屯军由两千八百人增至一万人；同时在察哈尔制造紧张气氛，在内蒙公开策划德王搞"独立"活动，北平几乎处于日军的控制之下，日本浪人的走私和贩毒活动猖獗到了极点。

为制止日寇的侵略行径，张群曾经通过外交途径与日本方面做过一些交涉，但是毫无结果。

日本帝国主义为大举侵华，不久制造了"成都事件"和"北海事件"，张群作为外交部长，与日方交涉更疲于奔命。

1936 年 5 月，中国政府鉴于日本浪人大搞借领事馆走私贩毒的勾当，拒绝日本在成都设立领事馆。但是日本当局认为成都是"剿匪"的军事中心，具有军事、政治上的重要性，便想在成都设立领事馆以搜集情报，就在未取得中国政府同意之前，任命岩井营二为代理总领事，偷偷来到成都进行建立领事馆的工作，从而激发了成都人民反抗日本侵略者的激情，成都民众自发起来反对日本在蓉设立领事馆。

由于日本外交人员和浪人蓄意挑衅，8 月 24 日蓄意挑衅的日本浪人与成都民众发生冲突，成都民众捣毁了日本人开办的大川饭店等公司、商号，殴毙挑衅的日本浪人两名。这就是日本人一手造成的"成都事件"。

8 月 26 日，日本驻南京总领事须磨弥吉郎奉命会见中国外交部长张群，气势汹汹地声称中方责任重大，特别提出严重抗议，还威胁说日本方面将在调查后再行提出要求。

对此，张群遵照蒋介石的指示采取息事宁人的态度，告称中国方面已经派外交部专员杨开甲、科长邵毓麟飞往成都，实地调查，以凭核办，张群又推动国民政府行政院 3 月 29 日发布声明称：

> 查我国人民对于友邦，须敦睦邻谊，不得有排斥及挑拨恶感之言论行为，早经明令饬遵在案。最近四川成都，竟因人民暴乱，发生殴击外人情事，殊违政府睦邻之旨。除饬主管机关迅速妥为处理外，兹特重申前令，仰各切实遵守，毋得违背，此令！

为防止日本借此事件扩大事态，张群通过外交途径通知日方，国民政府已经将"凶手"苏得胜、刘成先枪决，其余六名"犯人"正在审理。

日本当局立即召开外务省和陆海军大臣参加的"三相会议"密谋，为寻找扩大侵略事态的借口，又向中国提出三项新要求：承认"广田三原则"，促进实际上的经济提携；中国完全接受"华北明朗化"计划；要求开放长江航路，承认日本人在沿岸内地侨居、贸易、购买土地、设立工厂之自由。

不久，日本新外交大臣有田八郎又指示日本新任驻华大使川樾茂，不等中国外交部长张群回答，又向张群提出三项交涉：国民党和国民政府必须根绝排日政策；国民政府和四川省政府应向日本当局表示道歉，并处分负责人及犯人，对被害人给予赔偿；国民政府负责排除重新开设日本驻成都领事馆的一切障碍。

同时，日本当局为向中国施加军事压力，将日本舰队开向广东和上海，海军陆战队两万名士兵在上海登陆，进入战备状态。

张群认为，日方所提这些要求，大都与"成都事件"无关，纯粹是借题要挟，因此便在 9 月 2 日指示中国驻日大使许世英会见日本外交大臣有田八郎表示遗憾，说明对此事件应该妥善解决。

不料一波未平，一波又起。1936 年 9 月 3 日，又发生日本商人中野顺三被杀的"北海事件"。

原来，北海民众 9 月 3 日召开大会，欢送蔡廷锴的第十九路军照垣旅调防，会场里贴满标语，群情激奋。日本商人中野顺三带着照相机，鬼鬼祟祟混进会场，偷拍照片，准备向日本政府报功。

中野顺三的行径引起把守大门的当地自卫队员的怀疑，发现他偷拍照片前去干涉，中野顺三蛮横地进行挑衅并与群众发生殴打。北海县长出面干涉时才发现，这是日本在广州经营"九一药方"的店主，此即"中野事件"，亦称"北海事件"。

"北海事件"发生后，日本从上海、青岛派出六艘军舰，向广东海面开来，对中国施加压力。

就是在日本侵略者这样虎视眈眈、形势紧张得一触即发的情况下，川樾茂从上海来到南京，奉东京训令与中国政府进行交涉，张群便与川樾茂开始了八次中日外交谈判。

1936年9月15日，在充满紧张气氛的第一次会谈中，张群主张先谈"成都事件"，不使这一事件与调整中日关系问题混为一谈。

川樾茂老奸巨猾，慢条斯理地声称："成都事件不难解决，但是成都和北海两大事件之发生，皆因中国党政机关没有取缔排日行动的诚意所致。要调整两国关系，首先中国要改善空气，取缔排日行动。必须解决若干政治问题，始可商谈成都事件。"

张群愤怒地质问："贵方要求解决哪些政治问题？"

川樾茂毫不客气地提出四项要求：中国允许日本在长江驻兵；修改教科书，删除排日思想；华北五省（河北、察哈尔、山东、山西、绥远）自治；中日实行"经济合作"。

张群严正地指出，这四项要求与"成都事件"毫无关系，自非中国所能接受，双方不欢而散。

在9月16日举行的第二次会谈中，川樾茂以进行"北海事件"的调查为名，以胁迫的口气声称："日本海军正考虑对海南岛或青岛做保护性占领！"

张群据理驳斥道，"北海事件"发生在广东钦州，与海南岛、青岛风马牛不相及，日本纯属蛮横无理，借题生事，令人气愤，中国政府断难接受。

就在此前后，又相继发生了"丰台事件"和"汉口事件"，更使张群疲于奔命，苦不堪言。

原来，侵华日军为纪念"九一八事变"五周年，蓄意在丰台进行大规模军事演习，与二十九军三十七师冯治安部某团五连迎面相碰，日军小队长岩井蓄意挑衅，策马跑入中国军队行列之中，撞伤了几个中国士兵，连长孙香亭出来制止日军暴行，竟然被日军抓去。为救回孙香亭，中国士兵奋力抗争，双方军队竟夜相持。第二天，中国军队奉命撤退，这就是"丰台事件"。

"汉口事件"是指日本警察吉冈庭三郎不知被何人在汉口日租界日信码头杀死，日本驻汉口总领事黑田寿一、日租界工部局董事大泽一虎硬说吉冈庭三郎是被中国人有意谋杀，要求湖北省主席杨永泰交出凶手。

杨永泰断然拒绝道："凶手到底是谁还不能确定，湖北政府将尽力缉捕凶犯，但是中国政府对此事件不能负责。"

黑田寿一怒吼道："阁下既然不肯负这个责任，我倒有两个办法：一是准许日本警察在华界做一次普遍搜查，找出可疑之人，贵方法院立即从严讯办，从中找出真凶；另一办法是将现场附近的中国居民抓起来，要他们连坐，真凶手不自动投案，就把他们全部处死！"

杨永泰见黑田寿一明目张胆地践踏中国主权，连连摇头冷笑道："这两个办法都不行，你最好想第三个办法！"

黑田寿一圆瞪大眼威胁说："第三个办法就是战争！"

杨永泰做过蒋介石的秘书长，哪里受得了这个窝囊气，硬着头皮顶他道："只有这个办法还使得！"

黑田寿一立即上报日本政府，日本当局便命令日本海军第三舰队借口保护日本侨民，派出两艘驱逐舰运送几百名日本海军陆战队在汉口登陆，随便指称中国人有嫌疑，逮捕了二十三个中国人。黑田寿一还致电日本驻华大使川樾茂，添油加醋，蓄意挑起事端。

作为外交部长，张群密切地注视着这些事件的发展。他从汉口事件想到 1935 年 6 月的日本驻南京副领事藏本英明失踪事件：藏本英明奉日本当局之命藏起来制造事端，日本驻华官员向中国当局大兴问罪之师，后来藏本英明实在藏不住跑了出来，才真相大白，贻笑天下。

张群认为，就算吉冈庭三郎之死不是日本人有意制造，也只是小事一桩，但是日本当局却小题大做，纯属无理行径！

日本外务省与陆海军首脑连日会商，日本外务省发言人 9 月 21 日公然发表声明恶意声称："成都、北海、汉口的不幸事件，均为危险的犹如易于燃烧气体之排日主义的结果，日本在政治方面自当更坚决要求中国当局……完全取缔排日主义，调整两国关系。"

张群看到事态发展得越来越严重，又接到日本方面提出的许多无理要求，就与川樾茂继续进行艰苦的交涉。

张群认为中日会谈到了关键阶段，就专门向蒋介石请示两国谈判的对策。

在此之前，蒋介石在七月举行的国民党五届二中全会上，对外交政策做出较为明确的阐述。这时全国的抗日运动初步形成，因此蒋介石与张群商定：凡无碍于国家自由平等者，皆当共同解决；苟有碍于国家之自由与平等者，决不稍事迁就。 要争所必争，论所必论，以严肃的态度，进行平等地位的谈判。

蒋介石还给张群发电，做出补充指示："此时外交斗争，应目无斗牛以视之，不可以蓉、北二案自馁其气。 彼既不欲先解决蓉案，则我亦应做无蓉案时方针与态度处之。"

在 9 月 23 日举行的张群与川樾茂的第三次会谈中，川樾茂强硬地提出早已准备好的极为严苛的七项要求：

第一，以河北、察哈尔、山东、山西、绥远五省为缓冲区域，南京政府在以上各省内仍然保留宗主权，唯一切其他权利及义务，如官吏之任免、赋税之征收及军事之管理等，皆需移交当地自治政府；第二，仿照华北经济提携方式，在中国全境进行中日经济合作；第三，订立广田"防共协定"；第四，建立中日间的航空交通线，特别是上海至福冈航线；第五，中国政府聘用日本顾问；第六，订立特别优待日本货物的关税协定；第七，完全压制排日宣传，包括修改各级学校教科书以及取缔朝鲜人的问题，并要求严格限制朝鲜人归化和参加军事学校等。

川樾茂声称，中国政府必须全部接受，以表示中国方面的诚意！

张群有了蒋介石比较强硬的指示，腰板也硬了起来，认为这简直要把中国变为日本的殖民地，便立即以"斗牛之气"指出日本的七项要求皆属无理要求，中国断不能接受。

川樾茂大怒，公然威胁道："中国到底打算怎么办？"

张群首先义正词严地说明中国对华北问题的立场：中国北部本无问题，唯因近年来日方造成之种种特殊状态，遂有所谓"华北问题"。 倘若日方之真意，不在平等互惠之经济合作，而在华北之政治及财政方面，甚至欲造成独立或半独立之政权，则此种计划，显系破坏中国领土与主权之完整，绝无商讨之余地。

川樾茂冷笑连声，企图插手减低入口税问题，张群断然拒绝："入口税之改定，为我国内政上之事。 中国政府所定关税，本可斟酌国家财政状态与商业情形，随时为适宜之调整，唯在研究关税之调整时，所有走私现状，自应首先予以考虑。"

川樾茂并不甘心，又企图拉拢国民政府在反共问题上做文章，张群也不上当，圆滑地拒绝说："防共纯系内政问题，无待于任何第三者协商，且数载以来，中国政府竭尽全力'剿灭'共党，目下他们所剩无多，不足为患。 中国政府始终恃自力应付，毋庸外国之协助。"

川樾茂催促张群尽快答应开辟上海与福冈航线，张群认为也不那么简单：日方早在"九一八事变"前就提出这个问题，日本递信省 1935 年又几次与中国交通部联系商议，并且拟定了草约，但是其后日本飞机未经合法手续，就在中国各地上空任意飞行，严重地侵犯了中国的领土主权。因此，在此种事态未终止之前，碍难开通上海与福冈间的航线。

川樾茂一计不成又生一计，企图以日本顾问来控制中国政府，张群婉言拒绝说，中国政府聘用外国顾问，需视政府需要与被聘人员之技能而定，初无国籍之分。中日邦交果已好转，中国自动酌聘日籍技术人员为专家，非不可行，但决非可由外国政府要求之事。

川樾茂被张群这番堂堂正正之言驳得哑口无言，恼羞成怒要中国取缔"排日运动"。张群据理反驳道：

"在中国方面，凡政府力之所及，原可引导人民之对日观感，借以增进中日人民之关系。唯情感发于自然，出自环境，为正本清源计，日方应该一面消极地除去恶感，一面积极地树立新国交。在消极方面，应立即停止在华种种策动，废弃武力干涉与高压态度；在积极方面，须表示尊重中国主权与行政统一之诚意，否则，中国政府虽日发一令，仍不能改变中国人民之心理。"

川樾茂越听越生气，又提出要中国取缔朝鲜人在中国的非法行动。张群回答得更是理直气壮："中国政府固不愿任何外国人在中国领土内有何非法行为；唯同时朝鲜人、台湾人及其他日本国籍的人，在日本势力庇护之下为非法行为者，日方当局自亦应加以取缔。"

川樾茂无言以对，张群趁此机会强调说，中国方面认为，中日关系之调整，应合乎平等及相互尊重领土与主权完整之原则。若仅就有利于一方之问题进行商讨，是不得为国交之调整。

川樾茂气得仁丹胡子一撇，吼道："你有何高见？"

张群不慌不忙地将中国方面认为最为迫切的问题，归结为五个方面：其一，废止淞沪、塘沽停战协定；其二，取消殷汝耕的冀东伪组织；其三，停止走私并不得干涉中国缉私；其四，华北日军及日本飞机不得任意行动及飞行；其五，解散蒙古德王及李守信的察东与绥北匪军。

张群严肃地告诉川樾茂："我所提出的五个方面的问题，是目前两国纠纷的症结所在；若不能解决，则中日邦交无从调整！"

中国这个外交部长的言行大出川樾茂的预料：在自己与中国外交官打交道的经验里，如果以武力胁迫，无论日本人怎么蛮不讲理，中国人都会屈服在大日本帝国外交官的脚下，张群莫非吃了豹子胆？

川樾茂根本拒绝讨论张群的提案，气势汹汹地威胁道："如果不采纳日本的方案，必将带来严重的后果！"

须磨弥吉郎跳起来指着张群的鼻子大吼："张外长节外生枝，毫无诚意，看来是蓄谋破坏会谈！"

川樾茂借机闹事，站起身要率领众人离开会场，张群为留有余地，再三婉言劝说川樾茂归座，有话慢慢谈。 川樾茂虽然坐了下来，但是拒绝讨论中方的提案，强行要求采纳日方的提案，双方争执不下。

张群见中日外交谈判濒于破裂的边缘，就马上派外交部亚洲司长高宗武乘飞机前往广州，向正在广州处理广西问题的蒋介石汇报情况，请求对中日下一步谈判的指示。

张群请高宗武向蒋介石转达他的意见称，为不使中日谈判破裂，不妨同意开辟上海与福冈航线，但是蒋介石认为日本方面志不在此，徒让无益，指示予以拒绝。

蒋介石还在广州致电张群，要他读一读《郑子产传》。 这是当时新出版的一本人物传记，讲的是春秋争霸期间，小小的郑国夹在强大的晋国与楚国之间，郑子产作为郑国的执政者，不畏大国强暴，以杰出的灵活外交维护了郑国的独立与尊严。

张群认为，蒋介石是要他以郑子产为榜样，要忍辱负重，体验忍耐的道理：

"小不忍则乱大谋。 当时中日之间情势之微妙，负责对日关系的人，如果稍微沉不住气，往往容易偾事，使中日关系完全走上决裂的道路。 这对中国没有好处……在日本人不断步步进逼、蛮不讲理的压迫之下，我亲临其境，首当其冲，也几乎动了肝火。 在这样的氛围中，不仅是左右时局难，就是要委曲求全，也很不容易咧。"

为争取国际舆论对中国人民抗日战争的支持，张群指示外交部把他与川樾茂的会谈情况，电告正在日内瓦参加国际联盟大会的中国代表顾维钧，请他在国际联盟大会上发表维护中国主权的讲话，争取得到一些国家的支持。

为给中国施加压力，川樾茂9月28日要求会见蒋介石。 根据国际惯例，这是无理行径，但是为了表示中国谈判解决问题的诚意，延缓日本的进攻，蒋介石接受张群的建议于10月8日接见了川樾茂。

蒋介石征求张群等人的意见后告诉川樾茂：中日两国国交的根本调整，应该根据绝对平等及互相尊重领土主权与行政完整的原则，由外交途径在和平友善的气氛中从容协商。成都和北海等地方事件，应该依照国际惯例及时解决；其他外交问题仍然应该由中国外交部长张群与贵大使继续商讨。

为表示对张群的大力支持，蒋介石还明确地告诉川樾茂说："张群部长的意见即系中国政府的意见。"

蒋介石接见川樾茂后，张群与川樾茂进行三次会谈，由于日本方面坚持侵略立场，没有任何进展。

为打开僵局，张群10月23日接见日本驻华武官喜多诚一，尖锐地指出日本借会谈掩盖军事进攻的阴谋："现在日方表面上在南京交涉，而关东军却在绥远搞侵略活动，不能不令人怀疑日本之诚意！"

喜多诚一用造谣手段以退为攻："传说在南京与上海之间、上海与杭州之间，中国有大军配备，这是真的吗？"

张群巧妙地回答："所传未免过于神经过敏。那里是有一点儿部队，都是两广事件后返防的。"

喜多诚一根本不信，但是也无可奈何，只得拂袖而去。

鉴于中日会谈毫无进展，川樾茂派日本驻南京总领事须磨弥吉郎回东京向日本当局请求指示。张群一面电令中国驻日大使许世英访问日本外务大臣有田八郎，主张缓谈华北自治与共同防共问题，以打开中日交涉的僵局；一面再次与蒋介石商讨对策，蒋介石发出指示："应以完整地保持华北行政主权，为今日调整中日两国国交最低之限度。"

得到蒋介石的明确指示，张群即派亚洲司长高宗武会见川樾茂，说明中国对谈判问题的原则立场。川樾茂声称中国的提案与日本方面的要求距离甚远，中日交涉不易进展，遂使谈判再次处于停顿阶段。

为给中国施加压力，日本当局指使驻平津侵华日军大搞军事演习，又唆使内蒙古德王和李守信的伪军向绥远东北部大举进攻，发动绥远战争一举攻占塞北重镇百灵庙，企图制造"大元帝国"，迫使中国在外交谈判中屈服。

对此，张群义愤填膺，11月18日责令外交部官员以外交部名义正式向川樾茂提出严重抗议："日本如果继续暗助匪伪扰乱绥远，则中日交涉势将无法继续进行！"

川樾茂向日本政府上报这些情况之后，日本外务省11月21日发表声明巧言狡辩说："绥远战争，纯系中国国内事件，与日本无关，纵有日本人民参加匪军作战，亦应认系为个人行动，与日本政府与日本军队渺不相涉。 中国在其本国领土内对于侵略者无论如何痛击，日本均无理由干涉。 盖御寇之能力为每一国家之基本要件也。"

张群读了日本政府这个极力掩饰侵略罪行和推卸责任的声明，立即召集外交部官员商议予以驳斥之事，恰好收到日本关东军和伪满洲国"外交部"11 月 27 日共同发表的无耻公告："日军当局对于足以妨害'满洲国'的安宁秩序，或使中国全土布尔什维克化的事变，不能漠不关心，所以盼望内蒙成功。"

张群认为这无异于日本当局在中国制造侵略事端的自供状，可谓给了日本外务省一记响亮的耳光，就指示中国外交部 11 月 28 日发表声明，严厉地驳斥日方的谬论：

"此次伪蒙匪军大举犯绥，中国政府负有保卫国土戡乱安民之责，不问其背景作用如何，自应痛剿。 中国国民爱好和平，我政府本自存共存之政策，亲仁睦邻，调整国际关系……惟领土主权之完整为国家生存必具之条件，不容任何第三者以任何口实，加以侵犯或干涉，万一不幸而发生此种非法侵犯或干涉，必竭全力防卫，以尽国家之职责也。"

日本当局对张群指示中国外交部发表的这个声明极其恼火，为给中国人一点颜色，命侵略绥远的日军指挥五千余名匪军，再次向百灵庙发动进攻，被中国军队彻底击溃。

张群刚接到百灵庙大捷的战报，又得知发生青岛事件的消息：

日本侵略者不甘心在绥远捣乱失败，就指示青岛的日本纱厂 1936 年 12 月 2 日全部停工，使两万七千名中国工人陷入失业状态。 第二天，日本政府借口纱厂事件派日本海军陆战队七百人全副武装在青岛登陆，分别包围搜查国民党青岛市党部、铁路党部、胶济路警务处及报社等机关，任意闯入室内搜查文件，滥捕中国职员九人，借以给中方制造困难，转移对绥远事件的注意力。

张群得到发生"青岛事件"的报告，他认为这绝非偶然事件，就立刻约见日本驻华大使川樾茂，与其进行第八次会谈。 首先就青岛日本水兵非法行动一事，说明关于"青岛事件"的调查事实，向日本政府提出强烈抗议，要求日本立即撤退驻青岛的军队，恢复纱厂原状，即日送还被捕人员及擅取之文件；接着要求日本当局制止其军民参加绥东战争。

川樾茂狡诈异常，马上提出要求讨论华北问题。 张群洞悉其奸，针锋相对告诉川樾茂："今日不准备讨论其他交涉！"

川樾茂大发雷霆，拿出一份塞进"私货"的双方会谈文件朗读起来，然后逼着张群签字承认。 张群严正地指出：

"贵大使所朗读之文件，其内容与历次会谈情形显有不符之处，不特有违我方向
未谈及之记载，且对我方重要意见遗漏甚多，其中更有贵大使从未提及之事项，无论
如何不能接收此种文件！"

川樾茂硬说这就是中日外交谈判的真实记录，逼迫张群当场立即签字予以承认。

张群不慌不忙，坚持中国的合理主张说："双方须顾到彼此立场，如塘沽、上海两
协定之取消，冀东伪组织之取消，华北非法飞行之终止，察绥伪匪军之消灭以及走私
之停止等等问题，系我方最低限度之要求，均应同时解决。"

川樾茂硬着头皮拒绝接受张群的意见，张群毫不含糊地警告川樾茂说："贵大使今
日之做法，徒使问题复杂，对改善两国关系妨碍殊多，务请贵大使收回！"

双方争吵不休，川樾茂看这样争不出个结果来，就又拿出一份日方整理的中日第
七次会谈的数千言备忘录，再次大声朗读起来，逼着张群签字。

张群接过日方的备忘录一看，气就不打一处来，原来会谈内容完全不对，都是日
方编造的，便当场予以拒绝。

川樾茂狡猾地说："这并非正式公文，不要介意。"

张群断然拒绝："万万不能接受！"

川樾茂早已料到会有这个结果，就把日方的备忘录丢下扬长而去，妄图造成中国
方面默认的既成事实。

张群晓得此计之阴险毒辣，急忙派高宗武追出去务必交还日方，但是川樾茂早已
乘小汽车绝尘而去，张群又让高宗武把川樾茂丢下的备忘录送到日本大使馆，川樾茂
第二天又派人送回，张群再命人将其退回。 张群特别指示中国外交部发表声明，指出
该件既非中日外交谈判之正确记录，不能作为参证据。

川樾茂为逃避责任，离开南京前往上海躲避起来，张群认为这真是"掩耳盗铃"
"黔驴技穷"的生动写照，造成世界外交史上的奇闻。

1936 年 12 月 3 日深夜，张群将这个"莫名其妙"的事情，报告了正在洛阳的蒋介
石，请求指示。 蒋介石大有感慨地在日记中写道：

倭使川樾以其片面自制之谈话录强要张群接收，张群拒绝，而川樾乃置于案
上自去，后由我外交部送还其大使馆，此种卑劣伎俩，世界外交上所无，而倭竟
以无耻出之，人格扫地，国焉能不亡？

日本当局大举侵略中国的意图早已确定，当然不会善罢甘休，日本外务省和海军省、陆军省立即商议对策，马上做出强硬决定，要求中国政府切实答复川樾茂提交的备忘录；如果日中谈判决裂，日本就要采取"适当自卫方法，无论在中国何处，凡日侨生命财产有危险之虞时，立即派日本陆海军实行警戒"。

12月5日，蒋介石从西安打电报给张群说，既然日方欲强加于我，我即应严词驳斥，从速发表。

根据蒋介石的指示，张群欲找川樾茂交涉，但是发现川樾茂已经离开南京到上海去了。经张群多次指示中国外交部官员与日方交涉，双方才商定中日间的交涉由亚洲司司长高宗武与日本驻南京总领事须磨弥吉郎谈判。

12月6日，张群命高宗武以外交部发言人身份向中外记者发表谈话，详细叙述这次中日调整国交的谈判经过，指出谈判未见成效是因为"日方并未准备为彻底之调整"。高宗武强调指出：

"张群部长就任后，本年3月间，即与日本现任外务大臣、前驻中国大使有田氏迭次会谈，剀切说明调整中日邦交之必要，而且最正当之办法，应自东北问题谈起，庶中国领土之完整得以恢复。彼时有田大使认为东北问题之解决，尚非时机。张部长遂主张第一步至少限度，亦须先行设法消灭妨碍冀、察、内蒙行政完整之状态。虽经一再讨论，终以日方并未准备为彻底之调整，未见效果。……正本清源，须恢复人民感情，铲除足以引起恶感之原因。我始终以平等互惠互尊领土主权完整之原则为立场。绥远事件障碍外交进行，切望早日消灭，一切问题，可由正当途径合理解决。"

第二天，张群又指示中国外交部发表声明，全面说明谈判情况："双方交涉两月有余，各项问题之数点已比较接近；不幸张部长屡次谈话促起日本政府严重注意取缔之绥远事件发生，致障碍外交进行。截至今日，讨论中之各问题未得结果，殊为可惜。"

中日调整两国关系的正式交涉，至此完全破裂。

1936年12月12日，爱国将领张学良、杨虎城发动"西安事变"，西方列强对蒋介石被扣极为震惊，英美和日德之间立即展开激烈的斗争。

日本当局对"西安事变"如何发展心里没底，一时难以做出准确的判断，对中国政局转趋观望态度。外务大臣有田八郎约见中国驻日大使许世英询问情况，发出警告说："绝对不能对张学良妥协，中国中央政府如果以抗日容共为条件解决'西安事变'，日本政府不能坐视不顾，当会强硬反对！"

张群接到许世英的报告，又很快看到日本首相广田弘毅的讲话："对于'西安事变'，帝国政府决定采取不干涉方针，但国民政府若与张学良以容共为妥协条件，日本将断然排击！"

张群无法向被扣押在西安的蒋介石请示报告，感到寸步难行，一面为宋美龄出谋划策，对付日本密使与军政部长何应钦的阴谋活动，一面在外交上与日本周旋，派出高宗武与须磨弥吉郎继续就成都事件、北海事件讨论折冲，不久，达成中方"深表歉意"，分别赔款九万元、三万元的协议，张群以外交部长的名义致书日本驻华大使川樾茂：

　　迳启者：关于本年 8 月 24 日，日本人四名在成都遭遇变故，其中二名受伤，二名身死一事，本部长代表政府，以诚恳态度，对贵国政府致歉意。当事变时，地方当局曾弹压救护，但省会警备司令蒋尚朴及公安局长范崇实，究属疏于防卫，中国政府已将该二员免职。又警备司令部营长曹午坤、连长刘尧古、公安局科长邓介雄、队长孙岳军、分局长康振等，均已分别予以处分。本事件之首犯刘成先、苏德胜，业已处以死刑。其他凶犯岑群、王述清、彭定宅、刘子云等，亦已分别处以徒刑。中国政府对于死者渡边光三郎及深川经二之遗族，各给予实在损失费及相当抚恤金。对于受伤者田中武夫及濑户尚二人，各给予实在医药费及实在损失费，其数目另行通知。本事件既照上开办法予以处理，中国政府当认为业已解决。

日本驻华大使川樾茂也复照张群和中国外交部略称："中国政府给付死者之遗族及伤者各费合计 98887.1 元，已由本大使馆收到。现日本政府认为本事件已经解决。"

1937 年 1 月 20 日，张群接见奉调回国而来辞行的日本驻南京总领事须磨弥吉郎，谈到中日关系时说：

"华北问题为调整工作之中心问题，满洲问题虽可不谈，但华北现状急需改善，此为我方最低限度之调整工作。此项工作具有成效，然后始能考虑互相平等而合法之提携。贵方如能切实做到此项初步的调整工作，则我方民众、军队对于贵国侵略之疑虑可除，而抵抗之观念自消……日本之对华态度如何，影响至巨。我国决由外交途径进行调整交涉，而同时在他方面又不能放弃抗日之准备。"

三天后，日本广田内阁总辞职，1937 年 2 月 2 日成立林铣十郎新内阁，法西斯军人势力愈形膨胀，准备发动全面的侵略战争，导致中日交涉完全停顿。蒋介石便指示张群于 2 月 25 日辞去外交部长之职，改任中央政治委员会秘书长兼外交专门委员会主任委员，结束了张群一年又三个月的外交部长生涯，专门在蒋介石身旁参赞军政大计。

张群与日本长达一年多的外交谈判，自始至终都在蒋介石的主持和指示之下进行。在国家处于危急存亡之秋，张群出于一颗爱国之心，也时时事事秉承蒋介石的旨意忠实行事，与阴险狡猾的三个日本驻华大使展开了软拖硬抗的外交谈判，对蒋介石屈辱退让、妥协求和的外交有所改变，在一定程度上遏制了日本帝国主义的嚣张气焰，为维护国家主权和领土完整做出了有益的努力。这也大大改善了蒋介石在国际和国内的形象，连中国共产党领袖毛泽东都在致傅作义的信中赞扬说，"蒋氏政策之开始若干的转变"，"实为近来可喜之现象"。

张群在回忆录中亦说他虽然主动找日本驻华大使谈判，希望能够调整中日关系，减轻外来压力，但是日本帝国主义已经准备大举侵华。张群费尽周折，外交僵局仍然没有打破，他感慨万千说：

> 当时中日之间的问题，主要关键是东北问题，日本却以既得利益避而不谈，而对华北问题，日方又步步进逼，制造分裂，策动自治；对我们提出的恢复河北行政完整，放弃在内蒙的阴谋活动，又往往避重就轻，拒不讨论，反过来要我们跟他们经济提携，承认他们的特殊利益，还要我们取缔排日的思想，真是欲亡人之国，无所不用其极！双方的立场犹如南辕北辙，调整关系根本无从谈起，会谈自然不会有结果，只是解决一些枝枝节节的问题罢了。实在说来，我这一年多外交部长的生活，戒慎紧张，苦恼甚多，而且未能有效地实际改善中日关系，未符最初期望，至今思之，犹有遗憾。

第十章　促蒋抗战

1937 年 1 月 6 日，龙盘虎踞的南京总统府，蒋介石陷入极大的苦闷之中。

张群的一年多外交生涯深得蒋介石的嘉许，也在国民党政坛上博得了好名声，更加取得蒋介石的信任，成为蒋介石的首席幕僚和高级智囊人物。

蒋介石一遇到难题，就自然想到张群。

这一天，蒋介石又把张群请来，将一份文件随手递到张群手中。 张群接过一看，见是日本海军司令部在其《支那特报第一号》中对西安事变结果的分析：

一、推察蒋介石对于（张学良、杨虎城的）八项要求，即使是一时权宜办法，但至少已接纳了抗日的意见；

二、因蒋介石、张学良的妥协，国民党政府内部各派抗争将为之激化，其结果对于汪兆明的影响力会有微妙的影响；

三、剿匪战争将会终止；

四、今后，共军及叛军（特别是杨虎城所部）的活动颇成问题。假定彼等合作，则对于华北、内蒙有密切联系的日本，将会有很大的威胁；

五、英国对于解决事变的幕后活动最为积极，英国将会更深入中国的经济界，中国的大势所趋必将依赖欧美，特别是倾向于亲英。

蒋介石询问张群对戴笠送来的这份情报的看法，张群竖起大拇指称赞说："日本人的分析很有见地！"

蒋介石极感兴趣地问："岳军兄，你对日本的对华政策，有何高见？"

张群连称不敢当，然后提高声调，一针见血地指出："日本将对我国进行更积极的侵略！"

张群说日本首相林铣十郎虽然把好话说尽，声称"日本绝无对华侵略之心"，但是在三种情形之下，会对中国进行更积极的侵略活动：一是日本军部为排除政党财阀势力，并为便于推行日本所计划的战时政治、经济体系起见，或为转移国民视线而发动侵略战争，借以解决国内政治问题；二是中国政治上发生重大的变故，或经济上发生重大的危机，使日方因利乘便，有向外采取积极态度的机会；三是中国给以一种重大的新刺激，使日本军部找到借口，以行使自卫权的口号，造成要挟政府激动国民的机会。

这正是蒋介石最为头痛的问题，急忙问道："我们能使日本放弃侵略中国的计划吗？"

张群稍加考虑，缓缓而谈："这要有三个条件，才有可能！"

蒋介石急不可待地问："哪三个条件？"

张群胸有成竹，侃侃而谈："第一个条件是中国国力逐步充实，可以不战而胜而屈敌兵之时；第二是国际情势绝对于我有利之时；第三是日本因某种情形，自动变更对华政策。"

蒋介石长叹一声连连摇头："可惜这三个条件，现在都还不具备！"

张群选择最适当的火候与时机，道出他深思熟虑的看法："因此之故，日本的侵华行动，势必日趋积极，乃属意料之事，这将迫使我们走联共抗日之路！"

"联共抗日？"蒋介石大吃一惊，对张群与他不谋而合感到快慰。

张群越说越激动，心里话脱口而出："委员长，你食……"

蒋介石愤怒地训斥道："你说什么？"

张群脑子转得飞快，急忙咽下"食言"的"言"字，向蒋介石献上锦囊妙计："委员长下决心囚禁了张学良，已遭国人非议，若在抗日问题上不实现在西安的诺言，就将留下千古骂名！"

蒋介石真是善于玩弄权术的高手，张群还以为自己触动了蒋介石的逆鳞，为防止惹来杀身之祸，急忙赔着几分小心解释说："委员长，我的话纯属肺腑之言，若有冒犯之处，请海涵。"

蒋介石也怕把玩笑开大了引起不良后果，就适时止住狂笑，称赞他的盟弟说："岳军兄，你不愧是我的诸葛孔明，你我想到一起去了！"

蒋介石说着，打开自己的日记本递给盟弟，张群只见蒋介石2月5日的日记中记有处理当前难题的五项方针：

一、对内避免内战，然一遇内乱，则不放弃戡乱安内之责任。

二、政治、军事仍应渐进，由近而远，预定三年至五年内为统一时间。

三、不说排日，而说抗战。

四、加强军队之训练。

五、分省物色品行方正之人才。

张群看罢对蒋介石赞不绝口，蒋介石听得喜笑颜开，又给张群下达新任务说："你和日本关系很深，今后要多和英美打交道。我打算让王宠惠接任外交部长，你去当中央政治委员会秘书长兼外交专门委员会主任委员，你看如何？你重点帮助我处理棘手的和共产党合作的问题。你手段圆滑，非你莫属啊！"

张群见蒋介石这样器重自己，更把他思之已久的"逆耳之言"和盘托出："毛泽东已发表声明，称赞委员长在西安接受张学良、杨虎城和西北人民的抗日要求，说西安事变的和平解决成了时局转换的枢纽！"

此话如果出自他人之口，蒋介石难免要大发雷霆，今天由张群口中道出，不能不引起蒋介石的重视，他气鼓鼓地说："毛泽东说我在洛阳的声明内容含含糊糊，曲曲折折，要我言必信，行必果，哼，骑驴看唱本，走着瞧！"

在日本帝国主义大举侵华的情况下，蒋介石接受张群的建议，于1937年2月中旬在南京召开国民党五届三中全会，让张群在会上做了一个外交报告，分析当时的国际动向与国民党政府的对日外交政策。

张群首先认定大规模的战争终必爆发，指出日本早已宣告废弃华府海约，1930年伦敦海约又以期满失效，各国都在加强军备，为大战做准备。尤其是日本的林铣十郎内阁，虽然表示"日本绝无对华侵略之野心"，但就日本整个的政局来观察，日本的政党与军部仍然继续在相激相荡之中。他预料日本对中国会采取更积极的侵略行动。

张群认为日本之蓄意侵略中国，原不自"九一八事变"开始。明治维新以后，军国主义思想即已开始抬头。日本人在战前对中国有几套做法：一是政治分化，二是经济侵略，三是间谍活动。他们绝不希望有一个统一强大的中国出现。在北洋政府时代，他们无时无刻不在挑起军阀之间的内战，今天助甲倒乙，明天助乙倒甲，日本乘机浑水摸鱼，鱼肉中国人民，侵害中国主权。

张群揭露日本对中国进行疯狂的经济侵略，除大肆倾销其产品外，企图达到"所谓工业日本、农业中国"之目的，千方百计地掠夺中国的资源，发展日本的工业，使中国成为日本的附庸，以便予取予求。

张群揭露日本间谍遍布中国各地，打着从事地理资源及民情调查的幌子，搜集中国情报，使日本成为世界上最了解中国的国家，培养出许多"中国通"，成为日本侵略中国的"急先锋"。

张群以中国知日派专家的身份，指出日本对中国有虎狼之心，中国必须提高警惕，全力以赴抵抗日本帝国主义的侵略。

在张群的推动下，国民党五届三中全会确定了与中国共产党重新合作的方针，与中共进行国共合作谈判，并对军队进行整顿，大力发展军火工业，使国民党军队的作战素质有所提高。

日本当局敏感地发现了国民党政府的这一微妙变化，指示日本驻华大使川樾茂，以对蒋介石在西安遇险进行慰问的名义会见蒋介石，稍做寒暄就马上提出质问："报载中国政府已与共产党合作，究竟如何？"

蒋介石按照张群的建议，不冷不热地回答："我国政府对共产党之政策，并未有任何变更，此点可于前次三中全会之宣言及决议案证明之。"

日本军阀对此并不相信，又派出驻华武官喜多诚一于1937年3月15日晋见蒋介石，蛮横地提出"中国究竟推行什么样的对日政策"的质问，蒋介石按照事前与张群商量的对策回答：

"我敢用一句话告诉你，中国有我负责一天，无论共产党或共产国际用何阴谋诡计，我自信都有办法对付。请贵国毋庸担心，尤其两国军事当局所应特别努力者，在以东方道德精神做基础，融合两国民族感情。"

日本帝国主义鉴于蒋介石仍然对抗日犹豫不决，就在1937年7月7日悍然发动"七七事变"，抗日战争全面爆发。

在全国人民抗日热潮的推动下，张群协助蒋介石采取紧急措施，对国家机构进行改革，实行战时体制，以军事委员会为最高统帅部，蒋介石任命张群为秘书长，张群便以主要精力佐理蒋介石谋议和处理抵抗日本侵略的军政大事。

7月8日，张群接到北平市市长秦德纯关于卢沟桥事变情况的报告，晓得此事非同小可，立即向蒋介石做了详细报告，建议蒋介石当即给负责河北军事问题的二十九军军长宋哲元回电指示："宛平城应固守勿退，并须全体动员，以备事态扩大。"

当时，蒋介石正在庐山举办训练团，他接受张群的建议，7月9日下令停办训练团，命令在四川的军政部长何应钦驰赴南京，着手编组军队，准备抗战；指示在庐山的第二十六路军总指挥孙连仲迅即下山，率领中央军两个师沿着平汉线开赴保定或石家庄，调太原、运城驻军向石家庄集结；又命令各军事机关准备总动员，加强戒备体制。

同日，张群建议蒋介石给指挥卢沟桥作战的宋哲元发电命令："守土应具必死决战之决心，与积极准备之精神应付；至谈判犹须防其奸狡之惯技，务须不丧失丝毫主权为原则。"

张群认为，中国亦应在外交上对日本发动全面侵华战争做出明确反应，7月10日建议蒋介石指示外交部向日本提出书面抗议，指出日军侵华行动是"有计划的挑衅行为，极其不法"。

张群又与外交部长王宠惠协商，与日本驻华大使川樾茂进行交涉，提出日方立即停止增兵，双方立即停止军事行动，但是川樾茂盛气凌人，根本不理。

在严重的事态面前，蒋介石于庐山仔细研究日本政府的出兵声明，与首席幕僚张群商议对策。

张群深思熟虑说："委员长，我们必须看到日本在《派兵华北的声明》中说得明明白白：'日本政府在内阁会议上下了重大决心，决定采取必要的措施，立即增兵华北'。"

"日本人也讲了与我和谈呀！"蒋介石不以为然，拿起日本的出兵声明读道，"'日本政府为使今后局势不再扩大，不抛弃和平谈判的愿望，希望由于中国方面的迅速反省而使事态圆满解决'。高宗武说日本近卫首相将派船津辰一郎秘密来华见我！"

张群了解船津辰一郎是日本"在华纺织同业会"理事长，曾经担任日本驻上海总领事，与中国外交部亚洲司司长高宗武是老相识，正秘密搞"和平运动"，拉拢蒋介石对日妥协。张群敏感地把握住当时日本侵华时局的主流，出于一颗爱国之心劝说蒋介石道：

"委员长，日本人说得再好，也掩盖不了正大举增兵华北的事实，然而却说什么派兵是为了使'局势不再扩大'，是为了'和平谈判'，岂非滑天下之大稽！"

蒋介石也不得不承认这个事实，点点头说："岳军兄言之有理，戴笠已搞到准确情报，日本新任中国驻屯军司令香月清司一到天津，就下令日军做好适应全面对华作战的准备，声称此次紧急派兵是全面对华作战的开端！"

蒋介石又拿出一份情报交给张群，张群接过一看，见是香月清司上报给日本陆军中央的《情况判断》，提出了日军华北作战的设想：

"待援军到来之后，先进攻平津，再占领保定，然后向石家庄、德州推进，使战争变为全面战争。"

蒋介石等张群看完问道："岳军兄，有何高见？"

张群将他考虑已久的想法和盘托出："委员长，您应该考虑尽快发表号召全国抗战的讲话！"

抗日战争初期，蒋介石过于期望国际调停，汪精卫就趁机指责抗战是唱高调，声称自己要唱"低调"，到处散布"战必大败，和未必大乱"的论调，一时妥协投降空气甚嚣尘上，给蒋介石以很大影响。

针对投降派的误国言论，张群振振有词地对蒋介石说："从目前中国的国力和各项准备远未就绪来说，与日本作战是难以取胜的；但是民气这么高，中共主战的态度如此坚决，我们如果求和，日本的要价一定会很苛刻，而中共和民众以及许多军队必定会闹事，岂不天下大乱？"

这正是蒋介石最头痛的问题，唉声叹气说："娘希匹，事情真难办！"

张群侃侃而谈道："我们只能硬着头皮应战，一方面加紧充实我们的实力，另一方面争取国际的援助；以我们的地广人多，打得日本精疲力竭，那时再来谈判谋求和平，国家也就太平安宁了。"

张群把他的意见归结为："战必败，和必乱，战而后和，和而后安。"

张群这番话，是在对蒋介石举棋不定的矛盾心理揣摩了很久，才选择适当时机讲出来的，真是说到了蒋介石的心坎上，成为蒋介石确定抗日战争时期整个战略方针的主要依据。

蒋介石终于下定了决心："岳军兄言之有理，请代我起草讲话稿！"

张群领命而去，蒋介石下令调国民党中央军开赴华北，又接受张群的建议电令宋哲元将军：

"卢沟桥事件必不能和平解决，中央已经决定运用全力抗战，请兄坚持到底，处处固守，时时严防，毫无退让余地！"

日本侵华行径日益猖狂，堵死了外交谈判的途径，蒋介石1937年7月17日在庐山发表张群为其起草的态度较为强硬的声明称：

"中国正在外求和平，内求统一的时候，突然发生了卢沟桥事变，不但我国民众悲愤不置，世界舆论也都异常震惊。此事发展结果，不仅是中国的存亡问题，而将是世界人类祸福之所系。"

蒋介石在庐山的讲话最受人称道的慷慨激昂之处，出自张群之生花妙笔：

> 如果战端一开，那就地无分南北，人无分老幼，无论何人皆有守土抗战之责
> 任，皆应抱定牺牲一切之决心！

蒋介石发表完张群起草的举世瞩目的"最后关头"演说，又与张群协商"做回旋之想"，蒋介石让张群指示中国外交部7月19日照会日本驻华大使馆称：

"自卢沟桥事件发生后，我国始终不欲扩大事态，始终无挑战之意，且屡次表示要以和平方法谋得解决。乃日本政府虽亦曾宣示不扩大事态之方针，而同时调遣大批军队开入我国河北省内。迄今为止，显欲施用武力……现在我国政府重申不扩大事态与和平解决事件之意，再向日本政府提议，两方约定一确定之日期，在此日期，双方同时停止军事调动，并将已派武装部队撤回原地……至本事件解决之道，我国政府愿经由外交途径与日本政府立即协商，俾得适当之解决。"

张群深知日本当局侵略中国的决心已定，通过外交途径交涉毫无用处，千万不能中了日本侵略者的奸计，就向蒋介石建议，切实加强华北防务。蒋介石深以为然，要张群起草电文再次指示宋哲元、秦德纯称：

> 倭寇不重信义，一切条约皆不足为凭。当上海"一·二八之战"，本于开战之
> 前已签和解条约，乃于签字后八小时仍向我沪军进攻。此为实际之经验，特供参
> 考，勿受其欺！

1937年7月20日，张群跟随蒋介石自庐山回到南京，张群多次找李宗仁、白崇禧等反蒋派高级官员，传递蒋介石决心抗日的信息，劝说他们与蒋介石消除隔阂，共同抗日，得到李宗仁、白崇禧等人的赞同。因此，在蒋介石召集军政负责人研究抗日对策的时候，李宗仁、白崇禧等反蒋派官员纷纷表示拥护蒋介石的抗日大计，异口同声要服从蒋介石指挥。

蒋介石见多年求之不得之顺利局面因表示抗日而很快实现，好不欢喜，又担心宋哲元斗不过日本侵略者而上当受骗，深知张群富有与日本人周旋的经验，头脑灵活，手段高超，就命张群为宋哲元出谋划策。为此，张群颇费了一番脑筋，代蒋介石拟电指示宋哲元称：

> 闻三十八师阵地已撤，北平城内防御工事亦已撤除。如此，则倭寇待我北平
> 城门通行照常后，彼必有进一步之要求，或竟一举而占我平城，思之危险万分。

务望刻刻严防，步步留神，勿为所算。与倭所商办法，究竟如何？何不速告？俾便综核。

宋哲元向蒋介石报告了他所属师长张自忠与日寇北平特务机关长松井太久郎签订的"协定"的内容，蒋介石很不满意，把张群找来商量对策。

张群认为宋哲元处在日本侵略军的控制之下，情况极为特殊，应该采取圆滑的方式予以笼络，蒋介石深以为然，张群为蒋介石起草了对宋哲元玩弄手腕的指示电：

中央对此次事件，自始即与兄同负责任。战则全战，和则全和，而在不损害领土主权范围内，自无定须求战、不愿和之理。所拟三条，倘兄已签字，中央尚可同意，与兄共负其责，惟原文内容甚空，第二条之不驻军（宛平县城、龙王庙），宜声明为临时办法，或至某时间为止，并不可限定兵数；第三条之彻底取缔（抗日团体）必以由我自动处理，不由彼方任意要求为限，此点应明加区别。至此事件之真正结束，自应以彼方撤退阳（7）日后所增援部队为重要关键，务希特别注意。

不久，日寇大举进犯华北，北平、天津于 1937 年 7 月底沦入敌手。

平津陷落，举世震惊，外国记者要求会见蒋介石，原来估计蒋介石嫌丢人不会接见。但是张群建议蒋介石借此机会发表讲话鼓舞士气，可以大大提高蒋介石的威信。于是，蒋介石出人意料地出现在记者面前，按照张群的设计发表引人注目的讲话称：

"军事上一时之挫折，不得认为失败，而且平津战事不能认为已经了结。日本既蓄意侵略中国，不惜用尽种种手段，则可知今日之平津，不过是其侵略战争之开始，而绝非其战事之结局。国民只有一致决心，共赴国难。"

蒋介石这个讲话颇蒙蔽了一些人，但是其后日寇大举进攻，上海、武汉、南京相继沦陷。汪精卫也于 1938 年 12 月逃离重庆，前往河内。

蒋介石对当时的中国第二号人物、国民党副总裁汪精卫公然弃他而去、勾结日本人对付自己极为恼火，马上把特务头子戴笠喊来，要戴笠马上派人到河内刺杀汪精卫，以泄心头之恨，也是为国锄奸。

张群闻讯急忙赶来，劝说蒋介石三思后行。蒋介石正在火头上，恼怒地质问："为什么？这家伙太可恨了！"

张群笑着回答道："汪精卫这一招也很毒辣，他是以给委员长和国民党中央提建议的形式发出艳电和信件，并未违反国法，再说重庆还有一些汪派分子，我们做到仁至义尽，不仅可以争取汪派分子，还可以把汪精卫出走的消极作用缩小到最小限度，对内外既可摆出抗战姿态，又显示宽大为怀的高风亮节，为日后与日本谈和预留下一条道，一箭三雕，何乐而不为呢？"

张群一番话把蒋介石说得眉开眼笑，当即指示特务头子戴笠："严密监视汪精卫在河内的动向，没有命令，不得下手！"

1939 年元旦上午，蒋介石在重庆召开国民党中央执行委员会常委会临时会议，中央委员、监察委员全部出席。会议一开始就群情激愤，冯玉祥、张继等强烈要求严厉惩罚汪精卫。

满头银发的张继对坐在他身旁的张群大发感慨，抡起青筋暴起的拳头往自己的胸前捶了一拳，颇为后悔地说："都是我作孽，不是我从后面蹿上去抱住孙凤鸣，孙凤鸣再打一枪，就结果了这个汉奸的命！"

冯玉祥、张群都与张继开玩笑，说张继干了件坏事，张继如果不救这个坏蛋，他今天怎么卖国？

与会多数人都主张严惩汪精卫，国民政府主席林森主张慎重处理，双方意见尖锐对立。

如何处置汪精卫，蒋介石事前曾经与张群仔细协商，张群认为汪精卫作为国民党副总裁，有日本人做后台，应该留有活动余地。于是，他根据张群的建议在关键时刻发言说：

"刚才主席训示，语重心长，本席也感到汪同志此举根本违反了党章。如果他将所发电文在重庆时向中央提出，或者在河内秘密提请中央商讨，均无不可，不应自行在报纸上发表，揆其用心，并不是向党中央提出，实在是给敌人看的，这就太不可原谅了。但他为本党副总裁，非比一般党员，处理此案，必须本照主席训示，审慎处理，以免引起更不幸的结果。"

经蒋介石、张群多方努力，国民党及国民政府只给汪精卫开除党籍和撤销一切职务处分，从而既给投降派以打击，又留下争取汪精卫的余地。

不久，日本近卫首相辞职，1939 年 1 月 4 日，国粹会国闻社头子平沼骐一郎奉命组阁。蒋介石急忙与张群等人研究日本内阁更迭对中日战争的影响，蒋介石欢欣鼓舞地分析形势说："近卫内阁为中倭战争之内阁，今竟不能维持而被打倒，此为抗战最大的效果，而亦为我上周痛斥其声明，使其觉悟中国非可以威屈与计诱也。"

张群插话吹捧蒋介石的言论的作用说："近卫内阁一倒台，汪精卫就更走投无路了!"

蒋介石对张群的话极为赞成:"汪兆铭之言行,自暴自弃,毁败无遗,此为我党国之幸,而实有补于抗战。 兆铭之失败即为近卫之失败,此为我抗战胜利最先之好音也。"

张群深受鼓舞,趁机提出建议道:"对汪精卫仍然要仁至义尽,以示领袖胸怀!"

这时,日本加紧对蒋介石进行诱降活动,蒋介石抗战的信心本来就不够坚定,又接到八路军发动百团大战和全国军民抗日热情高涨的消息,蒋介石又气又急,在日本的诱降活动面前更犹豫不决,便把张群、何应钦等请来商量议和之事。

张群笑嘻嘻地对蒋介石说:"恭喜委员长,贺喜委员长!"

蒋介石正对中国共产党因为积极领导抗日活动而得到迅速发展心怀不满,日本的诱降攻势又搞得他心乱如麻,便气急败坏地骂道:"娘希匹,烦死人,我喜从何来?"

张群不恼不怒,解释说:"百团大战捷报频传,是在你委员长的领导下得胜的嘛!你应该传令嘉奖,提高你在国际上的威望。 委员长还可以此为筹码,便于同日本人讨价还价!"

蒋介石慢慢品出一些味道来,口中仍然咕哝道:"日本推行南进政策,强行占领印度支那,我们仍然困难重重!"

张群不以为然:"委员长不必着急上火,这也是一件好事!"

蒋介石大感不解,不由笑出声来:"怎么到你那里,什么事都变成了好事?"

张群头头是道地分析说:"日本的南进政策使美日矛盾急剧恶化,美国最近宣布对我国增加两千五百万美元借款,禁止对日本出口钢铁类产品,美国对日态度逐渐强硬,对中国的支持日益坚决起来!"

蒋介石对此情况极为清楚,脸上露出笑容道:"岳军兄言之有理,看来,我们对日本谈和的态度也应该相应有所改变!"

张群也笑着借称赞蒋介石的方式表达自己的观点:"委员长高见,在美日矛盾极其尖锐的情势下,我们要向日本妥协,美国朋友也不会允许。"

"与君一席话,胜读十年书,此之谓也。"蒋介石顿时有了主张,马上吩咐道,"通知曾广,对日态度硬一点儿!"

由于蒋介石接受张群的建议采取强硬态度,日本当局就勾结德国给蒋介石施加压力,又使蒋介石陷于极大的苦闷之中。

蒋介石看到全国人民的抗日热情高涨,美日矛盾更趋尖锐,他不敢公开与日本侵略者言和，为捞取政治资本，堂而皇之宣称，凡是中国人谈论与日本人言和者，一律视为汉奸，在此掩盖下，暗中让张群给时任中国银行行长的钱永铭写信，希望日本降低和平条件。

钱永铭按照张群的指示，前往香港会见日本的南满铁路驻上海分店长西义显，询问日本的和谈条件。西义显转达的条件是：蒋介石与汪精卫合流，成立新的国民政府，实现统一与日中全面和平。

张群与蒋介石秘密研究一番，认为日本提出的条件又高又不具体，就设法把球踢了回去。日本外务大臣松冈洋佑觉得蒋介石很有诚意，又降低价码提出让蒋介石承认伪满洲国等条件。

这时候，蒋介石鉴于中国人民抗日热情高涨，又有美国支持，本不想与松冈洋佑周旋，仅作为对付汪精卫成立伪中央政府的策略，先命张群代他写信一封，派《大公报》总编张季鸾扮作侍从室主任陈布雷的特使，到香港会见钱永铭，向日本提出两项要求：

一为日本无限延期承认汪精卫伪政权；

二为日本原则上无条件全面撤兵。

不久，日本偷袭珍珠港，继美国之后，蒋介石也代表中国对日本宣战，中国人民浴血奋战取得的巨大胜利，使中国的国际地位显著提高，这给蒋介石带来巨大声誉。他特别想挤进盟国首脑行列，参加开罗会议，但是斯大林从骨子里看不起蒋介石，不想让蒋介石与自己平起平坐。

蒋介石大光其火，认为这是斯大林看不起他，却又无计可施，气得大发雷霆，跳脚大骂斯大林不止。

宋美龄生怕蒋介石闹出事来，急忙把张群请来商量。

张群早就密切地关注着复杂的中美苏关系，时时刻刻为提高中国在反法西斯战线中的地位绞尽脑汁，此时他胸有成竹地说："夫人放心，我想办法，此事就交给我好了！"

张群进一步分析国际形势，摸定了蒋介石心病的根由，便去见蒋介石说："委员长，请安排去开罗的日程吧！"

蒋介石连连摇头："岳军兄，丘吉尔、斯大林跟我捣乱，你有何良策？"

张群走过来俯首低言，蒋介石脸上立刻有了笑容。

蒋介石马上依照张群的锦囊妙计写信给罗斯福，大力宣传常德战役的成果，保证无论是在战时或战后，他都坚持亲美立场，跟随罗斯福对付苏联，特别说明在开罗会议之后，如果缺乏他蒋介石的帮助，盟国就很难对付斯大林。

蒋介石这番话正中罗斯福的下怀，张群又请蒋介石调动他庞大的美国院外集团，把工作一直做到白宫，连年轻漂亮的美国总统女秘书也为其所用，她推门进来给罗斯福吃罢药，亲切地说：

"先生，我再送你一服良药！"

"我正为如何对付斯大林伤脑筋，够苦的了，你还给我吃什么药？"

"先生，这是一服灵验的解药！"

"亲爱的，请讲！"

"你如果能够把史迪威讲的那个'微不足道的小人物'拉过来，三对一，事情不就好办了吗？"

罗斯福知道史迪威曾经劝说蒋介石把用于"围剿"陕甘宁边区的五十万国民党大军用来对付日本侵略者，就可以使中国抗日战场的面貌改观。这比挖蒋介石的心头肉还使他难受，蒋介石大骂史迪威是"共产党的爪牙"，尖酸刻薄的"醋性子乔"；史迪威哪里能够忍受蒋介石的窝囊气，他骂蒋介石是"微不足道的小人物"，是土里土气的"花生米"。

这样，"花生米"非要罗斯福撤换"醋性子乔"，经罗斯福多方调解，两个人的关系才有所缓和。

罗斯福握着女秘书的红酥手说："你真是一服好解药——有蒋介石和五亿中国人站在我们一边，这在战时和紧接着战争结束之后的相当长的时期内，都是非常有用的！"

事情果真向张群"设计"的方向发展：罗斯福主意已定，就致电斯大林和丘吉尔，声称蒋介石指挥的常德战役可以与苏联的斯大林格勒保卫战相提并论，都对战胜德日意法西斯具有重大作用，中国又在抗日战争中具有举足轻重的作用，为了最后战胜日本侵略者，应该让蒋介石参加开罗会议。

斯大林、丘吉尔见罗斯福态度如此坚定，也只好同意。

蒋介石得到罗斯福邀请他参加开罗会议的三封电报，真是喜上眉梢，为取得与罗斯福、丘吉尔、斯大林同等地位的大国领袖身份手舞足蹈，更对张群敬重几分，就带着张群为他拟定的锦囊妙计偕夫人宋美龄前往开罗。

在开罗，罗斯福、丘吉尔对中国人民的英勇抗战精神，尤其是常德战役中的艰苦卓绝斗争事迹十分敬佩，罗斯福抽着雪茄对蒋介石啧啧称赞说：

"我每天都从美国军事人员口中了解常德战役的情况。我当过海军，但对总统麾下的勇武精神仍然感到惊奇。我不明白，贵国部队为什么死守常德，以一当十，守绝无之地，打无望之仗，简直超乎人们想象之外，怎么能够坚持三四十天？！"

张群早为蒋介石设计好了宣传常德战役成果为国争光、提高身价的妙计，蒋介石趾高气扬地回答："中国将士完全是凭着一股旺盛的精神！"

开罗会议期间，罗斯福在考虑战后对日处理问题时，觉得是否保存天皇制是个大问题，就首先征求蒋介石的意见。

在重庆，蒋介石曾经与张群多次研究这个问题，此时便把他与张群的意见和盘托出，认为天皇在日本人心目中占有极其重要的位置，如果处理得好，可以把天皇制作为战后对付共产党的力量使用。于是，他特别强调说：

"这次日本发动侵略战争的祸首，实在是他们的几个军阀，我们先应把他们的军阀打倒再说。至于日本的国体问题，应该等到战后让日本人民自己去解决。我们在这次大战之中，总不要造成民族间永久的错误。"

应该说，美国战后采取保留日本天皇制的做法，是考虑了蒋介石和张群的意见的。

第十一章 主理川政

1938 年初，山城重庆一下热闹起来。

1937 年卢沟桥事变发生后，国民党部队在日寇大举进攻面前节节败退，北平、天津、上海、南京、武汉等大城市相继沦陷。蒋介石和国民党政府机关辗转迁到重庆，把重庆改称陪都，被迫进行对日本侵略者的全面抗战。

蒋介石既把重庆作为陪都，四川就成为抗日战争转入相持阶段的战略大后方，四川省政府主席一职更显得格外重要，蒋介石必须选拔最信任的人出任这一要职。

为了加强对四川的统治，蒋介石首先把矛头对准不听他的话的原四川省主席刘湘，命他率领所属部队出川抗日，将刘湘的部队分调几个地方，借日本帝国主义的力量肢解刘湘的部队。1938 年 1 月 13 日，刘湘病死于汉口。

在刘湘死后次日，蒋介石以国民政府的名义发布政令，任命他的亲信张群兼任四川省主席。

消息传来，立即在四川引起轩然大波。

四川地方军政实力人物马上全力抵制：刘湘的部属、四川绥靖公署代主任钟体乾和张再、乔毅夫"三老"出面，召开"武德励进会"紧急会议，联名致电蒋介石，指责蒋介石在刘湘死后既不派人来成都慰问吊唁，又不与有关方面商洽，即命张群主理四川政务，实属趁火打劫，意图宰割；命令四川军队没有"武德励进会"的命令一律不准调动；指使留在四川的六个师长联名致电蒋介石，请求收回对张群的任命；还在成都城内到处张贴反对张群任四川省主席的标语，组织成都、重庆市民众举行反对张群主川的游行示威，使四川形势顿时紧张起来。

蒋介石气得大发雷霆，要下令惩罚四川"三老"，张群急忙阻止，说明日本侵略军正向南京政府临时所在地武汉步步进逼，国家形势异常危急，四川形势恶化非同小可，对四川实力派只能慢慢来。

于是，蒋介石只得采取分化拉拢手段，转而利用原刘湘的秘书长邓汉祥及其得力干将潘文华，撤销对潘文华的处分，然后派顾祝同、潘文华到四川斡旋、调解。蒋介石没有想到潘文华到成都后，与四川实力派邓锡侯、潘文华、刘文华捐弃前嫌，一致对付蒋介石，反对张群来四川主政。

蒋介石一时没有良策，只得指示张群"暂缓其行"，并给四川发来两份电报，告诉邓汉祥说，张群"未到以前，省府事务请兄照旧负责，代为处理"。

蒋介石看张群一时不能主理川政，就改变主意让他的另一亲信顾祝同为四川一省之长。对此，四川"武德励进会"会长王陵基向蒋介石发电公开抗拒："顾祝同如敢来蓉，当以机枪、大炮在机场欢迎！"

蒋介石不敢硬来，在汉口会见刘航琛、卢作孚等四川头面人物，提出让步条件：只让张群一个人到成都赴任，所有原任官员一律不做变动，但是仍然遭到四川实力派的反对。

蒋介石依照张群之计转而求其次，把四川实力派都封官晋级，在给一些甜头的基础上，突然任命贺国光为四川省主席，但是仍然遭到四川实力派的反对，又只好作罢。

蒋介石一计不成又生一计，他花费大把金钱暗中收买王瓒绪，将他提升为第三十集团军总司令，通过行政院会议的决议由王瓒绪代理四川省主席。王瓒绪上任后按照蒋介石的意图安插了大批蒋方人员，四川实力派大惊，只好回过头来结纳张群，共同对付王瓒绪。

王瓒绪自以为有蒋介石撑腰，对张群也不买账，自然引起张群的不满。张群与四川实力派携起手来，揭发王瓒绪的腐败行为。蒋介石见王瓒绪已经失去利用价值，就命王瓒绪率领所部出川抗战。

蒋介石仍然想派张群替他坐镇四川，但是依然为四川实力派婉言拒绝，蒋介石不得不亲自兼任四川省主席，但是委派张群为军事委员会委员长重庆行营主任，实际上主持川政。直到1940年11月，张群才得以出任军事委员会委员长成都行辕主任兼四川省政府主席，在四川主政达六年之久。

1940年11月18日，张群在就任军事委员会委员长成都行辕主任兼理四川省政府主席时，特意发表的《告全川同胞书》中，对自己回故乡出任此职的经过有如下交代：

"本人此次来蓉，本以川康经济建设委员会常务委员资格，出席第一次全体委员会议，事竣行将返渝，忽奉政府明令，派任委员长成都行辕主任，并兼理四川省主席，才轻任重，陨越堪虞。"

张群说到此处，台下有人冷笑连声，甚至出现喝倒彩之声，张群不慌不忙抬出蒋介石这棵大树应付这些不友好的表现说：

"窃川省为民族复兴根据地，上年委座不靳以一日万机之身，兼理省府主席，诚欲增强抗战建国之力量，树立地方行政之楷模，为我川人谋永久之福利，其忧勤惕厉，爱川爱国之心，尽人感戴。今以欧战影响，国际形势猝变，我国日臻有利地位，外交上须因应之事日多；日寇势孤力穷，末日将临，战事上反攻之期亦日近；均无时无刻不烦委座之睿虑裁断，与一年以前单纯指挥与敌做持久战，得分余暇兼理川政者不同，审时处变，乃以此宏巨之责任，畀诸本人，殊深惶悚。"

人们听张群这番话说得头头是道，特别是打着蒋介石的旗号，谁也无可奈何，张群下面的桑梓之情更能打动人心：

"顾念桑梓之邦，值此艰难之会，公私两方，义难坚辞，只好暂时承乏，略分委座之劳。所幸委座于上年兼政伊始，即按切实需要，权衡重轻，颁订四川省施政纲要，自省临时参议会以及各界民众一致赞从；省府贺秘书长及委员诸公，苦心擘划，实力体行；一年以来，规模已具，此后惟应奉该纲要为典则，逐步切实施行。"

一些官员听了暗自欢喜，以为张群不过按照老章程办事而已，一切还不是听我们的？不免沾沾自喜，哪里知道张群一下子列出推行蒋介石指示治理四川的许多问题：

"如何而可排除推行之障碍？如何而建立经常之轨辙？加以时局之牵扰，人事之纷纭，物价之腾涌，财政之支绌，任举一事，靡不困难重重，绝非仅一省政府之力，所能克服。必须赖全省党政军首长同僚，与夫社会绅耆领袖人士，以同处漏舟之心，举精诚合作之实，庶乎有济。"

张群决心以诸葛亮治蜀为榜样，造福父老乡亲，"此来服务桑梓，益当秉用人惟公、用人惟贤之旨，赏罚细陟，绝不稍涉偏私，以期本省人材，得以奖拔，得以蔚起"。"所愿我父老昆季，此后对于用人行政，不吝教益，事无问大小，言无问高卑，苟有益于乡有利于国者，无不虚衷接收"。

张群的《告全川同胞书》赢得了不少人的好感，给他的六年主理川政开了个好头。

张群虽然身为一省之长，但是从不提自己的政治主张，他把功夫几乎全部下在对蒋介石训示的解释、发挥上。

1941年7月4日，四川省教育厅在成都励志社召开全省公立、私立中学校长茶话会，张群应邀出席讲话，他就津津有味地从自己上学及从事教育的经历谈起：

"本人幼时在成都入学，继入华阳中学，及留学归来，奔走革命，间亦从事教育，曾在爪哇办小学二年，继做商业学校校长。国府奠都南京后，曾任同济大学校长。个人服务教育，自小学以至大学，深知教育界中甘苦及教育力量之伟大。"

张群结合自己的求学过程和办教育的亲身经历，娓娓道来，令人感到特别亲切，人们请张群做重要指示，张群就拿出蒋介石亲笔题写的"艰苦卓绝"的条幅，花费苦心予以解释道：

"'艰'即贞定，'苦'即忍耐，'卓'即独立不倚，'绝'即有一无二，无假借，无粉饰。再推广其义：'艰'又可训为'智'，所谓'智者不惑'。唯其不惑，故不会有分歧错杂的思想，与游移荡漾的动态。所以能'知止'，能'贞固不移'，'确乎其不可拔'。'苦'又可训为'仁'，所谓'仁者不忧'。仁者能忍人所不能忍，能忍斯可以牺牲一切享受，克服一切困难，容受一切挫折与横逆。故颜子在陋巷，不以箪食瓢饮改其乐；苏武深陷绝漠，不以嚼膻吞雪变其节。'卓'又可训为'勇'，所谓'勇者不惧'。唯其不惧，所以不屈、不馁、不淫、不移。至于'绝'之本义，为有一无二，又可训为'诚'。所以《中庸》说智仁勇为天下之三大德，所以行者一也，一即'诚'也。"

张群这一番煞费苦心的解释，把蒋介石的四字条幅"艰苦卓绝"发挥得淋漓尽致。张群仍不罢休，又将其与抗日战争的形势联系起来，使之为中国人民的抗日战争服务：

"教育为物质建设与精神建设所由而成之唯一途径。各校长及各教职员荷此重任，在平时固然要淬砺、修养'艰苦卓绝'之品性，去实施'艰苦卓绝'之教育。在此国家民族存亡生死、极度紧张之际，尤其要以'诚'来发挥智仁勇之品德，去自觉觉人，自立立人，以增强抗战力量，安定建国基础。今后吾人尤应人人过'艰苦卓绝'之生活，培养下一代艰苦卓绝之人才，以与强权暴戾之帝国主义奋斗，以延续我民族生命，我国家民族庶几不致消灭，永存于天地之间。今日艰苦抗战，吾人皆身历其境，躬负责任，于此应深长思之。"

如果说不少人对蒋介石这条幅尚嗤之以鼻的话，那么，经张群这一番联系实际的解释，特别是与当时的抵抗日本帝国主义侵略，挽救国家民族存亡的头等大事密切联系起来，许多人都能听得进去。蒋介石本人见张群对他的思想解释得这么大义凛然，又特别深刻生动，当然就对张群另眼相待了。

有人说，张群一是凭对蒋介石的忠心，一是靠他非凡的智慧，从而取得蒋介石的信任的，此话颇有一些道理。

张群作为四川省主席，对发展四川经济极为重视。

张群认为，工业发展对国计民生关系重大。所谓工业化，并非专重工业，乃是于尽量发展固有的农业生产之外，更须发展工业。他大力倡导成立"川康兴业公司"，资本总额为七千万元，由国库拨官股三千万元，川康两省合拨一千万元，其余三千万元则招募商股充之。公司具有宏大的规模，不仅从事发展四川、西康的经济事业，尤其在于树立川康企业规模，培养企业人才。张群把川康两省划分为几个经济地区，因地制宜设立公司或工厂，鼓励民间投资，发展工业生产，张群大力发出号召：

"抗战已至最后接近胜利时期，建设川康，即是建设国家，兹事体大，必须群策群力，始可有济。甚愿川康人士明了此旨，一致奋起，共助其成，不特川康之福，亦国家民族之幸也。"

张群深知中国为一个农业国家，农业经济居主要地位，中国农民占全国人口的80％以上，四川是一个农业大省，农业生产好坏更关系到国计民生和抗战前途，因此对发展四川的农业生产更为重视。他亲自出席成都劝农大会，发表题为《农业改进的要义》的讲话。

张群认为，四川农民素以勤劳俭朴著称，自觉地在坡度很急的山坡上，开辟出一块一块的梯田，如此努力，不待相劝，所注意的乃是技术上的改进，进行精耕，特别要进行土质之分析，种子之选择，病虫害之预防及救治，家畜瘟疫之防治，等等，都是农业上最切要的问题，各级政府都要重视改良农业发展生产。张群指出发展农业生产的意义说：

"能够因技术上的改进而将农业生产质量提高了，在建国的意义上便是足食；在抗战的意义上便是足兵。这便是我们四川省的农民，在自己的岗位上，尽了对于国家的责任了。"

张群到四川上任后，全国著名的水利工程灌县都江堰发生飞沙堰堤溃事故，张群立即前往灌县都江堰现场，指挥民工抢修，又把中央和四川省水利技术人员请来会查原因，认为其出事原因虽然可以原谅，但是，毕竟主办机关未能尽到最大最善的努力，便给负责人必要的处分。其后，张群先后视察都江堰十二次，又新修了一个堰，新造了一座桥，受到灌县人民的称赞。

1944年4月5日，都江堰春光明媚，一派春耕的繁忙景象。

张群兴致勃勃地再次来到灌县，视察都江堰，出席隆重的都江堰开闸典礼。 他怀着崇敬的心情致辞说：

"今天我们在此地举行开堰典礼，同时祭祀李太守父子。 余每年来此地，必然感想到人生的富贵荣华，都等于梦幻泡影，能够使人不朽的只有功业，而尤其是在民生的功业更可重视。 中国五千年的历史，出了多少的皇王公侯、达官贵人，但到百年之后，便黯然无闻，与草木同朽，而李冰父子却历两千年之久，为人们所讴歌追念，每年奉祀不绝。"

张群由此大发感慨，认为古往今来开疆辟土的英雄，著书立说的学者，虽然也得到身后之名，但从来少有能够比得上李冰父子的盛况。 张群由此得出结论，事业是人生的第一大事，而嘉惠民生的事业，尤其在一般武功文治之上。 张群由衷地称赞李冰父子说：

"都江堰的工程，在两千年以前，真是一个非常不容易的事。 那时没有测量学，没有水利学，没有钢骨水泥，李冰所用的方法，是旧式的方法，材料也是就地取材的材料，这是用他们的愿力、智慧与毅力所创造而成的。"

张群不主张躺在前人的业绩上睡大觉，应该利用现代先进的科学技术，使李冰父子的事业发扬光大，他深思熟虑地说：

"这个工程要永久保持，必须要年年不断地维修，但仅仅因袭他的方法，显然是不够的。 因为两千年中地形的变化，因而发生水量、流速的变化，今日情形已和李冰时代不同。 在科学进步的现代，我们应用新方法补救其缺点。"

张群深情环望都江堰一周，联系到当前的抗日战争，期望四川人民为最后战胜日本帝国主义做出更大贡献：

"末了，我还有一点感想。 自从对日抗战以来，国民政府迁入四川，全国人士到川的多来到成都，到成都的多来到灌县，他们对这两千多年的伟绩，无不表示惊叹，这实在是中国历史上的光荣。 但是我们不应该仅仅只有历史上的光荣，历史上的光荣是属于祖宗前辈的，我们应该创造自己一代的光荣。"

最后，张群号召灌县要消灭土匪，禁绝烟赌活动，改变社会风气，努力进行精神建设。 他谆谆告诫四川父老乡亲：

"我们如果不能将社会风气转移过来，其他建设，即使成功，也是无根本的建设。 所以，我们要将精神建设与物质建设同等看重，在李大王、李二王的面前，我们应该如此立志，如此许愿。"

当然，这在腐败的国民党统治下是根本无法实现的，但是张群为取得抗日战争的胜利，有这样的想法和主张并大力予以提倡，确实是难能可贵的。

1944年5月，成都隆重举行"特种工程完工慰劳会"，张群到会讲话说：

"此次本省奉令修筑成都附近各处特种工程，工艰时促，许多处同时兴工，本来不是一件容易的事。幸赖盟国的工程技术人员指导有方，各级在事人员勤奋努力，数十万民工踊跃用命，军、政、党、团、民意各机关和各界人士热烈襄助，得以排除万难，工作较易的机场，多能提早完工；工作最艰巨的机场，也能于本月中旬完工，至感庆幸。"

张群热情称赞中美两国人民和军队在共同的反抗日本帝国主义侵略的斗争中，结下深厚的友谊，共同完成的国防工程具有重大军事价值。他热情洋溢地说：

"中美两大民族，在过去一百多年的历史上，素来保持着极友好的关系，尤以这次世界大战爆发以来，患难之交更加密切。我们共同对着残暴的敌人，共同抱着为人类争取正义和平的目的，携手前进，互助合作已经奠定了胜利的基础。成都附近空军基地完成以后，因为这些基地便于进攻敌人，在战略上有很大价值，其贡献更能促进胜利的早日来临，实无疑义。在此次工作中，以中美双方工程人员的脑汁融合了这个数十万民工的劳力与血汗，创造出这一个伟大的奇迹，这就是中美两大民族精诚合作的最好表现。"

出席慰劳会的美国将军把这个功劳归功于四川省主席张群，称赞张群是一个"神奇的人"。张群连称不敢当，谦逊地说：

"我有什么神奇？这一次的成就如果有神奇可言，我们应该归功于自天而降导演这一出神异戏剧的人及扮演这一出戏的数十万演员。中国古语有云：'二人同心，其利断金。'两个人的同心力量尚且如此，何况两个民族的同心？此种互助合作的力量，不仅是同盟国家击败共同敌人的必要因素，就是战后的和平建设，也必须以同盟国家的互助合作为基础。中美两大民族结合其他盟友共同肩负起来，才能得到确实的保证。"

张群重视在四川进行关于抗日战争是正义战争的教育，说明自"七七事变"突起，中国人民不但要下最大的决心，以最勇敢的精神、最艰苦的奋斗，任何牺牲在所不惜，誓死与日本法西斯强盗周旋。张群以马尔比巴可克发挥《圣经》中的"准备做大丈夫，要坚强"，来鼓舞四川人民投入反侵略战争：

必须要坚强！

我们在这个世界不是来玩耍，

来梦想，来流荡；

我们有艰难的工作要做，

有重大的责任要担当。

不要规避奋斗，要抵抗。

这是上帝的赏赉。

必须要坚强！

不要说这是一个罪恶的时代——

谁负其责？

袖手默认，乃是耻辱！

奉上帝之圣名，

勇猛地站起，说出！

必须要坚强！

不问他多深的罪恶之渊；

不问斗争如何激烈，

时日如何绵延；

绝不沮丧，奋斗向前！

胜利的歌声，就在明天！

张群非常重视发展四川的文化教育事业，认为四川大学是当时中国唯一完整的国立大学，对于四川大学寄予特别的期待。1943年10月18日，他到该校参加"国父纪念周"活动，在会上发表题为《四川与四川大学》的讲演，称赞四川是一个具有光辉文化传统的地方：

"四川山川毓秀，在历史上是一个人才辈出的地方：讲圣贤，有治水的大禹，孔子所师事的苌弘（资阳人）和七十二贤中的商翟（双流人）。讲事业，有张浚御金人于川陕之间，使其不得越雷池一步；有虞允文以一万八千之师，破金人八十万之众于采石矶，使南宋得保偏安之局。讲文学，有司马相如、扬雄、王褒、陈子昂、李白、苏氏父子、杨慎等许多名人，举不胜举。世人有'天下文章尽在蜀中'之誉，这真是四川的光荣。"

张群认为要建设现代化的四川，非大力发展文化教育不可，他滔滔不绝地论述二者的关系说：

"四川为中华民族复兴的根据地，必须先建设四川；要建设四川，必须先为四川培植人才。这培植的人才，必须要适合四川建设的需要。换言之，应该从四川党务、政治、经济、社会、风习各方面，综合观察，适当配合其要求于教育之中，庶几所造就的人才，能够适合四川建设的需要。"

张群认为，人民性格乃是社会风气之所由形成，他引用《汉书·地理志》《晋书地理志》《华阳国志》《剑阁志》《古史考》和章太炎等名人对四川人性格的论述，然后加以综合概括，提出四川人的优点是"敏慧耐劳"，短处是"偏狭轻急、华而不实"。

根据这种情况，为发扬优点，克服缺点，张群提出四川人要"诚朴实干"，希望四川同胞要"存实心，说实话，踏实地，做实事"；应该具备坚定统一的信仰，纯洁谨严的操守；有近代化的知识，原始人的体魄。

为战胜日本侵略者，为建设新国家，张群特别提出要有宽阔的胸襟、远大的志气，他谆谆教导四川大学生说：

"因为世界上的事业，愈是伟大，中间所经过的阻碍愈多，所需要的时间愈长。这里所说的阻碍，并不单指有形的阻碍，如饥寒劳苦之类。有形的阻碍，是可以用体力来抵抗的。事业过程中更有许多无形的阻碍，如精神上的阻碍。当这种精神阻碍发生时，有时须待迂回，有时需要等待，这便全靠精神的力量，总而言之要'忍'。"

张群对于"忍"有极其独到的研究，是他为人处事、周旋官场无往而不胜的锐利武器，他津津有味地畅谈感想、体会说：

"所谓忍，并不是将勃发的感情强勉抑制下去，乃是用理智将感情醇化了，所涵者广，便不计较小的；所见者远，便不计较近的，所以我们必须有宽广的胸怀，远大的志气，才能不沮于一时的阻挠讥笑，不馁于一时失败的寂寞，不安于眼前的小成就，能用毅力恒心，百折不回以贯彻最后的目的。鸿鹄之飞愈高，眼界愈大，目标愈远，一切荆棘、蓬蒿，他看也看不在眼，更算不得他的阻碍，这是最后同时也是事业成功必备的条件，所以我在此言之不厌其长。"

1944年3月25日，成都的春天风日鲜朗，花木茂美，风景似江南，巷陌像北京，张群认为这是一个具有十足东方美的古老城市。

张群亲自参加四川美术节纪念大会，热情洋溢地致辞，说自己非常重视四川文化事业的发展，尤其重视美术的发展。

他认为四川山水雄奇，人物优秀，可称是"美术的摇篮"。自古以来，中国有许多卓越的美术作品，曾经受过四川人文地理的熏陶。他指着在主席台上就座的张大千先生大发议论说：

"张大千先生是现代名画家，他的成就固然有许多因素：高明的师友，丰富的收藏，社会的激励，个人的努力，都有重大的关系。近年他到那边塞之地去研究敦煌，临摹壁画。因此，他的人物，上沿六朝盛唐，为数百年来所仅见，但他是四川人，他的天性造诣，得助于四川人文地理的地方，一定不少。在四川雄奇的山水中，展现了川西平原，成都居平原之中，在中国历史上有几度做过偏安王朝的首都。"

张群说出了在座的所有四川人的心里话，不约而同地报以雷鸣般的掌声。张大千更是风度翩翩，带头鼓掌，会场气氛极其热烈，张群意气飞扬地继续致辞：

"美术家、鉴赏家住居于这里的不少，国内美术家在此地举行美术展览的差不多每星期都有。如果称成都为美术的城市，应当不是过誉之词。现在是阳春三月，正是成都花木美胜、气候最好的季节，我们在此地聚会，本会会员全是艺术界一时之选，今日纪念这个富有诗意的佳节，并举行会员作品的展览，想必大家都感到兴奋，感到陶醉。我相信四川人不独在美术上有更大的成就，即在战后民族精神建设上，也必有更多的贡献。"

在主持四川政务的六年中，张群以"加强抗战力量，充实建国基本工作"为两大基本方针，他主要有两大法宝：一是事事处处打着蒋介石的旗号，从不突出个人，没有个人野心；二是高举抗战大旗，号召各界人士发扬为抗战做出特别贡献的忠勇牺牲精神。

正因为如此，张群治理四川比较顺利，新县制的实施，国民教育的推广，乡镇和保甲制度的建立，各级民意机构的普遍组成，省县议会的正式改组，农田水利之贷款兴修，粮食、盐糖、燃料的大量增加，户籍地籍的整理，公路的修建扩展，等等，以增强抗战后方力量，都取得了明显的成绩。

为战胜日本侵略者，张群调动四川全省之人力、粮食与财富支援全国的抗日战争。在抗日战争时期，张群征集四川的壮丁达 480 万人之多补充抗战军队；调集 150 万民工参加建筑空军基地和机场及军事设施；为供应军需公粮而征发借购的粮食共 6620.04 万余石；发动四川民众献粮献金支援前线，为改善抗日士兵待遇而献纳之法币，凡 1.711 亿元，献粮共 2314.4758 万石；为便利于战时运输而修建的公路，达 3478 公里。

他秉承蒋介石旨意，尽心尽力稳固抗战大后方的统治，特别细心体察蒋介石的好恶和需要，常常应蒋介石之召为他出谋划策，又能为蒋介石游说和拉拢各方人士，施展圆滑的政治手腕，把青年党领导人曾琦、民社党的张君劢及对蒋介石离心离德的刘镇华、徐源泉、龙云等人笼络在蒋介石周围，免除了蒋介石的后顾之忧，更博取了蒋介石的信任。

张群说，他在四川主政六年，"可以说是自己服务三十年来在一件事情上处得最长的一次，每觉有此机会在故乡服务，为桑梓效劳，当然是非常愉快的！"

1947年2月8日，张群在成都励志社欢宴蓉垣党政军民首长及留省参议员、省参议员驻会委员与绅耆会上致辞的时候，对听到的关于他的批评意见做出正面答复。

对张群的第一个意见是，用人太制度化、太偏重甄审或考试，未免太呆板了。张群直截了当地解释说：

"诸位先生中，也有人向我当面说过。省参议会开会时也屡次提出讨论，总说过于循资，必难拔取真才，应该另有一个特别通融的办法。这一个道理，我未尝不承认。不过我认为在崇扬法制的时候，需要建立人事制度，最好不要于法外另有通融。不然一通融之后，各种流弊都可以由此发生了，所以我虽然承认这是一个缺点，却不敢随便放弃已有的准备。"

四川人对张群的第二个意见是，对于各厅处主管长官信任太专，对厅处及其所属机关职员，张群都未直接考核。对此，张群做出明确的回答：

"这个缺点，我也承认，但是说到分层负责的分际，省府早已明确规定，例如某级人员，应对某级人员负责，应受某级人员直接考核或间接考核，层层节制，都有规定。主席虽司总核之责，但按之法理事实，也不容越过了直接考核的阶层，而代为执行，所以就分层负责来讲，也只有各个主管长官应当由我直接考核。尤其是四川幅员之大，省主席本职兼职所辖机构极多，要是抛开各个主管主官而逞察查之明，也为实际上所不许的。"

张群听到的对他的第三个批评，是不能大刀阔斧地做事。张群耐心地从抗日战争的大局出发解释说：

"我也常常检讨自己，我是革命党人，又是一个军人，为什么不能大刀阔斧？顾忌些什么呢？原因只是因为我是四川人，知道四川情形复杂，尤其在抗战时期，四川地居大后方，所负的责任很重。安定与否，与抗战全局息息相关。所以我常常说从建设中求安定，才是真安定。但当国家处在风雨飘摇的时期，我只能从安定中去谋建设，因此不得不做些迂回工作，借以顾全现实，支持抗战大业。"

张群听到的对他的第四个批评是，手笔太小，用钱不够大方。张群坦率地回答道："个人不滥用公家一文钱是应该的，就是为公，也应该严守法令和预算的规定，这是修明政治的基本条件，要实行法治，这是不容有所违反的，何况处于抗战时期？我们顾念到民脂民膏，尤不能处处力求撙节。"

还有人指责张群的立场偏在中央。对此，张群认真地解释说：

"我实在不知道我何所偏。四川与中央的关系太密切，大家都会说建川即建国，建国即建川。从这两句话看，四川与中央早已打成一片，再无所谓的隔阂了。我常常主张，中央应多给省权力，省也应该把权力多给予县市地方，因为我们要完成自治，实行民主。如果集权于中央或省，以中国之大，我们的主义和理想是不容易实现的。我想这种观念不确定，于政治建设前途障碍是很多的。"

最后，张群以君子的谦谦之风诚恳地表示："以上几点，本人常常检讨。总之，本人是军人出身，政治的经验学识都不够，不敢自以为是。在四川虽久，对四川的了解，也还不敢说很彻底。同时由于所负责任太重，另外还有兼职，不能常向地方绅耆及长者请教，自不免有许多缺点，想起来我非常惭愧。"

由于张群成功地主持四川政务，更加得到蒋介石的信任，使政学系人员掌握了国民党政府的许多军政大权，因而当时有"五长"之说：吴铁城任国民党最高机构中央党部秘书长，王宠惠为掌握决定国策的国防最高委员会秘书长，熊式辉任掌握国家计划大权的中央设计局秘书长，陈仪任监督考核党政业务的党政考核委员会秘书长。

日本投降后，熊式辉、陈仪分别掌握东北、台湾大权，张群出任行政院长，从而使政学系达到极盛时期。

第十二章　抗战胜利

1945 年 8 月 10 日下午 7 时 50 分，山城重庆暑气咄咄逼人，绿树掩映的林园却风景如画，荫凉宜人。

蒋介石正陪宋美龄饭后散步，突然，国民党宣传部副部长董显光气喘吁吁地跑来报告："委员长、夫人，好消息！　刚收到日本东京发出的英语国际广播，日本接受《波茨坦公告》，宣布无条件投降！"

这消息大出蒋介石的预料，他惊喜地问："日本无条件投降？　消息可靠吗？"

董显光急忙回答："绝对可靠！"

宋美龄乐得几乎要蹦起来："大令，快准备接受日本投降吧！　八年抗战，胜利来之不易呀！"

蒋介石脸上的笑容顿失，气急败坏地骂道："娘希匹！　中央军都在大西南，这可要命！"

抗战的胜利比蒋介石、张群的预料大大提前。　当胜利一旦来临之时，国民党的部队却一直龟缩在大西南，不仅无法占领东北、华北、东部沿海地区和长江沿岸，连广州也来不及占领。

更令蒋介石、张群着急的是毛泽东领导下的八路军、新四军却空前壮大：解放区的面积已占全国的 1/4，人口已占全国的 1/3，拥有 130 万正规军和 260 万民兵，更有国民党难以相比的威信，都是令蒋介石头痛的问题。

蒋介石急忙返回住所，把张群请来商量如何抢夺抗战的胜利果实，两人一致认为非请美国人帮忙不可，于是忙派人去请美国驻华部队总司令兼中国战区参谋长魏德迈。

身材魁梧的魏德迈与张群有着良好的私人关系，他听从张群的忠告，接受了史迪威与蒋介石闹矛盾被赶走的教训，对蒋介石言听计从、百依百顺，公开推行扶蒋反共政策，明确宣布在中国只支持蒋介石的中央政府。　魏德迈卖力地帮助蒋介石在昆明设立了指挥中国野战军的中国陆军总司令部，由何应钦任总司令；又以蒋介石的参谋长身份，在桂林、云南、兰州举办中国军官训练机构，帮助蒋介石训练、装备了二十个美式机械化师，蒋介石自然对魏德迈感激不尽。

魏德迈业已得到日本决定无条件投降的消息，就在张群的陪同下会见蒋介石。魏德迈一见蒋介石，就扑上去热烈拥抱，热情地祝贺中美两国取得日本无条件投降的伟大胜利。

三人分宾主落座后，魏德迈因日本投降欢欣鼓舞，谈笑风生，异常乐观；而蒋介石却唉声叹气，牢骚满腹，怨气冲天；张群明白两人此时此刻的心境，但是觉得不好插言，便决定相机行事。

魏德迈对蒋介石在取得抗日战争全面胜利的日子里，态度如此悲观，觉得很不好理解，继而想到张群屡次介绍的蒋介石在国共冲突中的难言之隐，就恍然大悟，情不自禁地开怀大笑。

蒋介石被笑得怒向胆边生，气得脸拉得老长，待要大发雷霆，但想到有求于魏德迈，就压住火气，气冲冲地说："我都快急死了，你这个老朋友却还能笑得出来！"

魏迈德这才止住笑声，推心置腹地说："我当然知道老朋友所急原因。"

"我急什么？你说说看。"

"阁下急在日本投降后，无法抢夺地盘，怕'桃子'都被共产党摘去！"

"知我者，真将军也，不知阁下有何妙策？"

魏迈德见蒋介石如此低声下气地求他，大鼻子翘得老高道："我已得到美利坚合众国政府的命令：'麦克阿瑟元帅和尼米兹上将，都须协助中国控制主要港口和交通中心。美军在中国登陆后，即归魏德迈指挥，依照蒋委员长的计划，与中国合作，接受日本投降！'"

魏德迈转动粗壮身躯，以施恩者的姿态问道："亲爱的委员长，这下满意了吧？"

蒋介石脸上有了笑容，忽然想到国民党军队不久前在"一号作战"期间，被冈村宁次率领的日本侵略军打得落花流水。冈村宁次骄横狂妄，能向他这个手下败将老老实实投降吗？八路军、新四军却连连告捷，万一冈村宁次向共产党投降缴械可就麻烦了！但蒋介石又死要面子，便吞吞吐吐地说：

"我担心冈村宁次对我不俯首帖耳……"

魏德迈对蒋介石的阴暗心理一清二楚，便拍拍蒋介石的肩头说："请委员长放心，我马上向杜鲁门总统建议，让麦克阿瑟以远东盟军总司令名义，命令日本政府与日本在中国的派遣军总司令冈村宁次，在中国战区的日本军队（包括在越南的日本侵略军），只能向蒋委员长及蒋委员长所属之军队投降，不准向中国共产党的军队缴枪，你看怎么样？"

蒋介石眉开眼笑，茅塞顿开道："好极了，我也以中国战区最高统帅的名义，向冈村宁次发出只准向中央军投降的命令！"

魏德迈得意扬扬地告诉蒋介石："委员长还有何要求？ 我一定鼎力相助！"

蒋介石趁势提出要求说："请美国政府派五个师，协助我控制日本投降后的局势！"

"向哪里出兵？"

"两个师在大沽登陆，两个师驻进上海，一个师兵发广州，帮助我控制以南京、北平、广州为中心的三大重要地区！"

魏德迈稍加思考，将手一挥道："有两个师足够了，不用那么多！"

蒋介石狮子大张口，又提出请美军把新六军空运到南京，控制日寇派遣军总部及其司令官冈村宁次，压迫他绝对听从蒋介石的命令；再空运国民党军队抢占上海、北平，攻占山海关，从关东军手中抢占锦州、沈阳和东三省。 魏德迈大包大揽，全部应承。

为拉拢日本侵略者为蒋介石看守地盘，张群协助蒋介石请魏德迈落实他的诺言，设法取得美国总统杜鲁门的帮助。

于是，杜鲁门于 1945 年 8 月 15 日任命麦克阿瑟为驻日占领军司令官，命令麦克阿瑟以远东盟军总司令的名义，命令日本政府与日本在中国的派遣军总司令冈村宁次，在中国战区的日本军队，只能向蒋介石及其所属的军队投降，不准向中国共产党的军队缴枪。

美国陆军参谋长马歇尔两天后又通知麦克阿瑟：应该让日本人清楚，按照《波茨坦公告》条款，在中国的日本军队只能向蒋介石投降。

蒋介石脸上仍愁云密布，善于观察蒋介石脸色的张群忙凑上前来询问根由。 蒋介石叹口气说："魏德迈真够朋友，只是远水解不了近渴，共产党多如蚂蚁，把我们的军队从大西南运往东北、华北和东南沿海，不是一朝一夕所能完成的，我们心有余而力不足啊！"

张群曾私下自嘲："张群者，蒋介石的奴才和丫鬟、伺妾也。"奴才、丫鬟、伺妾是跟老爷主子发不起脾气来的，他的过人之处是运用超人的智慧，适时为蒋介石献出锦囊妙计，因而几十年来他有"蒋介石身边的不倒翁"之称。 此时，他笑嘻嘻地出谋划策道："委员长，日本人手中有一支现成的军队，委员长一声令下，就可调过来使用！"

蒋介石把秃头一拍道："你不说我倒忘了，伪军合起来也有近百万人吧？"

张群有板有眼地讲起五大伪政权的军事力量：汪精卫伪政府七个集团军及绥靖部队28.2万人，王克敏的北平伪华北政务委员会三个集团军5.5万人，德王的伪蒙疆自治政府九个师1.4万人，再加上伪满洲国和梁鸿志南京维新政府的伪军，共24个军、61个师、12个旅，总计68.3万余人。

张群抓住适当时机向蒋介石报告："遵照委员长的指示，我们已对伪军头子做了工作，完全可以拿过来利用！"

蒋介石笑道："对，我还让戴笠替周佛海当过孝子呢！"

原来，蒋介石晓得周佛海是汪精卫的左右手，曾任汪伪政权秘书长、行政院副院长等要职，蒋介石早就按照张群的妙计，指示军统特务头子戴笠与周佛海暗中拉关系。 蒋介石命戴笠把周佛海的母亲请到贵州，让其母亲向儿子晓以"民族大义"，"要身在曹营心在汉，不必做孝子，而要做忠臣，无论如何不能为周家子孙丢脸"。

周佛海是个孝子，又看到汪伪政权和日本败象已露，就秘密向蒋介石表示"忏悔"，愿暗中效劳补过。 蒋介石要周佛海设法保护日伪统治下的军统特务，合伙反共，周佛海也一一照办。

蒋介石依照张群之计善待周佛海的母亲，周母病逝后，又命戴笠替周佛海当孝子执幡送葬，还把葬事照片寄给周佛海。

看到戴笠代当孝子跪在母亲灵前的照片，周佛海涕泪纵横，在上海各报遍刊讣告，从此更死心塌地执行蒋介石的指示，为蒋介石接收京沪卖了力气。

当时在国民党内部，对如何对待伪军存在很大分歧：军政部长陈诚等人都认为，伪军名声太臭而不可重用。 他们振振有词地提出反对理由说：

"伪军是日本鬼子的狗腿子，被老百姓骂为汉奸，如果把伪军编在正式部队里，不仅妨碍国军整编，而且混淆了国军的血液，坏了我们的名声，千万不能那么办！"

张群、何应钦等人不以为然，他们投蒋介石所好说："我们既要伪军坚守阵地，又要解散他们，这怎么行得通？ 势必激起变乱，万一出了乱子，谁负责？"

他们商量再三，为了抢在八路军、新四军前面摘取胜利果实，也顾不得那么多了，只是将伪军改为"自新军"而加以使用。

蒋介石与张群等在密室反复策划，蒋介石为处理日本投降事宜口述命令道：

"向各部伪军发出如下通令：'日本政府于 10 日晚 8 时，已向中、美、英、苏盟国声明投降，我沦陷区各地下军及各地伪军，应就现驻地点，负责维持地方治安，保护人民，各伪军尤应乘机赎罪，努力自新。非本委员长命令，不得擅自移动驻地，并不得受非经本委员长许可之收缩，仰各凛遵为要！'"

蒋介石与张群等亲信密商之后，任命周佛海为军委会上海行动总指挥，负责维持沪、杭一带治安，任命任援道为南京先遣军司令；任命庞炳勋、孙殿英、孙良诚、吴化文、张岚峰、门致中分别为第一至第六路先遣军总司令。

于是，张群、何应钦等为蒋介石与伪军头子取得了联系，蒋介石连续向各战区的司令官发去指示，务必策动伪军转向支持国民党政府，利用他们控制沦陷区重要城市和交通线的便利条件，与共产党争夺抗战胜利果实，没有蒋介石的命令，拒绝任何军队接管他们的防区。

然而，蒋介石利用日本侵略军抢夺抗战胜利果实的勾当，开始时进行得并不太顺利。

诚如张群所料，日寇派遣军司令官冈村宁次接到蒋介石要他投降的命令，根本不买蒋介石的账，他对副总参谋长今井武夫说：

"我曾经向东京陆军中枢表示：而今百万精锐尚在，竟然向重庆的残兵败将投降，这是在任何情况下都不能听命的！本司令官决不为敌方的和平攻势和国内的消极舆论所迷惑，坚信目前正是不惜全军覆没，为实现战争目的而迈进之时！"

"宁肯玉碎，也不投降！"冈村宁次手下将领纷纷响应。

今井武夫头脑比较冷静，他认为天皇陛下的投降诏书已经下达，在中国的日军将领再反对也无济于事。

他的话一下子把冈村宁次说得哑口无言，沉默良久才问今井武夫："你同国民党代表有过几次接触，蒋介石此人对日本到底态度如何？"

今井武夫沉思片刻，颇为神秘地说："司令官，我做梦也没有想到，最近何柱国上将（蒋介石派出的集团军司令）与我在芷江会谈时，竟然以献媚的姿态，向我透露盟国对日本战败后的处理方针。"

冈村宁次早已听过今井武夫的汇报，综合他通过日本侵略军特务系统从蒋介石和张群身边获得的情报，自言自语道："看起来，蒋介石没有把日本当作敌国对待啊……"

今井武夫滔滔不绝地向冈村宁次报告，何柱国说，蒋介石、张群让他告诉日本方面：他们期待日本军队在全面丧失军事力量前，迅速结束战争，为了维持战后亚洲的和平起见，日本应该作为领导国的一员参与管理亚洲事宜。

冈村宁次对蒋介石、张群如此厚待日本人感慨万千说："这些话可不是外交辞令或者人道主义的见解，而完全是朋友间的肺腑之言。如果忽视蒋介石对共产党的政策，那是不能理解的。"

今井武夫笑嘻嘻地因势利导问："司令官，你对中国战后形势发展有何高见？"

冈村宁次站起身来，在办公室里来回踱着方步，道出他对战后中国局势的分析判断："国共两党本来就冰炭不相容，战争期间，暂时在表面上采取了一致行动，随着停战后国际局势的发展，国共关系再度恶化乃是自然的趋势。"

今井武夫"啪"地双脚立正请示："我们应该如何行动？"

冈村宁次两眼圆睁，杀气腾腾地来回狂走，猛然间停下，凭着他多年来对蒋介石、张群的深刻了解，将军刀一挥恶狠狠地说："我们应该利用国共矛盾，助蒋反共，发动中国内战，以挽救皇军失败的结局！"

这正合今井武夫之意，高声称赞道："司令官高见！"

冈村宁次挥手让今井武夫设法接近蒋介石和张群，明确地发布命令说："你通告蒋介石政府，日军认为不法扰乱治安者，不在蒋介石委员长的管辖之下，日军将采取坚决的自卫行动！"

蒋介石、张群接到冈村宁次的联系报告，心里有了底，蒋介石洋洋自得地下达了三道命令：一是命令朱德、彭德怀"就地驻防待命"，不得向敌伪"擅自行动"；二是要蒋介石的嫡系部队积极推进，抓紧接受城池；三是要伪军"切实维持地方治安"，抵抗八路军、新四军受降。

张群、何应钦等的建议发挥了重大作用，由于蒋介石及时调动日军和伪军，国民党政府在自己的军队到达前，就通过日本侵略者及其走狗控制了沦陷区的重要城市和交通线。

出于战后拉拢日本当局共同对付中国共产党的考虑，张群帮助蒋介石策划了对日本"以德报怨"的讲话，题目就叫《抗战胜利对全国军民及全世界人士的广播演说》，蒋介石1945年8月15日冠冕堂皇地声称：

"我们的抗战，在今天获得了胜利。正义战胜强权，在这里得到了最后的证明……中国同胞们须知，'不念旧恶'和'与人为善'是我们民族传统至高至贵的德行。 我们到今天一贯地只识黩武的日本军阀为敌，而不以日本的人民为敌。"

张群极力吹捧蒋介石这个"以德报怨"的讲话，在许多场合都大力吹捧说：

"民国三十四年（1945年）8月15日，日本决定接受《波茨坦公告》，无条件投降，结束了为时八年的中日战争。 蒋委员长亲临重庆中央广播电台，发表《抗战胜利对全国军民及全世界人士的广播演说》。 在这个演说中，蒋公回顾八年之间中国人所遭受的痛苦与牺牲，希望这是世界最后的一次战争，因而禁止对日本施与报复，强调人道——'不念旧恶'及'与人为善'。 这也就是以后大家所称为'以德报怨'的政策，成为中华民国对于战败国——日本——处理政策的基本信念。 蒋公之所以做如此决策，乃是一贯地遵循国父'大亚洲主义'的主张，希望中日合作以策进亚洲民族的团结与世界的安定与和平。"

8月27日，蒋介石接到中国陆军总部前进指挥所主任冷欣的报告，说明冈村宁次以有病为名在南京秘密会见冷欣，表示他愿意率领一百二十八万日本侵略军，在蒋介石的指挥下，打击共产党的力量。 冈村宁次的话颇能打动蒋介石、张群的心：

"日本军队连同附属人员，加上散住在中国各地的日本居民，不下几百万人，骤然遣散归国，不要说安置就业困难，就是吃饭也是大问题。 与其回去无法生活，还不如就在中国住下好些。 因此，我考虑的结果，决定向中国政府提出帮助你们反共的建议，希望得到采纳。"

冈村宁次特别向蒋介石强调说："事不宜迟，恐怕稍延时日，军心一经涣散，战斗力就不保险，要大大削弱了！"

蒋介石觉得此事关系重大，急忙把张群等人请来商议，何应钦、白崇禧等极力赞成，但是中国战区美国参谋长巴特勒准将坚决反对。 蒋介石与张群等反复研究，为了讨好美国当局，又顾及中国社会舆论的强烈反对，不得不放弃冈村宁次的凶狠建议。

9月3日，成都各界人民处于庆祝抗日战争终于取得胜利的欢乐之中，张群也喜气洋洋地发表《胜利日感言》，抓住这个机会对蒋介石大加吹捧称：

"经过八年又一个月零三天的艰苦抗战，吾人所预期的全面胜利，卒获实现。 值此普天同庆，举国腾欢，吾人对我元首之艰苦领导，指挥若定，均应特致崇敬。 对各成功成仁将士之忠勇牺牲，各盟邦之精诚团结以及全国民众，尤其是吾川民众之急公卫国，敌忾同仇，均应永志感佩。"

1945年10月15日，花木茂美的成都凉风习习，鸟语花香。

四川省政府隆重举行抗战胜利纪念周活动，张群在会上发表了题为《检讨过去与策划将来》的讲演，首先说明"八年长期抗战，胜利结束了。本人因奉召前往陪都，未能同大家一起参加成都的胜利庆祝，至为歉然"，接着谈到他抗战胜利后所忙何事：

"本人此次奉召到重庆去，差不多在那里住有两个月的工夫，看到抗战胜利千头万绪的事情，真不知道要如何做起。例如我们战胜敌人，而这一百余万驻在我国的敌兵的武装，要如何解除？解除武装的日军，又如何去收容管理？如何将他们遣送回日本？单这一桩事就牵涉到很多方面，颇够麻烦。还有南北两方的伪组织宜如何处理？各地方伪军应如何编遣？还有我国的共产党……不仅是武力增强，而且又占领了不少的土地，我们如何解决此一问题，方可谋团结统一，建设国家？他如何稳定金融，改良币制，如何恢复交通，整理运输？如何安定地方，振刷人心？如何接收东北、台湾？如何应付安南？如何准备接受香港的交涉？这一切的事情都是马上要做的，所以最高当局，乃至各主管机关大家都很忙碌。"

在日本投降以后，中国除赶办遣送日侨和日本战俘，并派遣驻日本军事代表团协助盟军总部处理日本的战后问题之外，中日两国间并无任何外交事务，不过张群对日本战后所可能发生的变化，怀有异常的关切。

这时，中国及美、英、苏、加、新、澳等国所组成的远东委员会设在华盛顿，是负责商讨对日管制政策的机构，而在日本负责执行占领管制政策的，则是以麦克阿瑟将军为统帅的盟军总部。

张群看到第二次世界大战的战事虽然已经结束，但世界局势的变动，仍在微妙复杂交错中不断引起纷争；同时，盟国间对日本管制政策及对日和约等问题意见也有分歧。

蒋介石、张群对日本的实际情形，难以获得充分而确实的资料，中国各阶层人士也不能不从极度关切之中，发生若干顾忌与怀疑。究竟日本战后的军国主义将来是否可能利用国际局势的变动而复活？日本民主政治是否能建立起来？将来是否还可能回到极权政治的老路？日本经济如果复兴，是否能使日本再行侵略的阴谋？或是伤害中国的经济建设？盟军总部执行对日管制政策是否正确？

张群认为许多问题都事关中国国家利益，与今后亚洲局势如何发展密切相关，自然不能等闲视之，应该及时搞清，有必要到日本去做实际考察。

张群在任外交部长期间虽然与日本有过频繁的接触，但是自 1937 年全面抗战爆发之后就再没有到过日本，这时他便选择到日本的合适时机。

恰在此时，张群耳朵后面生了一个肿瘤，经董秉奇大夫诊断，怀疑有恶性的可能，因国内尚无检查癌症的设备，建议张群到美国就医检查。

张群在美国就医之后回归途中，特意取道日本，在东京住了三天，没有足够的时间对日本进行充分的考察，但目睹了日本战后满目疮痍的惨状，觉得对日本战后的情形仍然很隔膜。 美国国务院原来有希望张群借此机会与麦克阿瑟将军会晤的安排，但是由于蒋介石急于挑动内战，国共冲突升级，蒋介石紧急命令张群回国为其出谋划策，从而未能与麦克阿瑟会见。

第十三章　重庆谈判主谈人

1945 年 8 月 25 日清晨，蒋介石在重庆黄山别墅的花草树林中悠然散步，想到毛泽东这次必然被他搞得大丢其丑，不由得笑出声来。

抗战胜利后，国共两党又一轮激烈的较量开始了。

当中国人民还沉浸在欢庆取得十四年艰苦卓绝的抗日战争胜利的喜悦中时，蒋介石就在美国当局的大力帮助下，从中国大西南向内地调动兵力，企图发动消灭中国共产党及其革命武装的内战。

由于还不能马上发动全面内战，为争取调兵遣将的时间，蒋介石勾结美国驻华大使赫尔利策划了与共产党举行重庆谈判的阴谋。

蒋介石原以为毛泽东不敢来重庆参加国共谈判，就施展他的政治手腕连发三封电报，要毛泽东"体念国家之艰危，悯怀人民之疾苦"，来重庆谈判。蒋介石认为重庆是国民党的天下，毛泽东再大的胆子也不敢来！蒋介石得意扬扬地对张群说：

"毛泽东不会前来重庆同我进行谈判。他不来，这说明他蓄意作乱，我们就明令讨伐！他来，我们则利用谈判拖延日子，挥兵北进，把他们包围的包围，消灭的消灭。到那个时候，就有毛泽东、周恩来的好戏看了！"

张群虽然觉得蒋介石太一厢情愿了，但是他不敢扫蒋介石的兴，只得敷衍了事。

"委员长，急电！"

陈布雷一声报告，把蒋介石从一厢情愿的幻想中惊醒过来，从陈布雷手中接过电报，瞪大眼睛一看，竟然是毛泽东要来重庆的急电。

蒋介石急忙找个石凳坐下看了起来，看罢犹如晴天霹雳，脸色发白，摇摇晃晃几乎要从石凳上摔倒。陈布雷急忙把蒋介石扶回办公室，蒋介石一下倒在沙发里，半晌说不出一句话来。

蒋介石赶快命人把张群请来，研究与毛泽东谈判的对策。

一连几天，重庆阴雨连绵，天空黑压压、乌沉沉一片阴暗，这恰如张群连日来的心境。

张群见蒋介石毫无对付毛泽东的良策，自己办法也不多，但是却在蒋介石面前摆出"智多星"之态，一口气向蒋介石提出不少主意，诸如在人事安排上可以宽容大度一些，在军队编制上则不能给共产党留太多的番号，以免留下后患。

蒋介石这才稍稍定下心来，把张群称赞一番，随即做出三项谈判指示方针：一是不得于现在政府法统之外，来谈改组政府问题；二是不得分期或局部解决，必须现时解决一切问题；三是归结于政令、军令之统一，一切问题必须以此为中心。

张群明白与毛泽东、周恩来谈判的重任将主要落在他的肩头，因此从毛泽东一行8月28日到达重庆九龙坡机场起，他就十分注意毛泽东、周恩来的言行。

张群注意到重庆九龙坡机场欢迎毛泽东的场面极其盛大隆重，毛泽东在热烈掌声中的讲话简短然而非常精彩：

> 现在抗日战争已经胜利结束，中国将进入和平建设时期，当前时机极为重要。目前最迫切者，为保证国内和平，实施民主政治，巩固国内团结。国内政治上、军事上所存在的各项迫切问题，应在和平、民主、团结的基础上加以合理解决，以期实现全国统一，建设独立、自由与富强的新中国。希望中国一切抗日政党和爱国志士团结起来，为实现上述任务而共同奋斗。

当天晚上，张群出席了蒋介石在他的官邸山洞林园举办的宴请毛泽东、周恩来、王若飞的宴会。蒋介石邀请参加这个宴会的还有美国驻华大使赫尔利、驻华美军司令魏德迈；国民党高级官员有张治中、陈诚、邵力子、王世杰、周至柔、蒋经国等。

张群极感兴趣地看到，相互对立打了几十年仗的国共两党领导人，在这里进行一场面对面的较量。

张群看到毛泽东首先落落大方地走上前去，得体地对蒋介石说："蒋先生身体好吗？"

蒋介石身穿黑色西服，秃顶在记者的镁光灯下格外引人注目，脸上的肌肉微微抽动一下，略带笑容地迎过去，对毛泽东说："毛先生也不错吧？"

毛泽东幽默地回答："哦，不错。咱们打了十几年了，都有经验了，也都锻炼出来了。咱们共同把日本打败了，我来了，商量共同建设国家。"

张群和在场的一些人被毛泽东豁达的胸怀和微言大义所打动，但发现心怀叵测的蒋介石有些尴尬，只好点头随声附和："好！好！"

　　寒暄之后，毛泽东、蒋介石把双方参加谈判的名单确定下来：中共代表为周恩来、王若飞、董必武；国民党代表为张群、张治中、邵力子。

　　接着，丰盛的宴会开始了，宴会厅里一片笑声。

　　张群完全明白，在这觥筹交错之中，一场闪着刀光剑影的激烈谈判拉开了序幕……

　　从 8 月 29 日开始，国共重庆谈判正式开始。

　　张群万万没有想到，蒋介石在欢迎宴会、清晨散步时与毛泽东做试探性接触后，觉得毛泽东真是不好对付，又拿不出详细的谈判方案，一开始就以英国驻华军事代表团团长魏锐特将军抵达重庆为借口逃会，要张群出面与共产党代表团进行首次会谈。

　　张群虽然不满，但是也没有办法，只得硬着头皮上阵。

　　8 月 29 日上午 9 时整，在全国人民对于战后和平的热烈期待中，中共会谈代表毛泽东、周恩来、王若飞按时来到桂园三层楼上的会议厅。

　　毛泽东第一个感觉就是不见蒋介石的踪影，在长长的会议桌一侧就座的是张群、张治中和邵力子，就怀着堂堂凛然之气向张群等人投去质问的目光。

　　张群赶快站起身来，小心翼翼地解释说："毛先生，蒋主席嘱我转告你们，因为巴丹之战的魏锐特将军昨天抵渝的缘故，他要稍做安排才能到这里来，还望你们能够谅解。另外，蒋主席说了，在他到来之前，中共方面的意见，不管哪方面的意见，都尽可能与我们谈谈。"

　　周恩来淡淡一笑，驳斥张群的借口说："中共方面的意见，蒋委员长向来是可听可不听的。既然蒋委员长有比和我们会谈更重要的事情，只好由他去了。"

　　周恩来谴责完蒋介石的逃会行为，然后振振有词地阐述中共参加这次重庆谈判的独特之处：

　　"关于国共谈判，这不是第一次，但是我要指出，这是第一次有中共中央主席毛泽东参加的国共谈判，这是第一次在抗日战争胜利结束、和平建国行将进行的基础上的国共谈判。因此，就中共方面而言，我们是带着沉重的历史责任感和现实的重大任务来参加这次谈判的。我们当然是希望这次谈判能够获得成功。为了配合这次谈判，三天前中共中央发表了《对于目前时局的宣言》，提出了和平建国的方针和应立即采取的六条紧急措施，而成功与否的标志，我认为，那就要看国民党当局能否接受这个方针，促使这些紧急措施的实现了。"

　　张群为人处事圆滑周到，与周恩来打过多次交道，了解周恩来在中共领导人中的地位与作用，就首先与周恩来拉关系说：

"谈判伊始，我觉得周先生开了一个好头。 这个好头便是对这次谈判成功抱有热忱的希望，这种希望当然也是国民党政府的希望，全国人民的希望。 当蒋主席三电延安的时候，当赫尔利先生不辞劳苦，亲自到延安去接驾的时候，当毛先生于昨日到达重庆的时候，我们都亲眼看见了这种希望的存在……"

国民党政府的外交部长王世杰对张群如此讨好周恩来有点儿愤愤不平，此时打断张群的话，向中共方面发动进攻说："问题的关键，就在于中共方面能否真正做到以公诚感召，摈弃党派之私见了！"

王若飞性格豪爽，朗声驳斥王世杰的谬论道："那么，雪艇先生，你能告诉我们哪些属于'党派之私见'的'个别问题'吗？ 我可以以中共谈判代表的名义向你担保，如果某些条款果真与和平建国的方针格格不入，那么就是我们不摈弃它们，它们也会遭到人民的摈弃的！ 难道不是吗？"

王世杰按照与张群事前商量的谈判策略，抓住中共中央《关于目前时局的宣言》中关于"立即实现和平，避免内战"的主张，强调国共两党之间现在"没有内战"，企图从根本上否认重庆谈判的必要性，他鸡蛋里挑骨头说：

"我个人认为，这种提法是不妥的。 抗战已经胜利，蒋委员长已经号召全国人民奋发图强，重建家园，贵党却偏偏要提出'内战'的话，这似乎与全国人民渴望和平的愿望相背。 就中国的现状来看，何处能够表现出有内战的迹象呢？"

张群以为王世杰发出了有力的一击，会使中共谈判代表处于狼狈境地，没有想到毛泽东发出一串爽快的笑声，优雅地吸了一口香烟，再缓缓吐出，不慌不忙地引用美国《纽约时报》的言论，辛辣地讽刺道：

"这就是说，天下本无扰，中国共产党自扰之，是中国共产党以内战来扰乱蒋委员长和平建国。 对吗？ 王部长！"

王世杰被打得措手不及，急忙尴尬地否认道："这个嘛，不能这样说。"

毛泽东不慌不忙地望了张群一眼，微微一笑，借反驳王世杰来杀国民党谈判代表的嚣张气焰说：

"王部长的话太模棱两可了，你是指我不能这样说呢？ 还是指美国人的社论不能这样说呢？ 我想你是说美国人的。 因为王部长是了解中国共产党人，了解我毛泽东，不会像美国人那样不顾实情而乱发一通议论，乱来一番指责的。 已故美国总统罗斯福曾经制定的对华政策，是要促成中国政治的民主化，可是现在美国当权者，却背离了罗斯福的思想，支持中国的少数人进行一党专制，搞独裁，甚至支持内战。"

被主谈人张群煞费苦心安排打头阵的王世杰厉声反驳："毛先生言重了吧？ 内战是不会有的！"

在是否有内战的大是大非问题上，毛泽东毫不含糊，霍地站起来，以冷峻的目光直盯着张群等人，列举十年内战及抗战以来的大量事实，驳斥国民党的反共内战政策，严正指出这是欺骗，接着义正词严地阐述中国共产党人的严正立场说：

"只要是有良知的中国人，都不会用'没有内战'的话来欺骗自己，欺骗民众。难道人民是傻子，难道中国共产党是瞎子，都没有看出有人要打内战，要消灭中国共产党及其领导的人民武装吗？ 我们共产党人是爱好和平的，如果有人逆人民的愿望而发动内战，我们将针锋相对，保卫来之不易的和平！"

毛泽东这番堂堂正正的发言把王世杰驳得哑口无言，张群和邵力子紧张得前额渗出汗珠，急忙掏出手帕擦汗，以掩饰他们的窘态。

当天下午，毛泽东与蒋介石进行直接会谈。 毛泽东滔滔不绝地提出中共的八项原则意见：

一、在国共两党谈判有结果时，应召开有各党各派和无党派人士代表参加的政治会议；二、在国民大会问题上，如国民党坚持旧式代表有效，中共将不能与国民党成立协议；三、应给人民以一般民主国家人民在和平时期所享有之自由，现行法令当依此原则予以废止或修正；四、应予各党派以合法地位；五、应释放一切政治犯，并列入共同声明中；六、应承认解放区及一切收复区内的民选政权；七、中共军队必须改编为四十八个师，并在北平成立行营和政治委员会，由中共将领主持，负责指挥鲁、苏、冀、察、热、绥等地方之军队；八、中共应参加分区受降。

蒋介石仔细打量面前的毛泽东，发觉此人更难对付了，故意苦笑着说："润之先生，十几年不见，你的胃口是越来越大了，可惜我这里没有那么多东西，恐怕满足不了你的胃口。 你的八点建议，我和张群、王世杰、邵力子、张治中商谈过了，我拟了一个《对中共谈判要点》，这里不妨向你说一说。"

蒋介石这个谈判要点最重要的是强调"军令、政令之统一"，严格地把中共军队控制在十二个师的范围内。

毛泽东听了觉得双方所提条件相差甚远，两人争执下去也不会有结果，就提议何不由周恩来与张群等人"就我们两人提出的意见讨论一下呢"，蒋介石也点头表示同意。

于是，当天晚上，国共双方代表在重庆中山四路德安里 101 号会谈室又展开一场激烈的交锋。

8 月 30 日，周恩来与张群、王世杰、邵力子就国共之间的政治军事问题做一般性的商谈。31 日，周恩来接着与张群等进行长时间的交锋。9 月 1 日，周恩来与张群等就军事问题进行协商，由于国民党方面没有诚意，均无可观的谈判成果。

从 9 月 2 日起，重庆谈判转入实质性阶段，随着重大问题上的深入交锋，斗争越来越尖锐，双方斗智斗勇，波折迭起，异彩纷呈。

9 月 2 日，毛泽东、周恩来、王若飞在桂园与王世杰进行会谈，张群为与蒋介石协商下一步谈判策略没有参加。

重庆谈判的最初四天，双方就一般性问题广泛地进行讨论，但是由于国民党没有诚意，因此没有取得积极的成果。

毛泽东、周恩来发现，国民党根本没有准备谈判方案，重庆谈判无法顺利进行。为了把谈判进行下去，只好由中共方面先提出意见。

在 9 月 3 日的谈判中，周恩来把中共拟定的两党谈判十一项方案，交给张群，请他转交蒋介石。

重庆谈判由此进入就实质性问题进行具体商谈的阶段。

为商讨对付共产党代表团的方策，蒋介石 9 月 4 日上午召集张群等四人开会，责成他们根据自己亲自拟定的《对中共谈判要点》，提出对中共 9 月 3 日提案的复案。

华灯初上的当日重庆夜晚，国共双方代表在重庆中山四路德安里 101 号会谈室，就实质性问题首次进行正式会谈。

张群决定这次让邵力子打头阵，邵力子手扶银须开言道："今天是谈具体问题，抑或任意提出问题？"

周恩来认为任意交还意见的四天时间已过，中共方面根据毛泽东同志的意见，提出了十一项具体建议，主张以此为根据不拘形式地加以讨论。

张群因仓促之间提不出像样的谈判方案，只好从周恩来手中接过浏览一遍，摇摇头递给邵力子，以严厉的口气提出反对意见说：

"现在时机难得，我们必须拿出诚意，以达成此次商谈之目的，然兄等此次所提条件，距离实在太远，由此可知我等商量之基础尚须加强，彼此了解之精神尚须增进。我以为现亟须确定者，当是谈判之态度和精神。"

邵力子在此次较量中担任主攻任务，攻击共产党方面"成见过重，根本矛盾尚未消除，缺乏谈判的诚意"。

周恩来老练地指出，中共方面已经在不要求成立联合政府、召开党派会议和国民大会问题上做出三大让步，然后义正词严地质问道：

"凡此让步皆为此次谈判之政治基础，可保证此次谈判之成功。国民党是第一大党，我等因有上述之让步，政治既可安定，各党派间亦可以和平合作，毛泽东同志有此决心，毅然来渝，即在求问题之解决，如果不希望解决问题，何能远来？"

周恩来的发言使国民党代表无法反驳，相互对视片刻，谁也没有说话。国民党方面的主谈人张群怯懦地说：

"恩来兄所谈之政治基础，我甚了解。感觉困难的即为兄等昨天提出的第九、十两条。此两条所涉及的军队与解放区处置办法与蒋主席及政府之主张距离甚远。倘若照兄等所提承认解放区政权，重划省区而治，则根本与国家政令之统一背道而驰了，将导致国家领土分裂，人民分裂。"

周恩来当即做出明确回答："我党对国民大会之选举，现已让步。此次所提解放区解决办法，系为让步合作考虑，期使两党不致对立。不然，无论在国民大会上或国民大会闭幕以后，国民党都是居于第一党，而我党政治地位尚复有何保障？所以我们坦白提议，要求政府承认我党在地区的政治地位。"

周恩来的发言颇有威慑力，他缓一口气，做出必要的补充说："我党不仅事实上拥有敌后军队与解放区政权，而且拥有百余万党员。此百余万党员如何安置，必须有一过渡办法，我党所以要求几个省与几个市便即为此。"

对于周恩来的严词陈述，张群等颇感头痛，只能另外寻找抵制的理由。

邵力子挖空心思想找到一个借口说："解放区是战时的状态，现在战事已经结束，此事不应再提。"

周恩来善于以事实为武器削弱或击破对方的攻势，保护自己方面的利益。他思维敏捷，张口提醒反驳道："此乃名词问题，事实仍然存在，只要按事实解决问题，名称可以改变。"

张群一直闭着眼睛倾听双方的激烈交锋，此时睁开眼急忙摇头说：

"中共的政治地位，不必与解放区相提并论。中共不要以为有了解放区做政治基础，始有其政治地位。中共要保持并增高其政治地位，不在坚持所谓解放区之承认，而须就整个国家的组织来研究。即如蒋主席已允诺国民大会增加代表名额，中共亦有代表参加共商国是，共策大计。至于解放区取消后，对于一切人士，中央自可于法令规章范围以内，尽量设法调整。只须于国家政令之统一无妨碍，任何方式均可商量。"

王若飞反应灵敏，机智灵活，立即发言反驳道："承认中共的政治地位，必须承认中共解放区的事实及其军队与人民所建立的政权等等，否则恐怕难使问题得到解决。"

这样，国共双方在解放区政权问题上出现僵局，一向文质彬彬的张治中改变话题谈起军队问题。

张治中声称，中共要求编四十八个师，"实在是倚恃武装向中央要地盘，这是重蹈军阀时代的覆辙"，因此中共应该交出军队，放弃地盘。

邵力子也接着为张治中帮腔说，中共即令无一兵一卒，国民党亦不能消灭他；中共军队少一点，国民党也不敢进攻他；反之，即使中共军队再多，亦决不能打倒国民党。

对于国民党代表的无理指责，周恩来十分不满，当即严词驳斥说：

"兄等以封建军阀割据来比拟中共，我不能承认。我以为两党已拥有武装，且有十八年之斗争历史，此乃革命事实发展之结果，今日我等商谈，即在设法避免双方武装斗争，而以民主之和平方式为政治之竞争。我们认定：打是内外情势所不容许，只能以政治解决。本此宗旨，我党已提出解决问题的方案，不知中央对于此事之解决，将提出什么具体方案？"

张群圆滑地推托道："这个嘛，我们几位的意见都已经说了，政府有什么具体方案，我想得请示蒋主席才能答复。"

周恩来大度地说："既然如此，还是等你们和蒋主席商议之后，再和我们谈吧。不然，你们心底也不踏实。"

双方激烈辩论三个多小时，双方唇干舌燥，却仍然没有结果。

周恩来严肃地质问道："我们党提出了解决问题的方案，不知中央准备的方案如何？"

在周恩来的质问下，国民党代表个个瞠目结舌，无言以对。

因蒋介石只给了三条原则指示，国民党代表拿不出切实的谈判方案，张群建议休会三天。

在这三天时间里，张群追着蒋介石请求具体指示，终于赶制了一份《对于中共 9 月 3 日提案之答复》。

这时，毛泽东的一首《沁园春·雪》传遍重庆的大街小巷，妇孺皆知，顿使一时重庆纸贵。蒋介石极其恼火，征求了颇有诗词修养的陈布雷的意见，他硬说毛泽东有帝王思想，要陈布雷组织御用文人写文章批判毛泽东。蒋介石也指示张群等谈判代表，在国共谈判中予以配合。

张群不解地问，毛泽东的帝王思想表现在哪里？

蒋介石也不多言，只将他的手一指毛泽东那首词的下阕，张群只好再次以挑剔的眼光审读：

> 江山如此多娇，
>
> 引无数英雄竞折腰。
>
> 惜秦皇汉武，
>
> 略输文采；
>
> 唐宗宋祖，
>
> 稍逊风骚。
>
> 一代天骄，
>
> 成吉思汗，
>
> 只识弯弓射大雕。
>
> 俱往矣，
>
> 数风流人物，
>
> 还看今朝。

张群觉得毛泽东这首词真有气吞山河的气概，可谓对当时积极准备发动内战的美国和蒋介石政权的极大蔑视，但是他没有讲出自己的看法，而忠实地执行蒋介石的指示，设法批判毛泽东的帝王思想。

在9月8日的谈判中，张群自己先闭目养神，让邵力子、张治中集中火力攻击毛泽东与中共搞"封建割据"，与周恩来展开激烈的交锋。

周恩来系统地阐述了中共做出的重大让步，然后气愤地质问道："我想再问问，政府对于中共提出的十一项建议，究竟有何意见？"

张群感到是时候了，这才慢条斯理打开黑色公文包，掏出一份文件递给周恩来说："这就是政府的意见。"

周恩来接过文件一看，只见张群提交的答复完全是苛刻的老一套，不由腾起满腔怒火，但是随即稳定一下情绪，提出可行性建议说：

"这个答复案没有什么新的建设性意见，姑且我们先不谈它。 是不是我们在下一次商谈中，就召开政治会议和国民大会问题交换意见？"

张群一一征求张治中、邵力子、王世杰的意见，然后表示同意周恩来的提议。

在 9 月 11 日的会谈中，张群请出张厉生和叶楚伧两个谈判能手，轮番上阵与周恩来、王若飞较量。

张厉生，河北乐亭人，时年四十五岁，历任国民党组织部长、政治部秘书长、行政院秘书长。 此人伶牙俐齿，善于辩论，他一坐下来，就按照张群的意图不可一世地厉声发动攻势：

"中共提出在召开国民大会之前，应召开一次有各党派及无党派人士参加的党派会议，商讨国是问题。 政府认为是可以的，但不要用党派会议名称，最好称作政治协商会议。 不知恩来先生、若飞先生有什么意见？"

接着，王若飞以灵活的态度回答道："对于会议的名称，我们不过多坚持，但国民大会应该延期召开，大会代表应该重选。 如果国民党方面认为重选困难，可以增加代表名额来补救，就应增加 1/3。"

张厉生有备而来，提出在中共解放区内，各党派亦应参加地方政府。

周恩来认为，这是国民党企图篡夺解放区政权的阴谋，就巧妙地表示反对说，我党本来就有一个民主方案，并主张成立联合政府，然而联合政府的主张不为中央所采纳。 我党所控制之解放区事实上在按民主方案行事，如在政治上实行减租减息，民选政府等，但是由于顾及中央政令之一致，在全国其他地区实行普选以前，不单独实行普选，故提出我方的提案，主张某些地区已由中共负责者，即由中共推荐主席，等等。 总之，关于解放区的问题，我党在尽量让步，以求问题之解决。

张厉生狡诈异常，他马上把话题扯开说，政治与军事问题密切相连，一省一区有政治问题，亦有军事问题，倘若军事问题获得解决，则其他问题亦必可以解决。

对此，王若飞坚决反对，张厉生与王若飞意见尖锐对立。 在此情况下，张群调叶楚伧披挂上阵。

叶楚伧，江苏吴县人，时年五十八岁，历任国民党宣传部长、秘书长、行政院副院长，以有三寸不烂之舌著称。 他看张厉生不能取胜，就站出来冲锋陷阵：

"已经选出的国大代表，皆依法经过一定之手续产生为合法代表，如现时政府忽又不予承认，另行选举，不但有失政府之威信，而且已当选之代表将自行组织，另行集会。 如此更增加国家之困难，甚为不妥。"

这时，周恩来适时发言，指出国民党代表没有经过普选，不能得到全国人民的承认，主张实行普选，由国共两党提出联合名单，承认国民党为第一大党，其他党派也各派代表若干名。

周恩来提出的普选办法是最基本的民主选举，谁也无法反驳。

一直在一旁静静观战的张群，感到普选是国民党最害怕东西，国民党那么臭，根本无法与共产党通过普选竞争，于是作为国民党方面的主谈人在长时间沉默后开始发言：

"若飞先生已经说过，即使重新选举，国民党仍将占多数。 恩来兄刚才也说，提出联合名单，国民党亦为第一大党。 如此则无论形式如何，而兄等所承认之事实始终未变，何必重选？ 且我以为即使不重选，亦非无法补救，而全国普选尤非易事。 故我认为，不如在承认原有代表的原则下，另想补救办法。 此补救办法，即在二百四十名中央名额与其他四百八十名代表名额中，以求得适当之解决，均无不可。 为免牵一发而动全局计，最好能在不改变法令的原则下，以协商的方式谋求补救的办法。"

张群话音未落，邵力子就滔滔不绝地表示赞成，张群受到支持，态度更加顽固了："这个问题，蒋主席已经与毛先生谈过了，原则是：在军令、政令统一之后再办；关于省行政人员，中共可以推荐，中央当本着'用人唯才'的精神，予以任用。"

周恩来据理反驳道："蒋主席所提示者，仅为一原则，具体办法如何？ 范围如何？ 仍可商量，例如我军在山东已收复了八十余县，均已实行民选县长，治理县政，中央何时承认并正式委任呢？"

张群频频摇头拒绝说："山东已有中央任命之省政府，中共所占各县，自亦有省府委任之县长。 中共凭什么自设县长呢？"

王若飞嘲笑说："中央虽委任有县长，但是却根本没有进入县境，怎么能够得到人民的承认？"

周恩来觉得王若飞的发言过于尖刻，委婉地道出这仍然是根据蒋介石的言论而办的："依照蒋先生所论，采用我方建议之办法，则山东省府委员、厅长可由中央委派，亦可由地方推荐，使各方面皆可以参加，而主席由中共人士担任，负责主持省政，此乃由上而下之办法。 如此法不行，则可采用由下而上之办法，实行民选政府，呈请中央任命。 我方所要求某几省由中共任主席，某几省中共任副主席，并非一党包办，乃系与各方合作，中央固可派人参加，地方贤达亦可参与，不过由中共负主要责任而已。"

王若飞见周恩来用合情合理的方式，把中共的主张表达得极有说服力，不由更对周恩来敬佩几分，但是张群仍然一口拒绝："中央政府本着国家政令统一之原则，以任命省市地方行政长官，如须划定何者由中共任主席，何者由中共任副主席，此乃有悖政令之统一，政府不能接受！"

王若飞理直气壮地告诉国民党代表："我们要求划定省区，乃就既成之事实，协商解决的办法。"

张群明知国民党无法把共产党占领的广大城乡夺回来，但是仍然执行蒋介石的命令行事："根据蒋主席的意见，各省地方用人，应由中央政府依照法令规章办理，即令人事上有特殊情况，须予照顾，亦不能以此作为谈判条件，以此来限制政府！"

王若飞振振有词讲明中共的主张是"目前过渡时期之必要办法"，张群不想在此问题上恋战，就狡猾地转换话题道："那么军队呢？中共军队所驻扎的地方是否就是解放区？军队数目何时缩减到中央规定的十二个师的编制？"

周恩来深知蒋介石、张群妄图以防止重蹈封建军阀搞地方割据之覆辙，诱骗中共交出军队，就坚定地予以反驳：

"我党之军队，当然驻于现在的解放区，不驻他处。至于我方一百二十万军队，若要一旦裁减为十二个师，实不可能，故必须分期实施！"

"贵方有何高见？"

"我等盼望本月份内，双方谈判能将问题解决；解决之后，执行时期至少必须三个月。此三个月之过渡时间，我等如能将军队裁去一半，亦可使国内人心大安矣。果真此点能做到，则明年即刻还都，召开国民大会，施行宪政，编整国军，岂不甚好？"

张群对周恩来的高明谈判战术内心颇为敬佩，但却装出一副自己受蒋介石之命无可奈何的神气与周恩来斗法：

"兄等所提军队问题与中央规定相距如此之远，实无法再谈。又如解放区问题，我不是不了解兄等意见，然中央之主张已不能再有变更，故此两者均未获得协议。"

张群说到这里，端起茶杯喝了一口茶水，然后摆出中央政府大员的架势说：

"另有一事我也得告诉你们，我等此次与兄等会商，乃奉蒋主席之指派，而蒋主席此次之所主张，尚未提经党和政府讨论。蒋主席须对党和政府负责，我等不能不体谅其困难。兄等自谓已经让步，并声明此乃过渡之办法，然蒋主席对于各种核心重要问题，均已有明白表示。对于军队之缩编，收复区行政人员之任用，均已从宽，要贯彻政令之统一，即不能完全承认兄等所谓既成事实。 盖就中央政府立场而言，凡国境以内不容有两套相反之法令制度同时并行。"

对张群这种堂而皇之的一番大歪理，周恩来不是把蒋介石大骂一通了事，而是微微一笑，以充足的理由兵来将挡，水来土掩：

"我解放区一切行政设施，并未脱离三民主义之范围。 就制度而言，我们并未要求改变中央之制度，而依照中央之规定；就政策而言，我方所推行者，都是中央过去所颁布者，其实施情形，可以派员分别考核呈报。 故解放区之法规制度与中央并无不同之处。 在此原则之下，由中共方面推荐人员，请中央加委，并不违背蒋先生之主张。"

张群听周恩来说得头头是道，觉得真是遇到了可敬的谈判对手，就饶有兴趣地张口辩论道：

"兄等主张凡中共建立之区域与政权皆须保留，人事不得变更，省府主席亦须由中共推荐，换言之，即中共一切制度人事与组织皆不变动，又须中央承认，而谓与中央法令并无不合之处，此我之所不解者。"

张群为自己这一番妙论所陶醉，望了周恩来一眼，继续滔滔不绝地展开他的得意之词：

"就制度而言，在实行县制之县固可以实行选举，然省级人员皆须由中央选择委放，但兄等现在之主张，显然欲于中央制度之外另外规定，以拘束中央之用人，此举中央当然是不会同意的。 总之，在符合中央政令统一的原则下，一切事情皆可以双方默契求得解决。"

周恩来、王若飞相继发言，说明中共已经做出巨大让步，如承认蒋介石的领导地位，承认国民党的统治权。 毛泽东满怀诚意来到重庆，中共所提十一项条件与原来的主张已经相差甚远，应该予以满足。

张群手中来回玩弄着一支红蓝铅笔，两眼紧紧盯着它，诱使对方做出新的让步说：

"兄等方案提出之前，政府考虑只给几个师，今即允为十二个师，已实为顾及中共之困难，而今兄等提出仍要四十八个师，与政府方案相距实在太远，可否提出新的修正？"

在关键时刻，周恩来毫不退让："政府只准中共军队编为十二个师，目前甚难办到。 我方所提方案，乃第一步在国民大会以前，将一百二十万军队裁减为四十八个师，将来随国军之缩编而缩编，自可再为减少。"

会场上出现一阵沉默，周恩来盯着张群要他表态，张群寻思半天才说："军队的数目、驻地以及解放区等问题，请兄等重加考虑，并盼转告毛先生可否提出修正案。"

事已至此，周恩来答应再做商谈。

在9月13日的谈判中，张群先发制人，追问中共方面有何修正案。

周恩来胸有成竹，侃侃而谈，说明昨晚和今天上午他与毛泽东讨论了十几天来国共两党商谈的情况，决定有两件事情奉告：为从大局考虑，中共可将军队缩编为四十三个师；另外同意张群的建议，把军队及其驻地与解放区三个问题一并讨论。

张群没有想到周恩来提出这样一个让步方案，而且接受了自己的一条意见，无法马上生硬地予以拒绝，只好表示："我没有什么意见，只等请示蒋主席决定。"

张治中觉得张群的态度太软，就指责中共方面割据地盘，气势汹汹地质问："你们共产党实际做何打算，做何准备？"

王若飞顿时动了气，厉声反驳起来："依文白先生所说，则是共产党有叛乱之心了？ 那么中央将我党军队都消灭好了！"

周恩来平静地对张治中的发言做了全面的分析，本着"求同存异"的策略，肯定了张治中发言中的有益部分，也指出问题所在，最后提出中共方面的合理主张，顿时使气氛转趋缓和。

张群在一旁静静地听着周恩来那心平气和、有理有节的发言，对周恩来炉火纯青的谈判艺术暗暗赞叹，然后抓住王若飞指责国民党包庇汉奸伪军的发言，滔滔不绝地发表长篇大论，为那些民族败类辩护说：

"若飞兄所说汉奸伪军已获委任，这是因为他们在抗战期间反正投降过来，将功补过抵罪，只要有利于国，何不给以自新之路？ 中央军乃一整体，现在中央请兄等来协商，即是要确定具体办法，加以整编，而并非不予承认。 所谓蒋主席指示可由中共推荐人员请政府委任，蒋主席意见是说在军令、政令统一之后，政府对于中共所推荐之人员亦可任用，但并非如兄等所说，规定几省区必须由中共推荐主席，此点请不可误会。"

王若飞对张群公然为民族败类辩护极其不满，义正词严地质问解决问题症结之所在，张群面无表情、口若悬河：

"我以为问题之症结所在正是军队。 就承认党派合作、平等合作而论，如中共不以军队为一党私有，则各党派团结合作，也是容易实现的。 因此，我们谈到军队问题，亦不可将军队驻地与省区和省之行政混在一起。中共军队经此次协商，由政府整编之后，可以定出几个驻扎地点，但不可专划省区；否则，如将军队与省区地方行政混而为一，则对外有割据之实，将何以自解？"

王若飞气愤地严词驳斥道："你所持的观点，仍然是没有承认我方的事实。你们国民党做了些什么？今日的问题，要看全国的民主实行到何程度，如能实行民主，问题即易解决。"

9月15日，国共双方就省区划分、地方政府人选的推选、军队缩减和军队驻地等问题进行长时间的会谈。

双方首先就各省地方用人问题展开激烈交锋。张群以中共9月3日建议案中关于省区之意见与中央政令统一不符为由，声称国民党政府碍难考虑。

对此，周恩来强调中共办法切实可行。

张群大摇其头说，中央政府本着国家政令统一之原则，以任命省市地方行政长官，如统一规定何者由中共任主席，何者由中共任副主席，此乃有碍政令之统一，政府不能接受。张群等再次强硬地坚持说：

"中央政府依照法令规章办理，即令人事上有特殊情况，须予照顾，亦不能以此作为条件，来限制政府！"

在国民党代表的强硬态度面前，周恩来以娴熟的以攻对攻策略，来遏制对方的进逼："中共方面之建议案为国民大会召开以前之过渡办法，在国民大会以后，宪政一实施，即可实行普选！"

在这里，周恩来巧妙地把共产党最拿手的普选与用人问题联系在一起，以充分的事实说明，中共方面之建议案为国民大会召开以前之过渡办法，在国民大会之后即可实行全国普选，有效地遏制了国民党代表的进逼。

张群深知普选就意味着蒋介石政权的完蛋，于是提出将中共要求之四十八个师的军队再行缩编，并问中共军队所驻之地是否为解放区。

周恩来表示，若中央军缩编，我军自然也根据比率缩编，而我党之军队，当然驻于现在的解放区，不驻他处。

对于国民党方面的敷衍搪塞、拖延等行为，周恩来深感不悦，他气愤地质问国民党的谈判代表：

"我们的谈判已有两周，中共为谋求问题之解决一再让步，不知政府对于此事，除已提出原则外，尚有其他意见没有？"

邵力子见无人愿意回答，就硬着头皮上阵说，关于中共的军队问题，可否与善后复员问题合并研究解决办法。可以先将中共军队缩编为十二个师，中央政府再根据情况发展另行考虑。

周恩来立即表示，我方一百二十万军队，若要一旦裁减为十二个师，实不可能，故必须分期实施。

张群慢条斯理地说，日本投降之后，蒋主席邀请毛先生来渝，其意在共商大计，解决国事，但商谈内容，在你们所提的办法是事先经过你们党内决定，并在你们来重庆之前就已经公布，而我方事前党内并未有任何讨论，也未准备任何方案与中共谈判，故上月28日毛先生抵渝后，蒋主席即告毛先生，任何问题皆可坦白地提出，尽量发表意见。两周以来，我们会谈亦尽量听取兄等之意见，研究双方何者可以同意，何者不能同意，双方商讨了不少解决办法，只因中共提出的军队数目与中央的要求距离太远，实在无法再谈。又如解放区问题，余非不了解兄等意见，然中央之主张已不能再有改变，故此两者均未获得协议。

张群城府极深，诡计多端，竭力装出一副神秘状态告诉周恩来等人说：

"尚有一事须为兄等告者，我等此次与兄等会商，乃奉蒋主席此次之所主张，尚未提经党和政府讨论。蒋主席须对党与政府负责，吾人不能不体谅其困难，兄等自谓已经让步，并声明此乃过渡之办法，然蒋主席对于各种核心重要问题，均已有明白表示。对于军队之缩编，收复区行政人员之任用，均已从宽。要贯彻政令之统一，即不能完全承认兄等所谓既成事实，盖就中央政府立场而言，凡国境以内不容有两套相反之法令制度同时并行。"

对此，周恩来反驳说：我解放区一切行政设施并未脱离三民主义之范围。就制度而言，我们并未要求改变中央之制度，而依照中央之规定；就政策言，我方所推行者，都是中央过去所颁布者，其设施情形，可以派员分别考核呈报。故解放区之法规制度与中央并无不同之处，在此原则下，由中共方面推荐人员，请中央加委，并不违背蒋先生之主张。

张群对此已有充分的思想准备，因此他不愠不怒，态度谦和地体察蒋介石的旨意最为深刻，在重大问题上毫不松口：

"兄等主张凡中共建立之区域与政权皆须保留，人事不得变更，省府主席须由中共推荐。换言之，即中共一切制度人事与组织皆不变动，又须中央承认，而谓与中央法令并无不合之处，此我所不解者。就制度而言，在实行县制之县固可以实行选举，然省级人员皆须中央选择委放，但兄等现在之主张，显然欲于中央制度之外，另外规定，以拘束中央之用人，此中央所不能同意者也。"

张群这时候兼任四川省主席，因而对地方行政制度比较了解，就以此为资本与周恩来周旋说：

"至于双方现行之地方制度，大体上无甚差异，不过名称有所不同；所不同者，按中央法令规定，户长会议，每户只户长一人参加，而你们现在所实行者，一户之内凡及龄之公民皆有选举权与被选举权。县以上，中央之制度为专员，而中共方面为区主任，区主任可当专员之选者，兄等亦可推荐。总之，在符合中央政令统一的原则之下，一切事情皆可以双方默契求得解决。"

周恩来耐心地说明，我党对于国民党已做了重大让步，如承认蒋介石之领导地位；承认国民党政府之统治权等；以军队而论，国民党现有二百六十三个师，而中共只要求四十八个师，不足六分之一，故军权政权，中共都承认国民党为第一大党。目前共产党固不能打倒国民党，然国民党亦不能抹杀共产党，我方所提十一条较之 8 月 25 日的六大原则已做重大让步。

王若飞也指出，谈判必须承认双方之地位，尊重对方意见，始能接近。双方争论激烈，仍然没有结论。

张群不紧不慢地声称，兄等方案提出之前，政府考虑只给几个师，今即允为十二个师，已实为顾及中共之困难。而今兄等提出仍要四十八个师，与政府要求相距太远，别说你们要求四十八个师，十二个师已经是国民党政府允许的最大限度，你们的要求太多了，可否提出新的修正？

周恩来据理力争说，政府只准中共军队编为十二个师，目前甚难办到。我方所提方案，乃第一步在国民大会以前，将一百二十万军队裁减为四十八个师，将来随国军之缩编而缩编，自可再减少。

善于谈判的张群哈哈一笑又提出，可否将军队驻地与解放区问题合并讨论，拟定具体办法，做一次性解决？现在兄等所谓淮北尚有范围，至于黄河以北，则包括之地区未免太广，故最好按军队数目之多寡以定其驻地之大小，如此则军队问题解决，政治问题亦可连带解决。

面对张群等的咄咄逼人攻势，周恩来以自身权力受到限制来与张群周旋说，十二个师的目标甚难办到，如要修改四十八个师的方案，非自己权力所有，必须请示毛泽东主席。

在此情况下，张群只得请周恩来转告毛先生，可否提出修正案。

张群、张治中又发动新的攻势："凡国境内都不容有两套相反的法令制度，同时并行！"

就一般原则来说，国民党代表的这个主张是无法反驳的，张群得意地望着周恩来，等待周恩来在此问题上做出妥协。

周恩来也觉得国民党代表的这轮攻势确实凌厉，应付起来颇为困难，他积极开动脑筋，终于想出应对之词：

"我解放区一切行政设施并未脱离三民主义的范围。就制度而言，我们并未要求改变中央之制度，而依照中央之规定；就政策而言，我方所推行者，都是中央过去所颁布者，其实施情形，可以派员分别考核呈报。"

周恩来的有力反驳使国民党代表大为惊诧，沉默半天无人开口，张群只得做出让步："双方现行之地方制度，大体上无甚差异。"

9月19日，谈判地点改在重庆中山四路德安里103号，继续就军队缩编和解放区问题进行交锋。

张群一方面说，兄等所提之新方案甚难考虑，一方面又说余等也无什么意见，只等请示蒋主席决定，接着提出发表会谈公报问题，张治中也就此大做文章，要大家讨论。

王若飞当即指出，现在我方官兵都极其愤慨，汉奸军队都已得到中央之委任，而中共抗日部队反而不能得到中央之承认，是何道理？！

双方争论激烈，但无结果。

9月21日，国共代表举行第八次谈判，就军队与解放区问题进行激烈争论，斗争进入白热化阶段。

王若飞理直气壮地质问：为什么重用汉奸而歧视八路军、新四军？

张群圆滑地解释说，若飞兄所说汉奸伪军已获委任，这是因为他们在抗战期间已经反正过来，将功补过抵罪，只要有利于国，何不给以自新之路？中共军队乃一整体，现在中央请兄等来协商即是要确定具体办法，加以整编，而并非不予承认。周恩来、王若飞严厉地驳斥张群为汉奸辩护的行径，争论极为激烈。

吴铁城理屈词穷，竟然要起无赖，把桌子拍得嘭嘭直响，明目张胆地向中共代表要枪杆子："只要你们把军队交出来，什么官都给你们当！"

王若飞也火了，也义愤填膺地站起，拍着桌子回答："我们共产党什么官也不要，只求国民党把军队交给人民，国家政府主席都由你们当！"

……

张群不急不躁，最后做总结性发言说，今日的会谈可以归结起来的是关于军队的问题。中共军队之应编数目以蒋主席第二次与毛先生的谈话为准，即除编十二个师以外，另增几个补充师，他强调说这是国民党政府可以允许的最高限度。除此之外，别无所谓最初数字和最后数字，亦无所谓过渡办法，以此例为标准之办法也就没有必要了。

周恩来发觉张群以强硬的态度在搞小动作，就抓住张治中与张群之间的分歧与出入，穷追不舍地追问道："文白先生刚才所提之标准，不是五个军十六个师吗？"

张治中赶紧解释说，我刚才所提之数字，只是说不超过去年兄等所提者，讲的是我个人之见，但此数字未经政府承认。他声称只有中共交出军队和解放区，才能谈其他问题。

周恩来严厉谴责国民党代表的无理狡辩，谈判陷入僵局。

张群暗暗佩服周恩来善于利用对方分歧或疏漏分化对手，重点突破，以压对方让步的谈判策略。在其后的谈判中，周恩来重点强调张治中所言的数字，迫使国民党方面最后体现在《双十协定》中。

为摆脱张治中发言造成的被动局面，邵力子拿出国民党方面准备的国共会谈公告草案，征求中共方面的意见。

周恩来从大局出发发表看法说，国共会谈虽然已经二十余日，但并未结束，应当承认解决问题尚有困难，但我们决不可失去解决问题的信心。

处事圆滑的张群赶紧表示同意周恩来的意见，他请中共方面看看国民党方面起草的国共谈判公告，等今天下午与赫尔利大使商谈之后，再做最后的决定。

然而一连几天，国民党方面毫无动静，蒋介石指示张群等，要国民党方面开动"宣传机器"，竟然反咬一口，造谣说共产党方面没有诚意，来重庆就是要争枪杆子、争地盘，把破坏谈判的责任推到共产党头上。同时，暗中调集兵力，向解放区发动进攻。

被蒋介石、张群搬出的赫尔利，摘下调停人的面具，指责共产党代表在谈判中提的"具体问题"过多，把谈判停顿的责任推给共产党，并放出回国之风，向共产党施加压力。

针对美国施加的压力和威胁，毛泽东斩钉截铁地说："中国人的事，中国人自己管！"

为了澄清事实，戳穿美国人和国民党的谣言，让人们了解事实真相，毛泽东、周恩来应邀向社会各界人士介绍国共会谈情况，阐明中共光明正大的主张，指出导致谈判陷入僵局的责任，在于国民党当局。

在社会舆论的压力下，国共第九次会谈9月27日恢复举行。

张群按照事前设计的谈判策略，开口就追问中共方面对解放区的解决办法有何新的意见。

周恩来早有准备，说明中共从大局出发，对解决解放区问题提出过四种主张：最先主张重划省区，即将现有之解放区使之变为行省，使现实情况接近国民党政府的法令，但是蒋介石先生提出中共得推荐地方人员，由中央政府加委。中共为尊重蒋先生的意见，遂改变初衷，按各省实际情形，主张在解放区占地最广的各省，由中共人员担任该省主席；占地次广者，由中共推荐副主席。至于委员的人选，中共与地方人士均得参加。此一办法亦行不通，故重提进行选举。前天蒋主席与毛泽东主席谈及，以为宪法尚未颁布，省级选举暂时不能实行，故又改变主张，暂时维持现状，即现在各省政府所能治理之地，由省府治理之；省府不能治理者，由解放区治理之。

周恩来缓一口气，强调中共方面已经做出最大让步，如果仍然不能得到解决，只有交给政治会议讨论决定。

张群与蒋介石反复研究，总想一口将解放区吃掉，才能一解心头之恨，此时装出无可奈何之态说：

"关于解放区问题，兄等前后所提的办法，均有难行之处，即如重划省区，中央决不同意，因就面积而论，解放区在全国究为局部的问题。其次，兄等主张若干省由中共推荐主席，若干省市由中共推荐副市长与副主席，亦与中央之意见不相符合。中央对于推荐之地方行政人员，虽愿考核加委，然不能由中共指定任用之地区。至于重选加委之办法，则以现在宪法尚未颁布，省的法律地位尚未确定，亦未便施行；如必须行之，则法律上的根据殊为薄弱，现在兄等主张暂时维持现状，余等今日之商谈正因为现状可以暂时维持之故也。"

周恩来当即指出，暂时维持现状，亦须双方商得暂行之办法。

张群滔滔不绝地表示反对，周恩来抓住张群最后一句话，要国民党方面予以兑现：要暂时维持现状，不可光说大话，双方必须商讨切实的解决办法。

这时候，蒋介石正在美国飞机的帮助下，紧急向山东、河北一带的重要城市济南、青岛、北平、天津等调动国民党军队，前往那里接受日本侵略军受降，抢夺抗日部队浴血奋战换来的胜利果实。

因此，张群、邵力子提出中共军队不能占领那些重要地区；不能阻止国民党军队在河北、山东一带驻军；中共军队不能破坏日军控制之下的交通线，只能等待国民党军队接收。

周恩来浓眉一扬，严词拒绝国民党方面的蛮横要求，指出中共对于国民党方面下达的关于受降区域与受降任务的规定，一开始就表示反对，但现在日本侵略军不但不向八路军缴械，国民党政府反而在美国人的帮助下加紧空运部队前往受降，八路军虽然无法阻止，但是决不赞同。至于交通道路，现在虽大部分在敌人控制之下，然而中共方面亦占领着部分车站，将来国共商谈如有成果，中共方面自应予以维持，国民党方面有权使用，中共方面亦有权利用，但在商谈未获结果之前，国民党方面除从海上和空中运输部队外，如果还要利用铁路，那么中共方面决不能同意。

周恩来以大量的事实说明，现在中共方面在黄河以南之部队已准备撤退，其目的即在便利复员，若胡宗南、阎锡山、李延年之部队要利用黄河以北之铁路向前推进，中共方面不能不怀疑国民党政府有武力解决解放区的企图，自然不能坐视。假如我们的谈判能够获得结果，军区重新划定，八路军也能参加军委会工作，则国民党军队要利用铁道运输以达到规定之地位自无问题。

张群在周恩来摆出的客观事实面前无话可说，感到非常棘手，眉头一皱又想出应对之辞说：

"我以为在现存局势之下，不妨实行一暂行之办法，即解放区各县，其县政府成立已具规模，其有成绩表现者，省政府应予以承认之；同时，县政府亦应承认省政府，彼此互相承认，以求得行政上之协调。俟宪法颁布，省政府组织与地位确定之后再行选举，兄等以为如何？"

周恩来稍加思考，回答说："县级行政人员重选加委办法，岳军先生今已同意，现在只剩省级行人员应否选举问题。将来蒋先生与毛泽东同志直接商谈，也许可以求得解决。我以为重选加委，总不失为一民主之办法。"

张治中反对周恩来的意见，认为蒋介石搞的全国一致且有国民党政府法律为基础的民主，才是"真正的民主"。

周恩来挥手表示反对，他认为民主必须具有四个条件：一是避免内战，二是解决敌伪问题，三是维持交通，四是中央与边区的政策要协调。

双方争论激烈，没有取得一致意见。张群最后表示，讲民主当然不反对选举，然而在省的制度与组织尚未确定以前，实行民选省长则法律上之根据不足，故在宪法颁布之前，暂时维持现状之办法，唯有如前述与县互相承认，不使发生纠纷而已。

9月28日，周恩来、王若飞与张群等进行第十次谈判。

会谈开始后，双方首先交换参加军事小组的人员名单：中共方面为叶剑英；国民党方面是林蔚、刘斐（刘为章）。

接着，就召开政治协商会议的代表人选、协议方式等具体问题进行谈判。

周恩来认为民主问题可以暂且不谈，然后提出召开政治会议必须具有平等、自由、一致、公开和协议的结果有最后拘束力等五条原则。

张群深知蒋介石那一套大都是见不得人的勾当，双方一致的原则更能约束国民党欺压民众的行径，就拼命反对"公开"和"一致"两项原则，他说："在问题的讨论还没有达到相当阶段时，须暂缓发表。至于'一致'问题，规定似乎过于呆板，事实上恐怕不能成立协议。"

周恩来详细地阐明中共的合理主张，张群无法反驳，就另外寻找借口说："这几个问题的解决，主要看中共的态度，是否富于合作精神。"

周恩来不慌不忙以事实做出最好的回答："我们的意见做了许多让步，参加会议的中共代表名额，我们愿意由九人减至七人；会议的召开日期，则主张在10月10日。"

在召开政治协商会议的几个原则问题上，双方意见虽然略有出入，但是基本接近。双方最后同意结束训政，在实行宪政之前，设置政治协商会议，由国民政府召集，各党派和无党派代表参加，协商和平建国方案和召开国民大会问题。此次会谈进展较大。

10月2日，周恩来与张群等进行第十一次谈判。

张群首先严厉地指责中共方面破坏日本侵略者和伪军占领的交通线，意在阻止国民党政府进兵。

中共代表认为敌伪正利用交通线向八路军、新四军发动进攻，不得已而破坏之。

为缩小解放区，张群又想出了坏主意："中共所指的解放区，多不能算为解放区；其一，建立时间短；其二，多属日寇宣布投降后才占领的区域。"

基于编造的理由，张群蛮横地声称，中央政府只承认1945年6月以前的解放区域，而不承认六月之后被占领的地区为解放区，其理由是前者已经实行选举，后者则没有实行选举。

　　周恩来面对如此棘手的问题，根据事前与毛泽东、王若飞商定的基本原则，创造性地予以发挥，严正地一针见血地指出，解放区是抗日军民用鲜血和生命从日本侵略军手中夺取过来的，任何人也休想抢走。他毫不含糊地说：

　　"若以实行选举的区域而论，则尚不止前举之数（二百八十个县）。南起海南岛，北至北平市，凡解放区均已实行选举。"

　　周恩来扳着手指，一一说明在一些县城从日本侵略者手里光复之前，广大的乡村，早已实行选举。如此说来，我解放区何止二百八十余县呢。

　　周恩来以高超的谈判技巧驳得张群等哑口无言，张群暗暗佩服周恩来具有巧用让步策略，以赢得谈判主动权的非凡才能。

　　周恩来见此次会谈虽然有争论，但是双方主张基本接近，就说明中共方面已经将一个月的国共谈判记录整理出来，其中总的方针、军事问题、政治协商会议等，或已双方同意，或彼此意见接近，建议选择其能发表者发表之，以解人民之渴望。

　　对此，张群表示同意，也认为双方商谈月余，有的问题已经解决，有的问题意见已经接近解决，唯有解放区问题，迄今无结果。今日之意见，可以归纳如下：中央不向若干地区进兵，以避免彼此冲突；如获得协议即可恢复交通；县级以下行政人员民选，省级暂时维持现状。

　　10月3日，国共双方举行第十二次会谈，周恩来将谈判记录交给张群，然后就举行政治协商会议问题交换意见。

　　"若从中共现在的态度看，政治会议恐怕难以如期召开。"张群绞尽脑汁把破坏政治会议的责任推给中共方面，眉头一皱又想出歪点子道，"随便问问，毛泽东先生是否参加政治会议？"

　　周恩来富于谈判经验，很有策略地回答说："哦，关于我方参加会议人选以及在政治会议中所应讨论的宪法、军事、国大代表及组织法等问题，均要在延安召开会议讨论决定。"

　　在10月5日的谈判中，周恩来要求双方就解放区问题商谈解决方法，张群提出了一个"折中方案"，就是用"行政专员区来解决这一问题"，凡中共统治地区如果数县连成一片者，即可由中共方面推荐行政督察专员。

　　周恩来摇头表示反对，因为解放区的存在是历史事实，只在苏北、皖北等地区可以用这种办法解决，至于冀、鲁、热、察四省，大部分甚至整个省区均在我方治理之下，自不可与此相提并论。

张群对此寻找各种借口予以反对，仍然坚持解放区内的省行政人员由国民党政府任命的立场。

周恩来感到再这样谈下去，很难取得积极的成果，就决定采取向国民党方面发出最后通牒的策略，于是站起身来宣布一项重要决定：

"毛泽东主席来重庆已有一个月了，看来在某些问题上国共是很难达成一致意见的，所以，我们计划，让毛泽东主席下周返回延安。 关于这次国共会谈，我们可以搞一个记录，求大同，存小异。 诸位以为如何呢？"

周恩来以此强硬方式告诉对方，解放区问题必须在毛泽东离开重庆前解决，否则谈判很有可能中止。

张群与邵力子、张治中简单地稍加商量后说："那也只好这样了。"

张群马上向蒋介石做了详细汇报，他们仔细研究周恩来起草的《会谈纪要》。

张群认为这个纪要写得颇有特色，不仅把双方已经取得一致的问题在文字上确定了下来，而且对没有取得一致的问题，也分别说明了双方各自的看法。 在解放区问题上，详细地写出了中共方面先后提出的四种方案，指明了双方目前争执的症结所在，最后中共方面热情地表明了继续商谈的愿望，因此，张群建议蒋介石认真予以考虑。

迫于全国人民要求和平民主的强烈压力，蒋介石发动的上党战役、邯郸战役又都以惨败而告终，蒋介石在军事上的赌注输得很惨，他的以打压谈的阴谋破产了。 正如毛泽东所说："把他打痛了，他也就老实了！"蒋介石只得于10月8日指示张群等回到谈判桌旁，与周恩来、王若飞就修改会谈纪要进行讨论，并做了部分修改。

当晚，为欢送毛泽东返回延安，国民党中央军委会政治部部长张治中在重庆军委大礼堂，举行盛大宴会，各方代表五六百人参加。

毛泽东、周恩来、王若飞身着整齐的中山装，精神抖擞地步入宴会厅，受到张治中、张群、邵力子等的欢迎。

张治中首先拿着与张群煞费苦心起草的讲话稿，代表国民政府致辞，称赞毛泽东先生以中国共产党中央委员会主席的地位，应国民政府蒋主席的邀请，到重庆来商讨和平建国的大计。 此事不但为重庆人士所关怀，也为全国人士所关怀，也可以说为全世界人士所关怀，因此，大家对于毛先生的惠然莅临，一定感到莫大的欣慰。

张群很快发现，在国民党举办的宴会上，蒋介石的代表对死对头共产党主席毛泽东做出这样高的评价，真是少见的，因此立即引来热烈的掌声。 只听张治中怀着愉快的心情继续致辞：

"毛先生到重庆已经四十天了。他和蒋主席谈了好几次，政府代表邵力子先生、张岳军先生、王雪艇先生与本人也和周恩来、王若飞两先生，有时与毛泽东先生谈，也谈了好多次。谈的结果怎么样，这是大家所关心的。外间有种种传说，今天想趁这个机会很忠实地报告一个概要。"

张治中首先指出双方商谈的大前提、大原则完全一致，这是毛泽东先生提出来的，我们的意见完全一致，都认为和平、民主、统一、团结是今天中国所必须遵守的大原则，可以告慰大家的，就是谈判的成功已经有了70％的希望。

张群发现毛泽东更受人们的欢迎，他在人们热烈的掌声中讲话。他带给重庆和全国人民充满希望的消息，说明"商谈是在友好的气氛中进行的，没有得到协议的问题，相约继续由协商来解决"，虽然"不能否认困难是有的"，但是以豪迈雄伟的气概宣告：

"中国人民不怕困难，国共两党与各党派团结一致不怕困难。不管困难有多大，在和平、建国、团结、统一的方针下，在蒋主席领导下，在彻底实现三民主义的方针下，一切困难都是可以克服的。新中国万岁！"

张群深为毛泽东的风度和才华所折服，在思想深处引起极其复杂的感情……

10月9日，毛泽东在周恩来的陪同下与蒋介石举行会谈。

蒋介石仍然对中国共产党的十九个解放区政权、一百二十万正规军、二百二十万民兵如鲠在喉，劝说中共方面改变对国内政策的方针，放弃军队和解放区，引诱中共领导人到国民党政府做官，理所当然地遭到毛泽东的拒绝。

在尴尬的气氛中，周恩来温文尔雅地说话了。

周恩来认为谈判是斗争与合作、进取与让步的辩证统一，没有让步的谈判难以成为真正的谈判。在不损害人民根本利益的原则下，容许做一些让步，以便用这些让步，去换得全国人民需要的和平与民主。

于是，周恩来肯定双方的会谈已经取得很大进展，将会受到中国人民的热烈欢迎，这是与蒋介石主席、毛泽东主席对和平建国的诚意分不开的。

蒋介石觉得周恩来的话格外入耳，也对毛泽东、周恩来称赞一番。

周恩来乘此机会劝说蒋介石和中央政府，应该公平合理地整编全国军队，确定分期实施计划，并重划军区，确定征补制度，以谋军令之统一。在此计划下，中共方面愿意将其所领导的抗日军队由现有数目编至二十四个师，至少二十个师。与此同时，中共方面还认为，国民政府应该承认解放区各级民选政府的合法地位。

这时，双方对什么时候发表会谈纪要发生争执，结果又传来进犯晋东南上党解放区的阎锡山部队被解放军彻底击败的消息，毛泽东适时提出要返回延安，给蒋介石施加压力。

在国内外舆论的压力下，蒋介石的内战部署尚未就绪，只得暂时做出让步。

经国共双方四十三天的共同努力，《政府与中共代表会谈纪要》终于在 1945 年 10 月 10 日在重庆签订，亦称《双十协定》，主要成果是蒋介石承认了由中共提出的和平建国的基本方针、同意迅速结束国民党的训政、召开政治协商会议等有利于全国人民的条款。 它的签订对教育人民特别是中间势力，使中国共产党得到国内外舆论的广泛同情，使企图发动内战的国民党当局陷于被动，都具有重大意义。

作为蒋介石亲自选定的国民党方面的主谈人，张群忠实地体察蒋介石的旨意，在重大问题上按照蒋介石的指示办事，又考虑到全国人民要求和平民主、反对发动内战的强烈呼声，他看到美国当时不希望中国发生全面内战，蒋介石发动全面内战的时机尚未成熟，毛泽东、周恩来以巨大让步表示出诚意，在多种因素的制约下，张群才劝说蒋介石签署了《双十协定》。

不仅如此，张群还注意要求自己表现出军人政治家的风度，也做到内外有别，比如中央社记者曾经向张群提出这样的问题："先生与中共谈判，可比与日本谈判更难？"

张群丝毫不带刚刚还在进行争论的激烈情绪，平缓地说："与日本谈判，面对的是敌人。 如今与周先生，都是自家人，有什么话都好说。"

此次谈判，重庆报界对双方代表反应强烈，认为是国共两方极具魅力的军人政治家的交手。 有人对张群说他是军人政治家，张群说："周恩来先生也是军人出身的政治家。"

第十四章　参加停战谈判

虽然已是 1945 年 10 月下旬，张群仍然马不停蹄地奔走于重庆与成都之间，既要处理四川省的政务，又要随时听候蒋介石的召唤，参与中央政务的筹划，忙得不可开交。

因此，张群觉得"火炉"重庆仍然炎热异常。

在此前后，张群最为担心的是中国的国内局势。

张群想到自己虽然费尽口舌，与周恩来签订了《双十协定》，但是能否避免内战，他心里实在无底。

张群比谁都清楚，在《双十协定》签订后的第三天，即 10 月 13 日，他的盟兄蒋介石就向各战区发出"剿共"密令，严令国民党军，必须遵照蒋介石所订的《剿匪手本》，督励所属，努力进剿，迅速达成任务，一手撕毁了两党的协议，大举进攻解放区。

对此，中共从维护中国人民根本利益的全局出发，一方面作好自卫反击的准备，对敢于进犯的国民党军队给予沉重的打击；一方面为履行协议，争取和平的国内局面，向国民党提出无条件停止内战的建议。

国民党方面由于在战场上并没有捞到什么好处，发动大规模的内战时机又尚未成熟，蒋介石的"后台老板"美国政府，也发现蒋介石急于发动全面内战，企图一举马上消灭共产党是办不到的，蒋介石一口独吞抗战胜利果实也是不现实的。

这样，蒋介石和国民党只好表示同意中共的停战建议，于是，国共双方就停战的有关事项开始进行谈判。

这次关于停战协定的谈判从 1945 年 10 月 20 日开始，至 11 月下旬结束，在一个多月的时间里，进行了十次会谈。

中共谈判代表为周恩来、王若飞，后来增加了叶剑英。国民党谈判代表为张群、王世杰、邵力子。

10月20日，国共两党代表主要商议有关政协会议的组织问题，会谈在重庆中山四路德安里103号进行。

经过激烈的争论，国民党方面同意采纳中共的意见，确定各方面参加政协代表的人数为：国民党八人，共产党七人，民主同盟六人，青年党五人，无党派九人。10月21日，双方代表继续商谈，除继续讨论政协问题外，双方还谈及军队停止前进、恢复交通、召开国民大会以及承认解放区等问题。

周恩来尖锐地向张群等人指出：进犯解放区的国民党军队已达七十万人，如再前进，必然引起内战。停止进兵、重划受降区、恢复交通、解散伪军四者互相联系，必须先解决，办法是承认各边区政府。

对于这些比较棘手的问题，张群遵照蒋介石的指示竭力辩解，根本不承认边区政府，也不想解决这四个问题，因此一天谈下来，问题毫无解决的迹象。

在10月22日的会谈中，周恩来针对国民党军队大举进攻解放区的事实，进一步指出，孙连仲部向河北，阎锡山部向大同，胡宗南部正在向石家庄前进。抗战初期，这些地区早已划归第十八集团军，现在国民党军队无理进兵，将使冲突无法避免。

接着，周恩来针对当时的军事形势提出两点要求：一是双方军队应"立即停止进攻，各自守原防地不动"；二是规定受降区，各自执行，不得相犯，然后再谈其他军事问题的解决。

对此，张群奉蒋介石之命提出反对意见，不愿意规定受降区，也闭口不谈停止进攻问题。

王若飞对张群等人的顽固态度极为不满，激烈地批评蒋介石、张群等国民党人和美国人蓄意发动内战的阴谋。

王若飞说，中共方面最不满者为：美国不断在沿海登陆，美国帮助国民党空运军队，开入解放区的人数达七十余万；利用敌伪军队作前锋进占城镇和交通线，以便使国民党军队钻空子向前推进。

国民党代表张群等人狡辩说，停止前进和军事冲突是双方的事情，只要中共军队全部撤离交通线，恢复交通，让国民党政府运兵，不予袭击，冲突就会停止。

对此，周恩来、王若飞立即予以反击说："现在国民党军队前进的地区，均属我解放区和收复区，所经过的交通线，亦都在我军控制之下。因此，今天之冲突纯系中央军进攻我军而引起。要我方停止自卫，撤出华北地区的交通线，将这些地区的重要城市和交通线让给你们，使你们代替日寇控制我方地盘，然后再与我方谈判，这绝对办不到。"

国民党方面怎肯罢休？在10月26日的会谈中，张群等人重弹要中共军队退出交通线的老调，并奉蒋介石旨意提出三点要求：第一，铁路交通必须恢复；第二，中共军队撤退到铁路线以外；第三，叶剑英早日来重庆出席军事小组会议，商谈中共军队整编及驻地问题。

张群声称，恢复交通是蒋介石、陈诚的要求，在铁路以外，中共现已占领之区域，可暂时维持现状。

中共方面认为这三点意见极其荒唐，国民党军队还在继续向解放区进攻，受降区又没有重划，何谈恢复交通？

周恩来尖锐地指出，在解放区问题没有得到解决，受降区没有重划之前，国民党进兵即为进犯，国民党必须停止进兵，才能恢复交通。他气愤地说：

"日本军队今日在中国境内，尚得保持武器，受令维护交通，而中共军队倒要退出交通线，揆诸情理，宁可谓平？"

王若飞也指出："在现在的情况下，解放区问题未得解决、受降区没有重划以前，在我们看来，中央军之进军，即为进攻，而我方之破坏交通，以阻止中央军之进兵，乃为当然之事。故此问题很简单，交通应恢复，但必须于和平状态之下，始能恢复。若中央欲武装占领交通线，而将我方驱出于交通线之外，那便是战争。恢复交通之目的在避免内战，而避免内战之唯一途径即是停止进兵。"

对于王若飞这个主张，周恩来极其赞成，又做了必要的补充。

在此情况下，张群等国民党代表只好表示，同意停止进占，但不同意停止进兵。他们还要求中共方面就恢复交通、避免冲突问题提出书面提案。

为协商对策，周恩来表示此事待请示延安后再答复。

10月30日、10月31日、11月1日，周恩来、王若飞先后三次约见国民党代表张群等人，将经中共中央批准的书面方案交给他们，并同他们就中央提出的四点主张进行商谈。

国民党方面并无松动迹象，在10月31日张群代表国民党方面的答复中，避开停止进兵最关键的一条，提出以铁路警察维持铁路秩序为名，来抵制中共提出的双方都不驻兵的主张。

由于张群等蓄意拖延，三天的停战谈判仍然毫无进展。

国共双方代表在谈判桌上唇枪舌剑之时，战场上的较量亦在激烈地进行。11月2

日，数十万大军在平汉线上的激战已接近尾声。 刘伯承率领所部官兵不但歼敌数万，俘虏了蒋介石的大将马法五，而且缴获了蒋介石蓄意发动内战的大批反动文件，如《剿匪手本》，"剿共""剿匪"密令等。

这些罪证被送到延安，毛泽东一看就发火了："蒋介石非君子也！"

11月5日，一封密电发到重庆红岩村。 毛泽东告诉周恩来、王若飞说：从邯郸战役缴获的大批国民党文件，证明国民党政府是有反共和内战计划的。 请你们通盘考虑，可否借此转弯，采取强硬态度，不可撤销原提四点要求，只说政府一面谈判，一面大举进攻，现并大举调兵，所谈尽是欺骗，我们不能信任；如欲取信，必须立即解决受降、伪军、自治三大问题。

在收到中共中央5日的来电指示后，周恩来、王若飞认真考虑了对付张群等人的策略，立即复电中央，提出了中共南方局对贯彻中央指示电的意见：

"拟要求国民党政府负责向其所属部队命令，实行下列四事：全面停战；从解放区撤退；从八条铁路线撤退；我可以发表蒋介石致申筱元电、胡宗南养电及我们的紧急提议，以明责任。 这样既转了弯，且操主动，而对国内宣传，也被我们抓着题目了，这是第一步。 过两天，我们再提第二步解决问题及停战、撤兵、受降、解伪、驻兵、自治、交通等问题。 周、王复电与中央5日来电的基本精神是一致的。 但也有微细的差别，不再相信国民党的所谓诚意，并下决心予以揭露，这是共同的，但在策略上，中央5日电对谈判的态度是强硬的，并准备中断之，以保政治上之主动。"

在11月8日的谈判中，张群仍然奉命坚持国民党方面的无理主张，周恩来针锋相对地指出，为了停止内战，国民党应该全面停止向解放区的进攻，从侵占区全部撤退，从八条铁路线撤退；取消各地"剿匪"命令，保证不再进攻各解放区。 然而国民党方面仍然熟视无睹，继续调兵遣将，准备发动内战。

11月15日，国共两党代表仍围绕着驻兵、受降等问题进行会谈。

在会谈中，周恩来明确地指出：接受日军投降工作不若想象之困难，不需美军在点与线上驻兵，强调现在美军在塘沽登陆，占领秦皇岛、青岛等地，帮助国民党空运、海运部队的行动与原计划不符，认为魏德迈将军所说美国准备给中国五十个师装备和在华剩余军火、物资的计划，就是要以武器装备帮助国民党打内战。

在一个多月的谈判中，周恩来、王若飞多次与张群、王世杰、邵力子激烈交锋，但是张群等秉承蒋介石的旨意多方阻挠，实质性的问题一个也没有解决，反而以谈判为掩护，拖延时间，进行内战部署。

中共中央指示周恩来揭穿张群等的阴谋说："目前的谈判，彼方全为缓兵之计。"

正是在这次会谈后的第二天，国民党军队在美军的支持下，攻占了已被八路军收复的山海关。同时，国民党在"外交接受"东北受挫之后，决心以"武力接受"，东北内战的战火因此而燃起。

周恩来与张群进行十次唇枪舌剑的谈判后，于1945年11月25日由重庆返回延安。

张群看到周恩来等人虽然离开了重庆，但是通过他们的广泛宣传，中国共产党要求和平、反对内战的方针日益深入人心，促使国民党统治区的人民掀起了反对内战、要求和平的民主运动，国民党政府竟然对手无寸铁的爱国学生进行血腥镇压，血的事实擦亮了人民的眼睛，重庆、昆明等地的学生运动迅速得到全国各地的支援，广大民众纷纷投入到反对内战的民主运动中去，使国民党政府的处境更加狼狈。

解放区军民自卫反击战的节节取胜，给蒋介石反动政府以沉重打击；国民党统治区人民反内战的民主运动，也使他们坐立不安。

蒋介石和美国政府都感到暂时还不能立即挑起内战，还需要张群争取一段"和平"时间进行部署，于是中国形势发生了微妙的变化。

为帮助蒋介石对付共产党，美国总统杜鲁门于1945年12月15日发表关于对华政策的声明，表示赞成中国共产党关于"召开全国主要政党代表会议以谋早日解决目前的内战"的建议，并派马歇尔以美国总统特使的身份，来中国调处内战。12月26日，苏、美、英三国外长莫斯科会议发表的关于中国问题的公报，也认为停止内战"均属必要"。

就在马歇尔与国民党代表张群等人首次会面后不久，1945年12月27日中断了一个多月的两党谈判再度恢复。中共方面参加谈判的代表为周恩来、董必武、叶剑英、王若飞、邓颖超、吴玉章、陆定一，国民党方面代表仍是张群、王世杰、邵力子。

中共代表团1945年12月16日到达重庆，针对国民党方面的反动宣传，首先于12月18日举行中外记者招待会，说明中共代表团此次来渝的任务，一个是参加政协会议，一个是就停战问题与国民党方面举行谈判。周恩来强调全面停止内战，指出这是召开政治协商会议的先决条件。同一天，周恩来会见张群等国民党代表，希望双方立即停战。

12月22日，周恩来、董必武、叶剑英会见马歇尔，对他再次来华表示欢迎，希望在中国实现停战，成立联合政府，周恩来诚恳地说：

"中国人民抗战整整八年了，如果从'九一八'算起，已经十四年了，牺牲重大，中国不能再有内战！"

这一切，都使张群等受到极大压力，不得不加紧策划与周恩来再次较量的策略。

恢复谈判的这一天，周恩来就代表中共方面向张群等提出了无条件停战的三条建议：第一，双方下令所属部队暂驻原地，停止一切军事冲突；第二，凡与避免内战有关的一切问题，如受降、解除敌军武装、解散伪军、恢复交通及解放区、收复区等，在军事冲突停止后以和平协商的方法解决；第三，为保证实现上述两项，在政协会议的指导下，组织全国各界考察团分赴有内战的各地区考察，随时报告事实真相，公诸国人。

张群等奉蒋介石的指示，对中共的合理建议最初采取了顽固对抗的态度，致使谈判无法进行下去，然而，政治协商会议的预定召开日期已经迫在眉睫。如果不停战，召开政治协商会议也是两党辩论，蒋介石、张群都晓得周恩来的厉害。周恩来在政治协商会议上揭露国民党发动内战的罪行，会使蒋介石更加被动，看来不谈不行。

这时候，马歇尔也发挥了一些作用，鉴于美国的"扶蒋反共"政策遭到世界舆论的反对，如果政治协商会议开不成，苏联等国会来干涉，将使美国处于被动境地。于是，马歇尔给蒋介石施加压力，要蒋介石接受中共代表团的停战建议。

12 月 30 日，马歇尔会见国民党代表张群等人，要求他们"放弃"蒋介石下令必须坚持的顽固立场。由于马歇尔施加了压力，国民党才同意组织一个三人小组，由国共两党和美方各派一名代表参加，讨论解决与停战有关的问题。

马歇尔以美国总统特使的身份，正式加入国共谈判。

1946 年 1 月 5 日，张群与中共代表周恩来继续协商，就三人小组和实行停战的主要问题达成协议，双方拟定了《关于停止国内军事冲突的协议》。

协议规定：第一，停止国内各地一切军事冲突；第二，停战、恢复交通、受降、遣送战俘等"应由政府与中共各派代表一人，会同马歇尔将军从速商定办法，提请政府实施"；第三，由公正人士组成考察团，会同国共双方考察军事状况、交通情形等。

双方一致同意，由中共代表周恩来、国民党代表张群、美国总统特使马歇尔组成三人小组，继续磋商实施停战的具体细节。

同日，周恩来与马歇尔、张群一起讨论《关于停止国内军事冲突、恢复交通的命令和声明》的具体条文。

在讨论中，张群一再强调东北问题的特殊性，企图由国民党政府垄断从苏联手中接收东北的权利。

周恩来指出：我们承认东北问题的特殊性，因为它关系到政府接收东北的主权，牵连到美国协助中国经海上运兵到东北境内的问题，应由国民政府直接与美苏办理，中共不参与其事。

马歇尔听后表示，将可以运兵去东北的内容，从命令和声明的正文中删去而作为"会议记录"举例。至此，双方讨论的气氛是轻松的。

1月7日，周恩来、张群、马歇尔三人在马歇尔的重庆宅邸里举行首次正式会议，主要讨论上述命令和声明的具体内容。讨论中争执的重点仍然是极其重要的东北问题。

关于停战的范围，张群主张只限于东北；周恩来主张停止冲突应该包括全国。张群坚持要将国民党军队在东北的调动作为例外，并写在停战协议上，甚至要求允许国民党接收早已被中共军民所控制的热河、察哈尔两省的重要城市赤峰和多伦。

周恩来基于对当时形势的估计，认为既然无法阻止国民党军队进入东北，也就难以阻止苏军接收铁路及沿线的大中城市。因此，在东北问题上做出某些妥协势在必行。况且，国民党政府以履行中苏条约为由，中共也不便公开反对。于是，周恩来在征得延安同意后，表示同意国民党军队为接收主权调往东北作为例外，但必须事先协调，以免引起军事冲突。

周恩来特别声明，此项谅解不能列入停战正文，只作为一个例外在会议记录中予以记载。如果各方同意这一点，那么，以后可以讨论字句的具体写法。

周恩来见张群对此没有反对意见，就进一步提出中共方面的主张：关于东北九省，如果应该包括在指令内，他提议这样写："东北九省的一切部队的调动，应经商议确定。"

"为什么？"张群摇头反对。

周恩来堂堂正正地阐述理由说，这样规定的理由是，因为在过去的国共双方商谈的过程中，已经提出过这个问题；其次，东北的问题涉及美方援助国民党方面的部队调运到东北以及国民党方面从苏联那里接收东北的问题。

张群得寸进尺，又提出作为第二个例外，要求"接收"解放军已经占领的赤峰和多伦。

周恩来虽对运兵东北问题做了让步，却坚决反对国民党军队"接收"赤峰和多伦。周恩来的理由是：这两个城市早已被中共解放，根本不存在"接收"的问题，且赤峰、多伦亦不在抗战胜利后国民党政府所划的东北九省的范围之内。

然而，张群却十分顽固地坚持要求中共军民退出赤峰、多伦，由国民党军队占领。他强词夺理地说，抗战期间日军曾将这两个城市划入伪满洲国，且苏军出兵东北时，也曾一度占领过该地。

其实，张群这些话只不过是托词，国民党的真正目的，是想通过对赤峰、多伦的控制，割断东北与华北两大解放区的联系，使东北的中共军队处于孤立无援的境地。

对此，中共的态度非常强硬，周恩来义正词严地指出，国民党方面的这个要求没有根据，因为在华北的接收地已为国共双方接收完毕，对受降地点的接收权，目前仍然是国共双方激烈争论的焦点，结果造成了包括察哈尔和热河在内的华北地区的冲突。

张群又挖空心思搬出蒋介石与苏联签订的《中苏协定》，为蒋介石要抢夺赤峰和多伦寻找"根据"。

周恩来据理驳斥说，《中苏协定》中未提到这个问题，因此这是个新问题，应由中苏直接协商解决。由于这个问题涉及苏联，因此在讨论这个问题的时候，应包括苏联参加，或者提出另外的讨论方式，这些不必包括在指令内。

周恩来摆出无可辩驳的事实说，在抗日战争期间，蒙古人民共和国的军队进入了这些地区，后来这些部队撤出，八路军接收了这些地方。因此，实际情况与张群先生讲的关于赤峰和多伦的情况，完全不一样。

张群仍然不肯服输，他又搬出新的论据，说明苏联军队仍然驻在赤峰、多伦，国民党方面可以根据《中苏协定》，从苏联手中接收这两个城市。

周恩来微微一笑说，首先要指出的是，对苏联军队是否仍然在赤峰和多伦，你们说不能做确切的肯定，但是根据我们接到的报告，知道这些地方已由中共方面的部队接收。张群先生接到的报告，很明显是从另外的渠道送来的。目前，这两个地区（东北和东北之外的另两个地方）是国民党政府方面已经或者正在从苏联方面接收的地区，因此，周恩来建议将这两个问题合在一起，应该承认这样一个原则，并把这个原则放进指令之中。

由周恩来、张群、马歇尔组成的"三人会议"，经过六次会议的交锋，排除了国民党要强占解放军控制的北宁铁路北侧热河赤峰、多伦两地的无理要求，使停战谈判取得重大进展。

1月10日下午3时，张群、周恩来分别代表国共两方在《关于停止国内军事冲突、恢复交通的命令和声明》《关于停止国内军事冲突的协议》《关于停止国内军事冲突命令的了解事项》上签字，作为调解人马歇尔也签了字。

该命令规定，从 1946 年 1 月 13 日起，所有中国境内的军事调动一律停止，但是东北除外，同时还签订了《建立军事调处执行部的协议》，成立了由周恩来、张群、马歇尔三人组成的停战委员会，在北平设立军事调处执行部，由共产党、国民党和美国政府各出一人参加。执行部下设若干执行小组，也由这三方面人员组成，简称"三人小组"，分别奔赴各冲突发生地进行调解。

停战命令和声明发布在先，停战协议公布在后。三人军事小组终于就东北停战问题达成协议。

在停战协定签字的当天上午 10 时，政治协商会议在重庆国民党政府礼堂开幕，张群作为国民党八名代表之一参加。

国共双方首先在代表资格和名额分配问题上展开斗争。为能够控制这次会议，蒋介石、张群指使一些御用"工具"组织了一批所谓"政党"，如特务刘野樵的中国农民党、洋奴于斌的天主教民主党、流氓张沆的和平党，等等，企图挤进会议为国民党效劳，立即遭到共产党和民主党派人士的强烈反对，最后的结果是没有参加抗日战争的党派，没有资格参加政治协商会议。

蒋介石、张群一计不成又生一计，采取分化手段把青年党从民盟中拉出来拆散民盟，企图以此使国民党在政治协商会议中占压倒多数。蒋介石指使国民党宣传部长彭学沛宴请罗隆基，劝他"最好不要参加政治协商会议"。

遭到拒绝后，蒋介石又派范予遂找罗隆基，要他"在会上最好少说话，最要紧的是不要说于中共有利，于国民党不利的话"，如能做到，政协会议后，可以安排罗隆基到国外去做个大使，还说如果罗隆基同意，在政协会议上可与张群"握手为定"。

但是，罗隆基没有理睬这一套，在政协开会那天，罗隆基把手背到身后，避免与张群和国民党方面的任何人握手。国民党方面又派人拉拢张君劢、张东逊，蒋介石、张群、吴铁城分别宴请这两个国社党领导人，但都以失败告终。

中国共产党主动让出两个名额，并劝说民盟让步，又迫使国民党让出一个名额，再增加两个名额，把这五个名额给了青年党。

这样，参加政治协商会议的代表便由国民党、共产党、民盟、青年党和社会贤达五方面三十八人组成。尽管这五方面代表人数不一，但是各方代表仅有一票权，会议决议案必须五方面同意才能通过。

秉承蒋介石的旨意，张群在会上竭力主张先要实施"军队国家化"，然后才能实现"政治民主化"，实际上是要共产党交出军队，还说现在国共双方虽然签订了停止军事冲突的协议，但是要真正停止军事冲突，只有等到"中共部队的整编实施以后"，企图把国民党挑起内战的责任，一股脑儿推到共产党身上。

张群的谬论遭到与会代表的强烈谴责，周恩来声音洪亮地说："应痛下决心，不仅在于今天下令停战，而且要永远使中国不会发生内战。我们中共代表团是带着这种信念来参加会议的。"

张群冷静地分析会议形势，看到中国共产党的主张深得人心，国民党处于极其孤立的状态。国民党发动全面内战的准备还没有做好，就劝说蒋介石被迫做出一定的让步，促使会议通过了一些有利于和平民主、有利于人民的协议。

在 1946 年 3 月上旬举行的国民党六届二中全会上，张群做了关于商定停止军事冲突经过的报告，张治中做了关于视察停止军事冲突和恢复交通情况的报告。他们辜负全国人民的期待，发出一片反共叫嚣，狂叫"不能将统治权交给多党政府"，将攻击的矛头指向中国共产党，撕毁了政协会议所商定的宪法原则决议、改组国民政府决议、国民大会决议。

为掩护调动兵力发动内政的阴谋，蒋介石指派张群在马歇尔的调停下，与周恩来商谈停止军事冲突的办法，但却毫无诚意，完全是做样子给国际舆论和全国人民看的。

在紧张的军事调停活动中，张群执行蒋介石的旨意，与周恩来周旋。虽然有马歇尔暗中帮忙，但是面对周恩来根据蒋介石挑动内战的事实进行的严厉谴责，张群纵然伶牙俐齿，善于应付，但是也常常被周恩来揭露得狼狈不堪。

1946 年 6 月全面内战爆发后，国民党的报纸忽然传出张群病重将赴美国就医的消息。

没几天，张群被送往上海，几天后又由美国军用飞机送往美国纽约治病。

第十五章　出任行政院长

1946 年的纽约，灯红酒绿，车水马龙，繁荣异常。

留心张群行踪的人们很快看到，口称身患重病的张群，没有住在纽约医院就医，而是不停地会见美国军政要员，谒见美国总统杜鲁门、国务卿贝尔纳斯，说服美国当局多多提供军火弹药，帮助蒋介石在全国内战中消灭中国共产党及其领导下的中国人民解放军。

1946 年底，张群原先怀疑的癌症被美国医生所排除，仅为一个颈部肿瘤。这时候，蒋介石发动全面内战后遭到全国人民的强烈反对，身边迫切需要出谋划策的人，就急忙把张群从美国召回。

在美国驻华大使司徒雷登的配合下，蒋介石 1947 年 4 月 18 日宣布改组政府，任命被马歇尔看重的张群出任行政院院长。为收买人心，还把民社党和青年党首领曾琦、陈君励等"社会贤达"拉入政府。

据权威人士透露，张群出任行政院长一事，在前行政院长宋子文决定辞职后就内定了。蒋介石召见张群，希望他负责政府改组后的行政院工作，重庆各报纷纷披露这一重要新闻，记者和熟人不断地向张群询问，但是张群却守口如瓶，一概予以否认说这个消息毫无根据。

张群越加否认，前来打听新任"总理"消息的人越来越多，电话铃声也响个不停，给张群的秘书增加了无数烦恼，把张群周围的人都忙得不亦乐乎。张群感到很不安，总是向人表示道歉。

对于张群的矢口否认，重庆报纸发表文章议论纷纷，不明白国民党官场内幕的人感到完全是多余之事。但当官的认为张群的做法自有其道理：按照蒋介石的脾气和用人的习惯，他的任何人事安排在未发表以前，都有突然变更之可能，像张群那样聪明的人，自然明白这一内情，事先采取慎重预防措施是有益无害的。

国民党权威人士认为，张群能够就任行政院长，与政学系人员大肆活动密切相关。 时任国民政府政务局局长的陈方就立下了策划之功。

陈方早年就追随政学系鼻祖李根源及前政学系首领杨永泰，杨永泰死后一直效忠张群。 陈方身为国民党中央委员、政务局长握有巨大权力，所有呈送给蒋介石的文件，都要经过陈方批阅、筛选，自然给张群提供许多情报和方便。

蒋介石身边的人士透露，陈方等政学系人员认为张群虽然担任四川省主席、重庆行营主任的重要职务，但是毕竟有远离中枢之嫌，国民党中枢的许多政要自然无法参加，足智多谋的陈方早就策划要把他们政学系的头子张群推向国民党权力的顶峰。

陈方认为张群要登上中国"总理"的宝座，没有国际经验，得不到美国当局的支持是不可想象的。 陈方与政学系一帮人商量之后，早在1946年就让张群立即从成都给正在庐山的蒋介石拍电报，说明张群左颌下突然发现一个毒瘤，生命有旦不保夕之险，急需到美国请名医医治，请求蒋介石批准张群出国。

蒋介石毕竟与张群有手足之情，为了保全张群的性命，便挥笔批准张群前往美国治疗。 于是，张群急忙由重庆来到上海，但只在上海停留了几个小时，就乘飞机飞往美国治病去了。

有人说张群这次出国，发动得紧张而严密，事先无人知悉；甚至张群到了上海，支持他的许多人仍然毫无所知，张群甚至没有向在庐山的蒋介石再次请示，就径自离开上海转往美国去了。

张群赴美途中，就有一些报纸撰文说他得的是"政治病"，为应付舆论牵扯，张群一到美国就前往医院看病。

中央社记者一直对张群进行跟踪采访，立即拍回一个专电称，张群健康状况极佳，经过美国医生系统检查，没有发现任何危险病症，张群正抓紧时间与美国领导人杜鲁门、贝尔纳斯接触，设法得到他们的大力支持，然后动身回国。 记者推测，张群已经与美国最高当局拉上了关系，为张群归国后出任行政院长打下了基础。

张群回国后对蒋介石让他出任行政院长之事，一再谦让推辞，说自己难以胜任行政院长之职，但是蒋介石在发动全面内战后兵败如山倒，特别需要一个唯命是从而又能够随时为他献上"锦囊妙计"且能调停国民党各派矛盾的行政院长，便说行政院长一职关系重大，非张群莫属，张群只得于4月23日宣布组阁。

那天上午，张群主持召开行政院第一次会议，声明自己上任之初还不了解情况，大约需要一个月的时间才能够明白各个方面的情形。 他提出改进工作的措施，要求所有人员努力工作，办公时间不准会客。

散会后，张群刚刚走出国民政府大门，就被一群记者团团包围，问他就任行政院长后有何抱负？ 张群一改前任行政院长宋子文的傲慢作风，以友好姿态与记者周旋，说明他已经准备了一份书面谈话，已交给中宣部长在记者招待会上宣读，记者所要的东西里面都有，现在不准备回答任何问题。

记者们并不死心，仍然缠着新任行政院长张群不放。 张群无可奈何一笑，还是尽可能回答了记者提出的几个问题，因此颇得记者的好评。

当天下午，张群即到行政院办公。 他首先来到院长办公室看了看，然后到三楼的秘书长及秘书办公室巡视，看到新旧秘书长甘乃光、蒋梦麟都在那里，就主持了两人的交接工作。

记者们跟着张群转了一圈回到院长办公室，提出要拍一张表现张群不辞劳苦批阅公文的照片。 张群看办公桌上没有公文，就笑着说：“我还没有开始办公，哪里有公文呢？”

记者就搬来几摞拍纸本，放在张群面前，张群随手拿起一本，又从西服口袋里掏出钢笔，连着写了几个英文做样子让记者拍照。

这时候，蒋梦麟、甘乃光和主计长徐堪走进院长办公室请示工作，记者提出张群与他们合影留念。 徐堪不想参加扭头要走，张群急忙把他拉住，笑着说：“徐主计长是来监视我们交接的。”

徐堪慌忙解释说：“我是来向院长请示工作的，谁敢监视院长大人？”

徐堪一番话逗得张群等人哈哈大笑，气氛相当融洽。

徐堪等人告退之后，前来找张群介绍差事的人络绎不绝，搞得张群无法应付，苦不堪言。 他眉头一皱计上心来，在南京《中央日报》《和平日报》上大登启事以告天下：

（张）群猥一疏财，缪膺重任，自维绵薄，只惧怕弗胜，加以时局多艰，政务繁重竭力以赴，犹虞弗及，重维陶公惜阴之训，举凡晏集酬酢之事，谨此辞谢，属在知交，当蒙深谅，不以为慢也。（张）群以薄植，备位中枢，当此举步维艰，端赖贤才共济，维现实人事制度日臻完密，机关编制限制甚严，其有各方推荐，或远来需次者，实无从延揽，有负盛心，敬布鄙忱，维希见谅。

张群上任后雄心勃勃，决心大干一番，向蒋介石提出种种“改革内政”的方案，蒋介石自然欢喜万分。

蒋介石马上把司徒雷登，兴致勃勃地讲他与张群"改革内政"的决心。司徒雷登对此非常欣赏，大加称赞，又得意扬扬地发表谈话说：

"国民政府新部长名单公布后，备受各方好评。美国朝野对中国新政府均寄予殷切希望，对华援助可望更加积极。"

蒋介石喜不自禁，马上让张群指示驻美大使顾维钧会见美国国务卿马歇尔，要求提供十亿美元贷款。

马歇尔对蒋介石换汤不换药的改革并不满意，但不管怎么说，张群是经他看重推荐的。蒋介石、张群毕竟听从了马歇尔的话，对国民党政府进行改革，提出了《经济自助十项计划》，声称要在控制物价、稳定货币、清理税制、恢复生产方面有所作为。正因为如此，马歇尔也答应解除向中国出口军火的禁令，以原价的10％卖给蒋介石1.3亿发步枪子弹，以75万美元卖给蒋介石价值3480万美元的C-46飞机150架。

至于那十亿美元的贷款，马歇尔声称只有经过美国派调查团来华实地调查，才能做出决定。蒋介石对此很不满意，又让张群指示驻美大使顾维钧，向美国提出提供两亿美元贷款用于购买生棉的要求，还要求美国提供白银贷款，但是都被美国拒绝了。

1947年下半年，与人民为敌的蒋介石政府，已经处在全民包围之中，张群再想有所作为，也是难乎其难。

在军事上，无论在哪个战场，蒋介石和国民党都打了败仗；在经济上，由于长期施行极端反动的财政经济政策，再加上卖国的《中美商约》的签订，结果必然是通货膨胀，物价高涨，民不聊生，民族工商业日益破产；在政治上，蒋介石推行其独裁统治政策，使他们处于和人民为敌的地位，迫使人民与蒋介石政权做你死我活的斗争。

就在这样的形势下，魏德迈于1947年7月22日率领由各方面顾问组成的调查团，浩浩荡荡来到中国。

蒋介石对杜鲁门、马歇尔未征求他的意见，就派大型调查团来华心里很不高兴，觉得是对一个主权国家的侵犯，太不给他这个"大国领袖"面子了，大发脾气不止。

行政院长张群等蒋介石发完脾气，才劝蒋介石说："小不忍则乱大谋，想要美援就不能计较这些小事，根本之计是设法从魏德迈手中弄到大笔美援，请委员长三思！"

蒋介石见中国人民解放军攻势凌厉，他的地位和政权危如累卵，不得不听从张群的建议吞下这颗苦果，把外交部长王世杰召来，亲授密计，让王世杰发表声明说：

"魏德迈将军此次被任命为美国总统杜鲁门的赴华特别代表，蒋主席本人及中国政府均表欢迎。魏德迈将军是中国之老友与挚友，对中美合作有甚大之贡献。深信魏德迈将军此行，必能增进美国民众对中国情形之更深了解，从而增进中美之友谊与合作。此予远东一般局势之安定，亦必有裨益。"

在南京机场，魏德迈受到张群、王世杰等国民党大批高级官员的热情欢迎。魏德迈摆出洋人的架势，煞有介事地发表声明说：

"我此次来华并不是为了重叙旧谊，而是来实地调查的，绝少有时间应付热烈之酬酢，相互应酬在中国乃传统之习惯。我此次来华亦并非根据吾人所希望之为真实之事实，而是根据客观彻底底之考察而断定为真实之事实，进而来判断中国的形势。"

魏德迈此次来华，身份与往日迥然不同。他以太上皇自居，听取行政院长张群的政治形势报告、李宗仁的外交报告、翁文灏的财经报告、白崇禧的军事报告、李宗仁和胡宗南的作战报告，调阅了国民党政府堆积如山的文件和图表。

出乎蒋介石和张群的预料，魏德迈竟然当着四十多个国民党高级官员的面，指责蒋介石政治腐败，贪污成风，军无斗志，丧尽人心，使中国四分五裂，民不聊生。

蒋介石极为生气，拒绝出席魏德迈举办的盛大宴会，魏德迈闻报大怒，立即宣布取消原定的宴会。

蒋介石对魏德迈恨之入骨，但是又惹不起这个美国人，就把这个皮球踢给行政院长张群，要他出面"妥善处理"。

张群处事圆滑，他不敢直接对美国人表示不满，就找到司徒雷登的秘书傅泾波发牢骚说："魏德迈使中国人受到极大侮辱，看来，美国是以过去的殖民地或属国臣民来对待中国。"

司徒雷登怕把事情闹到不可收拾的地步，急忙把魏德迈采取强硬态度的考虑告诉张群："魏德迈采取的战术是先打棍子，再给糖吃，美国决不会抛弃蒋先生的。"

张群这才恍然大悟，马上向蒋介石做了报告，蒋介石这才放下心来。

马歇尔看到国民党军队在人民解放的凌厉攻势面前节节败退，处境危险，为保住美国在华的巨大利益，指示司徒雷登向蒋介石、张群暗示："只要南京政府说明正在采取步骤进行有关改革，哪怕表示有这方面的要求亦可。"

蒋介石对此心领神会，指示行政院长张群于 1948 年 1 月 28 日发表公开声明，表示"中国政府已经下了决心对行政、财政、经济、军事做彻底的改革"。

马歇尔看到张群的声明，便以此为理由向美国国会提出《援华法案》的咨文，打算在十五个月内向国民党政府提供 5.7 亿美元的贷款，其中经援 4.2 亿美元，军援 1.5 亿美元。

蒋介石见美国公开支持他的内战政策，便与张群商量，认为时机已到，就迫不及待地宣布 1948 年为"行宪年"，1948 年 3 月 29 日召开伪国大选举总统。

为制造"多党政府"民主的假象，蒋介石、张群强迫四百二十七名国民党籍"代表"退出代表资格，把名额让给青年党、民社党和"社会贤达"，但是这些国民党官僚、政客、豪绅又闹起事来，到处请愿、闹事、搞绝食活动。有的人集体跪在中山陵前号啕大哭，甚至抬着棺材到国民大会会场门口示威闹事，搞得乌烟瘴气，蒋介石、张群都狼狈不堪。

蒋介石看到由于当时的总统受到立法院的严格限制，没有实际权力，只是名义上的国家元首，因此，蒋介石突然在 4 月 4 日的国民党临时会议上声称，他决不竞选总统，提议推举一个"卓越之党外人士为总统候选人"，自己愿意担任除正副总统之外的任何职务，也就是说想当实权在握的行政院长兼军事委员会委员长。

张群与蒋介石打了几十年交道，知道蒋介石葫芦里卖的是什么药。就在 4 月 5 日的国民党中央常务委员会上，他向国民党高级官员解开其中的奥秘说，依据宪法规定，总统是虚位之首，我想蒋先生是不愿意处于有职无权的地位的，如果我们能够想出一个补救办法……

"什么办法？"众人大惑不解。

"只要规定在特定期间，赋予总统以紧急处理问题的权力，我看他还是要当总统的。"

于是，张群起草了一份《动员戡乱时期临时条款案》，拉拢了七百二十一名议员一起签名向国会提出他们的主张："总统在戡乱时期，为避免国家或人民遭遇紧急危难，或应付财政经济上的重大变故，得经行政院会议之决议，为紧急处分，不受宪法第三十九条或四十三条所规定程序之限制。"

这是因为张群和国民党高级官员明白，到 1948 年春天，国民党军事力量同人民解放军的对比已经逐渐处于劣势，国民党统治区人民的爱国斗争又沉重地打击了蒋介石政权的统治。为了解救危机，张群根据蒋介石的意志推动国民党政府 5 月 10 日公布了《动员戡乱时期临时条款》，授权蒋介石可以不受宪法的限制，采取他所认为必要的紧急措施，授权蒋介石"设置动员戡乱机构，决定动员戡乱的有关大政方针，以处理战地政务"而不受立法程序的制约。

这就使总统有了实权，因此在该法案通过之后，蒋介石就不顾食言之嫌，报名参加总统选举，并以 2430 票对 269 票的绝对优势击败陪选的国民党元老居正，登上总统的宝座，自然对张群更加另眼相看。

张群更为蒋介石四处奔走，促使美国参众两院通过了《1948 年援华法》，规定在十二个月内提供 4.63 亿美元，他急忙向蒋介石报喜。 没有想到蒋介石怒气冲冲地说："美国人又想当婊子，又想立牌坊！"

张群急忙询问原因："此话怎讲？"

蒋介石也不张口，只把一份文件扔了过来。 张群拿起一看，只见蒋介石在那条法案的重要部分用红笔做了标记："根据本章规定所给予的援助，不得解释为美国对中华民国的政策、行为的承诺，或对于中国国内任何时间所存在的状况，承担已经明显或漠视的责任。"

张群显然比蒋介石更了解美国人，他哈哈一笑，给蒋介石吃开心丸说："美国人就是美国人嘛！ 美国朋友既要支持我们反共，又想在中国推行美国人喜欢的制度。 他们力不从心，也有人家的难处。 想给自己留条后路，也是可以理解的。"

蒋介石仍然气鼓鼓地发泄不满："美国人就给这么一点援助，不能保证我们取得胜利！"

张群无可奈何地劝说蒋介石："走一步说一步吧，我再跟美国人交涉！"

张群立即利用他与马歇尔的熟络关系向马歇尔求援。 马歇尔认为张群言之有理，就召见中国驻美国大使顾维钧，提议在《中美双边协定》未订立之前，只想一个临时办法来执行《1948 年援华法案》，直到 1948 年 7 月 3 日为止。

蒋介石接到张群送来的顾维钧的报告，连说马歇尔够朋友，急忙指示张群，以中国驻美国大使顾维钧的名义向美国政府复照表示赞同。

从 1948 年 5 月开始，蒋介石、张群派代表与美国官员在南京开始进行中美双边经济援助的谈判，蒋介石忍气吞声，指示张群放弃了最初提出的几个基本考虑，于 7 月 3 日签订了《中美政府间关于经济援助之协定》，当日立即生效。

在此协定中，蒋介石、张群被迫承诺：采取必要措施，有效地运用财力、物力、军力，包括美援及中国私人在美国的财产，旨在一举打垮中国共产党！

蒋介石有了美国的支持，气焰又嚣张起来，7 月 5 日发布《全国总动员令》加紧"戡乱"，军费支出庞大无比，使张群就任行政院长后制定的控制物价的经济政策无法实施，把张群搞得焦头烂额。

国民党的暴政引起全国人民轰轰烈烈的反内战、反饥饿、反迫害的爱国民主运动，蒋介石命令张群不惜一切控制局面，但是国民党军警特务的镇压适得其反。 张群万般无奈，只得请蒋介石于 1948 年 5 月 18 日发表"整饬学风、维护法纪"的谈话，凶狠地予以恫吓。 张群又召开临时国务会议，宣布采取"紧急措施"，制定《维持社会秩序临时办法》，严禁罢工、罢课、集会和请愿游行示威。

与蒋介石、张群的愿望相反，全国规模的爱国民主运动更加高涨，南京、上海、苏州、杭州等大城市的学生请愿代表六千余人，于 5 月 20 日在南京举行游行示威，被血腥镇压酿成血案，激起更大规模的爱国民主运动。 张群身为行政院长，奉蒋介石之命穷于应付，也毫无办法。

第十六章　访日会见麦克阿瑟

1948 年 8 月，日本首都东京，战败后满目疮痍、饿殍遍野的景象悄然隐去。

随着美苏关系的不断恶化，随着中国人民解放战争的顺利进展，美国逐渐改变了对日占领政策。出于冷战政策的需要，美国总统杜鲁门强烈主张早日与日媾和，利用日本对付苏联和中国共产党。

在这种情况下，张群作为蒋介石的总统代表于 8 月 21 日偕夫人马育英到日本访问，受到中国驻日本大使邵毓麟、中国驻日代表团团长商震及副团长沈觐鼎及驻日盟军总部官员的欢迎。

张群卸掉行政院长的担子后，对就任总统府资政这个有职无权的闲差，没有半句牢骚或怨言。他理解盟兄蒋介石的苦衷，仍然幕前幕后为蒋介石出谋划策，分忧解劳。

蒋介石觉得有些对不起盟兄，就给他找了一个好差事，就是以总统代表的身份前往日本，与统治日本的"太上皇"麦克阿瑟进行会谈，并与日本右翼人物接触，争取得到美国和日本朋友的帮助，建立"中日韩三角反共联盟"，扭转在中国战场上的不利地位。

张群对来自美国的这一消息非常感兴趣："1948 年是风起云涌、急剧变革的一年，尤其是美国的对日政策已经发生重大变化，这一年标志着改革时代的结束……这些改革由于华盛顿关于停止解散日本财阀的指示而得以扩展。日本的巨型家族企业为华盛顿刮来的新风不胜惊喜而业已改变计划，华府出于冷战政策的需要，决定把日本建设成亚洲的兵工厂。"

张群深知，蒋介石决不是要自己到日本游山玩水，但是他却给这次日本之行披上美丽的外衣。他在《我与日本七十年》一书中，首先交代日本无条件投降后美、日、中三国的关系说：

"在日本投降以后，我政府除赶办遣送日侨及日本战俘，并派遣驻日军事代表团协同盟军总部处理日本的战后问题之外，中日两国间当然并无任何外交事务；不过我们对日本战后所可能发生的变化，不能不异常地关切。 这时，我国及美、英、俄、加、澳等国所组成的远东委员会设在华府，是负责商讨决定对日管制政策的机构，而在日本负责执行管制政策的，则是以麦克阿瑟将军为统帅的盟军总部。"

接着，张群对他的这次日本之行，做出"名正言顺"的解释说：

"战事虽已结束，但世界局势的变动，仍在微妙复杂交错中不断地引起纷争；同时，盟国间对日本管制政策及对日和约等问题也有分歧。 我们对日本的实际情形，也难获得充分而确实的资料，因而我国朝野也不能不从极度关切之中，发生若干顾虑与怀疑：究竟日本战后的军国主义将来是否可能利用国际局势的变动而复活？ 日本民主政治是否能建立起来？ 将来是否还可能回到极权政治的老路？ 日本经济如果复兴，是否能使日本再行侵略的阴谋？ 或是妨害我国的经济建设？ 盟军总部执行对日管制政策是否准确？ 这许多问题都应求得理解，事关我国利益及今后亚洲局势，自不能等闲视之。"

从 8 月 21 日至 9 月 3 日的三个星期中，张群在中国驻日大使邵毓麟和中国驻日代表团团长商震的协助下，亲自赴广岛、京都、奈良、大阪等地进行实地调查，与麦克阿瑟四次会谈，并听取日本自由党、社会党、国协党领袖及各界重要人士与学者的意见，觉得日本战后发生了很大变化。

张群感到最明显的是日本经济形势的变化，1946 年他到美国治病路过日本的时候，看到日本生产停顿，物价暴涨，黑市猖獗，民生必需品极其缺乏，一般日本人民生活极为困苦，像畜生一样被饥寒交迫逼得发疯。 每当夜幕降临，在日本各大城市昏暗的角落，无数娼妓干着丑恶的营生，不少妇女为搞到一些吃食，主动与美国兵勾搭，由此生下一批混血儿⋯⋯

但是三年以来由于盟总的管制、美国的援助以及日本人自身的努力，日本的经济形势已经逐渐好转。

在大批美援的帮助下，一幢幢新楼逐渐出现，街道两侧重建的商店慢慢开张，货架上的食物和其他商品日渐丰富起来。

当日本人稍稍感到已经不那么饥饿的时候，就开始寻找休闲和娱乐，喜剧慢慢回到舞台上。

在中国战场上被人民解放军打得落花流水的蒋介石，希望张群能够从美国和日本找到一线生机。

张群到日本的第二天，就见到了迫不及待要拜访的麦克阿瑟。

这时的麦克阿瑟，也急于见到蒋介石的代表张群，共商反共大计。

张群自然明白，美国对日政策的巨大变化，中国的蒋介石因素也发挥了一定的作用。

原来，在美国国务院的对日政策决策圈里，早就存在着"中国派"和"日本派"之争，双方争论激烈，吵得不可开交。

"中国派"强调中国对于美国具有极其重要的战略价值，他们主张通过扶植蒋介石和国民党政府，来实现美国在远东太平洋地区的战略利益，而日本只不过充当跳板或加油站的小角色。

"日本派"则主张重视和扶植日本，使日本成为美国全球反共斗争的亚洲桥头堡和军事基地，不再大力支援看来必定失败的蒋介石。

使美国总统杜鲁门感到失望的是蒋介石太不争气，腐败透顶的国民党军队被人民解放军打得落花流水，从战争的发展情况看，蒋介石政府垮台只不过是个时间问题罢了。

在这种情况下，看清了时局发展变化的美国"日本派"官员占了上风，麦克阿瑟不但把苏联视为美国的眼中钉，而且把中国共产党及其领导人看成肉中刺。

国民党军队在美国的大力支持下，1945年向解放区发动重点进攻，遭到解放区军民的迎头痛击。 在不利的形势下，美国总统杜鲁门于十二月发表美国对华政策，并派马歇尔赴华"调停内战"。

对于美国政府对华政策的变化，麦克阿瑟很不理解，他错误地认为蒋介石和国民党军队已经把毛泽东和人民解放军逼得步步后退，但是美国当局"不但不推进已在蒋委员长手中的胜利，反而安排了一次停战调停"。 在蒋介石悍然撕毁停战协定发动全面内战的时候，麦克阿瑟又抱怨美国总统杜鲁门未能及时援助蒋介石，他振振有词地把其作为美国历史上所犯的最大的错误之一，以此攻击杜鲁门，他把蒋介石看成能够支持他登上美国总统宝座的一股力量。

美国的冷战政策创造了世界战争史上一个罕见的事实，原来不共戴天的仇敌突然变成了亲密的伙伴，美国宁可自己倒贴大笔大笔的美元，也要把昔日的战败国变成大力援助之国。

正是由于这些复杂的原因，盛气凌人的麦克阿瑟对蒋介石的代表张群访日表示热烈欢迎，并且表示极其愿意与张群有畅谈的机会，时间请张群和中国方面随时通知；

如果张群对盟军管制日本的详细情况有兴趣而希望另行听取盟军总部各主管单位的报告，如果需要赴日本其他地方考察，与日本各界领袖晤谈，都可以通知麦克阿瑟予以安排，以便获得最大的便利与协助。

麦克阿瑟对张群滔滔不绝地讲个不停，又问及中国的国民党军队与共产党军队作战的形势。他将手中特制的玉米穗烟斗高高一举说，传闻中国政府将放弃东北、华北的大片国土而倾向保卫华南的半壁江山，他希望这个传闻不准确，并一再强调决不可以放弃东北和华北，决不可丝毫放弃！

麦克阿瑟又口若悬河地向张群大讲特讲对中共军队作战的意见，并迫切地希望能够尽早与蒋介石总统晤谈。

整个会见几乎是麦克阿瑟一人独自发表长篇大论，基本上没有张群说话的机会，麦克阿瑟意犹未尽，就已到午餐时间。麦克阿瑟便邀请张群及夫人马育英去赴他的午宴，两人在午宴上谈得十分投机，张群兴高采烈，告辞而去。

8月31日傍晚6时，麦克阿瑟再次把张群请到他的办公室，进行两人之间的第二次会谈。

张群首先感谢盟军总部十几天来给他提供了许多帮助和便利，使张群能够与盟军总部高级官员及日本各界领袖晤谈，使中国方面充分了解盟军总部的对日管制方针，了解日本目前的实际情况。

张群得知麦克阿瑟把日本当作一个贯彻他反共理念的大试验场，为了能够证明他是历史上战胜国对战败国的最杰出的占领者。他一直过着近乎修道士一般的生活，总是夜以继日地工作，很少过节假日，从不离开东京到日本各地旅游、巡视，也不与日本公众见面，总是躲在幕后不断地发布公告、下达指示。

这时候，只见麦克阿瑟哈哈一笑对张群说，你此行是代表中国的，应该享有考察之便利及询问的权力，他亦自有予以协助及答复的义务。

麦克阿瑟谈笑风生，做出谦谦君子之态，表示很愿意听取张群观察日本形势后的意见，由此两人展开关于日本政治问题的意见交换。

应麦克阿瑟的要求，张群先谈他十几天来的观察所感说，他认为盟军总部对日指导的总政策是对的，要日本推行"中道政治"，不偏极左，也不偏极右，颇为正确，但是组成三党联合内阁问题不妥，因为三党内部均不一致，难以协调。在日本议会席次分配方面，日本社会党已非第一大党，芦田均所领导的民主党为数递减，国协党人数最少，彼此力量难期平衡。与此同时，日本政府与政党之间在主义上亦有出入，例如民主党信奉修正资本主义，社会党主张国有国营，国协党推行合作运动，而大家都想掌握政权，纵会彼此让步妥协，维持合作，日本政府的政策必然始终难以贯彻施行。

张群由此得出结论，认为这样必然导致国会解散、重新选举、议论纷起的结果，因为日本人民认为日本政府的力量不足以实行"中道政治"。这三个党如果不能建立强有力的"中道政治"，则不但不能达到反共的目的，而且将使自由党在下届选举中可能获胜。张群说，他听说自由党反对经济管制，主张自由资本主义，颇受日本人民的欢迎。

麦克阿瑟虽然对张群的看法表示赞同，但是不相信吉田茂所领导的自由党在下届选举中可能操胜算登上日本首相的宝座。不过，他也不认为自由党并不代表旧军阀及军国主义，该党虽然偏右，究竟与军国主义不同。

麦克阿瑟同意张群对日本三党联合内阁的看法，认为这个内阁体质较弱，容易发生变化，难于贯彻盟军总部的政策。麦克阿瑟主张，只有两大政党交相为用，才能使民主政治趋于稳定。

麦克阿瑟告诉张群，别看日本左派及共产党表面上喧哗一时，动人观听，实际上其真正势力并未增加。虽然日本共产党最近正在做最大努力，企图加强对工会之控制，但是其影响仍然极其微弱。

张群询问麦克阿瑟对日本民众的看法，他对麦克阿瑟的看法很感兴趣。

麦克阿瑟认为一般民众，尤其是占主要成分的农民与渔民保守成性，向系反共。自从实施农地改革及发展渔业以来，其生活较前改善，趋向安定，不愿走入任一极端。日本这一民众力量在日本各党权力平衡及"中道政治"的推行上具有很大作用，美国足资利用，也有助于日本政治之稳定。

接着，张群与麦克阿瑟又谈到日本社民两党对解散国会及维持现状的问题。麦克阿瑟说，美国对日本政治问题，向来采取不干涉政策。因为他认为，这是实行真正民主政治的最佳途径。

张群称赞麦克阿瑟的不干涉政策用意至善，但是仍然希望他能够以其影响力促成日本有力政党的健全发展。

张群告诉麦克阿瑟，日本人民大都具有对于旧政友会及旧民政党两大政党之深刻印象。现在的民主党脱胎于民政党，自由党渊源于政友会，币原喜重郎即力主组成两大政党，以实现民主政治。

麦克阿瑟在办公室里来回走着，抽一口烟斗说，他虽然同意张群的说法，但是不便公开支持或反对，因为这样会使被支持的人感到是受命而行，或是受到外人干涉，以致得到相反的效果。他只防止日本政治走上两个极端，对于日本的中间团体，则力持中立态度，无所偏袒，但是曾经不断地告诫日本政界领袖，如果自己不能负起责任来，勇往直前，则日本将永远沦为奴隶，受外人管制。

张群吹捧麦克阿瑟对日本"维护之苦心与立场之公正"，是值得赞佩的。

麦克阿瑟被吹捧得哈哈大笑，希望张群对他的对日政策有不同意的地方，毫无保留地告诉他。麦克阿瑟认为，中美的意见必须尽量沟通，中美两国关系是极为重要的。

张群与麦克阿瑟的第三次会谈于9月8日下午举行。张群首先谈到他五天来访问广岛、京都、大阪等地的情况，他问及美国为何向日本投原子弹时选定了广岛、长崎两地。

麦克阿瑟望了张群一眼，带着神秘的神情，透露战后很少有人知道的秘密说：

"长崎本非第二目标，初拟炸九州东北部的钢铁厂，因当时气候不佳，阴云密布，飞机无法飞入，遂转移目标，改投长崎。至于广岛，由空中最易飞进，目标明显；同时美国航空母舰驻地最为安全，故首先被炸。在东京未投原子弹的原因，乃由于东京木造房屋占70%，投掷小型烧夷弹，即遭焚毁，风行速度平均每小时二十英里。由东京至横滨一带，会燃烧三十天，使工厂中心焚毁殆尽。"

对此，张群如获至宝，因为麦克阿瑟对日本轰炸特别是投原子弹的说明，可以说是第二次世界大战中不为太多人知道的史实。

接着，麦克阿瑟谈到他正在日本各地试行建立地方分权制，以期推翻旧有的中央集权制问题，张群对此很感兴趣，就抓住这个机会，从行家的身份出发，以对日本民族性的了解及此次考察观感所得加以引申议论说：

"未到日本之前，我曾阅及中、澳、美各国关于日本民主进展实情之言论，觉得大家有一种相同的意见，即日本人民实行民主精神尚嫌不足，旧有观念不易改变，所以我来东京后及出外游历的时候，对于此事特别注意。回忆过去八十余年，日本自明治维新以来，其领导人物采用错误国策，以致获致今日之恶果。此类领导人物对其错误行为自应负责，承受历史的制裁；但新起人物中，尚未能培养领导资格，这是日本推行新政的一个难题。"

麦克阿瑟对此很感兴趣："先生有何高见？"

张群打开了话匣子，侃侃而谈："我以为欲培植其民主精神，必须具备两个条件：

第一，人民有拥护其推行民主之热诚。 日本人民几十年来受过去军国主义及极端国家主义教育的毒害甚深，对国家民族抱有一种民族优越和偏狭的爱国观念的偏见。 日本从前的领导人物虽去，旧有错误思想尚存。 新起人物尚未能对人民发挥领导作用，也不能使日本人民养成实行民主之热诚。 如果盟总能使其运用教育或其他方法养成此种热诚，则收效或可较速。 否则和约签订以后，占领军早晚必将撤退。 撤退后，日本人行将自己负责，届时民主政治是否不受动摇，将成疑问。 我极注意此点，国际人士也极表关切。”

在此前后，各国人民要求废黜日本天皇的要求呼声强烈，麦克阿瑟也在考虑对裕仁天皇的存废问题，他就此征求张群的意见。 张群抓住这个机会，阐述蒋介石和他的意见说：“我们中华民国总统主张，天皇制的存废问题，由日本人自行决定，日本新宪法也有明文规定，因之现在当然不必加以讨论。 不过，我以为必须冲淡日本人民对‘天皇神授’的神权思想，这样才能使日本人民加强其拥护与推行民主政治的热诚。”

“你对裕仁天皇逊位问题有何看法？”

“据闻日本民意测验，多数赞成保持新天皇制；但最近也有人讨论逊位问题，认为裕仁个人的去留与天皇制度是两件事，不能混为一谈。 此种情形之发生，其症结何在？ 颇堪重视。”

麦克阿瑟对日本皇室及天皇制问题早已考虑多时，他兴致勃勃地向张群谈出自己的看法：“日本人民对天皇的神秘感已逐渐冲淡，裕仁亦自行否认其神性，今后将只成为国家之象征。 至于逊位问题乃有人蓄意拥戴其弟三笠宫摄政。 至于太子，现正接受美国式的教育，以改善其习性。”

接着，两人谈到神道思想及武士道精神。

张群称赞盟军总部对于革除日本人军国主义思想及废止其神道教所采取的显明政策，如国教之分离，天皇神性之否认以及教材中军国主义思想之肃清，凡此种种，都取得了相当的收效，值得钦佩。 但揆诸实际，影响不深，进展仍慢，故尚须积极加强，例如镰仓大佛寺旁之观音堂中所供奉的天皇牌位两侧，现增加了此次战争的阵亡将士乃至军犬、军马、军鸽之牌位；再如现在坊间流行之文艺作品及戏院排演的剧本，类多激发复仇雪耻之心理，甚为日本人民所欢迎。

麦克阿瑟对张群的看法表示赞成，认为现在日本精神、生活脱节，需要宗教，故须恢复日本原有宗教精神，以资弥补。

最后两人就"中道政治"举行热烈的交谈。

张群对麦克阿瑟和盟军总部指导日本实行不左不右之"中道政治"政策深表赞佩，但是"中道政治"究竟如何，日本领导人物似尚缺乏明确观念，每每感到那只是共同维护政权的意味。张群以为当今唯一要图，乃在如何使站在中间的人物在政治上不致失败，使民主政治之领导地位得以稳固建立。民主制度奠基以后，必须同时培育民主思想，使心理建设与制度改造能够相辅而行，则民主主义乃可彻底实现。

麦克阿瑟深感他正处于日本左右两派夹攻之间，"中道政治"不易稳步前进。他认为这不仅是日本一国的问题，乃是全世界的问题。麦克阿瑟也深深地感叹日本缺乏政治领导人才，对于当时的日本人物多有批评，他希望日本能够产生真正能领导日本人走上民主政治道路的人物。

张群与麦克阿瑟的第四次会谈于9月10日晚上举行，鉴于国民党军队在中国战场上的不利地位，张群提出讨论共产党问题和经济问题，麦克阿瑟欣然赞成。

张群投麦克阿瑟所好说，现在各盟国，包括中国，甚至美国，提及对日管制政策，都有许多批评，实际上关于经济报告，如斯瑞克、如庄士敦，都属于美国派来日本调查后提出建议性质，并非代表盟军最高统帅之意见，亦不能视作美国之政策。因为各方误认为这就是盟军最高统帅之政策或趋向，遂容易发生不必要的误会。

张群说他此次来日本考察之后，发觉盟军最高统帅之对日管制政策与美国及其他盟国所报道的略有出入，因此张群告诉麦克阿瑟，他考察日本后得出一个结论：反对消极批评，主张积极合作。

接着，张群有意把话题转移到反共问题上说，在各国的对日舆论批评中，有一个看法，即美国拟以日本为防苏反共之根据地；同时扶助日本复兴，成为"远东兵工厂"。各国共党及左翼分子对此当然一致表示反对。此外，盟国人士亦有根据《波茨坦公告》加以批评者，然后说出蒋介石反复交代的重要内容：

"远东共产势力之扩张，实为一严重问题，现在管制日本，乃是美国的次要问题，如何设法防共乃是首要问题。对防共观点而言，对日政策如须放宽，我意下可以赞同。因为中国对日本亦采取宽大政策。我非常赞佩麦帅曾公开率直地批评美国的'重欧轻亚'政策。"

麦克阿瑟有意地给蒋介石与张群打气说，就中国军情而言，三年来美国仅有剩余军需物资，无法尽量供应。今则业已开始军需生产，今后自可源源不断地接济中国一部分必要的物资，且可由日本地区运往中国，因而他"确信中国政府必能粉碎敌人的阴谋，彻底戡平叛乱"。

关于日本成为美国的"远东兵工厂"问题，麦克阿瑟斥责美国前副国务卿艾奇逊"头脑不清"。他说：

"关于日本工业水准问题，自鲍莱以至澳外长伊瓦特等所提之水准，均较日本实际所能生产者为高。远东委员会所定1930 — 1934年间之水准，盟总虽然用尽力量，但目前仅能达到该时期基数的55%。日本的生产线与消费线之间，差额甚大。美国年来所援助者，全为粮食即在填此差额。年费约三至四亿美元，每日约一百万美元。"

谈到日本战后经济复兴工作的时候，麦克阿瑟更加以恩人自居，他活灵活现地说：

"至于日本复兴工作，美国迄未补助。美国的目的在于激励日本增产，以减轻美国的负担。日本由于工资太高，商船损失太大，运费太昂贵，且原料不足，储存已空，现状仅足避免革命，距繁荣甚远，三四年内决不能自给。远东委员会如无有效之决定，日本且恐陷于混乱。日本所拟之五年计划，仅为宣传作用。至谓美国欲日本重整军备，以为盟友，绝非事实。国际间一旦发生冲突，日本将完全中立，决不容许被利用及反美、反华。"

麦克阿瑟越讲兴致越高，又对张群发表他对今后世界经济与亚洲关系的看法：

"今后一千年，世界经济将以亚洲为中心。世界最大而未开发的资源在亚洲。亚洲人口十亿以上，生活程度为最低。今后一千年之目标，即在逐渐提高亚洲人民之生活程度，亚洲人民必须自己开发资源，自己制造商品，自成一单位，统一为亚洲人民之经济圈。日本在此集团中，在劳工数量及工业效率方面，均有其特长，为亚洲其他民族所不及。今后二十五年内，大可利用日本，以弥补亚洲经济上之缺陷。"

麦克阿瑟为蒋介石和张群出谋划策说："日本终系东方国家，美国终将离开日本，中国若不急谋与日本善处之道。在此亚洲经济圈中，中国将为一牺牲者。欧美将视日本为其东方贸易之基础。中国现须寻求大亚洲区域之自由；亚洲各民族应有一个相互配合发展之计划。如能提出此一计划，如欧洲之马歇尔计划，美国在财力方面必能予以协助。"

这时候，辽沈战役即将开始，蒋介石认为麦克阿瑟这些空洞的大话挽救不了他在中国走向失败的命运，就急电召张群赶快回国，帮助他解决中国内战中极其不利的燃眉之急。

于是，张群便在 9 月 12 日动身回国，行前发表题为《对日观感》的广播词。他在吹捧美国的占领政策的同时，也以敏锐的政治眼光，指出日本残存的"历史余毒"：

> 在日本国内仍然不可讳言，还是有些历史余毒存在。这些余毒，蕴藏在日本人民的思想、信仰、社会风俗习惯以及文艺戏剧之中。这些残留的历史余毒，有碍于日本和平民主的建立，自不待言。

第十七章　狼狈地逃出大陆

张群从日本回国之后，虽然使尽浑身解数，仍然无法阻挡国民党反动派在辽沈战役、济南战役中的惨败，美国看到蒋介石大势已去，也无可奈何地采取逐渐从中国脱身和中途换马的对华策略。

蒋介石得到这个情报，把张群找来，大骂美国总统杜鲁门不止。

张群见蒋介石大发雷霆，只好躬立一旁，苦思帮助盟兄解决灭顶之灾的方策，但是在国民党军队兵败如山倒、蒋家王朝即将崩溃的形势下，他也束手无策。

张群深知，蒋介石找他来，就是要他拿出走出困境的锦囊妙计来，否则是交不了差的，只得苦思对策。

张群被蒋介石逼急了，只得顺口安慰他的盟兄说："三十年河东，三十年河西，天无绝人之路，他杜鲁门也不会老开顺风船，我们也不会老倒霉！"

蒋介石像抓到救命稻草一般，急忙问道："岳军兄，你有对付杜鲁门的妙计？"

张群情急生智，终于想到一个办法，只好死马当作活马医，对蒋介石如此这般耳语一番，蒋介石脸上总算有了笑容："杜鲁门，别高兴得太早了，咱俩还不知道谁先下台呢！"

原来，1948年是美国总统选举年，杜鲁门正与杜威进行激烈的竞争，蒋介石就调动国民党政府的驻美大使馆官员、重金收买的美国反共分子、美国国会中的亲蒋议员、在美国的宋美龄与宋子文等"嫡系部队"，共四路"大军"，一齐配合杜威向杜鲁门发动进攻，给杜威提供大笔政治资金，一心想把杜威捧上台，一时使杜威声威大震，杜鲁门处于不利地位。

蒋介石认为杜鲁门必下台无疑，杜威一旦上台，就会扭转他的不利地位，但是事与愿违。正在得意之际，1948年11月7日，张群突然急急忙忙跑进南京总统府，一反常态地向蒋介石报告："蒋总统，杜威竞选失败，杜鲁门蝉联美国总统！"

蒋介石大吃一惊："啊？你说什么？"

张群如丧考妣："杜威竞选失利，杜鲁门没有下台。"

蒋介石像泄了气的皮球，几乎绝望了，张群也万般无奈，但是却装出若无其事的样子说："总统不必烦恼，天无绝人之路……"

蒋介石气恼地训斥："你还是那句废话！"

张群不以为然，自有他的道理："总统，你想，不管谁入主白宫，都不会放弃中国。我们要掉转船头，改变航向，立即转向杜鲁门！"

蒋介石见事已至此，只得按照张群的意见，全力以赴与杜鲁门拉关系。

杜鲁门冷笑连声，故意置之不理，蒋介石又多次亲自写信向杜鲁门求援，杜鲁门仍然毫不理睬。蒋介石求见司徒雷登，提出派张群访问美国寻求改善关系的途径，遭到司徒雷登的婉拒，只好派宋美龄访美，企图重温昔日的美梦，但是得到的都是使蒋介石失望的消息。

蒋介石与张群真是度日如年，到1948年底，人民解放军取得辽沈、平津、淮海三大战役的辉煌胜利。蒋介石在万般无奈之中，派张群再次向美国驻华大使司徒雷登求救，司徒雷登对此早有准备，不慌不忙地提出让蒋介石下野的主张。

蒋介石见李宗仁、白崇禧在美国的支持下，公开掀起倒蒋活动，不得不再次玩弄下野阴谋。

于是在1948年12月31日除夕之夜，蒋介石命人把南京黄埔路的总统官邸格外用心打扮一番。院内红灯高悬，树上挂满五彩闪烁的彩灯，地上停满了静卧的高级轿车，真是火树银花，光彩夺目，一派节日景象。

总统官邸大客厅里的气氛与此完全相反，红烛阴暗，烛光一跳一跳闪动，显示出蒋介石"最后的晚餐"的悲哀。蒋介石把他写的一副对联交给张群看，表达他当时的痛苦和寒心：

> 冬天饮寒水，雪夜渡断桥。

面对满桌的美酒佳肴，谁也没有一点胃口。

蒋介石一反爱穿一身笔挺的军装以显示三军统帅地位的常规，他身穿一件灰哔叽长袍，阴沉着脸与李宗仁、张群等人握手寒暄，有气无力地说：

"诸位，现在局面严重，党内有人主张和谈。我个人对于这样一个重大问题，不能不有所表示。现拟好一篇文告，准备在元旦发表。现在请岳军先生代为朗读一遍，读后，盼大家共同研究。"

于是，在总统官邸大会客厅里，响起张群那低沉的宣读蒋介石旨意的声音：

"全国同胞……我深觉建国事业陷于迟滞，实在是感慨万分……只要议和无害于国家的独立完整，而有助于人民的休养生息，只要神圣的宪法不由我而违犯，民主宪政不因此而破坏……则我个人更无复他求。个人的进退出入，绝不萦怀，而一惟国民的公意是从……"

蒋介石指望在张群的帮助下，在年末的最后一瞬挽回不可收拾的局面，盼望有一个吉利的来年。

张群晓得这是蒋介石释放的试探气球，只得遵照蒋介石的指示宣读，然后力言蒋介石不能下野，这个文告不能发表；吴铁城等人也跟着张群语声悲切地主张蒋介石不要下野；谷正纲突然顿足捶胸，声泪俱下，大放悲声，声称蒋介石下野"将对士气、人心发生重大影响，就要亡国亡党"，但是李宗仁等多数人强烈要求蒋介石离职。

蒋介石大失所望，愤怒地说："我并不要离开，只是你们党员要我退职；我之愿意下野，不是因为共党，而是因为本党中的某一派系。"

蒋介石无奈，只得嘱咐张群，关于他下野的一句话必须列入文告，说罢愤然离去。

蒋介石不得已，在元旦文告中提出要在保存法统、宪法及保存国民党军队等条件下与共产党进行和平谈判。

蒋介石虽然讲出辞职之意，但是又不肯离职，引起李宗仁等的不满，也遭到毛泽东在《将革命进行到底》的新年献词中的严厉谴责，又于1949年1月5日召见张群、孙科、张治中等谋士协商对策。

张群向蒋介石汇报了中共对和谈问题的立场，蒋介石气得一屁股坐下来大发雷霆，俄顷又让张群读毛泽东的文章，张群只得奉命朗读："蒋介石希望从白崇禧手里夺回和平攻势的发明权，并在新的商标下继续其旧的统治……"

蒋介石听到这里，仰天长叹一声，摆摆手说："算了吧，别念了！"

蒋介石又在官邸召开宣传工作汇报会，一些人建议蒋介石派一大员到汉口会见白崇禧，蒋介石认为可以，决定派张群前往。

1月9日，张群领受蒋介石的命令，再次出马飞往汉口和长沙，与此次倒蒋的主要人物白崇禧、程潜等人会见，转述蒋介石的两点意向："余欲引退，必由自我主动"；"余如果引退，对于和平究竟有无确实把握？"

张群告诉白崇禧、程潜，蒋介石的意思是引退与否由自己做主，而不是李宗仁、白崇禧、程潜等人所逼迫的。

对此，桂系头面人物态度强硬，张群也见好即收，只劝说桂系仁兄对蒋介石不要压得太紧。

1月10日下午，张群向蒋介石汇报他汉口之行的结果，孙科、张群、张治中等建议蒋介石运用外交手段促成和谈局面，蒋介石依计而行，授意孙科令外交部长吴铁城照会美、苏、英、法四国，请他们运用外交手段施加影响，但是却碰了一鼻子灰。

蒋介石见已无恋栈的可能，就做出下野的善后安排：命令蒋经国、俞鸿钧等人先后将国库中价值3.7亿美元的黄金、白银和外币转运台湾；任命张群为重庆绥靖公署主任，派曾经在抗日战争时期主政四川大后方六年的张群再去统治大西南，企图重温"躲在峨眉上观虎斗"的旧梦；把爱将陈诚派往台湾，构筑逃离大陆后的避难之所；任命蒋经国为台湾省党部主任委员；任命薛岳为广东省政府主席，从而将南京、上海、杭州和四川的武装力量掌握在手，使李宗仁接到的仅是一顶行将落地的空"王冠"。

张群走马上任前，又与蒋介石谋划把四川、西康、云南、贵州作为在大陆负隅顽抗地盘的方策。

他们风闻云南省主席卢汉暗中与中共往来，在反共与起义之间举棋不定，就想尽办法对付卢汉。张群认为四川与云南比邻接壤，唇齿相依，如果云南发生不测事件，防守西南就极其困难，蒋介石必须恩威并用，控制住卢汉。为此，他代蒋介石给云南省主席卢汉发去密电：速来南京议事。

卢汉接到蒋介石的密电吓了一跳，以为他刚刚考虑的起义之事已被蒋介石发觉，在仔细考虑不会之后，才怀着矛盾的心情从昆明飞往南京。

在南京机场，张群早已等候多时，两人热情地互问别后之情，但是却各怀心事。张群刚给卢汉安排好下榻之处，就满脸歉意告辞道："永衡，你先休息，我告辞了！"

卢汉想从蒋介石这个亲信口中探听一些口风，就有意挽留说："张长官，小坐一会儿好吗？"

张群对老朋友以实相告，他要去忙李宗仁上台之事："不行！我还得和桂系的智囊们会商，安排德邻上台事宜。"

卢汉有点儿不相信："蒋总统真的到了非走这步棋不可的地步了吗？"

张群阴沉着脸点了点头。

卢汉急忙打听有关自己的事情："蒋总统何时召见我呢？"

张群尽自己所能告诉老朋友："看来要在李德邻登上代总统的宝座以后吧。不过，请你放心，时间不会太久，我尽力帮忙。"

为拉拢蒋介石的亲信，卢汉打开随身所带的皮箱，取出特意带来的用红丝绸包裹的黄金以及云南的土特产斑磨铜、"钨铜走银"的文具、兽皮锡器、白药等两个礼包，满面堆笑地说："区区小物，不成敬意，请长官笑纳。"

张群收下礼品后劝告卢汉："永衡，时下京城上演的逼宫戏是千载难逢的，你权且当个公允的观众吧！"

卢汉马上明白了张群的意图，感谢他的及时提醒。

三天后，蒋介石在张群的陪同下在他的家里召见卢汉，说到家里来交换意见，谈得可以随便一些。

张群特意就此为蒋介石敲边鼓，加重蒋介石对卢汉的礼遇说："是啊，总统很少在自己家里召见部属议政的。"

卢汉出乎蒋介石、张群的预料说："请蒋总统、张长官体谅我的苦衷，请蒋总统下野之前，先革去我的省府主席之职。"

蒋介石、张群不明白卢汉辞职的目的，便想到了李宗仁身上，蒋介石问道："卢主席，你不愿为李德邻服务，是吗？你要大度些，与桂系捐弃前嫌，多为党国的生死存亡着想。"

张群赶紧顺着蒋介石的意思劝说卢汉："就是嘛，你我都要在逆境中为总统分忧，不但不能辞谢省府主席之职，而且还要加倍努力地去工作，把云南建设成反共复国的基地。"

卢汉气愤地说："请总统和张长官不要误会，不是我不想为总统分忧，是有人不想让我这样做啊！"

蒋介石被卢汉说得丈二和尚摸不着头脑，还是张群头脑灵活，哈哈一笑说："卢主席，别开玩笑了，当今之天下，阻挠你为党国效力的大有人在，但我深信，在云南你是一呼百应的！"

卢汉不以为然，有意说给蒋介石听："张长官，你估计得完全错了！阻挠我为总统服务的势力，恰恰是来自云南！"

蒋介石以为卢汉是在说龙云，就劝说道："卢主席，不要多虑，我想龙志舟也不准备回滇主政了吧？"

卢汉频频摇头说："总统误会了，我和龙云患难与共多年，并无这样深的芥蒂。"

蒋介石听罢勃然变色，拍案而起，他最怕龙云与卢汉握手言欢共同对付他。 张群看卢汉已有不买蒋介石的账的气魄，担心事情闹大影响稳定云南的大局，就适时站出来打破僵局说："永衡，今天在座的没有外人，你就直呼其名地说吧！"

卢汉有意地端起茶杯喝口茶水，将情绪酝酿足了说："那好吧，他就是云南警备总司令何绍周！"

这却出乎蒋介石、张群的预料，但是他们很快就明白了：何绍周是何应钦的族侄，为蒋介石特意安排在云南监视卢汉的大钉子。

何绍周倚仗蒋介石、何应钦的权势，不把卢汉放在眼里，大有取卢汉而代之之势。 蒋介石为了稳住卢汉，便与张群交换了一下眼色，大度地说：

"这是小事一桩，近期就发布免去何绍周云南警备总司令的命令，你要做好为党国勇挑重担的准备！"

张群送走卢汉，便在蒋介石的催促下，前往四川走马上任。

这次回到四川，张群别有一番滋味在心头。

他看到四川实力派各有所图，哪个也不是省油的灯，便硬着头皮宣称以"团结""自给"为施政的两大要旨，千方百计安抚川、康、云、贵四省地方实力人物，竭力为蒋介石稳定西南局势。

蒋介石对此非常满意地对蒋经国说："大西南由你岳军伯父坐镇，李德邻休想染指！"

蒋介石虽然在名义上下野，但是实际上却在张群等人的帮助下，于溪口指挥一切。 李宗仁看到这种情况，只得请张群、张治中等人一起到溪口，劝说蒋介石出国，以便由李宗仁放手去干，促成和平局面的实现。

张治中、张群等人陪同蒋介石在溪口游山玩水，寻找机会劝说蒋介石，但是却遭到蒋介石的严词拒绝。

在蒋介石的暗中操纵下，李宗仁得不到实权，内部斗争更趋激烈，行政院长孙科不得不于1949年3月27日辞职，由蒋介石的多年"扈从"何应钦组阁并兼任国防部长，内阁成员多是蒋介石的亲信。

美国驻华大使司徒雷登对此深感失望，他找到张群发牢骚说：

"援助这样一个颠预无能的政府，只会更增强共产党的力量，这些人只会把美国所给予的援助转送到共产党的手中！ 这表明蒋先生的引退并没有使国民党政府的性质发生变化，当然会影响本国援助李宗仁的决心！"

由于李宗仁拒绝在和平谈判最后修正案上签字，毛泽东、朱德发布《向全国进军的命令》，人民解放军4月21日开始渡江作战。

蒋介石更加着急，4月22日从老家奉化飞到杭州，召集代总统李宗仁、行政院长何应钦和白崇禧、张群等人参加杭州最高层决策会议，商讨应付最后危局的措施。

张群等唯蒋介石马首是瞻，附和蒋介石的强硬主张，决定与共产党继续作战，"采取紧急有效步骤，加强国民党的团结及党与政府的联系"，联合全国"民主自由人士"共同奋斗。

张群自杭州回到重庆，传达蒋介石的"重要讲话"，按照蒋介石的旨意重新做出部署，把"团结"的口号喊得震天响，但是川、康、云、贵的地方实力派各有打算，根本无力阻挡人民解放军的胜利进军。

张群眼见西南局势危如累卵，人心惶惶，自己顶不住了，1949年8月24日急忙把蒋介石从广州请到重庆，商讨"确保大西南"的方案。

张群在古木参天的黄山宾馆招待蒋介石，两人登上黄山顶端，来到那棵大松树伞盖下的荫凉之处。虽然完全感受不到火炉重庆的炎热，蒋介石却仍然觉得炎热烦躁，他情不自禁地触景生情说：

"岳军兄，曾记否？十一年前，你我结伴来到这座山城，每年的伏暑之季，都相邀来黄山避暑、消夏。"

张群急忙顺着蒋介石的话头给蒋介石吃开心果："总裁，还记得吧？四年前，日本宣布无条件投降，你我也是一块儿在此畅谈、纵论天下大势。不久，就还都南京了。"

蒋介石不由得感慨万千："是啊，如果说十年河东、十年河西是句真理的话，我们是在黄山还都呢，还是在台湾的阿里山反攻大陆呢？"

张群为蒋介石打气说："无论是在黄山还都，还是在阿里山反攻大陆，我们都会重掌这大好河山的！"

蒋介石不愿听这些空话，阴沉着脸申斥说："谈何容易！"

张群津津有味地讲起孙中山创业的艰难，吃尽千辛万苦，经历几度磨难，才终于推翻清朝的封建统治，成为中华民族当之无愧的伟人，也吹捧蒋介石是"当代屈指可数的伟大政治家和军事家"，"不能以成败论英雄"。

蒋介石深知张群颇有智谋，就怀着一线希望问道："岳军兄，你有何良策？"

张群看到时候了，才将自己思考多时的办法和盘托出："为今之计，我们必须回到十一年前，重走偏安西南，东出夔门，北定中原的老路！"

张群建议蒋介石把可靠的军队有计划地撤退到川北来，因为陕西的关中、宝鸡早已丢失，陇海路也已在共军之手，人民解放军可以顺着川陕公路大举入川，这远比走地形险阻的鄂西、湘西、川东一带来得更为快捷。

面临解放军泰山压顶之势，蒋介石频频摇头："岳军兄，那条路还能走得通吗？"

张群也知道这是死马权当活马医，操胜算的可能性极小，于是就以灵活的口气说："总裁，中国有句古语说得好：谋事在人，成事在天。我只能做一个谋事者了。"

蒋介石觉得在大厦将倾的形势下，那样也是太难为张群了，就叹口气道："看来，你我只能像当年的诸葛孔明那样，鞠躬尽瘁，死而后已了！"

接受张群的建议，蒋介石命令他的爱将胡宗南指挥三个兵团巩固陕南防务；同时增调罗广文的第十五兵团（原第七编练司令部）增防陇南；调杨森的第二十军开赴川北，抵挡解放军的强大攻势。

接受张群的建议，蒋介石于 8 月 29 日召集在大西南的国民党所有军政高级官员会议，亲自给他们打气说，在大陆上必须保存西南地区，将来才能与台湾及沿海岛屿相配合，进行大规模反攻。如果放弃大西南，国民党政府在国际上将完全丧失地位；而西南地区形势险要，物资丰富，尤以四川人力、物力最为充足，必须努力保持这一地区，成为反攻、复兴的基地。

蒋介石还以抗日战争时期，在四川苦战六年终于迎来胜利的历史，给张群和部属们打气，接着郑重其事地做出拒解放军于川境之外、以陇南和陕南为决战地带的决策部署，特别宣布所有官员都要听从张群的号令。

蒋介石离开重庆前，张群又向蒋介石提出一项建议："四川之事，由我为你分忧；云南因龙云避居香港，仍需你恩威并举，像当年孔明那样，在稳住卢汉的同时，还需你亲自选任领兵的将军。唯有如此，方可保万无一失。"

蒋介石和张群的部署怎能抵挡得住解放军的强大攻势？解放军第二野战军主力从蒋介石、张群没有预料到的湘西芷江沿着川黔公路西进，又从湘鄂西沿着川鄂、川湘公路发动进攻，直出贵州，解放了川东、川南大片领土，切断了宋希濂等国民党主力部队退往云南的退路。

与此同时，解放军第一野战军第十八兵团乘胡宗南部队南撤之机，以迅雷不及掩耳之势攻入川北，迫使国民党政府从广州撤到重庆，张群见西南形势更加危急，急忙请蒋介石来重庆坐镇。

1949 年 11 月 14 日，蒋介石乘飞机从台北赶到重庆，帮助西南军政长官张群苦撑危局，他们首先研究危如累卵的重庆防务问题。胡宗南、宋希濂等主张保存实力，及时地把他们的部队撤往滇缅边区，并采取果断措施除掉卢汉。

蒋介石不同意这些意见，胡宗南、宋希濂等很不满意，张群及时出来打圆场说："请总裁谈谈自己的高见，一解众人之惑。"

蒋介石认为云南的主动权仍然操在国民党手里，对云南兴兵是错误的，主张精诚团结，把西南变成国民党"复仇复国的大后方"。

张群对蒋介石这些意见也不赞成，以委婉的方式提醒蒋介石说："总裁是仁君之心。古语说得好，害人之心不可有，防人之心不可无，万一再出个傅作义可就不好办了！"

蒋介石认为张群说得也有道理，就让张群草拟电报，命令卢汉马上来重庆"面商国是"。

卢汉鉴于起义的时机尚不成熟，便冒着生命危险来到重庆，在重庆机场受到张群的迎接。张群与卢汉拥抱之后热情地说："卢主席，您的到来，等于给总裁吃了一颗最大的宽心丸。"

国民党特务机关企图在重庆杀掉卢汉，蒋介石批评这是"匹夫之勇"，他在张群的陪同下马上接见卢汉予以拉拢，批准卢汉把保安团扩编为两个军，军官由卢汉提名，立即拨发银圆一百万元，武器、弹药陆续补充，还把"整肃"的大权交给卢汉，实际上借卢汉之手镇压云南的爱国民众。

为阻止解放军进攻重庆，蒋介石和张群把胡宗南最精锐的第一军调到重庆，调宋希濂等三个兵团予以增援，还改重庆警备司令部为重庆卫戍司令部，任命杨森为总司令，但是也阻挡不住解放军的强大攻势，重庆于 1949 年 11 月 30 日回到人民手中。

张群陪同蒋介石狼狈地从重庆逃到成都，住在中央军校里。

他们非常明白，重庆丢失后成都已经无险可守，刘文辉、邓锡侯、潘文华等军政要员都在策划秘密起义，成都无论如何保不住了，而云南则可以做他们的救命稻草。于是，蒋介石于 12 月 7 日便派他最信任的盟弟张群作为全权宣慰使前往云南。

张群向卢汉传达蒋介石的旨意，把云南省政府和绥靖公署等军政机关迁往滇西的大理和宝山，将昆明腾出来给蒋介石的中央机关盘踞。

对此，卢汉不便直接反对，就与张群讨价还价扯皮，说明云南民穷财尽、粮食缺乏，向蒋介石要三百万元大洋的迁移费、三个师的武器装备。

张群向蒋介石电话汇报了卢汉的态度，加之蒋介石已从军统特务头子毛人凤那里得知卢汉正在加紧从事"和平运动"，他感到事态严重，急忙命令张群带领驻守云南的第八军军长李弥、第二十六军军长余程万以及另一军长龙泽汇等回成都商议紧急对策。

蒋介石认为事情到了紧急关头，面授机宜要他们立即赶回昆明安抚卢汉、控制云南局势。

张群一行返回昆明机场，他看到卢汉没有到机场迎接，便产生怀疑，径直前往卢汉家里看个究竟。

卢汉装病，穿着睡衣会见张群，寒暄之后，张群就催逼卢汉赶快把云南军政机关迁走，卢汉质问道："岳军兄，请问总裁答应的三百万大洋、三个师的武器装备有着落了吗？"

张群顿时哑口无言，但是转眼之间便有了应付之词："我临行前，总裁对我说，他已经决定升任你为西南军政长官了！"

卢汉推托说不给他钱和武器，他也没有办法，又借口大烟瘾发作，恕不奉陪，转身到内屋去了，把张群晾在了那里。

张群感到事态严重，回到宾馆连夜向蒋介石报告："总裁，卢汉断然拒绝了你的建议。"

蒋介石大为惊诧："岳军兄，他是否有了变异之心？"

张群也说不定："难以断定，但是他怕国防部等军事机关迁入昆明，进而夺他大权的戒心是存在的。"

蒋介石紧急决定，让张群带龙泽汇赶回成都协商对策。卢汉建议张群带李弥、余程万回成都去见蒋介石，张群不知是计，欣然赞同。

张群接到蒋介石的密令后，于12月9日傍晚回到昆明。卢汉决定把张群软禁在昆明翠湖东路自己的新公馆的会客室里，假借张群之名，把蒋介石在昆明的军政官员一网打尽，再宣布起义。

张群觉得事情不妙，急忙给蒋介石打电话报告昆明出现的异常情况，但是早被撤了线，电话根本打不通。

张群被这突如其来的现象吓慌了，大声喊叫要见卢汉。突然两个警卫闯了进来，对张群全身搜查，告诉他卢汉已经宣布起义了！

张群惊得目瞪口呆，顿时软瘫在沙发上，半天也站不起来。

也不知过了多久，卢汉派云南代主席杨文清来见张群，转告卢汉的话说："起义是云南人民的强烈愿望，我们是顺应民意弃暗投明而起义的，希望张先生和我们一致行动。"

张群仔细分析他与卢汉的关系，想凭借他与卢汉的私交获得一线生机，就给卢汉写了一封信，交给杨文清，请他转交卢汉，装出一脸哭相说：

"你们的起义行动我是很同情的，我也知道这是大势所趋，民心所向，国民党的确是无法挽回了。蒋先生过去所作所为，连我也有不满意的地方，但是我一生都是国民党员，我和蒋先生的私人关系你们也是知道的，我不能和你们一致行动。如果你们要把我当作俘虏看待，交给共产党，我想他们也不会对我怎么样的。要是你们让我走，我很感激，我今后也不再做什么事，到海外做个寓公算了。"

杨文清急忙来到卢汉的办公室，把张群的信递上说："卢主席，这是张先生写给你的信，请我转交给你。"

卢汉正在为不知如何处置张群而焦虑不安，听到杨文清的话为之一怔，接过张群的信，没有马上打开，焦急地问道："张先生说些什么没有？"

杨文清把张群的求饶话转述一遍，搅得卢汉心绪不宁，他急忙打开张群写给他的信从头披阅。只见张群充分运用手中之笔，描写这些年来两人之间的深厚交情，叙述他在蒋介石面前，极力维护云南、保护卢汉所做的种种努力，字里行间充满了真情实感。

张群的信在卢汉的心中卷起万丈波涛，使卢汉想到几十年来两人的复杂关系，他承认两人的私交不错，他得以在云南执政，而且能够突破重重难关，维持了四年之久，都和张群从中竭力维持分不开啊！从两人的私交看，应该放张群一马。

但是，想到张群毕竟是共产党榜上有名的大战犯，如果把他放了，共产党会答应吗？老朋友龙云也曾经讲过扣留蒋介石或张群以换回张学良的打算，也是颇有道理的。

然而，卢汉想到这样做对不起老朋友张群，内心将受到极大的自我谴责，他决心学习效法当年在华容道义释曹操的关云长，于是卢汉低声吩咐杨文清："我同意释放张群。"

杨文清大吃一惊，急忙劝说阻止道："卢主席，你想过释放张群的后果吗？"

卢汉十分明白，此事非同小可，非同儿戏，他沉吟半晌，终于下定决心说："我想过了！将来……我甘当军令！"

卢汉安排张群乘美国环球航空公司的飞机于12月11日离开昆明，还写了这样一封送别信，略谓：

> 两手书迟报至歉，军事牵羁，亦未得面候训诲，中怀允耿耿也。历军以还，明公对于滇省，多所庇护，不争汉中心铭感，而滇人时颂德惠。此次明公来滇，任务至重，大势已去，而望挟滇省作孤注一掷。谁无沧桑，稍有良心，何忍出此，所以毅然而谋自救也。以是公情私谊唯有送公赴港，亦己报德，临行未及恭送，并翼曲谅……

第十八章　扶蒋重登大宝

台北郊外的草山，是台湾久负盛名的好去处。

在春色弥漫宝岛的大好时节，草山换上了美丽的外衣，满山万紫千红，流水潺潺。杜鹃花一丛连着一丛怒放，樱花处处盛开，聚成朵朵红云。

蒋介石所在的草山别墅，更是山林秀美，鸟语花香，恍如世外桃源。

然而，置身宝岛仙境之中的蒋介石，却烦躁不安，情绪坏到了极点。

蒋介石是下野之人，不便住在挂着青天白日旗的"总统府"，而选中了风景秀丽、宁静宜人的台北草山。但是怕草山之名给人以蒋介石父子来这里落草为寇之嫌，便根据他特感兴趣的程朱理学，将草山改称阳明山，但是岛内外的不利形势仍然压得他愁眉不展。

台湾虽然物产丰富，但是面积不到三万六千平方公里，耕地面积不到其总面积的三分之一。台湾原有人口六百多万，人民生活尚可维持，蒋介石带着近二百万军政民人员逃到台湾，使台湾物价飞涨，经济面临崩溃的边缘；政治上危机深重，矛盾尖锐，众叛亲离，尔虞我诈；"外交"上四面楚歌，孤立无援。回首前瞻，一片黑暗，令蒋介石有不寒而栗之感。整个台湾岛人心惶惶，到处弥漫着失败主义的气氛。

在几乎走投无路的情况下，蒋介石更加想念他足智多谋的盟弟张群，不知张群被卢汉当作俘虏活捉后的命运如何。

蒋介石正在烦恼之时，忽报张群回到台湾，他喜出望外，急忙把张群请来，置酒压惊，询问张群怎么死而复生？

张群吹嘘自己虽然被俘，但是他舌战云南代主席杨文清，要求恢复李弥、余程万两个军长之自由，并已在昆明的国民党飞机送他们离开昆明。张群说，他遭到拒绝之后仍不甘心，费尽唇舌终于说服卢汉允许自己乘法国飞机离开昆明。因为气候恶劣，中途在越南的海防降落，次日飞抵香港稍做停留，就急忙改乘海船转往台湾来投奔蒋介石。

蒋介石大喜，仍然委任张群为"总统府资政"，与其谋划蒋介石重登大宝之事，张群自然十分卖力。

实际上，蒋介石和张群早就为从李宗仁手中夺回"总统"宝座而奔忙。

蒋介石首先让张群等亲信大造蒋介石复职的舆论，宣传李宗仁无才无德，李宗仁作为"代总统"的施政措施已经全部失败，不再能领导国民党政府了。

蒋介石、张群挖空心思于1949年7月16日成立国民党非常委员会，规定这一超宪法的机构为非常时期的最高权力机关，国民党政府的一切政策法令必须先经非常委员会会议通过才能有效。蒋介石出任主席，李宗仁为副主席，张群、阎锡山、吴忠信、陈立夫等任委员，蒋介石以此方式再一次集党政军大权于一身，由后台走到前台。

8月11日，在台北草山成立了蒋记领导中心——"总裁办公室"，把李宗仁甩在一旁，由蒋介石以在野之身行使事实上的"总统"领导权。

1949年10月8日，当国民党军队还盘踞在南方的重要城市广州的时候，张群就策动蒋介石的亲信、"国大秘书长"洪兰友大肆宣传："广州危急，李宗仁有'知难而退'之意。"

同一天，张群鼓动国民党军队的参谋总长顾祝同说得更为明确："粤省西北之湘黔军事，已趋劣势，请（蒋介石）毅然复任'总统'，常驻西南。"

蒋介石收到洪兰友和顾祝同的建议电报，与张群商量后认为，当时人民解放军正以秋风扫落叶之势横扫江南，形势极其不利，他马上复职的时机还不成熟，尚需要打着李宗仁的旗号招摇撞骗，因此暂时未动。

10月18日，蒋介石召集张群等亲信讨论他"复行视事"的利弊问题。

蒋介石故作姿态说："个人的出处事小，国家的存亡事大，此时应研究，应不应该再起。不能问再起后之利害得失，只要对军队与国家有再起之必要，即不研究外交或其他关系问题，一切只有自立、自强，始能获得外援。倘自己内部无可救药，即有外援，亦无能为力。"

张群对此极为赞成，在他的策动下，国民党《"中央"日报》头版头条发表了"川康渝人民竭诚效忠，电迎总裁莅渝领导"的新闻，刊登了所谓民意代表二百余人请蒋介石早日出马领导"国家"的电报。

于是，张群、吴忠信、朱家骅等先后拜访"代总统"李宗仁，虽然不敢明言要李宗仁劝说蒋介石复职，只是含糊其辞地说当前局势紧张，希望李宗仁拍一封电报给蒋介石，请蒋介石来重庆坐镇。

李宗仁反驳说,其实蒋介石不断飞来飞去,向来不需要任何人邀请,现在为什么忽然要他拍电报促驾呢?

张群等人无言对答,只是支吾其词,说希望李宗仁声明"引退",并参加他们呼吁蒋介石重登大宝的"劝进"活动。

李宗仁勃然大怒道:"当初蒋先生引退要我出来,我誓死不愿,你们一再劝说我勉为其难;后来蒋先生处处在幕后掣肘,把局面弄垮了,你们又要我来'劝进'。蒋先生如果要复辟,就自行复辟好了,我没有这个脸来'劝进'!"

李宗仁一番话说得张群等哑口无言,但是酝酿蒋介石复职的活动却仍然在紧锣密鼓地进行。

蒋介石见李宗仁态度强硬,于1949年11月27日召开国民党中常委会议,授意张群等指责李宗仁"擅离职守",主张蒋介石早日"复位",推动会议决定对李宗仁正式摊牌。

蒋介石12月2日与蒋经国、张群、"行政院长"阎锡山再度商量"复职视事"问题,蒋经国、张群等都同意蒋介石的意见,"决心使蒋介石复行视事为不二之道,时间放在待法定手续完成之后"。

在这种情况下,李宗仁被逼无奈,只得于12月4日在香港宣布去美国"治疗痼疾"。蒋介石虽然指责李宗仁"卑鄙无耻",但是心中窃喜,如张群所说,这为蒋介石重新上台开辟了道路。

12月8日,国民党"行政院"召开紧急会议,正式决定迁台办公。

蒋介石接受张群的建议,于12月25日指使在台湾的"国大代表"举行年会,宣称"国危"至此,中枢不可一日无主,吁请蒋介石复"总统"之职。

在张群的策动之下,国民党非常委员会、"监察院"煞有介事地相继致电李宗仁返台"视事"。

对此,李宗仁回电宣称,他滞留美国是为接洽美援,因为接洽事宜尚未办妥,因此暂时不能回到台湾。

在蒋介石、张群的授意下,《"中央"日报》《中华日报》连续发表社论和文章,对李宗仁大加攻击,呼吁蒋介石出来"统帅三军""绾领国事"。

虽然李宗仁不回台湾行使"代总统"职权,但是蒋介石要完成他重登大宝的"法律手续"并非容易之事。

这是因为,按照国民党的有关规定,"国大"代表总额为3045人,1947年底实际选出 2908 人，1948 年 4 月 19 日召开的第一届"行宪国民大会"第一次会议，选举出蒋介石为总统的代表总数为 2765 人。国民党的选举法还规定，选举"总统"、修改"宪法"要有一半以上"国民大会代表"参加，但是到台湾的"国大代表"只有 1080人，距离法定名额 3045 人相差太远。

这样，蒋介石就永远不能登上"总统"的宝座。

蒋介石觉得他重新"复位"没有任何法律条文可以引用，事情非常难办，急忙向张群问计。

张群笑着说这有何难？你一年前未经任何法律手续就把"总统"让给了李宗仁，现在要回"总统"之职，何必要受"法定手续"的限制？

蒋介石认为张群言之有理，就策动国民党的一些元老吴铁城、吴稚晖、于右任、居正、冯自由、莫德惠、王宠惠等人，纷纷出面，吁请国民党中央常委会讨论蒋总裁的复出问题，1950 年 2 月 21 日又指使他们向李宗仁发出最后通牒，限令李宗仁在三日内必须返回台湾，否则便算放弃"总统"职权。

由于李宗仁不想遵照蒋介石规定的时间表行事，2 月 23 日没有回到台湾，国民党中常会和非常委员会便在当日决议蒋介石早日恢复行使"总统"职权，"立法院"也一致通过了请蒋介石恢复"总统"职权的决议。

蒋介石大喜，在 2 月 28 日举行的国民党中央常委、非常委员会成员、中央政治会议委员的茶话会上，按照张群的建议激动不已地公开宣称：

"现在国家情势危急异常，如果我再不负起政治、军事的责任，三个月之内，台湾一定会完结，我出来后，可望确保。"

这时候，张群见时机已经成熟，再无推托的必要，便建议蒋介石在 1950 年 3 月 1日在台北再次登基复职。

蒋介石堂而皇之地发表复职文告，宣称他复任"总统"是为了"扫除中共、光复大陆"，重建"三民主义之民有、民享、民治国家"。

为收拾台湾残局，张群帮助蒋介石进行国民党改造，总结失败的经验教训，蒋介石表示接受张群的建议，1950 年 3 月 13 日在台湾"革命实践研究院"振振有词地发表演说，不惜牺牲感情与颜面"承担责任"。他自己要鞠躬尽瘁，争取最后的胜利。

国民党高级官员跟随蒋介石几十年，头一次见这个大独裁者当众认错，又考虑到大家共乘同一条危船，少不得同病相怜，不少人被蒋介石这番带感情的话感动得落下两行热泪，张群的锦囊妙计真让蒋介石笼络了人心。

蒋介石"复职"后的首要任务是整顿内部，首先更易人事。

在蒋介石改造国民党的过程中，把大权集中在陈诚与蒋经国手中，撤换了许多老臣，引起包括政学系在内的诸多人的不满，蒋介石就给他们一些颜色看。

旧政学系原来是岑春煊策划成立的反对孙中山的右派组织，1936 年时任湖北省主席的杨永泰被暗杀之后，张群就成了事实上的掌门人。

逃到台湾的政学系主要成员，有在大陆担任行政院长的张群、东北行营主任熊式辉、司法院长王宠惠、经济部次长汪公纪、经济部长郑道儒、外交部长叶公超和王世杰、上海市长吴国桢等。

美国在 1948 年 8 月发表的中美关系白皮书中，在大肆贬低蒋介石的同时，却称赞张群等政学系人物是国民党内"最能干的人物"，吴国桢也被称为台湾"最好的一个官员"。

张群等政学系人员自以为多少年跟着蒋介石鞍前马后，征战南北，屡立大功，又有美国人称赞、支持，他们开始并不把蒋经国看在眼里，认为蒋经国学识有限，只是依靠自己的"太子"地位搞特务统治，觉得蒋介石搞父传子那一套有违西方民主原则，便不买蒋经国的账。

蒋介石认为这有碍他让蒋经国、陈诚执掌台湾大权的既定方针，就支持蒋经国和陈诚连打三棒，施威力降服政学系官僚。

第一棒打向与张群关系极好的政学系核心人物陈仪。

陈仪是浙江绍兴人，历任师长、军长、浙江省长、军政部军工署长、福建省政府主席、行政院秘书长、台湾省行政长官、浙江省主席。 在新中国成立前夕，因倾向革命被汤恩伯出卖，随即被撤职关押并押送台湾高雄要塞。 一开始，蒋介石并非想要陈仪的命，但是为了给政学系一点颜色看，要"杀人立威"。 张群、汤恩伯等再怎么求情也无用，陈仪成为国民党逃台后被枪杀的最高级官员。

第二棒打向张群很看重的王世杰。

王世杰是湖北省崇阳人，北洋大学法律科毕业，曾获英国伦敦大学政治学硕士和法国巴黎大学法学博士学位，历任法制局长、教育部部长、宣传部长、外交部长、总统府秘书长等职务。 在举世闻名的重庆谈判中，国民党方面的主要角色就是张群与王世杰，《双十协定》即为王世杰与周恩来分别代表国共双方一起签署的。

蒋介石逃到台湾后，在张群的劝说下摆出一副虚心接受各方意见以求有所作为的架势。 于是，负责搞大陆情报的国民党第六组副主任徐晴岚上书蒋介石，希望学习共产党搞统一战线的经验。蒋介石接受徐晴岚的意见，下令成立"中央政治作战工作会报组"，即"联战小组"，由张群、陈诚和张道藩为召集人。

张群在美国的支持下，与王世杰、吴国桢等政学系大将反复协商，提出召开一次"反共救国会议"，借此壮大政学系的势力。陈诚为了与蒋经国抗衡，对此表示支持，蒋介石为争取美援，最初也同意召开这个会议。

蒋经国坚决反对召开政学系提倡的"反共救国会议"，在他老子面前进言，声称这个会议的召开，只能加强以张群为首的政学系和陈诚派的力量，不利于蒋介石"传子"方针的贯彻执行。

蒋介石觉得蒋经国的话言之有理，就不想召开"反共救国会议"了，但是张群、陈诚、王世杰等不断催促，促使1953年5月召开的国民党七届二次会议，通过了"建立反共救国联合战线"案。

蒋介石看到台湾、香港等地的"自由分子"纷纷积聚到以张群为首的政学系的大旗下，向蒋介石和国民党政府要自由，他感到特别恼火，就让蒋经国取消"反共救国会议"的活动。

于是，在1953年10月召开的国民党七届三中全会上，蒋经国提出暂缓召开"反共救国会议"的主张，遭到王世杰等人的强烈反对。蒋经国与王世杰拍案大吵，王世杰上书蒋介石，不惜以死相逼。在张群和陈诚的背后支持下，仍然通过了召开"反共救国会议"的决议。

由于步步高升，王世杰有点忘乎所以，不顾张群多次提醒，竟然批评蒋经国等实力派抢权过猛，结果被蒋经国略施小计，把状告到他老子面前。蒋介石恼羞成怒，以"蒙混舞弊，不尽职守"为名将王世杰撤职查办，经张群、吴铁城等苦苦相求，六年后才出任"中央研究院院长"。

第三棒打向张群的得意门生吴国桢。

吴国桢是湖北人氏，曾经是蒋介石面前的红人，历任汉口、重庆、上海市市长等职，到台湾后出任"台湾省主席兼行政院政务委员、省保安司令"，他利用蒋介石、张群的信任，竟然反对蒋经国领导的特务机关在台湾横行霸道，甚至天真地向蒋介石进言："如钧座厚爱经国兄，则不应使其主持特务，盖无论是否仗势越权，必将成为人民仇恨焦点。"

一心传子的蒋介石不但听不进吴国桢的逆耳忠言，反而派人拧掉吴国桢所坐汽车的螺丝钉，企图将其害死，幸亏吴夫人腹泻下车才得以幸免。吴国桢由此明白了蒋介石父子的险恶用心而远走美国。 吴国桢临行前，张群送给他一副曾国藩的对联："水宽山远烟霞回，天澹云闲古今同"，意在劝说吴国桢静心养身，宽心处事，忘掉不愉快的事情，千万不要意气用事。

但是蒋介石仍然不依不饶，下令开动台湾一切"宣传机器"，展开批判吴国桢的"隔洋大战"。

这三棒把政学系打得溃不成军，张群发觉他们犯了低估蒋经国、陈诚实力的错误，计算错了台湾官场的力量对比，便发挥政学系精通权术、善于变化的特长，赶快见风使舵，千方百计与蒋经国、陈诚的实力派搞好关系。 蒋介石、蒋经国也见好即收，但是再也不把大权交给张群和政学系了。

第十九章　协助签订"日台"和约

1950 年 6 月 25 日，朝鲜半岛枪声突起。

张群为帮助蒋介石在台湾站住脚跟而苦苦挣扎之时，敏感地觉得台湾海峡的紧张局势将因为朝鲜战争的爆发而发生重大变化。

张群马上会见蒋介石父子，共同研究趁朝鲜战争爆发之机改善与美国、日本的关系问题。他圆滑地称赞蒋介石有"远见"，在最困难的时期抽出时间访问菲律宾和南朝鲜，构筑东亚反共链条，以此表明蒋介石是"遏制共产主义在东亚扩张的带头人"，让美国看到台湾在东亚占有重要地位。

蒋介石、蒋经国、张群举杯庆祝他们时来运转，蒋经国得意地对蒋介石和张群说："父亲打出这张牌以后，就等于提前构成了对美国的一个战略性呼吁。到那时，美国政府不用我们请，他就会主动出兵保护台湾了！"

张群与蒋氏父子欣喜地看到，朝鲜战争爆发后，美国一改对蒋介石冷淡、观望、让其"自生自灭"的态度，派第七舰队进驻台湾，任命兰钦作为美国"驻台公使衔代办"、贾纳德海军少将作为"驻台武官"上任，从而使双方的实质关系得到恢复和提升。

7 月 31 日，麦克阿瑟率领美国大批官员访问台湾，张群利用他与麦克阿瑟在东京的多次会谈结下的交情，多方在蒋介石与麦克阿瑟之间引见促进，使麦克阿瑟与蒋介石的关系迅速热络起来，决定双方陆海空部队由麦克阿瑟统一指挥，共同"防卫"台湾，增派美第十三航空队进驻台湾。根据美国的"保台"政策，美国的军舰、飞机进驻台湾，对台湾的经济、军事援助源源而来，这帮助蒋介石渡过了逃台后的最困难时期。

蒋介石在台湾喘过气来之后，就想挤进美国、日本乘朝鲜战争爆发之机正在酝酿的旧金山对日和会，并把随后签订"日台"和约的任务交给张群负责完成。

张群很快向蒋介石报告了颇使蒋介石头痛的消息：鉴于英国主张邀请中华人民共

和国参加对日和约,而与美国发生分歧。

蒋介石急忙与张群商量对策,不惜一切代价,通过各种关系请美国向英国施加压力。

几经周折,美国与英国达成妥协:中国大陆与台湾都不参加《旧金山和约》;在《旧金山和约》生效之后,由日本选择中国任何一方的政府缔结和约。

张群一向蒋介石报告这一消息,蒋介石就大骂美国人不够朋友。

张群不以为然,他认为美国与英国的妥协是表面现象,却是美国暗中策划"日台"和约的开始。

蒋介石起初并不相信,但是很快得到台湾国民党驻美"大使"顾维钧的报告,杜勒斯从伦敦返回美国后,接见顾维钧说明美国做出妥协的真意:

"美国的想法是早日签订《旧金山对日和约》,使日本恢复主权,然后加入自由世界,共同反共。 如果由于'国民政府'执意要参加旧金山会议而签不成和约,人们就会怪罪'国民政府'。"

当时顾维钧询问杜勒斯:"日本真心想要与'中华民国'签订和约吗?"

杜勒斯眼镜后面闪出讥讽的眼光,情知日本不愿意与蒋介石签订和约,就胡乱搪塞道:"日本政府愿意与你们签订和约,不会同中共建立关系,这虽然不能完全满足你们的希望,然而十之九成当如蒋'总统'之意。"

不顾苏联、中国和众多爱好和平的国家的反对,美国操纵由五十一个对日作战国和日本参加的对日媾和会议,1951 年 9 月 5 日签署了片面的《旧金山和约》。 兰钦告诉台湾"外交部长"叶公超:"美国已促使日本政府派员,以贸易代表身份来台,洽谈你们之间的双边条约问题,日本政府业已同意。"

蒋介石闻报大喜,催促张群早日与日本签订和约,最好能够赶上 1951 年的"双十节"。 但是美国对它策动蒋介石集团一事,事先并没有与吉田茂内阁打招呼。

日本首相吉田茂慑于世界舆论和日本国内要求中日友好的强大压力,对签署"日台"和约没有浓厚的兴趣,试图为日后的对华外交留有回旋余地,在"由日本选择中国任何一方的政府缔结和约"的问题上最初较为谨慎,又不敢公开得罪美国,就千方百计找借口拖延。

蒋介石急忙与张群等协商对策,他们一面请美国政府给日本当局施加压力,一面指示其驻日代表董显光与日本当局交涉,又派张群秘密访日疏通关系,日本方面仍然拖着不办。

蒋介石、张群便请美国国务卿杜勒斯访问日本,声称"如果日本政府不同'中华民国'签订和约,美国国会就不批准蒋介石对日和约",迫使日本政府接受美国搞的《吉田信件》,规定"日本愿意同'中华民国'签订重建正常关系的条约"。

张群在台北多次与日本驻台北事务所所长木村四郎七接触,软硬兼施,使木村四郎七返回东京,向日本当局汇报称:"台湾安定巩固,力量逐步加强,远远超过日本人之想象。"

董显光也很快向蒋介石、张群报称:"吉田首相、冈崎胜男国务大臣等,对台湾均已有所认识与理解。河田烈曾任大藏大臣、内阁书记官长,且系吉田首相之表兄弟,确已内定为谈判中日和约之首席代表。张岳军先生实有大政治家之风度,日人十分理解,故对张先生负责主持对日外交,日本朝野均表欢迎。"

蒋介石接到董显光这个报告大喜,当即召张群到高雄,指示张群赶快着手主持对日和约之事。

张群深知签订"日台"和约是异常复杂的谈判,为保留回旋余地,向蒋介石提出他的建议:

"如果签订和约的谈判是在日本举行,我自可奉命作为特使前往;但现在是由日本派特使来华,则在体制上我方必须由'外交部长'出面。因为我是比较了解日本情况的,当随时与叶'部长'(公超)做幕后协商,我并可尽量将'我国'的立场和'总统'对'中日'两国今后的亲善合作及共同反共的意旨,向河田烈于私人谈话中加以阐述。"

当时蒋介石夫人宋美龄也在座,她很同意张群的意见,于是蒋介石接受张群的意见,1952年2月15日发布命令称:"派'外交部部长'叶公超为'中华民国'与日本签订和平条约的全权代表,'外交部'政务次长胡庆育为副代表。"

2月17日,河田烈率领日本代表团到达台北。就在这一天,吉田茂首相特意在日本众议院预算委员会发表演说称:"日本不准备与台北'国民政府'依照《旧金山和约》第二十六条所定原则签订和约,因为该政府是台湾的地方政权!"

蒋介石把张群、叶公超、胡庆育唤来大发雷霆道:"娘希匹!这个和约不要订了!开他妈的屁会!"

张群正要劝说蒋介石暂息雷霆之怒,没有想到蒋介石的弯子转得竟然那样快:"不要硬来,别把事情弄糟!"

在美国的导演下,"日台"和会于1952年2月10日在台北"外交部"会议室正式揭幕，双方首先在条约的名称问题上发生激烈争执。

　　河田烈以《吉田信件》为依据，说明该信件写得明明白白："日本政府希望最终与日本的邻邦中国建立全面的政治的和平的通商关系"，"日本愿意同'中华民国'签订重建正常关系的条约"。因此，日本政府提出的"日台"和约的名称为《日本国政府与中华民国政府关于终止战争状态及重建正常关系的条约》，根本没有"和约"二字，只谈"经济方面的友好合作"和"促进两国之共同福利"及有关通商、航海、航空运输方面的问题，只字不提战争赔偿问题，好像一个通商航海条约。

　　蒋介石、张群听取了叶公超的汇报，引起他们的强烈不满，指责日本方面在草案中虽然也有"终止战争状态"的条件，但是绝大多数是属于其他性质的条款，并非和约草案。蒋介石便让张群带叶公超去找兰钦求援，请美国政府对日本施加压力。

　　兰钦听了哈哈大笑说："你们不要太盛气凌人，逼人太甚嘛！"

　　张群尴尬地解释说："日本人让我们太难堪了！此可忍孰不可忍！"

　　兰钦把头摇得像拨浪鼓一般，指着叶公超说，叶公超比河田烈年轻二十多岁，但是却以战胜国身份，盛气凌人地逼迫河田烈承认日本的战败国地位，据此签订"日台"和平条约，搞得河田烈很恼火，对他恭敬一些，事情就会好办一些。

　　接着，兰钦幽默地告诉张群："我对你们双方的谈判好有一比！"

　　张群兴趣盎然地问道："代办阁下比作什么？"

　　兰钦微微一笑说："好比青年男女谈恋爱，你们在后面追得紧，日本忸忸怩怩。这就要有搞恋爱时的耐心，要讲技巧，要同我们做媒人的美国官员多多商量才好！"

　　张群和叶公超把兰钦这番话向蒋介石做了汇报，蒋介石认为兰钦讲得颇有道理，便又把陈诚、王世杰、何应钦召来一起研究对策。

　　众人绞尽脑汁，谁也找不出说服河田烈的办法，蒋介石满脸怒气。张群凭着他对日本政治阶层的深入了解，眉头一皱，计上心来："我们可以在倭岛英二身上做一点儿文章！"

　　众人忙问其故，张群不慌不忙，娓娓道来：从种种迹象分析，河田烈受日本外务省亚洲局长倭岛英二指挥，张群深知倭岛英二在汪精卫伪政权统治上海时期，曾经担任上海四马路中央警署的政治部主任，与其太太都在上海爱尔近路参加过票房学京戏。

　　众人都认为这倒是一个好办法，蒋介石就让张群指示台湾驻日本人员，会见倭岛英二，投其所好，曲意拉拢。这一手果然有效，倭岛英二不但暗中帮忙，还亲自出马到台北进行指导，慢慢使双方的会谈气氛缓和下来。

河田烈对倭岛英二在台北指手画脚很不满意，便与张群商量对策，河田烈很是头痛，觉得倭岛英二不好对付。

张群轻松地笑着说："要治倭岛英二，还不易如反掌？"

河田烈当事者迷，急忙向张群请教："岳军先生有什么好办法？"

张群含笑回答："只要你首相大哥一句话嘛！"

原来，吉田茂兄弟仨，吉田茂是老大，对政治颇有兴趣，且官运亨通当了日本现任首相；河田烈为老二，爱搞经济；老三名叫染木贞，自幼喜欢绘画，后来吉田茂过继给舅舅家，染木贞送给了姑母家，生活不太好，全靠两位身居高位的兄长接济。

河田烈认为张群的办法非常高明，就把他的弟弟染木贞以参观台北故宫博物院为名叫到台北，大肆发泄对倭岛英二的不满，让他回到东京去见他们的大哥吉田茂，随便找个借口把倭岛英二从台北召回。

"日台"和约谈判很快成为台湾与日本记者报道的重点，便紧紧地围着台湾"外交部长"叶公超不放。叶公超回避记者，滴水不漏。

台湾记者从叶公超等台湾官员那里捞不到什么油水，就把怨恨集中到张群身上，因为张群与河田烈的接触，最怕记者知道，有时发布假新闻蒙混过关，记者就骂张群是亲日派、死顽固。

台湾记者绞尽脑汁，从河田烈的司机那里搞到一条重要信息：3月16日晚上张群公馆有重要活动。记者如获至宝，就提前来到张群对门的作家林海音家里等候。

到晚7时夜幕降临的时候，记者看到河田烈、木村四郎七、倭岛英二、叶公超等先后到达，张群命人关上大门，门灯也不再亮了。

记者把摄影车开到最合适的地方隐蔽起来，选择最好的角度等候。

在早春的寒夜中，记者耐心等候，一直等到深夜11时，张公馆的门灯突然亮了，工友打开大门，向左右观察。记者急忙躲藏起来，才看到河田烈第一个走出门来。

记者一个箭步冲上前去，镁光灯一闪，拍了一张河田烈的照片，记者担心引起注意，未敢给其他人拍照，但还是引起警觉性极高的张群的注意，发觉门外已有记者等候，明白他与河田烈等人的会见如果被一张报纸独家报道，反而会引起新闻炒作。于是，张群微微一笑，拿起大门口的电话打给"中央"社，故意大声让守在门外的记者也能够听得清清楚楚：

"今晚7时至11时，我在家里设宴为日本外务省亚洲局长倭岛英二饯行，并邀河田烈、木村、叶部长、胡次长等人作陪。"

门外的记者大失所望，没有想到自己等了一个晚上，在寒风中仁立四个小时，马上就要到手的独家新闻，被张群的一个电话，就轻而易举地冲淡了，但是仍然写了一篇文章，描绘张公馆内"日台"谈判的神秘性，算是他在门外守候四个小时的收获。

吉田茂接到两个弟弟的报告，马上将倭岛英二召回东京，又指示国务大臣冈崎胜男在日本国会发表演说，声称等中共与"联合国军"结束战争状态，远东形势恢复正常的时候，日本将与中共建立外交关系。

蒋介石得此信息大发雷霆，指示张群让叶公超在会谈中严厉谴责日本，于是双方又吵翻了天。兰钦和张群在中间来回调停，受够了洋罪，他苦笑着对张群说：

"你们的谈判好比胎儿尚未成熟，硬要让他生下来，真是难受无比！"

在"日台"谈判陷于僵局的情况下，蒋介石与张群反复研究对策，最后商定由张群私下会见河田烈，设法打开僵局。

于是，张群于1952年2月28日下午在台湾"自由之家"会见河田烈，声称蒋介石的对日政策是根据孙中山的学说制定的，然后就大力吹捧河田烈说：

"河田烈先生深究东方学识，且富有东方道德精神，必能深知此次和约之协商，所关中日两国及亚洲前途之重大，自不待言。"

张群说到这里，有意端起茶杯喝口龙井茶，然后轻轻放下茶杯，推敲以最合适的语言表达他这次会见的中心目的：

"可惜月余以来，日本吉田首相在国会发表的答词，与其正式发表的致美国杜勒斯先生之函件，如出两人之口，使我们朝野，对于日本当局此种外交的谲变，不得不对其诚意，深滋疑督之感。"

张群指责日本在台湾当局"艰难之时，落井下石，发表轻侮之论调，指为地方政权，否认其代表全中国主权之地位"，要求日本承认台湾当局为"代表全中国主权之政府"，与日本签订"全面之和约，日本不得主张为以有限度之条约"。

对张群这番话，河田烈只是表示要上报日本政府，没有与张群进行争论。

台湾记者为搞到"日台"和约谈判的有关新闻，经常追踪双方谈判代表的行踪，张群便让台湾"外交部"官员故布疑阵，调虎离山，与记者斗法，有个女记者干脆搬个小凳坐在"外交部次长"时昭瀛办公室门口。时昭瀛指责那个女记者怎么可以坐在办公室门口，是不是有意坐在门外偷听电话？女记者被气得大声痛哭。

记者们从台湾官方得不到准确信息，晓得关键性的谈判要由张群与河田烈举行，他们知道河田烈一找张群，便是遇到了极其困难的问题，就纷纷前往台湾重庆南路张群的公馆门外等候，常常从白天等到午夜两点，然后前往电信局，看日本代表团有没有发往东京的电报，电文有多长，虽然搞不清确切的内容，但是可以了解谈判动向。

台湾记者从张群那里得不到重要信息，就去纠缠叶公超，但是叶公超滴水不漏，记者们就把叶公超称作"公牛"，挤不出一滴牛奶来，叶公超也就用它来对付记者，每当叶公超被记者逼得紧的时候，就脱口而出："我是公牛，挤不出奶来！"

有的记者指着叶公超的鼻子骂道："你只知道办丧事，家里死了多少人，你知道吗？"

叶公超哭笑不得，只有用六个字回答："叶某绝不卖国！"

在张群的大力促进下，"日台"双方经过六十多天的艰苦谈判，终于大体取得妥协，但是日本首相吉田茂突然又在参议院发表演说，声称"日本政府与国民党政府缔结条约，并非承认此政府代表全中国"，还在 3 月 28 日给河田烈发来一份训令，表示不同意"日台"双方所达成的协议。

蒋介石得此消息极为恼火，急忙与张群协商对策，决定采取紧急对策，命"中央"社封锁消息，但是外国通讯社很快将此消息传遍台湾全岛，搞得蒋介石狼狈不堪，只好命令开动台湾全部"宣传机器"，大肆攻击吉田内阁，又派张群私下会见河田烈，设法打开僵局。

河田烈首先对出现这次风波深感抱歉和惆怅，唯有再做努力商讨，以打开僵局；张群首先把台湾朝野的共同愤慨情绪率直奉告，希望他详细转告日本政府，然后提到倭岛英二回到东京后，曾经约台湾驻日人员陈延炯谈话，倭岛英二竟然这样说：

"日本人反对与'国民政府'缔结和约者甚多，认为'国民政府'已经离开大陆，逼处台湾，而台湾之国际地位尚未明了。台湾人是否'国民政府'之人民，亦无法可据。此时与'国民政府'缔约，实为不智。日本国会议员支持此议论者亦不少；同时在国际方面，不承认'国民政府'之'国家'亦不少，与日本关系甚深的英国，即属其一。吉田首相因对我们表示同情与友好，特派河田烈先生前往台北协商和约，而台湾方面对日本之意见不加同情之考虑。倘若如此，则日本亦大可追随英国……"

张群气势汹汹地质问，日本这是何意？

河田烈搬出西方的言论自由予以搪塞，张群不予接受，叹口气说："本人过去办理对日外交，为一失败者，实不愿见此次特派之再失败，故本人虽不身与此次之协商，但极其愿意从旁尽其最大之赞助。事势演进至此，实不得不深致忧虑。"

河田烈也对日本政府的这一做法表示不满，甚至声称他有挂冠而去的打算。张群在予以挽留的同时，说明蒋介石的意图称：

"日本政府之态度，蒋'总统'实深失望，而我方朝野人士，尤有不胜愤慨之感，认为日本对我之轻侮，较战前日本以战争凌迫中国者，其短见而不可理解，实时异事同。本人与阁下第一次晤面时，即谈及此次和约协商，如无所成，其后果之恶劣，实较自始即无此谈判为尤甚。依现在之情势，已非条约内容问题，乃为我方朝野人士对日方态度之恶劣情绪如何挽回的问题。此点实属重要。请阁下将上述情形，详电报告吉田首相，请其熟思为祷！"

蒋介石、张群又找到美国驻台湾公使兰钦，大讲台湾在美国远东战略中的重要地位，请他报告美国政府，向日本政府施加压力。

在美国的压力下，日本政府又派倭岛英二再次来到台北，与河田烈、张群研究打开僵局之策。

台湾报纸称倭岛英二再次来台湾是"卷土重来"，倭岛英二问张群这是什么意思？张群幽默地告诉倭岛英二，"卷土"表示"刮地皮"之意，借此提醒倭岛英二"行为检点"，把倭岛英二搞了个大红脸。

在僵持状态下，美国接受蒋介石、张群的请求，再次向日本施加压力，要求日本政府必须在美国国会批准《旧金山和约》之前，完成"日台"和约的签约程序。

于是，日本方面提出修改方案，与台湾代表进入最关键的会谈。

经过几轮激烈的讨价还价，"日台"和约终于在《旧金山和约》生效前七个半小时，即1952年4月28日在台北签字，宣布结束战争状态，台湾当局放弃九亿美元的对日战争赔偿要求，"日台"建立"外交关系"。

"日台"和约签字后，河田烈向台湾"外交部官员"提出会见蒋介石的要求，蒋介石立即接受，同时欢迎河田烈带他的女公子田中元子一道前来。

4月30日下午4时，蒋介石在宋美龄和张群的陪同下，以茶点招待河田烈父女，宋美龄亲自热情地招待田中元子。

这是日本投降后蒋介石第一次接见日本官方代表，河田烈首先对蒋介石"伟大人格及崇高德义表示敬意"，接着就"日台"和约签订致谢说："和约条款表现宽大，不但本人感激，日本人亦同深感戴。"

蒋介石说"日台"关系特殊，台湾方面虽然没有参加旧金山和会，但与日本单独订约，反觉更有意义，河田烈先生努力之结果，已完成良好之基础；双方关系密切，而且目前处境又同样困难，今后实应就此基础精诚合作，努力迈进，才能赢得"真正之独立与自由"。

河田烈"感动得涕泪横流"，表示对蒋介石的指示"实具同感，但和约之得以观成，则出于'总统'之指导及叶代表之努力以及张'资政'之协助"。

张群宣传，"日台"和平条约之所以能够签订有两个有重要原因："第一个重要的因素是，尽管我们政府已搬迁来台，但日本以及美国却不敢忽视蒋介石的威望；第二，美国国务卿杜勒斯的坚决反共立场。"

5月5日，周恩来总理兼外交部长发表声明，指出美国强令"日台"签订和约，是企图借此把它一手培植的两个"走狗"联合起来，对付中国，因此郑重声明：

> 对于美国所宣布生效的非法的单独对日和约，中国是绝对不能承认的；对于公开侮辱并敌视中国人民的吉田、蒋介石和约，是坚决反对的。

第二十章　赴日报聘

1952年5月初的大好春光里，东京最繁华的商业街银座张灯结彩，家家店铺门前都挂着大红灯笼，全日本沉浸在一片喜悦的气氛之中。

为庆祝日本重新取得独立地位，日本首相吉田茂宣布在全国实行大赦，释放在押人犯三千六百余人。

然而，吉田茂却怎么也高兴不起来，不仅他心里美国占领的阴影还难以抹去，而且"日台"和约虽然勉强签订，但是双方的感情却急剧恶化。

为修补"日台"关系，吉田茂派前国务大臣绪方竹虎作为首相特使来台湾访问。蒋介石礼节性予以接见，然后让张群与绪方竹虎商谈实质性问题。

为改善"日台"关系，张群向绪方竹虎提议，在日本和台湾分别成立一个民间团体，谋求"日台"文化交流与经济合作之策进；绪方竹虎欣然表示同意。

于是，便由张群出面与"日台"文化、经济界人士商量，筹集了一笔资金，成立了"日台"文化经济协会。

张群还向绪方竹虎提出，日本既然已经与台湾当局建立"外交关系"，必然互派"大使"，需要商量"大使"人选。

绪方竹虎说，日本政府已内定将资深外交家芳泽谦吉派往台北，吉田茂首相极希望张群出任驻东京"大使"，原因是张群与日本有悠久的来往关系，而且在此次"日台"和约的谈判折冲当中，也出了很大气力。

张群遗憾地说，蒋"总统"已另有安排，本人未便接受。

蒋介石与张群反复商量，这样做虽然事出有因，但是"未便过拂日本领导人的企望"，就决定作为对绪方竹虎访台的回访，由张群以特使的名义，赴日做"日台""复交"后的首次友好访问。

1952年8月2日，张群携夫人马育英乘西北航空公司飞机到达东京，受到绪方竹虎和台湾驻日人员的欢迎。

张群这次访问日本，虽然打着"总统"特使的旗号活动，但是在名义上是为报聘前次绪方竹虎访问台湾，因此，张群到日本的第二天就去访问绪方竹虎。

绪方竹虎首先对他访问台湾时受到的热情款待表示感谢，接着介绍他访问台湾之后赴东南亚访问的情形，特别提到"日台"合作问题，希望张群在此次访日期间，与日本各方面人士予以商讨。

张群深知芳泽谦吉在日本政界能量很大，需要花费些时间做他的工作，就送上自己写的一本题为《中日关系与美国》的小册子。张群首先引用孙中山关于中日美三国关系的论述，然后分析"台日"美三方政治、经济上的连带关系，祈望三方合作，促进亚洲的安全繁荣与世界和平。绪方竹虎对此完全赞成。

张群此次访日的主要项目是与日本首相吉田茂进行会谈。

此时，吉田茂正在日本的避暑胜地箱根休养，绪方竹虎代张群约定之后，就陪同张群前往箱根会见吉田茂。吉田茂对张群访日表示欢迎，两人进行了范围广泛的交谈，长达三小时之久，后来他谈起对吉田茂的印象称：

"我发现吉田对世局的看法十分敏锐，对共产党也有了解，不过在言词之中，他不免透露出过分的自信，尤其对日共十分蔑视，认为不足患。同时，他也自以为对日本和美国关系的调整，有办法，有了解。这是他倔强个性的充分表露。其实，当时日共的地下组织已相当庞大，尤其是库页岛、千岛、北海道一带，有各种工作队及各种武器，还有苏俄代表团在那里策动。"

针对这种情况，张群结合他本人与中国共产党领导人多年接触、谈判的经验，提醒吉田茂说："对于共党的阴谋不可掉以轻心，纵然日共组织不甚健全，领导人物平庸，但它是国际性的团体，中共、俄共都可能插足其间……我劝阁下及早宣布日共为非法政党，加以严禁。"

吉田茂个子虽小，架子却特别大，他频频摇头托词说："万一共党完全转入地下，更难探知他们的企图，而日本民众反而可能对共党产生同情心。"

张群认为吉田茂的想法太天真，但是也知道他也有很多难言之隐，那就是他正号召日本走向自由民主之路，很怕有人指责他是走法西斯路线，而且他的党内也不统一。鸠山一郎派的议员对吉田茂尤其不满，如果他采取任何一项"积极性的措施"，都可能在党内掀起轩然大波，因此，张群就不再劝说吉田茂在政治上与蒋介石采取同样的做法。

在经济方面，张群按照蒋介石的指示，阻止日本和大陆发展贸易关系，希望加强"日台"经济合作。为此，他主张联合日本和东南亚华侨，共同来促进这一地区的开发与繁荣；特别是日本不可妄想与新中国扩展贸易关系，而应与台湾携手，因为台湾当局对东南亚华侨具有极大的影响力。

对于张群这项建议，吉田茂表示有很大的兴趣，保证日本对中共贸易不再予以重视。

张群仍然不太放心，就有意大讲蒋介石对日本的恩德，拉拢吉田茂与蒋介石一起反对新中国。

张群原来不打算长时间逗留日本，但是由于芳泽谦吉等的一再挽留，加之董显光被任命为台湾首任驻日"大使"，他既不懂日语，与日本也没有深厚的渊源关系，恳请张群在日本多住一些时间，协助他打开对日本各方面的关系。这样，张群此次在日本居留竟达三个月之久，成为张群战后在日本逗留最久的一次。

1952 年 9 月中旬，张群接到日方通知，裕仁天皇定于 9 月 18 日接见他。

张群对"九一八"这个日子特别敏感，马上引起对日本军国主义侵略中国的不愉快的回忆，他不明白日本方面为什么偏偏挑选这一天会见他，是否故意而为，他不便悬揣，也不好以此为理由加以拒绝。

9 月 18 日，张群第一次拜会裕仁天皇。这位天皇给张群的印象是"一位诚笃的学者，谈吐也极为谦和"。张群自我介绍后，谈到双方关系时，裕仁天皇就热情地表示："在很久以前，就从有吉明公使口中得知，阁下是致力于中日亲善工作的人。"

张群当即兴致勃勃地做补充说明："我四十五年前曾经在日本留学，此后就服膺孙中山先生的训示，从事于中日两国的亲善工作以迄于今。"

裕仁天皇听到这里，表情显得极不自然，面带愧色地说："虽经阁下长期的努力，而两国终于兵戎相见，诚属遗憾，深觉无以面对阁下！"

张群对裕仁天皇这句话的感想，在其回忆录中，为负有战争责任的裕仁天皇及战争罪犯开脱罪责说：

"短短这几句话也使我深深感动。日本军阀由于一念之差，违背了他们君主本来的意旨、人民的期望，发动了残酷无伦的战争，结果使得本来可以亲密无间的两国关系，变成两处残破不堪的废墟！日皇本人是无辜的……"

张群正不知如何回答，裕仁天皇又接着说："蒋'总统'在终战时声明以德报怨，此种宽大精神，至今令人感激，由于蒋'总统'的这种精神，本次的和平条约才赖以完成。"

张群想到台湾当局战后有求于日本政府，就千方百计为裕仁天皇和蒋介石涂脂抹粉说：

"蒋'总统'的声明，是深望借战事的结束，能从此解消过去长达数十年的两国间的芥蒂，而重新建立真正亲善互助合作的友谊。声明发表之后，已承贵国人民热烈感谢，现在又蒙陛下亲口言谢，本人自当转达我'总统'，我'总统'一定也会觉得欣慰。此次战争的责任，蒋'总统'早就深知是部分军人之所为，与陛下的意旨及人民的愿望相违，因此开罗会议时，曾强调盟国应该尊重日本皇室。"

裕仁天皇暗中惊慌失措，情知自己对发动侵华战争负有重大责任，悚然回答："吾人对于蒋'总统'的盛意，真不胜感谢！"

张群这才道出"真言"，大肆攻击新中国，要日本帮助蒋介石"反攻大陆"，希望日本不要与新中国开展贸易活动，建议日本应该向东南亚发展才是正途。

张群一番话说得裕仁天皇满心欢喜，会见时间延长了二十分钟，日本宫内省人员告诉张群说："陛下接见外宾，从来没有像今天这样愉快过。"

张群从东京给夫人马育英和两个儿子写回家书，提到裕仁天皇当时就置酒款待。两人在日本皇宫对饮，张群次日又晋见裕仁天皇，这天正是 5 月 9 日，恰好为张群的生日，裕仁天皇再度设宴款待。

张群在家书中特别讲到他那时的心情，因为他是个虔诚的基督教徒，就引用《圣经》诗篇第二十三篇大卫的诗写道：

> 在我的敌人面前，你为我摆设宴席。你用油膏了我的头，使我的福杯满溢。

张继正在回忆父亲张群时曾写道，由此可以看出父亲对日本的复杂感情了。

鉴于日本政界人士正忙于大选，张群便与夫人马育英离开东京，到名古屋、京都、神户、大阪一带进行考察，有意识地与日本工商界人士倾谈，散发他写的《中日关系与美国》等小册子，声称台湾当局和工商业人士愿意向日本投资，以破坏中日贸易。

张群此次访问日本办成的一件事，是奉蒋介石之命，与日本经济团体联盟（简称"经团联"）会长石川一郎共同发起，正式组成"日华(台)经济促进委员会"，请日本财界巨头儿玉谦次任会长，关西电力公司总裁崛新为副会长。

11 月 10 日是日本皇太子明仁的册立大典，张群奉蒋介石的指示，再次以特使的名义前往庆贺。

张群返回台湾前，为更明了日本政局的发展动向，再次会见重新当选首相的吉田茂，向其辞行。

张群极尽拉拢吉田茂之能事，他发挥卓越的口才吹捧吉田茂说：

"由于阁下之毅力与明智之决策，在日本独立之后，议会改选，局面一新，至可钦佩！本人此次到贵国访问，睹此新兴气象，实深愉快！上月中旬奉晤时，曾提及留日时间已多，即拟'返国'，现决定于本月23日'返国'，今日特来辞行，并聆教诲。阁下如有向蒋'总统'传达之言，有今后需要我们对贵国协力之处，尚祈见示。"

谈到历历往事的时候，吉田茂不禁想起他在中国的诸多经历，眉飞色舞，侃侃而谈：

"日本过去于合并朝鲜之后，夺取中国东北，进攻华北，酿成两国战争，又扩大而引起太平洋之战争，可谓一贯错误，因此失败。现在日本业已民主化，过去少数野心家蒙蔽人民从事侵略之覆辙，不致再蹈，此点请放心，日本再军备之事断然不干！"

张群为给蒋介石带回说得出口的礼物，又问"阁下有何向蒋'总统'传达之言"？吉田茂早知其意，含笑而言：

"蒋'总统'在战争结束后，表示对日本宽大，日本军人如冈村宁次等皆安全返国。此种态度，感不能忘，请将此意转达。"

张群对日本建立军队的问题极为关心，他追问道："阁下所言之断然不再军备，是否不采取修改宪法重建正规军之手段，而采取渐进政策恢复自卫力量？闻现在保安队可增到十一万人，明年可扩充至十八万人，以后可增到三十万人。此种渐进办法，是否由于财政关系？"

吉田茂满脑袋军国主义思想，圆滑地借此机会为日本战争罪犯鸣屈喊冤，发泄不能迅速扩充军备的不满说：

"财政亦其原因之一，而非其全部原因。日本此次发动战争，全国国民均负有责任，而结果将其责任完全归诸军人，年金及恩恤均予取消，使军人本身及其家属均不能存活。惩创过甚，现在如再军备，自不能蒙其影响。又建军之物质与训练教育基础，均已荡然无存。士官之养成与国民献身为国之精神重振，均非短期可能成功。在此种情形下，日本之再军备，自然不能立即着手；且日美行政协定对恢复自卫力量之规定，亦为渐进办法。"

张群见老朋友口吐真言，也把他对这个问题的看法予以说明：

"艾森豪威尔将军过去曾经说过，亚洲各国本身力量太弱，应予帮助建立武力，至于美国之军事力量，应只作为后援。本此宗旨，美国自望日本之再军备，俾可减轻美国之负担。艾森豪威尔就任总统以后，对日本的军备问题，自将积极帮助。"

吉田茂老奸巨猾，频频摇头说："仅有美援，无济于事。现正设法解决各种先决问题，即如军人恩给制，关系国家预算，正在讨论之中。"

张群迫不及待地说："依现在的计划，日本陆军自十一万人逐渐增至三十万人，需要三四年之时间。日本军备一日不建立，美国在日驻军即无法撤退，且国际局势如何转变不可而知，日本不能不做应变之准备。"

吉田茂自有他的老主意："美军能早日撤退，自属日本之福。至于国际局势，据艾森豪威尔将军与英国首相艾登的看法，较之一年前已见和缓，斯大林表示资本主义国家与共产主义国家可以并存，亦似有和缓之意。战争基础在于工业，一个政府之作战计划，成功极非容易。据本人观察，在共产国家集团由战争与和平主义之争持及民主国家力量之加强，均可使战争弛缓。在当前环境下，日本军备之渐进，不致有任何问题。"

张群转移话题说："阁下对韩战之看法如何？"

吉田茂对此有他的看法："韩战本非单纯的军事手段所能解决，必须以政治方法始能有望解决。东方的问题，亦应征询日本与你们的意见，始能寻出解决之途径。"

张群向吉田茂讨教道："韩战解决与否，其关键操在克里姆林宫之手。据本人看来，苏俄'一石二鸟'的政策，当不肯放弃。未审阁下有何具体意见？"

吉田茂微微一笑说："本人的意思，战争不能解决问题，仍须和平方法，别无其他具体意见。"

蒋介石交给张群的重要任务之一，是鼓动日本支持蒋介石"反攻大陆"，张群便适时拉入正题道："'中华民国'政府现在暂居台湾，'反攻大陆'问题不解决，则中国问题就不能解决，亚洲亦不能获致安定！"

吉田茂暗笑："我才不上当呢！"他哈哈笑着轻轻推脱道："中国几千年来为和平的民族，不似日本之强盗主义，如何解决，系属时间问题！"

张群暗骂吉田茂老奸巨猾，竭力想抓住这个老狐狸的尾巴，就穷追不舍地追问道："上次见面时，亦承蒙提及英美与台湾商量和平解决，现在阁下有何具体意见？"

吉田茂嘿嘿笑着不上钩钩："并无任何具体意见，但我认为此事须要相当长时间才能解决。现在日本与贵方之间，并无一点坏的因素足以妨害其友好关系，希望尽其最大力量，使关系增进，请将此意报告蒋'总统'。在经济方面并望'贵国'多派人来日，以增进双方关系！"

为阻止中日贸易的大力发展，张群又巧动心思说："日前与池田大臣晤谈时，池田谈到对中共贸易，除战略物资外，其他仍需交易，并表示请我方中介，本人当即将我政府反共之立场告知池田先生。 阁下之意见，日本对中共之贸易，是否可能？"

吉田茂不想在此问题上多费唇舌，便一口将大门关死："本人认为，日本与中共贸易为不可能！ 我曾对自由党谈过，望能派人到台湾及南韩，使能了然日本之动向，加强彼此间之合作。"

张群鼓动吉田茂采取进一步反共政策说："此次日本总选举，共产党遭到失败，足以证明日本国民之反共，日本政府是否将采取更强硬的政策？"

吉田茂十分狡猾，并不直接回答："至于对共问题，日本国民尚须教育，故此次发电产业罢工事件，日本政府并不过于干涉。"

张群还与美国驻日本大使墨斐进行了几次晤谈。 墨斐告诉张群，美国鉴于世界局势之恶化，希望日本积极重整军备，不仅自保安全，并能担负"国际义务"。 为此，在日本此次大选中，美国给自由党以有力的支持，对于吉田茂连任首相大有助力，并以"道奇计划"帮助日本稳定币值，导入外资，健全经济建设，发展对外贸易。

张群此次日本之行的重要收获，是结识了岸信介、佐藤荣作兄弟俩。

在吉田茂举办的宴会上，张群问到岸信介的现况，很想与他见上一面，打算叫人先去打听，吉田茂愿意帮忙。

那时候，岸信介刚因甲级战犯的罪行被盟军总部"整肃结束"，从东京巢鸭监狱释放出来，为极其潦倒的一介平民。

岸信介没有想到赫赫有名的台湾"总统特使"竟然主动要见他，就急忙赶到张群所下榻的住所访问。

两人一见如故，谈得极为投机，结成莫逆之交。

岸信介经常怀着感激的心情对人们称赞张群，在他没有一官半职、一生最倒霉的时候，张群却看得起他，对他东山再起起了巨大的鼓舞作用，他必定要有所报答。

那时候，谁也不相信岸介日后会登上日本首相的宝座，认为这个甲级战犯是日本政界一颗不祥的"彗星""灾星""惑星"。 张群却认为岸信介绝非池中之物，将来一定有脱颖而出的一天。 这是张群对日本政情有深入了解与研究的结果。

岸信介上台后果然不忘张群当年的知遇之恩，帮助张群结识了许多日本著名右翼人物，如日本首相佐藤荣作、自民党副总裁川岛正次郎、外务大臣椎名悦三郎，等等，都是渊源于岸信介的关系，这些右翼巨头都与张群有了密切交往。 当然这是后话，暂且不提。

张群这才欢天喜地离日返台，向蒋介石复命。

第二十一章 《吉田书简》

张群费尽九牛二虎之力帮助蒋介石与日本签订了"日台"和约，他们弹冠相庆，得意非凡。

为紧紧地拉住日本，蒋介石指示张群多方与美国、日本联系，搞了两个《吉田书简》，一是 1951 年 12 月 24 日《吉田茂致杜勒斯的信》，二是 1964 年 4 月 4 日吉田茂致蒋介石的复信，即《四四书简》，成为两个臭名昭著的"外交"文件。

这其中有许多鲜为人知的故事。

吉田茂是蒋介石、张群关系极深的老朋友，他们之间的关系错综复杂。

张群对吉田茂其人了解颇深，两人的来往也极其密切。

张群知道吉田茂是从鸠山一郎手里接过日本首相大权的。

原来，鸠山一郎为那时的日本自由党总裁，在 1946 年币原内阁辞职时即应由鸠山继任首相，不巧驻日美军总部发现鸠山几年前曾经写过一本游记《世界的颜面》，抓住他在书中颂扬德国纳粹领袖希特勒的字句，便将其视为反动派而进行整肃。

鸠山一郎被拘禁前，对他的接班人反复筛选，最后选定了吉田茂。

因为吉田茂 1878 年 9 月 22 日生于日本东京都，1906 年东京帝国大学法学部毕业，历任日本驻中国安东、济南领事和驻天津、沈阳总领事，1927 年日本军国主义侵华的主要设计与执行者田中义一组阁并兼任外务大臣，吉田茂帮助田中义一主办东方会议，参与制定日本战前的侵华政策总纲领《田中奏折》。 1928 年任外务省次官，被称为"显然能与军部合作的外交官员"，协助田中义一以"保护日侨"为借口两次出兵侵袭我山东、河北一带，其后出任日本驻意大利、英国大使。

张群深知吉田茂有一个政治资本，那就是在日本推行侵华政策过程中，因倾向联合英美遭到军部排斥，战后被美国军方视为"亲英美派外交元老"，所以鸠山一郎决定让吉田茂继任自由党总裁。

吉田茂当时却坚辞不就，理由是自己非政党政治家出身，对内政不太熟悉，在鸠山一郎等人的一再请求之下，吉田茂提出必须满足他的三项条件，其中之一是吉田茂拥有随时挂冠不干的特权。

吉田茂在美国和台湾当局的大力支持下，上台后一帆风顺，干得有声有色，多次连选连任，五次组阁执政七年，使吉田茂信心大增。

张群看到吉田茂大权独揽，几乎形成个人专断的局面，有人指责吉田茂搞"一人政府"。张群奉蒋介石之命与吉田茂"交朋友"，称赞吉田茂"对世界趋势有非凡的观察力，对于日本所处的地位、具有的国家力量和潜力及其能力限度都有明确的判断力，善于利用这种趋势以迎合日本的需要"。他大力支持吉田茂作为日本的首席全权代表出席旧金山对日媾和会议，参与签订片面的单独对日和约和日美安全条约。

张群对吉田茂 1946 年与其亲信讲过的一句话记忆犹新："历史上有不少成例，战争失败而外交获胜。"

蒋介石、张群认为国民党要偏安台湾一隅，就要死死拉住美国和日本不放，在日本就要交吉田茂这样的朋友。

朝鲜战争的爆发使蒋介石、张群欣喜欲狂，认为这是"上帝送给的礼物"。美国把台湾当作美国在远东不沉的航空母舰，可以使走投无路的台湾当局"死而复生"，"重新对前途满怀希望"。

然而，事情并未如蒋介石、张群想象得那样一帆风顺。他们发现吉田茂和日本政府却仍然不与台湾当局"一个心眼儿"，吉田茂老想在对华外交上留有回旋余地，蒋介石、张群也担心中日友好运动的蓬勃发展会影响"日台"关系，就请美国当局给日本政府施加压力。

1951 年 12 月 15 日，杜勒斯亲自来到东京，劝说日本重建武装，希望吉田茂建立强大的日本军事力量，以尽快取消麦克阿瑟强加给日本的"和平宪法"，杜勒斯还特别应蒋介石、张群的要求，颐指气使地对日本首相吉田茂说：

"'国民政府'作为中国的合法政府，已经被美国和其他国家所承认。台湾是远东的军事战略要地，日本政府同'国民政府'进行和约谈判，是最符合日本利益的。"

出于日本自身利益的需要，吉田茂善于玩弄日本法学教授永井阳之助为他设计的"弱者的敲诈"手段，以美国人为日本制定的日本和平宪法与杜勒斯软磨硬抗，声称日本宪法是受"美国的理想和战败的教训的启示而决定废弃武力的，日本人决心维持它并在国际事务上坚持执行这一新路线"。

对于杜勒斯要日本与台湾当局建立"外交关系"的训示，吉田茂也不买账，固执地发表不同意见说:"美国要相信日本,日本作为自由阵营的先导,希望扩大同大陆中国的接触。"

吉田茂的"无赖和矫情表演",把杜勒斯气得目瞪口呆,对吉田茂竟然不听美国的话极其恼火,当即予以严厉的申斥。

杜勒斯与其智囊研究一番,认为让吉田茂完全自愿地与台湾当局拉关系是不太现实的,非要美国亲自干涉不可。于是杜勒斯就让他的助手起草了一份《吉田茂致杜勒斯的信》,由杜勒斯12月18日亲自交给吉田茂,要吉田茂签字后送还杜勒斯。

吉田茂一看就叫苦不迭。他不愿用自己的名义承担责任,还对第三条"日台"条约的适用范围包括全中国提出异议,提出只"限于国民党政府有效统治的地区",但是遭到杜勒斯的严词拒绝。

吉田茂考虑到日本被美国大军占领的现实情况,美国当局已经声称,日本政府如果不照美国的意旨办,美国国会就不批准《旧金山对日和约》。吉田茂只得以此信件为基础,与杜勒斯多次讨价还价,最后形成了第一个《吉田书简》。

据日本外务省亚洲局中国课监修的《日中关系基本资料集》透露,最后定稿的《吉田书简》主要内容有六项:

> 第一,日本政府希望最终同日本的近邻中国,建立全面的政治的和平与通商关系;
>
> 第二,日本准备同中华民国签订重建正常关系的条约;
>
> 第三,在双方签订的条约中,有关对中华民国的条款,适用于现在中华民国国民政府控制下的或今后在其控制下的全部领土;
>
> 第四,中苏友好同盟实际上是针对日本的军事同盟;
>
> 第五,有迹象表明,中共政权支持企图颠覆日本宪法制度和现政府的日共;
>
> 第六,鉴于上述情况,可以确认我(吉田茂)没有同中共缔结两国间条约的意向。

对此,蒋介石、张群仍然不放心,指示驻美"大使"顾维钧会见杜勒斯,研究制服日本的办法。杜勒斯拍着胸脯向顾维钧保证说:"如果日本不遵守对美国之诺言,美国自有办法应付。我预料,日本即将于日内正式宣布它与贵方成立双边和约的愿望。"

蒋介石、张群对此仍然将信将疑,直到两天后即1952年1月16日,美国、日本两国政府分别向国际社会公布了《吉田书简》,蒋介石、张群这才稍稍放下心来,但是更迫在眉睫的忧虑又摆在他们面前,那就是吉田茂与鸠山一郎的复杂关系。

鸠山一郎被解除整肃后，也想在日本政坛上大展宏图，但是吉田茂并没有把政权交还鸠山一郎的想法，两人之间不好撕破脸皮，但是他们的党羽不干了，双方展开激烈的斗争。

张群从发展"日台"关系的长远目标出发，利用他访日的机会，有意识地与鸠山一郎进行接触。张群得到的印象是："这是一位精明的政治家，对于国际情势和日本的处境，都有深刻的看法，唯独对国际共产党的能量，则似乎看得太轻。"

使蒋介石、张群惊奇的是，还在他们逃离大陆之前，日本经济界看到中国革命成功的大局已定，日本就冒出了"中日贸易促进会""中日贸易促进议员联盟""中日贸易会"三个贸易团体。新中国成立十天后，日本有识之士又召开日中友好协会筹备会议，以强大的社会力量迫使麦克阿瑟的盟军总部同意日本从 1949 年年底开始，与新中国进行贸易活动，其后一个贸易协定接一个协定，搞得红红火火，蒋介石急忙与张群协商对策。

张群劝说蒋介石脚踩吉田茂和鸠山一郎两只船，因此在吉田茂 1954 年 12 月 "知难而退"时，才不会感到手忙脚乱。

鸠山一郎上台后，蒋介石和张群都极力与鸠山一郎拉关系，但是鸠山一郎一上台，就同意以雷任民为首的中国贸易代表团于 1955 年 3 月 29 日访日，日本掀起了越来越浓的"大陆热"。

蒋介石、张群知道以雷任民为团长的新中国访日代表团来头不小，日本准备给予这个中国对外贸易部副部长率领的代表团以官方代表团待遇，就马上命令台湾驻日"大使"张厉生全力破坏、阻挠。

张厉生急忙到日本外务省交涉，却被外务省官员以外交辞令予以敷衍。张厉生毫无所得，只得派人与日本驻香港领事馆的朋友联系，获悉雷任民的签证国籍栏填的是"中华人民共和国"，还得知雷任民将与日方签订包括互设准官方机构的贸易办事处和中日直接结汇的协定，立即向蒋介石急电报告。

蒋介石大惊，忙让张群命台湾"外交部"向日本外务省提出强烈抗议。蒋介石哪里知道，战后日本粮食不足，失业增长，中小企业处境更加困难，迫切需要开辟中国市场以寻求出路。

张群深知，鸠山一郎是个头脑敏锐的政治家。他见吉田茂顽固地推行亲美亲蒋路线很不得人心，便决定推行有别于吉田茂的对华政策，在中日关系上采取前进一步的方针，开始中日官方交往。

鸠山一郎把外务大臣重光葵、通产大臣石桥湛山、经济企划厅长官高崎达之助请来商量方策，商定鸠山首相在东京著名的日本餐馆"八方园"举行宴行，宴请中国贸易代表团的主要成员，实现中日官方接触。

叶公超得到这个情报，急忙报告蒋介石、张群。

蒋介石大发雷霆骂道："日本人真不是东西！他们难道忘了，他们的天皇制是我强烈主张保留下来的，九亿美元的对华赔偿是我施恩不要的，二百万在华日本军民是我把他们平安送回国内的！现在竟然恩将仇报，这还了得！"

张群小心翼翼地劝说道："'总统'息怒，请指示具体对策！"

蒋介石咬牙切齿地说："告诉鸠山一郎，他若会见雷任民，我就下令停止签订与日本的商务合同！"

蒋介石又让张群把美国驻台湾"大使"庄莱德请来，请求美国最高当局对日本施加压力。

庄莱德请示美国国务院后马上飞往东京，会见鸠山一郎进行露骨的干涉，迫使鸠山一郎屈服于美国的压力。

如何答复雷任民不予接见，鸠山一郎伤透了脑筋，最后总算想了个借口，说成"只是由于时间安排上的具体技术问题，未能实现"，却派石桥湛山、高崎达之助和自民党干事长岸信介代替他，设宴招待雷任民，接着又指示高崎达之助和日本商工会议所会长藤山爱一郎1955年4月在亚非会议期间，会见周恩来总理和廖承志，寻找改善中日关系的线索。

蒋介石对鸠山内阁恨之入骨，张群很快向他报告了鸠山一郎1956年12月13日主动提出辞职的消息。蒋介石、张群大喜，伙同美国在日本寻找适合于冷战体制的政客出任新首相。

张群认为，日本当时有资格竞争首相宝座的是石桥湛山、岸信介和石井光次郎三人。在第一次投票中，石井得票最少，被淘汰下去。在石桥和岸信介两人中，岸信介曾任东条英机内阁国务大臣主管军需产业，战后初期被定为甲级战犯，在反共反华上与蒋介石、张群气味相投。蒋介石、张群和美国调动在日本的势力，全力支援岸信介，但石桥仍然比岸信介多得几票而当选。

蒋介石、张群对颇有骨气的日本政治家石桥湛山很感头痛：他与主张侵略中国的"大日本主义"相反，主张"小日本主义"，认为日本应该将领土限定在固有的四个岛屿及周围的小岛上，放弃侵华政策以和平求发展，特别是战后更加积极地促进恢复与发展中日关系，1952 年就准备访问中国，但是受到日本外务省的阻挠而未成行。

蒋介石、张群对石桥湛山 1956 年的这个公开表示极为反感："日本虽然不能立即承认中国，但将努力消除中国在国际上所受的刁难，采取逐步使两国关系正常化的办法。"

蒋介石、张群正在为无法阻止石桥湛山改善中日关系而懊恼之时，却得到石桥湛山因病辞职的消息，这真是他们求之不得之事。

岸信介在担任石桥内阁外务大臣的时候，曾经声明保证日本不承认新中国政权，蒋介石、张群对他抱有好感，多方予以支持。因此，美国和蒋介石终于在 1957 年 2 月 25 日把岸信介捧上了日本首相宝座。

蒋介石、张群觉得在岸信介执政时期，"日台"关系可以得到较大发展，然而就在这时，蒋介石又遭沉重一击，英国政府摆脱美国控制，宣布取消对中国的禁运措施，日本企业界借此向岸信介政府施加压力，要日本仿效英国采取扩大对华贸易的做法。

蒋介石觉得此事非同小可，忙与张群商量对策，命台湾的驻日"大使"张厉生拜见岸信介，请求制止日本贸易界对中国扩大贸易的行动。岸信介对老朋友的要求满口答应，就借对英国取消禁运措施发表评论的方式，向日本工商界施加压力说："英国在废除对中共出口贸易统制的问题上，单方面地采取行动，是令人遗憾的！日本要对得起老朋友！"

就在这时，蒋介石、张群看到日本贸易界人士冲破岸信介政府的重重压制，开始和中国谈判签订第四次中日民间贸易协定问题，商定双方互设贸易办事处，可在常驻代表机构建筑物上悬挂国旗，就大力活动岸信介内阁对此百般刁难，公开进行破坏活动。

岸信介又指使官房长官爱知揆一发表声明，声称日本政府决不允许悬挂中国国旗，从而使中日第四次民间贸易协定成了一纸空文。

从 1957 年 5 月 20 日起，岸信介访问印巴等东南亚六国。应蒋介石、张群的要求，岸信介到处露骨反华，特别是怂恿与中国态度友好的印度总理尼赫鲁反华。为拉拢岸信介亲台反华，蒋介石邀请岸信介访台。

为报答老朋友蒋介石、张群的"盛情"，岸信介 1957 年 6 月 2 日启程访台，特别发表声明称："在日本的亚洲政策方面，本首相尊重'中华民国'的意见，并不承认中共政权！"

此话说得蒋介石、张群喜笑颜开，大肆宣传岸信介访台"是'中华民国'自 1912 年开国以来第一次接待日本的现任首相"，台湾当局以最隆重的礼仪欢迎岸信介的到来。

蒋介石、张群和宋美龄把岸信介待为上宾，三人围着岸信介曲意逢迎，热情招待。 蒋氏夫妇与岸信介进行了三次会谈，均由张群翻译。

身穿白色西服的岸信介得意非凡，装出学者派头侃侃而谈：

"日本人对中国之观念，渊源甚深，中国有五千年历史，中日有两千年之关系，故日本人一谈到中国，即有十分亲切之感，初未计及思想问题。 因之，日本谈到对中国大陆贸易，尤其以大阪为中心之中小企业，以为原来与大陆有生意往来，只要现在大陆有生意可做，即群趋若鹜。 故现在日本在政治上决定不与中共建立外交关系，亦不在联合国内对中共做任何帮助，但对于日本人民断绝与大陆往来，不做贸易，认为在理论上固可有如此说法，而事实上绝不可能，此点希望予以谅解！"

蒋介石一听这话心里凉了半截，真想痛骂岸信介不够朋友，只见张群频频送来阻止的眼色，但是蒋介石如鲠在喉，拉长脸说：

"关于东南亚开发及经济合作问题，是很现实的问题；顷谈日本对大陆贸易，也是现实的问题，我保留置评，但如果日本容许共党在日设立贸易代表机构，任其公开活动，则共党在日有此渗透活动之凭借，阻碍日本反共政策之实行，其害甚大。 故我以为贵国对于共党此种要求，决不能予以许可！"

岸信介不悦，手扶漂亮的黑色蝴蝶结，有意讽刺道："我们毕竟不能闭眼不看目前的现实，'总统'是在台湾！"

蒋介石被打到了痛处，看了张群一眼，几乎掉下昏黄的老泪，伤感地说："'中华民国'政府在大陆失败，搬迁来到台湾，地位较弱，固不容讳言，而在日本除了有远见、有抱负的大政治家仍能了解台湾今日之重要性外，一般的人或已不甚重视。 现在而谈中日合作，若仅就此观点而论，我甚感慨然！"

岸信介暗想，你承认惨败，还可与你谈下去，就骄横地说："我对'总统'阁下具有重视失败的勇气，给以极高的评价！"

蒋介石逃到台湾七八年来，来台湾支持蒋介石"反攻大陆"的外国领导人，只有岸信介一人，对岸信介卖力扮演与中国人民公开为敌的反华急先锋角色，蒋介石真是感激涕零。

在会谈完毕辞行的时候，岸信介向蒋介石提出访问日本的要求。 岸信介见蒋介石面有难色，就退一步说，如果蒋介石一时抽不出时间，是否可以指派代表前往日本访问？

为报答岸信介对台湾的"厚恩"，蒋介石即席指派张群为代表，前往日本报聘，于是张群再度访日便成定局。

岸信介 1957 年 7 月中旬访问美国归来后，就着手改组内阁。 改组完毕之后即指示外务省官员与台湾驻日"大使馆官员"商讨张群访日的方式与时间。

双方几经磋商，决定张群以"总统特使"的名义访问日本，时间定在九月中旬，日本对张群给予"国宾"待遇。

张群出发前，向蒋介石请求给予指示。

蒋介石认为张群此行原为报聘性质，没有什么特殊使命，只让张群乘此机会，就政治、经济各方面的问题，与日本方面交换意见，着重协商台湾与日本合作向东南亚进行经济扩张，以增进"日台"合作，破坏中日贸易。

9月16日下午5时，张群一行乘坐"中美号"飞机在大雨滂沱中到达东京，受到以首相岸信介为首的日本现任阁僚、前驻华大使芳泽谦吉等五千人的冒雨欢迎。 张群看到机场大厦内外，挂满欢迎他访问日本的大幅标语，欢迎张群特使访日的大小旗帜迎风飘扬。

在"震耳欲聋的欢呼声中"，岸信介以现任首相的身份首先趋前与张群握手表示欢迎，然后介绍他的阁僚成员及日本朝野名流见面，特别介绍裕仁天皇的欢迎特使原田式部长官。

接受日本各界人士和华侨代表的献花后，张群在岸信介的陪同下接受各国记者的访问，然后在四辆警卫车的引导下，在夹道的欢呼声中，直驶东京芝白金的迎宾馆。

在9月19日举行的盛大欢迎大会上，岸信介率领他的阁僚和日本右翼人士出席，竭力吹捧张群说：

"我从来没有见过一位'外国'贵宾，一莅临斯土，就受到这样盛大和热烈的欢迎。 这是日本国民对蒋'总统'和张特使敬爱和感谢的心情，自动发露的一端。"

为取得较大的"外交成果"，张群在致辞的时候，竭力使自己采取"恰当的态度"，张群一不像台湾驻日人员那样张口闭口大骂中国共产党，二不过分地强调中国对日本如何以德报怨，只是谦恭有礼地从称赞日本人人手：

"我看到日本有了今天的繁荣，便认为中国人也成功了，因为中国之不打算向日本报复，其目的便在希望看到今天繁荣的日本。 中国人满足于这个成功，中国人从未打算再从日本方面取回什么，我为战后日本人的努力和日本人取得的成就感到骄傲！"

日本记者认为，张群的致辞不令人讨厌，对于日本的鼓励成分多于自负的成分，因此深深地感动了那天出席欢迎会的好多日本人，有几个中年听众甚至感动得流下眼泪。

张群尝到甜头，又在《产经新闻》上发表《对于日本人的希望》的书简，着重在日本人的良知问题上做文章，而不是向他们进行令人讨厌的八股说教，他很有针对性地写道：

"我一再强调日本的重要，惟因日本重要，所以最近中共的态度才焦急地由软而硬。 我相信贤明的日本人民和日本当局，在各种威胁利诱下，仍然能够冷静地知所抉择。"

张群为讨取日本当局的欢心，在处理一些小事情上也煞费苦心。

一到日本，日本政府就把一辆最新型、最豪华的美国高级轿车调来，供张群使用，张群灵机一动，决定在美国轿车问题上做文章。

于是，张群就向日本外务省派来的接伴人员询问："为什么放着日本国产轿车不用，竟特用外国轿车？ 我愿意试用日本轿车一次。"

日本政府的接伴人员见张群郑重其事地提出这个要求，虽然感到非常奇怪，但还是多方联系，从丰田汽车公司搞到一辆日本造轿车，交给张群使用。

乘车途中，张群多次称赞日本轿车舒适耐用，频频向司机询问车价及耗油数量，探讨向台湾出口丰田轿车的问题。 随行的日本记者对此很感兴趣，在其新闻报道中大发感慨写道：

"张特使对于日本轿车的关心，真使那些专门搭乘外国轿车以示豪华气派的政府官员与豪门财阀等等，为之愧死！"

日本方面让张群礼节性会见裕仁天皇，同岸信介和日本各界要人进行了多次会谈。

按照蒋介石的指示，张群在和首相岸信介等日本要人会谈时，将重点放在反对中日贸易关系上，特别挑拨离间说：

"日本和大陆的贸易，乃是给予阴谋赤化日本的中国共产党以可乘之隙，会成为自由世界的祸根。"

张群还恳求日方，把这个挑拨性观点体现在 1957 年 10 月 2 日他和岸信介发表的共同声明之中。

为吸收日本资金，蒋介石派台湾银行董事长张兹恺、台湾水泥公司董事长林伯寿、"台日"文化经济协会干事长汪公纪等人，随张群访日，同日方研究岸信介访问东南亚时提出的经济开发计划，加强"日台"经济合作。

张群一行在日本各地考察后，发觉与五年前相比，日本都市的繁荣，农村的稳定，工厂的发达，人民生活程度的提高，都已有很大的进步；而日本社会各界人士礼貌的周到，服务的诚恳，尚秩序、爱清洁的传统精神，并未受战争影响而有所改变。

张群认为，在此五年之中，保守政党始终在议会拥有多数席次，内阁虽然有几次改组，仅有人事的更迭，政策变动不多，特别是对于以经济建设为中心的复兴工作，朝野齐心，一致齐心努力，进行得非常顺利，使其国力增加达两倍以上，超过了日本所预定的"复兴时期"目标，正向"发展时期"迈进。

与此同时，南斯拉夫副总统也访问日本，日本和台湾记者将两人的访日情况做了一番对比，认为虽然报道张群访日活动的新闻没有南斯拉夫副总统的声势大，但是关于张群访日的花边新闻、逸闻趣事吸引了更多的日本读者，使张群更接近日本平民百姓，更深入下层一些，读来更觉亲切自然。

日本记者说张群此次访日比较成功，原因在于他曾经是中国留日学生，会说日语，懂得日本国情，日本人也比较了解他。

台湾记者认为这只是次要原因，主要原因则是张群攻心有术，善于制造轻松的气氛，充分运用政治家的幽默打开困难局面，最显著的例子是与日本著名学者、老报人长谷川如是闲做了一次长篇电视对谈，没有露骨的反共反华话题，完全是在轻松地聊天。

一个横滨华侨对此做出评论说，日本人看电视，兴趣在垒球和拳击比赛上，谁喜欢那些空洞的天下道理说教？ 张群掌握了这一奥秘，在做有关政治方面的解说节目的时候，就在轻松方面下功夫，使日本人觉得舒服而又风趣。 否则，日本人一扭电视旋钮，就把你给甩开了。

台湾记者认为，张群攻心有术的突出例证，是对铃木茂三郎、有田八郎等人的曲意拉拢。

铃木茂三郎是日本社会党的党魁，在日本是主张承认中共政权的左派领导人，平时见了台湾驻日人员和日本右翼人物根本不予置理，张群则把他恭恭敬敬地请来，谈笑风生，讲人生修养，博得了铃木茂三郎的好感。

铃木茂三郎告诉张群，他的来访与政治无关，一方面代表一部分日本人向中国表示歉意，因为此前日本一直在侵略中国；另一方面也向中国致谢，因为中国人以恢宏的气度与德行容赦了日本人的罪过。

张群认为，铃木茂三郎一番话，在某种意义上代表了战后日本人的一种朴素的中国观。 中国人必须懂得把握这一朴素的中国观，才能得到成功的对日政策。

于是，张群谨慎小心地以轻松的态度与铃木茂三郎交往，终于把这位左派人物拉到欢迎他访日的宴会上，两人由此结下"高度的友谊"。 台湾记者隔着酒席为铃木茂三郎拍照一张，铃木茂三郎也举杯向台湾记者致意。 台湾驻日人员惊呼，这是张群和台湾对日"外交取得的突出收获"!

有田八郎在战前曾经出任日本驻华大使、外务大臣,张群任外交部长期间曾经与他进行过多次会谈,张群没有想到此人战后立场发生变化,平日对台湾驻日人员根本不理不睬,听说张群要做有田八郎的工作,台湾驻日人员莫不频频摇头,认为是完全不可能之事。 但是张群主动与其会晤,畅抒别后之情,注意进行不谈政治话题的交往,终于使刚刚从北京访问归来的有田八郎,出现在欢迎张群访日的宴会上,被称为张群创造的"外交奇迹"!

日本记者认为,这是张群准确地掌握了战后日本人这样一种心理状态:经过一场败仗的日本人,难免有一种被剥夺的心境,这便是产生排他主义的根源。

张群对日本人有独到的看法:无论是了解日本左倾或右倾人士,都得从理解他们的排他主义思想上着手。 张群主动要用日本车的行动,正好打在日本人那种民族主义的心理上,因此博得不少日本人的好感与喝彩。

张群认为,台湾应设法获得日本的工业设备和投资,完善台湾四年建设计划,为此就要破坏中日贸易。

为阻止、破坏中日贸易,蒋介石、张群命驻日人员勾结日本右翼分子制造了长崎国旗事件。

1958 年 4 月 3 日,"中国邮票剪纸展览会"在长崎百货公司"浜屋"隆重举行,会场悬挂着鲜艳的五星红旗,广大华侨和日本人民对五星红旗尤感亲切,纷纷前往参观,产生了很大影响。

蒋介石得此消息,即让张群命台湾驻日本"大使馆"和驻长崎"领事馆",派人向日本外务省和长崎市政府提出抗议。 日本外务省屈服于台湾当局的压力,当即通知长崎市政府和中日友好协会,不要在展览会现场悬挂中国国旗。

对此,中日友好协会置之不理,长崎市政府也认为外务省和地方政府没有隶属关系,外务省的通知不是命令,而且市政府没有干涉民间团体的权力,便采取拖延、观望态度。

台湾驻日人员沉不住气了,勾结日本右翼势力,派两个暴徒冲进展览会会场,公然撕毁五星红旗,造成了侮辱中国尊严的政治事件。

这是岸信介内阁屈服于蒋介石、张群的压力,推行反华政策的必然结果,日本当局对两个暴徒仅以损坏他人财物罪名,移送法院处理,就没有了下文。

岸信介政府的反华行径得到蒋介石、张群的大力称赞,却引起中国人民的强烈愤慨。 陈毅副总理兼外长发表声明，提出严重抗议，指出岸信介竟忘记现在是什么时代，仍旧以一副甲级战犯的面孔，侮辱中国人民。 日本进步人士也纷纷发表讲话，主张严惩罪犯，向中国道歉。

中国政府见日本当局采取所谓"见怪不怪"的顽固态度，就断然采取一系列强硬措施：废除签字不久的中日钢铁贸易长期协定，原定由鲁迅夫人许广平率领的中国妇女代表团延期访日，为期一年的中日渔业协定不再延长，正在日本访问的中国歌舞团停止演出并提前归国。

蒋介石、张群借此机会怂恿岸信介进一步推行亲美反华政策，在更大程度上改善"日台"关系，没有想到岸信介的末日到得那么快：岸信介顽固地亲美反华、修订"日美安全条约"，1960 年 6 月激起日本人民声势浩大的统一行动，岸信介被轰下了台，蒋介石、张群极为惋惜。

不出蒋介石、张群所料，取代岸信介的池田勇人组阁后开始修复对华关系，他形象地对松村谦三说："我的立场是必须把脸朝向美国，因此，松村君，可否请您成为我对中国的另一副面孔？ 关于中国的问题，一切委托给您了！"

经松村谦三大力帮助，刘宁一率领的中国代表团为出席反对原子弹、氢弹世界大会，在池田内阁诞生十天之后访问日本。

蒋介石出于本能，敏感地抓住这一动向，与张群密商对策。

张群忧心忡忡地说："池田勇人搞财经出身，政治意识不强，和我们也没有任何渊源关系，对周恩来提出的政府协定、民间契约、个别照顾的贸易三原则，颇有好感，真令人头痛！"

蒋介石一听就急了，赶紧指示驻日"大使"张厉生出面阻挠，池田首相并不理睬，让内阁官房长官大平正芳专门向记者发表关于中国代表团入境问题的谈话说："对中共代表团不应在政治上加以妨碍，应该就像长崎国旗事件以前那样，做事务性的处理。 这是政府内部多数人的意见！"

更令蒋介石、张群头痛的是池田首相接着又迈出第二步，于组阁不到百日的 1960年 10 月 7 日，派内阁大臣高崎达之助率领日本钢铁、造船、纺织、机械等各界企业家组成的代表团访华，加深中日官方间的理解，又派高崎 1962 年 9 月再赴北京，与周总理商定采用渐进的、积累的方式，发展政治、经济关系，促进两国关系正常化，商定以易货交易、综合贸易、延期付款五年等方式订立长期合同，发展中日贸易。

蒋介石得到张群报告的这个消息，几乎气晕过去，催促美国、日本右翼势力破坏高崎访华。 在蒋介石的乞求下，美国助理国务卿哈里曼警告池田：日本与中国进行贸易是"危险的"，威胁日本不要为"政治目的所利用"；自民党外交调查会也劝池田"不要搞为共产党国家利用的贸易"。

蒋介石、张群指示张厉生恐吓池田，如果以延期付款方式向中共出口化肥，台湾将停止日货进口！

在蒋介石、张群和美国及日本亲台势力的猛攻下，池田首相态度发生动摇，声称"台湾和南朝鲜也不同意化肥的延期付款"。

蒋介石、张群刚想松一口气，做梦也没想到高崎达之助、冈崎嘉平太等人劝池田遵守对周总理的诺言不动摇，使池田首相的腰板又硬了起来，派高崎再访北京。 1962年11月9日与廖承志签署了《中日长期综合贸易备忘录》，达成了1963—1967年的五年贸易协定，两国政府对贸易合同予以保证，双方互设综合贸易办事处，成为半官方性机构。

蒋介石、张群怎肯善罢甘休，严令张厉生向池田施加压力。 为缓和日蒋矛盾，池田让亲台分子佐藤荣作和贺屋兴宣同时入阁，给蒋介石以反共政策可能加强的印象，却在此掩盖下，使内阁通过了向中国出口维尼纶工厂成套设备的决定。

张群向蒋介石报告了这一"不利"消息，蒋介石闻讯震怒异常，他与张群分析此事的严重性。

张群认为这笔买卖规模很大，价值高达两千万美元，条件优惠，竟使用日本国家金融机构担保，立即付款部分仅为五百万美元，其余一千五百万美元分五年支付，年息为六分，不但可被看作超越民间贸易范围的一种"经济援助"，而且维尼纶颇有军事价值，也可以算作军援。

蒋介石听到这里大为震怒，命台湾"外交部"训令驻日"大使"张厉生与日本政府严重交涉，又吩咐张群约见日本驻台"大使"木村，从政治立场出发加以阻止。

张群遵照蒋介石的指示，把木村请到"总统府"，传达蒋介石的意见。

木村根据外务省的指示敷衍解释，张群将脸一沉道："我并非外交当局，不是你交涉的对象，不同你做事务性辩论。 我向你传达蒋'总统'的意旨。 蒋'总统'认为维尼纶事件是政治性事件，因为日本在亚洲反共阵营里处于重要地位，日本对亚洲的安全负有责任，中日之间又有特殊关系。 战后蒋'总统'对日本采取以德报怨政策，原是从大处着眼，希望中日两国从此真诚合作，以确保亚洲之安定。 现在日本竟然经援大陆，不但对不起中国，也对不起亚洲！"

　　蒋介石又命张群向日本前首相吉田茂、岸信介和有影响的政治家大野伴睦等发去"情辞恳切"的电报，呼吁他们向池田勇人施加压力，但池田勇人毫不买账。 蒋介石一气之下便召驻日"大使"张厉生回台，扬言要与日本"断交"！

　　常言说，一波未平一波又起，维尼纶事件未了，又发生了周鸿庆事件。

　　1963 年 10 月 8 日，蒋介石、张群忽然接到台湾的驻日"大使"张厉生的一封电报，蒋介石脸上浮出笑容，让张群读给他听：

　　台北外交部：

　　（一）大陆访日油压机械代表团团员周鸿庆，于 10 月 7 日晨借词散步，逃出旅馆（皇宫大饭店），乘车拟赴我使馆，但因路途不明，转道逃经苏联驻日大使馆要求庇护。日外务省以该员超过居留期限、违反日本出入国管理法为由，向苏联驻日大使馆要求引渡，俄方一度拒绝，但至当晚终表同意，迄 10 月 8 日晨，将该员移交东京警视厅麻木警察署，现在该署扣押中。

　　蒋介石情不自禁地大叫："好极了，可谓天助我也！"又让张群继续读下去：

　　（二）周原籍山东，现年四十四岁，此次来日，系担任译员工作，随该团曾赴大阪、名古屋、福冈、广岛、静冈、神奈川等地考察，原定 10 月 7 日离日，该员即在启程前乘隙逃出者。（三）本馆除嘱山东同乡会馈以果品，对记者要求面会，并向外务省正式要求外，谨报称鉴察。

　　蒋介石、张群大喜，即命张厉生给日方施加压力。

　　于是，海峡两岸双方驻日机构马上开始了紧张交涉。

　　为给日本施加压力，蒋介石、张群开动台湾"宣传机器"发表强硬言论，也调动日本右翼亲台派大肆活动。 张群奉蒋介石之命多次接见日本驻台湾"大使"木村，以严厉的措辞告以此事的严重性。

　　在国内外多种势力的压力下，日本首相池田勇人决定派自民党副总裁大野半睦为特使，前往台湾以向蒋介石祝寿之名，疏通"日台"关系。

　　1963 年 10 月 26 日上午，木村拜见张群，说他已经接到日本外务省的电报，说明池田首相已经做出派大野半睦和自民党外交调查委员会委员长船田中担任特使访问台湾的决定，请张群代日方向蒋介石转达。

　　那时，蒋介石正在高雄，张群马上写了一封专函向蒋介石请示。 第二天，张群就接到了蒋介石的亲笔复函，张群马上仔细展读：

张秘书长岳军兄:

26日来书详悉。本日致陈副总统一函,由经国带去,想兄已阅及周鸿庆解回大陆一事,乃为日本政府最无人道与积极媚共……此可忍孰不可忍?惟日方既有大野、船田来华之表示,可由兄趁此面复木村,如果日本政府准予周鸿庆来台或留日,有确保其生命而绝不遣回大陆之保证,则为中日二民族从事和好之诚意的表示——比大野来台祝寿之重礼,胜过十倍;而且此事,(正值)日本正在忙于选举时,不敢劳驾。况中亦不在台北,只有表示谢意。因中日二国之关系乃为永久的,而非一时的,而必须以诚意相孚,并不在于表面形式上之礼仪所能解决也。总之,周鸿庆是否解送大陆一事,乃为日本对我政策之一考验,切勿忽视为要!

中正10月27日。

秉承蒋介石的旨意,张群指示驻日人员不断与日本亲台派政客石井光次郎、贺屋兴宣等接触,鼓动他们与日本政府捣乱。

蒋介石、张群尽管折腾得很厉害,但是毕竟有求于日本,只得同意日本政府派自民党副总裁大野伴睦为特使,偕自民党外交调查委员会委员长船田中,到台湾向蒋介石祝寿,借此缓和"日台"矛盾。

大野伴睦一行1963年10月30日抵达台北,蒋介石不敢怠慢,先命张群在其私邸热情招待。

大野伴睦鼓动三寸不烂之舌,声称"日台"间种种"不愉快"事件,完全"出于误解",并谓"维尼纶事件并无特殊意义,这是多年悬案,现在由通产大臣福田处理后向内阁会议提出报告,取得谅解,并不需阁议议决;而福田又是大野的直系分子,平日思想纯正,断无袒共之理"。

接着,由船田中做进一步的说明。

船田中信誓旦旦地声称,自由民主党的反共立场决无变更,他们一向同情蒋介石集团之"反攻复国大业",对于日本承认新中国和加入联合国的问题决不考虑。至于仓敷工厂的维尼纶事件及准予分期付款一事,日本认为仍然属于普通贸易性质。日本既不拟以任何足以增强战力之物资卖给大陆,其分期付款的做法,亦未优于其他国家之所为,不应解释为含有经援性质的行为。

船田中不愧为日本政坛老将,他说到这里,望了老朋友张群一眼,强调他们的特殊身份说,我们来台之前,曾经与池田首相详谈,池田首相明确地表示说:

"日本政府之反共立场决无动摇，并愿与'中华民国'之间增进友好合作关系。池田对外国记者之谈话，不无报道失实之处。他当时只表示不愿见东亚地区，甚至世界上任何地区有热战发生，并未涉及'中华民国'反攻之可能性。"

讲到台湾与南朝鲜的关系，船田中告诉张群，日本认为南朝鲜、台湾与日本的关系不同，池田一直认为日韩建交在即，故拟俟日韩谈判妥协后，他再专诚访问台湾和南朝鲜。池田首相最近访问东南亚国家，系因早受邀请，并无厚彼薄此的意思，请不要误会。

对于船田中这样的解释，张群连连摇头，面呈不可接受之色。船田中又费口舌说明维尼纶事件，仅系处理悬案，既为贵方不谅解，日本今后对于此类案件，例如"大日本纺织公司"的整厂设备卖给大陆问题，日本政府将不再予以核准。

对此，张群仍然频频摇头面无喜色，这也在大野半睦和船田中的预料之中，船田中叹口气，强调日本内部也有许多困难，例如日本舆论之左倾、社会党的牵制，等等，均予日本政府造成许多困扰。你们的"外交部沈部长"曾经指出，日本外务大臣与亚洲各邻国外交部长之间，有貌合神离之感，此点确属实情，且为误会之根源，今后自当努力改正。

张群城府极深，仍然不肯表示谅解，跟随大野半睦、船田中访问台湾的日本众议员村上勇也开口帮腔说：

"船田中所述池田首相之语，也是我亲耳所闻。池田具有诚意，尚望贵政府予以信赖。至于自民党内的少数袒共分子，不过为其个人之选举前途打算。他们都属于过去的人物，如石桥湛山及宇都宫德马皆然。其言行既不代表自民党之多数意见，更不能影响自民党之政策。"

张群听了大野半睦、船田中和村上勇的说明，奉蒋介石之命指责日本虽然一向声称"感激'中华民国'之以德报怨、中日关系特殊、亲善提携如何重要"，但是日本所表现于事实者，并不如此。论理，日本之于台湾，应该像美国与加拿大那样，或像近年处理与德法两国的关系那样，开诚无间，通力合作。

张群气鼓鼓地指责说："日本不但不能如此，反而徘徊观望，首鼠两端，总想以国际情势之推移，为其对华政策之依据。此种现实而短视之态度，殊非吾人所望于日本者。总之，吾人希望日本有其特立独行，确切不移之对华政策，然后始可以谈真正之了解与亲善。"

张群严厉地批评日本轻视台湾说："吾人了解日本对外贸易之重要，故多年来对于日本与大陆的贸易问题，不愿多所干涉。 仓敷工厂事件，不在其价值之多少，而在日本政府政策如何。 若谓维尼纶事件与日本政府无关，纯系事后狡辩之词，殊难令人折服。"

但是张群头脑冷静，知道大野和船田及村上勇三人没有谈判重大问题的权限，但是在日本政界却有一定影响力，也是不可得罪的人物，便话到嘴边留三分，只指责日本既自称与台湾关系特殊，就应该在推行外交举措的时候，均应首先照顾到台湾的利益与情绪，不能认为只要日本所作所为不甚于西方国家之所为，即算对得起台湾。 日本政府处理维尼纶等事件的时候，如果能够事先与台湾商量，可能不至于闹到如此地步。

对于日本首相池田勇人对于中日关系的公正讲话，张群极其不满地批评说：

"池田首相之谈话，曾由该美国记者来告，不能称为传闻之误。 事已过去，多谈无益。 池田首相之来台与否，亦非吾人所必争。 最要紧者，其为日本处处给吾人一种印象，令吾人感觉日本看不起'中华民国'。 此系事实，毋庸强辩。 如欲改正此种印象，今后应以事实证明。"

最后，张群奉蒋介石的命令，对日本提出要求说，台湾对日本所要求者为高度的政治性问题，例如"日台"当局的真诚合作，应以何种形态实现；日本对大陆贸易的政经分离，应以何种程度为界限，凡此等等，均应由"日台"当局充分磋商，得到基本谅解，彼此信守，始不致发生误会；即使有误会，亦容易解释。

大野半睦听了张群代表台湾当局讲述的意见，即以首席代表的身份发表讲话说，对于"日台"当局之间的政治性基本谅解，他保证决无问题，他们愿意负责于返回日本后，督促日本政府考虑磋商办法。 至于"日台"经济合作，池田首相准备随时给予台湾以优于对大陆及任何国家的条件。

张群振振有词地回答说："目前我们所争者为原则问题，并非争日本对我及对大陆之厚薄。 经济合作可俟原则问题解决后，再行从长计议。"

张群把他与大野半睦三人的会谈情况向蒋介石做了详细汇报，蒋介石很不满意，指示张群约见日方代表，表明台湾当局的强硬态度。

张群感到这个任务很难完成，就在第二天把与他私人关系密切的船田中请到家里，热情招待，然后小心翼翼地说明昨晚已广泛地洽谈了"日台"关系问题，现再就两个具体问题与你一谈。

张群首先提出周鸿庆问题，指出台湾得到日本政府将遣送周鸿庆回大陆的消息后，"群情激愤、舆论沸腾"，从大陆叛逃台湾的"义胞更觉痛恨，曾准备于大野半睦先生抵台时递交抗议书，以示坚决反对的态度，经分别劝阻，方始平息。'立法'委员今日在院会中，亦激烈质询"。 因为日本非但不庇护冒险从大陆叛逃的"难胞"，反而将其重行送返大陆，"既违反人道，复与国际法不符"，希望你们回到日本后，督促日本政府把周鸿庆送到台湾，或让他暂时留在日本，再想办法送回台湾。 他特别拜托船田中说：

"周鸿庆本身虽非重要人士，无特殊价值，但基于人道及国际法之观点，其所引起之影响非常重大。 日本对此，应做政治性之考虑。 贺屋兴宣先生系我们的好友，现任法务大臣，主管此案，本人确信其必能设法办到。"

船田中觉得在周鸿庆问题上很难对蒋介石、张群做工作，他很发愁，此时见张群提到贺屋兴宣，顿时有了应付张群的办法。

船田中告诉张群，他来台湾之前，曾经专门为此事问过贺屋兴宣，据贺屋兴宣告知：

周鸿庆意志薄弱，似患有精神分裂症，屡次变更志愿，使日本法务省在处理这一问题上遇到颇多困难。 台湾驻日本"使馆华侨团体"与周鸿庆的联系有欠周密，倘若最初周鸿庆就表示愿意来台湾，日本法务省即将其提领迳送台湾，则不会发生此种问题。 现在周鸿庆已经表示愿意返回大陆，日本法务省在处理的时候就颇感棘手。

船田中告诉张群说，本人此次访问台湾，已经充分了解了你们的意见，返回日本后当全力交涉，以满足台湾当局的希望。

张群见事已如此，只好请求船田中对周鸿庆事件能够尽力合作，以期成功。

接着，张群把话题转移到维尼纶事件上说，我们深知日本对外贸易之环境不佳，故虽然反对日本与大陆进行贸易，但向来对纯民间之商业行为，未做强硬干预，唯独这次仓敷工厂设备事件，系经日本内阁核准之长期付款方式，与民间贸易性质迥异，显系政策性之决定，且日本为迁就大陆同时对东南亚国家掩饰起见，虽然提高了欠款利息，却减少价款以资弥补。 日本一方面以贸易条件，并未较西方国家赋予大陆者为优厚做辩护，但日本并未与中共建交，自不能与已经和中共建交之西欧国家相比拟，同时亦不能与和日本建交的共产国家相提并论。

张群告诉船田中，正因为如此，台湾从未对日本与捷克斯洛伐克之贸易表示抗议，况且日本与台湾亦曾有数次延期付款交易，但从未经阁议批准，而为纯民间之商业行为，再说日本通产大臣福田一先生是大野半睦先生的好友，相信大野先生有力量可以澄清此事。

船田中耐着性子解释说，仓敷工厂设备售给大陆的全价为两千万美元，而输出入银行的担保只有八百万美元，为数不多，请予谅解。

张群不以为然地说，我们所注意的是原则问题，不在数目之多寡，日本政府事后之解释，殊难使人折服；而日本政府所有的表现，都口是心非，行动与言论背道而驰，令人感到蔑视台湾，对台湾过于冷淡。日本民间人士对"日台"合作虽然颇为热心，经常互相往来，但"政府"间很少接触，交换意见的机会不多，远不如日本与加拿大、新西兰关系密切。

张群越说越气，指责日本与大陆关系密切，近半年访问大陆的日本人即有六百余人，我们自不无厚此薄彼之感。今后如何改善"日台"关系，促进友好合作，希望日本方面有具体的表现。

船田中有点不耐烦地问："你们最基本的要求是什么？"

张群趁机传达蒋介石的旨意："我们首先期求者，为日本必须澄清其外交之政策和立场，并清除双方合作之障碍，如设法遣送周鸿庆返台及确定政经分离原则，限制对大陆贸易等，由双方政府间开诚协商。有了基本的谅解，彼此信守，然后方能真诚合作，加强双方之友好关系，而谋共同利益之发展。"

船田中对于张群的意见表示同意，说明他已经与台湾"外交部长"沈昌焕协商了改善双方关系的措施，提到要加强联系与召开阁僚会议，他回到日本后当力促日本政府循此步骤进行。

张群也深知大野半睦、船田中、村上勇三人在日本并无实权，而且周鸿庆及维尼纶事件都已经形成定局，非此三人所能够改变，便劝说蒋介石发发牢骚算了，把三个日本政客恭送出台。

有关各方围绕周鸿庆事件斗争长达两个月之久，日方终于在 1964 年 1 月 9 日决定将周鸿庆强制送回大陆。

蒋介石听了张群的报告，犹如听到晴天霹雳，当即命令台湾"外交部"发表声明称："日本政府媚共亲匪的态度，破坏了中日友谊，今后可能产生之后果，日本政府应负完全责任。"

为给日本施加压力，蒋介石与张群研究之后下令将台湾驻日本"大使"张厉生"免职"，不再派新任者赴日，两天后又下令召回使馆的张伯谨"公使"，召回"参事"以上高级人员，只让一秘吴玉良留守，"日台"关系濒临断绝的边缘。

蒋介石与张群急谋对策，张群认为只有请吉田茂亲自出面干涉才行，因为吉田茂是日本政界元老，池田勇人是吉田茂一手栽培而得以升任首相的。于是，张群为蒋介石策划了一份致吉田茂的信，指示尚未返回台湾的张厉生转交：

> 东京张大使密。译转吉田先生惠鉴：兹悉贵国阁议保证以人造纤维工厂以延期付款方式售匪议案之通过，是不啻予匪以经济援助……先生高瞻远瞩，十余年致力于两国邦交之增进，不遗余力，而于国际大势尤能洞察肯綮，尚祈大力劝阻，勒马悬崖，勿使实现，以免事态演变恶化……
>
> 恳切奉陈，幸明察之！

吉田茂接到蒋介石的信，立即会见首相池田勇人和外交大臣大平正芳，为蒋介石说项，主张该项工厂设备改由台湾承购，以免使该公司遭受损失，但是遭到池田勇人和大平正芳的拒绝。

吉田茂在给蒋介石的复信中，对日本政府的立场详加解释，同时提出他的建议说："为期今后彼此理解对方之立场，如双方朝野人士就本案能有一促膝交谈、无忌惮的交换意见的机会，诚有意义。"

张群指示台湾驻日本"代办"张伯谨、陈建中返回台湾前，前往东京大矶会见吉田茂，征求他对这个问题的意见，吉田茂请这两人把他的意见报告蒋介石和张群说：

"实告阁下，余对池田之开罪贵国，深感歉然！ 昨日午后到东京与贺屋兴宣商谈，催请池田最近前往贵国访问，万一池田不克分身，余愿代表其往谒蒋总裁谢罪，但须池田有亲笔谢罪信或其外相大平随同前往贵国商谈一切。"

1964 年 1 月 5 日，日本驻台湾"大使"木村四郎七会见张群，递交了吉田茂致张群的一封电报，其内容是：

> 元月 5 日与池田首相会商之结果，以周（鸿庆）案结束后，拟不多述理由，并愿将正式与总统阁下恳谈，倘总统阁下情绪能因此融合，本人甚愿访华。

张群接到吉田茂的电报，马上请示蒋介石，然后会见日本驻台湾"大使"木村，请木村发出张群致吉田茂的复电，声称今天"台日"关系演变到如此严重地步，因涉及双方反共立场及日本对共产党态度问题，以致双方基本关系已发生动摇。"吾人并非感情用事，亦非对人问题。 日本如不切实改变对共党所存错觉幻想，势将进一步为共党所乘，且将严重影响整个东南亚之反共形势，其结果何堪设想？"接着，张群奉命阐述蒋介石的旨意说：

"吉田先生电谓周鸿庆案结束后，彼愿来台访问，现在日本方面以日本立场处理周案，我方立场已迭有说明，亦是无法改变的，不能以日本片面处理为已结束，必须一朝双方彼此谅解，而后才算是结束。 吉田先生是日本长老，是中国的友人，为吾人所尊重，任何时间来华访问，我们都表欢迎。 我们亦深信其必能以肝胆相照，无事不可商谈，惟当此双方关系危在旦夕……之时，吉田先生访华，若日本政府确具有请吉田先生负责商谈问题之诚意，必须付与吉田先生全权，俾得与我方开诚商谈双方间一切有关问题，借以挽救目前之严重局势，方有裨益。 我方自当以坦诚之态度，欢迎其来访。"

张群请木村看一遍电报内容，然后征求他的意见。

木村面露为难之色，吭哧半天才说对周鸿庆事件用"结束"两字，似有不妥，但是考虑到自己的"大使"身份，立即改口为日本政府的立场辩护说：

"原电措辞想系指周鸿庆离开日本之日而言，对贵方所持之立场，认为在外交上确系一未了之事件，自不能谓'结束'。 吉田在日本的声望，仅次于天皇，现虽已退休，但既同意池田请托来台，纵不负政府代表或特使名义。 事实上，池田必授予全权，来台后商谈原则性问题，事先亦必与池田商量。 至于具体交涉，想仍由政府负责人继续商谈。"

张群紧追不舍询问木村："吉田先生前曾表示携带池田的谢罪状，并偕大平外相同来，是否可以如此理解？"

木村考虑半天才为难地回答："偕大平同来亦是一种方案，我愿意向日本政府报告。"

木村请示日本政府后于 1964 年 1 月 27 日会见张群与台湾"外交部长"沈昌焕，通报日本方面的意见说，吉田茂将来台访谒蒋介石，商讨世界大局及"日台"全盘问题，特命木村与张群等初步交换意见，还说因为吉田茂在日本地位崇高，似不愿携带池田勇人的信件前来，又不拟用特使名义。

张群与沈昌焕交换意见后回答说，台湾当局欢迎吉田茂访台，为不给首相池田勇人和外相大平正芳增加困难，不用特使名义亦可，但是请木村以个人名义建议日本政府用特使名义较好。

经"日台"间反复磋商，最后商定台湾当局可以宣布为日本特使，吉田茂携带池田勇人致蒋介石的信件访台；在吉田茂访台前，先派日本外务省次官毛利松平来台，商谈"日台"间的各项具体问题。

1964 年 2 月 23 日，吉田茂"以私人身份"率日本代表团到达台北，蒋介石将此视为他"外交"上的重大举措，特派张群和何应钦、莫德惠、谷正纲等人前往机场迎接，然后恭送到台湾最漂亮舒适的圆山饭店安歇。

2月24日上午，张群陪吉田茂来到"总统府"，蒋介石把吉田茂当作与日本打交道的最理想人物，降阶而迎，待如上宾。

吉田茂虽身材矮小，体似短桶，架子却大得出奇，像恩人一样把池田首相的亲笔信送给蒋介石。

蒋介石视作珍宝，仔细看过，在手中反复把玩，满面堆笑，对吉田茂访台表示欣慰，愿意借此机会就"日台"间的各种问题开诚商谈。

吉田茂不想马上就谈"日台"间的种种敏感问题，忙嚼口香烟扭转话题，说明池田首相去年访问东南亚时因日程短促未能访台的原因。

蒋介石暗骂这是为池田根本不想来台湾而找借口，看到张群递来阻止他发脾气的眼色，就装作大度的样子说："只要彼此有信心，访问不过礼貌而已，请勿挂齿！"

吉田茂熟谙"日台"官场内幕，适时表示池田首相对蒋介石"极为尊敬"，又特意提到裕仁天皇命他向蒋介石顺致"感德怀恩的谢意"。

蒋介石喜笑颜开，请吉田转致对日本天皇的问候之意，然后稍加停顿，把话题转到池田内阁的对华政策上说：

"我别无所求，唯希望池田首相能听从阁下之言，执行贤明的政策，则我就可以安心了！"

蒋介石以乞求的目光看吉田茂一眼，将青筋暴起的右手一挥强调说："不但希望池田首相如此，其他别人任总理，亦希望能继承阁下的政策与精神，是则非仅有利于中日两国，而且将有益于亚洲。日本之前途，实未可限量！"

"'总统'战后对日本的恩德，永世难忘！"

"战后自华遣返日军三百万，乃中国对日传统友好精神之表现，亦吾人之理想。日本能得复兴，实由于阁下之政策与领导，今后问题之协调合作，亦多有赖于贤劳之规划和指导。阁下复兴日本之功，实高于明治维新时之伊藤博文，在历史上已留下不朽之业绩，本'总统'至为钦佩！"

吉田茂听着蒋介石的吹捧之词，觉得矮小粗壮的身材仿佛膨胀起来，忙抱拳致谢道："承蒙夸奖，实在不敢当！"

蒋介石听张群介绍说吉田茂在与杜勒斯的多次艰难谈判中，成功地运用"弱者的敲诈"和"无赖"手段，令人感到高深莫测，常常以极小的代价换取美国做出对日本有利的极大让步。今日一谈，果然名不虚传，自己也少不得与他玩些手段，就暗中骂声"娘希匹"，咳嗽一声把话题拉入正题道：

"余认为由丰臣秀吉之侵略大陆政策以至演成第二次世界大战之失败，日本实应有所警觉。 中日两国应平等互助，共同发展。 如仅顾日本之经济发达，不顾及中国之复兴，不仅于日本无利，且甚危险。 因之中日须密切合作，共存共荣，然后方能谋求亚洲之安定，否则亚洲问题将永不得解决。"

吉田茂听蒋介石绕了这么大的弯子，说来说去还是要他支持"反攻大陆"，推行反华政策，暗自好笑，眯着眼，跷着腿，好像根本没听见对方讲了些什么。 蒋介石心中窝火，又不便攻击吉田茂，便声色俱厉地指责池田内阁的对华政策：

"池田首相在位的四年间，我认为他绝非具有与阁下相同的思想。 池田主张'两个中国'，致使中日关系形成去年的低潮，例如在国会发言中称'中华民国'为'蒋政权'，称中共为'中华人民共和国'……"

张群在一旁也不断地敲边鼓，对池田勇人的对华政策大加攻击。

吉田茂当过几任日本首相，曾访问过许多国家，像这样当面受申斥，还是头一次。 但他为完成安抚任务，只得耐着性子听下去，连连说："池田此种行为欠妥，希望今后不再有此种情形发生"。

吉田茂见蒋介石、张群仍然余怒未息，就哈哈哈笑着以经济利诱手段抚慰道："在与台湾的经济合作问题上，日本可以提出优于对大陆的条件！"

蒋介石怦然心动，经济引诱力量可谓大矣，但政治问题又马虎不得，便给张群递眼色驳斥。

张群对蒋介石的微妙心理洞察得极为明白，便板着面孔插话说：

"池田此种行为欠妥，我们认为并非贸易，而是援助，故坚决反对，此乃一原则问题，并非条件优劣之争！"

蒋介石压下心中的火气说："池田最初可能并无此意，但结果变为援助中共的行为，故吾人坚决反对。 余深知日本政情复杂，阁下虽已退休，日本虽已复兴，但余意仍盼日本政府能接受阁下贤明之指导，不致误入歧途。"

吉田茂不愿多做承诺，只微微点头，未发一言。

2月25日下午4时半，蒋介石、张群在日月潭涵碧楼与吉田茂举行第二次会谈，蒋介石以"政治家姿态"纵论世界形势，劝日本"转变对大陆的恐怖观念和与其共存的幻想"。

张群也对吉田茂说，"日台"双方关系之基础，必须建立在"日台"合作打倒中共的原则之上，吉田茂仅"以充分了解与诚恳接受"敷衍搪塞。

2月26日上午，吉田茂向蒋介石、张群辞行，他拍着胸脯保证："日本以'日台'友好关系为外交之基本，希望双方今后推心置腹，无所不谈，交换意见，密切合作。"

蒋介石、张群劝说吉田茂大幅度地扩大日本的自卫队力量，才能有足够的力量对付中共，自己的江山才能坐稳。

吉田茂对此不以为然，颇为自负地介绍日本推行重经济、轻军备的"吉田主义"，主要内容是规定日本以经济复兴为基本的国家目标，与美国的政治、经济合作为达成这一目标所必须；因此，日本只保持极少数武装并避免涉入国际间的政治战略问题。这种低姿态不但使人民的力量投向生产性的工业发展，也可以避免可能造成的内部斗争，这是"日本民众心里的三八线"；为了获得长期的安全保证，日本为美国陆海空军提供基地。

蒋介石、张群觉得这不合台湾当局的口味，很难接受。

吉田茂推心置腹地告诉两个老朋友，他曾经警告美国人：为抑制日本左翼力量，必须提高日本人的生活水准；老百姓的日子过好了，谁还去铤而走险搞造反、丢掉性命的傻事呢？

蒋介石、张群认为吉田茂所讲有些道理，但是仍然劝说日本扩大军事力量，才能应付意外变故。

吉田茂说明对美国要求日本扩大军事力量的压力很感吃力，但是决不能轻易让步，他特意将其中的奥妙告诉蒋介石、张群：

"等我们的生计恢复以后，重建武力的那一天自然到来。听起来似乎不正当，但是我们的安全问题暂时就让美国去管吧。宪法废弃武装实在是天官赐福。如果美国人抱怨，宪法给我们以最完美的理由。要求修改这一点的人物真是愚不可及！"

蒋介石、张群认为吉田茂真是"既灵活又狡猾"，而追求经济复兴和维持政治安定绝对优先的方针对台湾发展经济很有借鉴作用；吉田茂也保证要利用他的社会影响对台湾提供各种援助。

吉田茂开完口头支票，就要起身告辞，蒋介石岂肯轻易放过，忙把他和张群密谋的套住吉田茂之计和盘托出。

当晚，在木村为吉田茂举办的酒会上，张群与吉田茂避开来宾，在日本驻台湾"大使官邸"二楼，做了深入的交谈。

吉田茂离台前，与蒋介石、张群讨价还价，制订出五项《中共对策要纲》：

（一）"解放大陆民众，使其参加自由国家阵营"；

（二）日台"提携合作"，"诱导中国民众驱逐共产主义"；

（三）对台湾的"七分政治、三分军事"之反攻大陆政策，日本予以支持；

（四）日本反对"两个中国"；

（五）日本与中国大陆之贸易，以民间为限，应避免给大陆以经援之支持。

蒋介石送走吉田茂，怕他不认账，命张群把上述《中共对策要纲》和与蒋介石的三次谈话记录寄往东京，请吉田茂核查并见复。

三月初，吉田茂离开台湾仅一周，日本外务省就发表《有关中国问题之见解》的文件称：日本对华政策"以下列事实"为前提：一是与台湾"维持正规的外交关系"；二是与中国大陆"维持各种事实上的关系"。

4月4日，吉田茂给国民党秘书长张群回信一封，表示他对会谈记录和要纲毫无异议；5月7日，吉田茂又给张群修书一封，说他保证今后向中国出口成套设备不再使用输出入银行资金，这便是臭名昭著的吉田信件，即《四四书简》，曾在日本和台湾报刊上大事宣传。

吉田茂曾经这样说过，那个函件系由外务省起草，经由池田首相核定后才由他具名，所以毋宁应称之为"池田书简"。

张群在他的回忆录里说，吉田茂的意思是承认这一函件等于"政府间的公文"，我们也认为吉田茂与张群、蒋介石间之此项谅解，实具有高度的政治性，其应受到的尊重，当远在一般"外交"文书之上。换言之，我们所尊重的是这一函件的精神，而不是它的实质。总之，无论《吉田书简》的内容如何，从1964年到"日台""断交"的将近十年当中，一直维系着"日台"的"外交关系"，则是事实。

蒋介石多次宣称，吉田信件是"日蒋和约"的"补充文件"。

这个密件后来被《产经新闻》记者全文披露，又掀起了轩然大波。对此，张群在其所著《我与日本七十年》一书中颇有感慨地做过如下交代：

> 关于上述称作《吉田书简》的那个文件，原本是一个密件。按照外交惯例，既然双方认为是密件，则任何一方都是不能对外发表的，尤其是我这个经办的人更有保密的义务。不知《产经新闻》的记者从何处得到这个密件，我无所悉，因之我只能对此密件之被发表感到遗憾，而无法负此未能保密的责任，这是我必须在此做一补充说明，以作为对此一事件在历史上的交代。现在日台既已断交，这

个文件本身已经失效，而且《产经新闻》早已全文披露，包括吉田茂给我的回信，也在该报道上述文件中同时用影印原本刊出；还有在《蒋"总统"秘录》一书第十四集述说《吉田书简》一段中亦已逐条概举，则我亦无再予保密之必要。我在此只是旧事重提，相信可以获得当时参与其事的中日两方人士的谅解。

台湾《"中央"日报》驻日本记者黄天才在其所著《中日外交的人与事》一书中，认为《吉田茂书简》有两个版本，他按发表日期将其分别称为《四四书简》和《五七书简》。

黄天才认为，《四四书简》的内容较为重要，其内容在张群 1980 年写的回忆录《我与日本七十年》中这样记述：

> 我们这个总结，即是《中共对策要纲案》，其中包括下列五点：
>
> （一）欲使大陆六亿民众与"自由国家"和平共存，并与"自由国家"扩大贸易，对世界和平与繁荣有所贡献，"必须解放现在共产主义控制下之中国大陆民众，使其参加自由国家阵营，是为至要"；
>
> （二）基于上述目的，日本与台湾当局应具体提携合作，实现"两国"之和平与繁荣，向中国大陆之民众显示"自由主义制度之楷模，借使大陆民众离弃共产主义政权，诱导中国民众将共产主义自大陆驱逐。"
>
> （三）台湾当局根据中国大陆内部之情势及其他世界局势之变化，以客观的判断，认为七分政治、三分军事之大陆反攻政策，确能成功时，日本不反对，并予以精神上、道义上之支持；
>
> （四）日本反对所谓"两个中国"之构想；
>
> （五）日本与中国大陆之贸易，以民间贸易为限，日本政府的政策，应慎重避免给予对中国大陆经济援助之支持。

《五七书简》主要讲日本输出入银行资金的使用问题，主要内容有两点：一是日本对中国的融资将只限于民间商业贷款；二是日本政府无意在 1964 年再度批准日纺使用输出入银行贷款。按吉田茂的话说，就是他"保证"今后向中国出口成套设备不再使用输出入银行资金。

第二十二章 再访日本

1963 年 5 月 1 日下午 6 时 30 分，细雨霏霏中的东京羽田机场。

日本有名的右翼人物几乎全部集中于候机室：日本前首相岸信介、前国务大臣三木武夫、前农林大臣保利茂和福田赳夫，等等。

台湾驻日机构人员绞尽脑汁四处动员了六七百名旅日侨领侨生，打着写有"欢迎'中华民国总统府'张秘书长访日"的巨幅旗帜，冒雨到机场欢迎。

不一会儿，日本航空公司的"海鸥号"喷气式飞机呼叫着从天而降，台湾驻日"大使"张厉生首先登上飞机问候，然后陪同张群走下飞机，岸信介等急忙走上前去表示欢迎。

张群含笑接受献花，与迎候人士握手寒暄，然后接受记者采访，用日语发表讲话说："此来系为参加在小田原举行之世界道德重整大会及第八届中日合作策进会大会，并愿借此机会，与日本朝野人士，对亚洲问题及有关中日两国之事，交换意见。"

张群与岸信介等日本右翼人物频繁接触，商讨破坏中日关系的办法，又出席世界道德重整会的早餐会，打着冠冕堂皇的旗号怂恿日本扩大军事力量说：

"日本再军备之目的，不仅是保护日本的安全，亦应该负起亚洲区域安全的一份责任。日本如果能够接受道德重整的意识形态，作为再军备之基本精神，消除过去的误会与仇恨，和亚洲各国互信互赖，必能团结在一起，促进亚洲的安全与和平。"

接着，张群驱车前往大矶看望老朋友吉田茂。

只见大矶居山面海，风物优美，景色秀丽，久为日本政界元老退休之后的安栖之所，伊藤博文、西园寺公望等都在这一带建有别墅，吉田茂的公馆更有特色：占地广阔，遍植花草，蔷薇尤多，人们都称之为大矶蔷薇园，经常为学生开放，作为他们远足参观的理想之地。

吉田茂殷勤待客，请战前日本驻华大使川樾茂、井口贞夫和公使清水董三等作陪，就亚洲形势交换意见，张群邀请吉田茂再次访问台湾，加强"日台"合作。

5月4日晚7时，台湾驻日"大使"张厉生在东京品川区高轮光轮阁的裕仁天皇之弟高松宫的别墅，设宴欢迎张群访日。

使张群欣喜的是，不仅有岸信介、石井光次郎、井口贞夫、崛内谦介等在野人士，而且有现任外务大臣大平正芳、自民党政调会长贺屋兴宣、总务会长赤诚宗德、日本银行总裁山际正道、经团联会长石坂泰三、日本工商会议所会长足力正、三井银行会长佐藤喜一郎等日本政经界人士三十多人出席。

张厉生致辞称赞说："张群先生是中国知名的政治家，也是被公认的日本最佳友人，他最了解日本，此行必能增进双方的友谊。"

张群兴致勃勃地致答词说："自上次访日后，虽相隔六年，但我对日本情形并不生疏，双方亲善合作，亦年有增进，至堪庆幸。此行各方面盛情难却，日程紧密，恐仍不能逍遥悠游，但借此机会得向旧友新知领教，并就亚洲情势及中日合作问题交换意见，深感欣慰。"

5月5日上午，张群前往前驻华大使芳泽谦吉府邸拜访，年已九十岁的芳泽谦吉在儿媳及女儿的搀扶下会见客人，说明自己前几天不慎在客房跌倒，扭伤腰部至今仍然没有痊愈，但是却热情地接待客人，希望在健康复原的时候再次访问台湾，增进双方的关系。

张群请芳泽谦吉多加珍摄，以早日康复，他深知芳泽谦吉嗜酒如命，便说明此次带来的礼品中虽然有台湾特制的烟酒，但你正在养病，故寿酒暂行保留。

芳泽谦吉一听马上来了精气神儿，莞尔一笑说："本人嗜酒如命，中国之绍兴寿酒安可不喝？"

芳泽谦吉的儿媳告诉客人，芳泽谦吉虽然年老多病，但是每晚尚须独酌日本酒自我消遣，张群便命人送来几瓶绍兴寿酒，讨得了芳泽谦吉的欢心。

张群得知日本参议员、"日台"经济协会理事长大竹平八郎的儿子刚刚结婚，就前往他家里拜访，祝贺他的儿子完婚。

大竹平八郎曾经随河田烈来台湾进行"日台"条约谈判，与张群有些交情，现在见张群亲自登门祝贺儿子完婚，更是乐得合不拢嘴，答应再次访问台湾，增进"日台"关系。

当天中午，张群前往新宿东京饭店，出席留日华侨联合总会、东京华侨总会、横滨华侨总会、华商贸易公会四侨团举办的联合午宴，张群向出席宴会的一百五十名华侨转达蒋介石的问候，拉拢他们参加亲台反共活动。

张群看到王贞治也在座，深知这个年仅二十二岁的年轻人在日本赫赫有名，被日本最著名的巨人棒球队以五万美金网罗麾下，月薪两千美元，他每次一出场，数万观众就齐声高呼："王！王！"因此，日本人竟然有这样的说法："今日之日本人有不知现任首相为谁，但无人不知王贞治之名！"

张群明白把王贞治拉拢住对笼络旅日华侨的重要作用，便马上走过去与其亲切地握手致敬，称赞王贞治是日本家喻户晓的东京职业棒球队的台柱子，与其合影留念，从而使王贞治成为旅日亲台华侨中的坚定分子。

当天晚上，张群应邀出席石井光次郎在高轮高松宫别墅光轮阁举办的晚宴。为活跃气氛，张群特意带他的女儿刘张亚兰出席，石井光次郎也带他的女儿石井好子参加，还举办傀儡戏及剪纸表演助兴。

两个女青年请剪纸师给每个来宾剪像留念，剪纸师当场将白纸在一两秒钟内剪成来宾的模样，引起来宾的极大兴趣，巧手剪制的鸟兽、山水也惟妙惟肖。张群请两个年轻女子将这些手工制品赠送给与会的客人留做纪念，使这个宴会益饶情趣。

接着，张群会见日本现任建设大臣河野一郎。台湾驻日人员认为河野一郎是亲苏袒共的自民党实力派领袖，与其罕有往还，但是张群对他狠下了一番功夫。因此，在张群抵达日本的时候，河野一郎虽然正在九州地方视察，但是返回东京后就来会见张群，两人单独开怀对饮，促膝畅谈，双方都能够尽情抒发所见，直至深夜才依依惜别。

张群为5月6日上午会见日本现任外交大臣大平正芳而煞费苦心。一见面就大讲蒋介石战后对日政策的"英明决断"，希望日本对台湾进行经济援助。大平正芳认为台湾经济近年来已有长足发展，水准也比较高。至于双方的经济合作，日本拟以经济贷款为重点，对台湾的各项开发计划，将逐项检讨进行。张群对此表示感谢，希望日本扩大视野，加强日本与亚洲地区的经济合作。

5月6日下午，张群赴东京丸之内工业俱乐部，参加"日台"合作促进会第八届大会的开幕典礼，在主席足力正、副主席谷正纲和外交大臣大平正芳致辞后，张群发表演说，鼓吹最重要的事情莫过于确定"反共第一"和"全面反共"的原则。"日台"之间应该实行"合作第一"和"全面合作"的政策，"日台"右翼人士立即报以热烈的掌声。

5月7日，张群前往日本首相官邸拜访池田勇人，达到他这次访日的高潮。张群提前一个小时来到首相官邸，以便有充裕的时间与池田勇人倾谈，张群千方百计说服池田勇人以忍耐精神与经济合作来"遏阻共产党力量之扩张"。

5月9日是张群七秩晋五华诞，他仍然本着往常"不做寿、不避寿"的原则，按照平日的习惯早六时起床，首先虔诚地祷告，潜心研读《圣经》，然后写家书一封，接着披阅中、日、英美等国报纸，处理各方面寄来的信件。

早饭后，张群仔细打扮一番，身着黑色西服，头戴黑礼帽，佩戴上六年前裕仁天皇所赠的勋一等旭日大勋章之勋表，乘车前往日本皇宫。裕仁天皇一般接见外宾，都不超过十至十五分钟，但因为与张群是老相识，特别准予做不限制时间的交谈。

张群首先转达蒋介石致裕仁天皇的函件，转达蒋介石、宋美龄对裕仁天皇和良子皇后的问候，祝天皇和皇后身体健康。在交谈的时候，裕仁天皇忽然对张群祝颂"万寿无疆"，感谢寿星到皇宫拜会。

对此，张群大感惊奇，他把自己的生日忘记了，而裕仁天皇却还记得那么清楚，特意对他的生日表示祝贺。讲起六年前两人会见时的情景，裕仁天皇说张群六年来丰采不殊，特意赠送皇家御用日本酒一箱，让宫中内廷人员送到张群所住的地方，作为生日的贺礼。

当天下午5时，张厉生在台湾驻日"大使馆"设酒会欢迎张群访日，岸信介等日本政界与工商界人士出席。

会场中央设有一张长台，上面摆着巨型祝寿蛋糕及裕仁天皇赠送的祝寿礼品，来宾纷纷围观赞赏，举杯祝贺张群健康长寿，一时欢迎酒会竟然变成祝寿酒会，张群频频举杯向客人称谢。

酒会后，张群应邀出席日本自民党政务调查会会长贺屋兴宣在东京著名的"新喜乐"饭店举办的晚宴，自民党干部大多出席作陪。主人待客格外殷勤，遵循日本式礼仪，自主宾依次敬酒并促膝叙谈。为祝贺张群生日，特别请来日本艺人表演助兴。"新喜乐"主人亦特制红豆饭祝寿。

张群到日本十天来，每天从早到晚会见宾客应邀酬酢，几无片刻闲暇，更没有时间观赏日本的名胜古迹，因此张群幽默地自嘲说：

"我到日本来就是一张嘴，除了说，就是吃，人言'病从口入，祸从口出'，不过直到现在，我很幸运地尚未吃出病来。"

前驻华大使井口贞夫看张群过于繁忙，就邀请张群观光新日本饭店附近的东京塔。

只见这座世界著名的高塔以铁架构成，位于东京港区，高三百三十三米，比巴黎铁塔还高三米，利用电梯上下，原来为播放电视用电波之用，后来成为著名的旅游胜地。 在一百二十五米处设有餐厅及瞭望台，可以鸟瞰东京全市，晴天的时候可以看到富士山，因此每日游客云集，热闹非凡。 东京铁塔总公司的前田董事长亲自陪同张群游览介绍，并赠送东京铁塔模型一具作为纪念。

参观完东京铁塔，就去赴前日本侵华军队总司令冈村宁次的宴会，然后应三菱商事公司与三井物产公司之邀，到东京"皇帝"餐厅影院观赏歌剧。

张群还是第一次到这样的场所来，据陪同人员介绍，所谓餐厅戏院是餐厅与戏院合并使用的场所，既有丰美可口的食物以快口腹，又可以欣赏优美的歌舞以娱耳目。

张群看到这里内部设备富丽堂皇，客人中70％为外国人，人们说它比巴黎"丽都夜总会"的规模还大，而精美华丽过之，所演节目都由重金聘请的欧美一流艺人表演，因此访问日本的各国元首、政要都愿意来此观赏。

当天晚上，张群欣赏了由美国、法国、德国、意大利、日本等国演员的精彩表演，时而雷电交加，倾盆大雨沛然而下；时而雨过天晴，皎月东升，柳莺婉转鸣唱，格外动听；流萤飞翔花草之间，疑是天上人间。

5月11日中午，张群高兴地出席中国著名画家张大千的午宴，两个老朋友在异国相见，畅谈张大千的高超艺术，乡味醇酒，觥筹交错，两人兴致极佳，妙语连珠，一室欢腾。 张大千赠给张群他从万里之外带来的一只南非特产羽翅，张群深表感谢。

两位老人谈笑风生，讲出许多趣事。

张群以"人生七十开始"的豪语闻名于世，在张大千的羽翅宴会上，张群从养生之道谈到当年在广州"严重抗议"被人尊为"岳老"的往事：

在吴铁城主持的一个宴会上，众人都给"岳老"敬酒，张群立即提出"抗议"说："你们这些广东佬，就爱称人为'老'，我一点不老，我抗议这个称呼！"

餐厅里挂着张大千五幅大气磅礴的国画《四川五景》："巫峡天下奇，瞿塘天下险，剑阁天下雄，峨嵋天下秀，青城天下幽。"

张群逐幅欣赏，赞不绝口，兴致勃勃地讲了一个四川峨眉山猴子的笑话：

当年，前清一位朝廷大臣来游峨眉山，当地知县奉迎拍马，连称"大人"不止。忽然朝廷大臣问到峨眉山猴子有多大？ 知县冲口而出说："最大的有大人这么大。"知县顿觉失口，又连忙补了一句："最小的有小人这么小。"

众人听罢哈哈大笑，气氛相当活跃。

从5月13日开始，张群到日本各地参观访问，首先乘飞机飞往九州福冈，途中因为天阴多云，客机在重重云海之中飞行，看不见地面风景，只是在经过静冈上空的时候，才远远望见耸立于云海上的富士山，别有一番情趣。

张群兴致勃勃地参观了著名的阿苏火山，当时细雨蒙蒙，位于山麓的火山岩风化黑土依稀可辨，到处绿草如茵，时有牛马放牧草原。临近火山口时，张群一行弃车步行参观。只见火山口附近有几处类似防空洞的设备，为厚达几米的水泥结构建筑，是为防止火山突然爆发时游客躲避的藏身之处。

张群饶有兴趣地观察火山口，只见喷火口深四百余米，望去尽为蒙蒙浓烟。据向导介绍，火浆热度为三千多度，因而火山口附近一无所有，真可谓不毛之地，人称"黑色地带"。游客大都乘空中电车登山游览，游客如云，游兴颇浓。

张群兴趣盎然地参观别府温泉，只见这里气候温和，风景秀丽，前临碧海，后依翠绿的山峦，形成靠海的独特盆地，盛产鱼虾、海鲜及水果，特别是温泉较多，成为日本著名的休息观光之地。

张群怀着几分好奇心参观"间歇地狱"，只见沿途风景优美，公路宽阔、平坦、整洁，不明白为什么得此恶名。张群好生怀疑，就问向导，为什么竟然把温泉称为"地狱"呢？向导告诉他，这是因为别府温泉热度过高，接近它有危险。

张群来到"间歇地狱"前，不久就听到惊天动地的地鸣，不一会儿就见高达二十余米的山泉喷出，水红如血，势颇猛烈，热气逼人，游人无不围观称奇。

张群又前往大阪参观，对大阪的经济发展极感兴趣，认为有许多经验值得台湾吸取，称赞大阪在日本与台湾的经济贸易关系方面占有重要地位，希望大力促进日本与台湾经济贸易关系的发展，然后从大阪乘飞机返回台湾。

第二十三章 蒋介石、张群与佐藤

台北日月潭涵碧楼，位于园林别墅的突出部位，风光秀丽，静谧幽深。

在此静养的蒋介石欣喜地看到，吉田茂、张群互访之后，"日台"关系有了较大的发展。 1964年3月中旬，日本外务省政务次官毛利松平到台湾访问，蒋介石吩咐张群等盛情接待，设法通过毛利松平与日本外务省拉关系。

张群等人拿出台湾的山珍海味盛情招待，派出最好的专车，让毛利松平游览台湾的名山胜水时乘坐，直把毛利松平吃得闹开了肚子，搞得精疲力竭，这股"盛情"实在吃不消了，才赶快离开台北。

五月上旬，张群从日本内阁官房长官黑金泰美那里得到消息，日本政府不会批准"大日本纺织公司"以分期付款的方式把第二个维尼纶工厂卖给中国的合同。 经张群大力推荐，日本政府6月1日同意台湾当局任命魏道明为新任驻日本"大使"，魏道明旋于6月26日赴东京莅任。

然而，蒋介石的心情怎么也安静不下来，他觉得吉田茂访台期间讲了不少好话，但件件难以落到实处，便催逼张群邀请日本外相大平正芳访台。

池田首相不胜其烦，只得派大平正芳于1964年7月3日访台。

蒋介石觉得大平正芳以日本现任外交负责人身份来台，可以借此疏通"日台"关系，是他蒋某人"外交"的重大成果，因而7月4日让张群陪同在"总统府"亲自接见，进行会谈。

大平正芳是日本著名政治家，一见面就谨慎地表示他早拟访台，但一再拖延，至今始能实现，首先转达天皇陛下的特别嘱咐，代天皇问候蒋介石。

蒋介石喜笑颜开道："天皇陛下政躬如何？ 请代为转达问候之意。"

大平正芳彬彬有礼回答："新潟地震时，承蒙慰问，至为感激，谨代表日本政府及人民致以衷心之谢意。"

蒋介石忆起往事，大有感慨万千之态："想当年，我在高田联队当兵时，周末常去新潟。 昔日之长官及友人在该处者甚多，新潟为我之第二故乡，故对它特别关心。"

蒋介石陡然把话题一转，大讲东亚问题实际是共产党问题，强调"日本必须与亚洲各国同时共谋上进，不可先翼单谋一国之安定"。

在当天下午的会谈中，大平正芳表示："日本过去的所作所为，容有不为贵方所喜者，但亦有各种不得已之原因，并非故意如此，今后当更注意！"

蒋介石心头不悦，当即质问："贵方对反攻大陆，到底持何态度？"

大平正芳被逼无奈，只得回答："日本在本质上是反共的，对贵方做精神及道义上的支持。"对大平正芳与《吉田书简》及同蒋介石、张群的关系问题，台湾和日本一些人放出种种攻击大平的言论。 对此，北京大学教授、北京市中日关系史学会副会长林代昭先生在其所著的《战后中日关系史》一书中，有比较公正的论述：

> 《吉田书简》的幕后策划者是大平和贺屋这两个不同立场的人物。当然，池田本人也参与了这一事件。大平是想通过吉田的私人信件这一形式，让池田及其政府避免亲自出面与台湾联系。这样，既可给予美国、台湾及自民党内的亲台派以面子，同他们达成一定的妥协，又使以松村谦三等人的正在逐步积累的与中国关系的改善不致招来障碍。

> 另外，大平正芳介入池田和自民党右翼贺屋等人之间，精心设计了"抚慰政策"的另一意图在于保护池田免受自民党右派势力的攻击，因为池田内阁公正地处理了"周鸿庆事件"，并采取了其他一些改善中日关系的政策，致使右派分子加强了对池田的批判，也就是说大平想谋求池田政权的安定。

> 1964 年 6 月，大平外相赴台湾"访问"。大平赴台的目的是企图在与中国发展交往的同时，维持与台湾的"外交关系"。但是，历史的发展与大平的主观设想完全不同，《吉田书简》的实际作用是为中日的贸易制造了新的障碍。后来，佐藤内阁利用《吉田书简》作为依据，破坏了向中国出口成套设备的贸易。

> 事实说明，企图在搞"两个中国"的同时发展中日交往是行不通的。大平后来也认识到了这一点。1972 年 9 月，大平外相断然改变以往的做法，支持田中首相的恢复中日邦交的决策这一事实就是明证。

> 中日邦交正常化联合声明发表后，大平又对记者宣布，"作为日中邦交正常化的结果，日台条约已经失去了存在意义，并宣告结束"。这一段话实际上是对大平从 60 年代以来对日中关系认识的一次清算和总结，它是一部分日本政治家在日中

关系方面的认识所走过的曲折的道路的缩影。

1964 年 8 月 12 日上午 11 时，台北机场，天空晴朗，澄清透明，机场一片繁忙。

为落实吉田茂访台成果，蒋介石特意派秘书长张群再访日本，张群在机场发表谈话说："此次前往日本访问，系以私人身份，答访日本前首相吉田茂先生之访华，并将代表政府对吉田先生授勋，同时与吉田先生及日本朝野人士会晤，就有关亚洲局势及改善中日关系交换意见。"

张群在羽田机场受到日本外相椎名悦三郎、吉田茂的代表北泽直吉和各界代表五百余人的欢迎。

次日，张群在台湾驻日本"大使"魏道明的陪同下，前往日本皇宫签名致敬。

二次大战后张群每次来到日本，都能够与裕仁天皇见面，此次访日则因为正值炎热的夏日，裕仁天皇照例在伊势避暑不能见面，因此采取了签字致敬的补救方法。

张群离开日本皇宫，然后到霞关外务省访问日本外务大臣椎名悦三郎，与椎名就亚洲局势和"日台"关系问题进行会谈，张群奉蒋介石之命说：

"中日关系上年虽曾一度陷入僵局，但在吉田先生和双方政府及各界领袖之共同努力下，目前已达成正常化，至感欣慰！唯仅仅恢复正常仍感不足，吾人必须继续尽最大之努力，促使双方在反共大目标下，做更进一步之合作。日本为亚洲大国，应具远大眼光，负起对亚洲、对世界之使命，勿过分斤斤计较于目前一时一事之得失，日本现在的处境，容或与我方不同，但日本政府尤应坚持反共之原则与精神。"

椎名悦三郎是一位老谋深算的政治家，他说日本的国策虽然为反共，但"日台"情况迥异，手段或有不同，椎名悦三郎引用屈原《楚辞》中的"同极异路"（意即殊途同归）来搪塞，并不想承担责任。

张群千方百计拉拢说："虽然'条条道路通罗马'，但平坦者有之，崎岖者亦有之，不过双方所选择之路线，不宜相距过远。"

接着，张群拜访池田首相，赠给他一张蒋介石亲笔签名的照片。

池田泛泛谈起"日台"间发生误会的原因是人员往来太少，今后应加强官方和民间人员往来，并对失言事件有所解释。

张群代表蒋介石邀请池田访台，举行双方"部长级"会谈，他绞尽脑汁极尽拉拢池田之能事：

"自民党及贵总理大臣之反共意识，虽可了解，但日本政府事实上的表现，又多属亲共之事，故台湾人士怀疑不满并非意外，现双方关系业已好转，自宜加强人士往还，阁下久有访华之意，甚盼早日实现。日本与美、法、英、加友邦之间，均有阁员级会议，似亦可仿行。"

池田勇人对张群的意见表示接受。他告诉张群，等日韩交涉解决之后就前往日韩访问，也同意举行"日台"阁员级会议。

张群大受鼓舞，趁机挑拨中国与东南亚国家的关系，怂恿池田勇人"提高警觉，力谋团结"，尤其是加强"日、台、韩"合作。

池田勇人在首相官邸设宴款待张群，宴饮正酣的时候，张群煞费苦心地讲了大正初年他访问大隈重信的故事：

大隈重信为表示他对中国的关切，指着他座右的佛像对张群说："这是我在病中，一位印度朋友送给我的。佛性慈祥，但右手置于膝上，是表示安抚；而左手高举执仗，则含有如安抚不成，即将扣之以仗之意，这正是治国平天下的道理。中国所谓王道与霸道，佛右手是王道，左手是霸道；周文王是王道，周武王是霸道，到了成王，则王霸并用，得到了治国平天下的道理。"

张群城府极深，他重讲这段故事，意在告诉池田勇人：日本过去的政治家对东方文化精神缺乏了解。池田勇人搪塞应付说："秘书长为中日关系努力，数十年如一日，令人敬佩，中日关系有卓越坚毅如秘书长这样的老前辈来领导，实为我们后辈之福。"

接着，张群前往拜访日本新任文部大臣爱知揆一，祝贺他担任新职，感谢他多年来为促进"日台"关系所做出的努力，又借日本前任文部大臣天野贞佑的话大做文章。

张群说十年前访问日本的时候，天野贞佑曾经对张群说："日本政治没有哲学。"张群借题发挥道，因为当时日本刚恢复独立，党派斗争激烈，但是日本缺乏中心领导人物，日本人没有爱国中心思想。

张群认为天野贞佑此语确实切中日本当前时弊，希望爱知揆一能够在教育上注意东方精神与青年思想问题。

张群又连续访问通产大臣樱内义雄、众议院议长船田中，还在船田中的陪同下前往大野半睦家献花，称赞刚逝世不久的这位日本政治家豪放旷达，富有情感，看重风义，广交朋友。

张群刚回到台湾驻日本"大使馆"，就接到日本裕仁天皇的邀请。原来，裕仁天皇为主持 8 月 15 日的祭典"阵亡将士"仪式回到东京，打破斋戒沐浴不接见宾客的惯例，将老熟人张群接到皇宫，晤谈三十分钟，可谓非常礼遇。

张群明白皇太子明仁将来要登上日本天皇的宝座，就抓住时机与明仁闲谈起来："你觉得什么事情最能使你高兴？ 或者说你最希望做什么事情？"

明仁很高兴与中国著名政治家张群攀谈，他毫不犹豫地回答："口袋里放着钱，自己上银座买东西。"

张群对明仁皇太子的话一点儿也不觉得奇怪，他深知日本皇太子的行动和日常生活，都有人照顾得十分周到，他不能亲自上街购物，因为日本人只要一看是皇太子，商店主人必定赠送。 在日本人的眼里，天皇、皇太子都是神，谁那么大胆子，敢要作为神的皇太子的钱呢？

再说，一个商店如果能够给皇太子送礼品，那就会很快传遍日本四岛，从而产生极大的广告效果，哪个商家都求之不得，想借此大大地发上一笔横财呢！

这样一来，就把皇太子明仁搞得很不自在，能够自己带上钱上日本东京最繁华的商业街银座买一次东西，就成了皇太子明仁的一大心愿，经张群一问，明仁就脱口而出。

日本、台湾记者认为没有见过这种大场面的人，一旦进入天皇、皇后、皇太子盛情招待的隆重的宫中宴会，早已紧张万分，恐怕瞠目结舌，连话也说不出来了。 而张群却是见过大场面的人，只见他从容不迫，非常轻松地用日语与皇室的人分别交谈。

日本和台湾记者称赞张群具有泱泱大国风度，富有特殊的使人感动的本领，日本人称之为"魅力"，说他具备热情、轻松、神态从容的特点，明了年轻人的心理，并不摆出一副道貌岸然的说教面孔。

张群前往自民党总部，与其总务会长中村梅吉、政策委员会会长周东英雄、副干事长大平正芳会见晤谈。

张群看见客厅正面悬有前日本首相原敬的题词，就告诉他们，在大正七年原敬首相遇刺的时候，他正在东京，随后便滔滔不绝地讲起当时的日本政党旧事，中村梅吉等都对张群如此熟悉日本政党历史感到惊讶。

接着，张群特意会见日本国务大臣佐藤荣作，张群是 1953 年访日时在当时的首相吉田茂举办的宴会上认识佐藤荣作的，估计他有接任日本首相的极大可能性，就有意予以拉拢，与其就"日台"关系及亚洲局势做了深入交谈，为其后两人建立密切关系打下了基础。

8 月 14 日下午，张群在台湾驻日本"大使馆"主持盛大仪式，授予吉田茂特种大绶卿云勋章一枚，副首相石井光次郎、佐藤荣作、贺屋兴宣、足力正等参加观礼，张群代表蒋介石致颂词。

身材短小的吉田茂一袭崭新的白色西服，将大勋章接过佩在胸前，得意扬扬致辞称："此次渥蒙蒋'总统'授勋，乃毕生之光荣，今天是我长久政治生活中最高兴、最满意的一天，请代向蒋'总统'致谢！"

接着，张群奉蒋介石之命举行酒会招待日本政要，池田首相、佐藤荣作及日本内阁成员、国会两院领袖相继莅临，更使吉田茂得意非凡。

佐藤荣作晓得台湾在日本有一定的"势力"，他要登上首相宝座就必须得到日本亲台议员的支持，为此又特别设宴款待张群，两人互有需求，一拍即合，关系更加密切。

8月16日，张群再次前往大矶拜访吉田茂，佐藤荣作、岸信介、石井光次郎、贺屋兴宣及外务大臣椎名悦三郎等作陪。

张群称赞吉田茂本年二月访台时与蒋介石达成的谅解，为"日台"关系的发展打下了基础，特别是越南东京湾事件发生后，一种新的形势出现于亚洲，极需日本下定决心，以自由世界和亚洲之支柱自任。一番话说得佐藤荣作热血沸腾，跃跃欲试。

更使蒋介石欣喜的是，他极其厌恶的池田首相因病于1964年11月初辞职，他的老朋友佐藤荣作经自民党元老议定，未经竞选就直接登上自民党总裁和内阁首相的宝座。

蒋介石、张群忙命驻日"大使"魏道明向佐藤荣作祝贺，满以为佐藤和他的胞兄岸信介是山口县人，属于渔民聚集的长州南部地区破落的武士家庭出身，可算大半个大陆浪人，会讲义气支持台湾当局。他们没有想到，佐藤荣作上台后的讲话却使他极其失望，佐藤竟这样说：

"虽说日本同'国民政府'缔结了媾和条约，但蒋'总统'在战争结束时表示的好意，并不能约束日本国民的走向，我们对蒋'总统'是非常感谢的，可也不能以此感情来处理问题。"

蒋介石急忙把张群召进台北市郊外的士林官邸，大骂佐藤荣作"不是东西"，张群心里对佐藤荣作有数，等蒋介石骂够了，张群才轻声劝告："'总统'，佐藤是我们的老朋友，不要骂！"

"是朋友，怎么还讲那种话？"

"他刚上台，不得不这样讲，否则日本右翼朋友怎么会支持他？"

"岳军兄有何高招儿？"

"我通过吉田茂、岸信介打通佐藤荣作的关系，定能扭转不利局面，请'总统'放心！"

在蒋介石的催促下，张群调动在日本的所有关系打通佐藤内阁的关节，果然在十天后，蒋介石听到了"顺耳的话"，佐藤在国会的讲话调子变了：

"政府将一面维持迄今同'中华民国'政府之间的正规外交关系，一面以政经分离的原则，同中国大陆之间继续民间贸易以及其他事实上的接触。"

蒋介石脸上这才有了笑容，但还没等他笑出声来，又接到张群关于彭真将率领中共代表团赴日参加日共第九届代表大会的报告。

蒋介石吓了一跳，暗想这是新中国访日的最高级代表团，彭真能力超群，若和佐藤内阁成员接触，就会在池田内阁时期改善中日关系的基础上再前进一步，这可非同小可！

蒋介石马上与张群研究对策，指示驻日"大使"会见日本首相佐藤荣作，甚至以"断交"相威胁，迫使佐藤上台后对新中国做出的第一件事，就是在 1964 年 11 月 20 日决定阻止彭真率领的中共代表团入境，从而给中日关系带来了严重的后果。

没几天，张群又向蒋介石报告了令他们丧气的消息。

日本内阁官房长官桥本登美三郎在日本国会受到质询：佐藤内阁是否受《吉田书简》的约束？

桥本登美三郎回答说：佐藤内阁不受《吉田书简》的约束。

日本进步人士欢声雷动，认为日本政府的对华态度终于有所松动，《吉田书简》的约束力总算被打破了。

蒋介石、张群为此大伤脑筋，通过各种渠道向日本政府施加压力，迫使日本首相佐藤荣作两天之后在国会答辩时，以强硬态度宣称："《吉田书简》虽然是吉田茂先生的一封私函，但其内容与日本政府的立场'毫不相背'，因此，我认为《吉田书简》对我所主持的日本政府仍有约束力。"

这时候，日本社会党议员石桥政嗣马上追问："你的答询内容与官房长官的谈话内容有矛盾。"

佐藤荣作一愣："我的答询内容与官房长官的谈话内容矛盾？"

佐藤荣作想到他与蒋介石、张群的关系，就蛮横地宣称："官房长官发表那项谈话，我并不知情，他事前并未向我报告。"

桥本当时也列席议会，连忙站起来表示说："我和首相同心一体，首相做此答复，请诸位接受首相的谈话。"

其后，日本记者私下向桥本登美三郎询问详情。桥本虽承认自己发言失当，碰了钉子，但却满脸委屈地发牢骚说："对于首相，我们有时只有服从的份儿……"

台湾驻日本"大使"魏道明认为这是他上任后取得的"重大胜利"，马上向台湾当局报功，蒋介石、张群大喜，传令把魏道明大大夸奖了一番。

蒋介石、张群把华盛顿、东京、汉城看作在海外的三大"外交堡垒和基地"，必须设法保住。张群私下告诉台湾驻日本记者：

"在日本，我们的基本目标只有两个：维持'邦交'及支持'我国'在联合国的代表权。其他枝枝节节的问题，都无所谓。有时，甚至还要在其他方面放点水，让他们发泄，以巩固其基本目标。在日本，反对势力这么大，不可能事事求全，不能'里子''面子'都要，不能因小失大……千万乱不得，我们不能跟着他们起哄。"

1965 年 1 月 10 日，佐藤对美国进行他组阁后的首次访问，美国总统约翰逊要求日本支持台湾，佐藤当即表示日本坚持与台湾保持"正规的外交关系"。

蒋介石、张群连连称赞佐藤荣作真够朋友，却很快就接到两个坏消息：大日本纺织公司将向中国出口第二套维尼纶成套设备，日立造船公司与中国签订了出口两艘万吨货轮的合同，两宗贸易都将使用日本输出入银行资金。

蒋介石、张群觉得这两宗贸易都非同小可，害怕维尼纶事件重演，忙命驻日"大使"魏道明调查真相。

蒋介石、张群获悉佐藤荣作刚刚执政，还没来得及过问这两个问题，就赶快与佐藤内阁交涉，促使佐藤以首相身份在 1965 年 2 月宣布，中日贸易要受《吉田书简》的约束，致使向中国出口第二套维尼纶成套设备和两艘万吨货轮的合同都未能履行。

1965 年 4 月 5 日，廖承志驻东京办事处就佐藤政府破坏中日贸易问题，复电高崎办事处称：

"日立造船公司同中国机械进出口公司于 1964 年 11 月 16 日签订出口万吨货轮的合同后，我们以极大的耐心期望该合同能够完美执行。但是由于贵国政府公然表示要接受《吉田书简》的约束，始终不批准'日立'使用输出入银行的资金，表明贵国政府公开容忍台湾蒋帮干涉中日两国的民间贸易，这就使合同的履行丧失了起码的保障，因而迫使合同于 3 月 31 日失效。"

电报说："我们不能不严正地指出，该项合同的失效和它给'备忘录贸易'所带来的极端恶劣的影响，必须由贵国政府负完全责任。我方多次表明，任何容忍蒋帮干涉中日民间贸易，接受《吉田书简》约束，或变相执行《吉田书简》的做法都是我方所绝对不能接受的。但是，贵国政府始终顽固地执行歧视和敌视中国的政策，不仅阻挠

'备忘录贸易'的正常进展，而且还故意混淆视听和转嫁责任。对此，我们不能不表示极大的遗憾。"

其后，因台湾驻日人员在张群策划下大力活动，致使中国从日本进口第二套维尼纶成套设备的合同也遭到破坏。为此，5 月 10 日，《人民日报》发表评论员文章《佐藤政府必须承担破坏中日贸易的责任》予以谴责：

> 日本佐藤政府坚决追随美国敌视中国，一意孤行按《吉田书简》办事，迫使中国技术进出口公司于 1964 年 9 月同日本签订的从日本进口第二套维尼纶成套设备的合同失效。这是佐藤政府继破坏向中国出口货轮合同后，又一次给中日贸易制造障碍的重大事件。佐藤政府这种蓄意阻挠和破坏中日贸易的卑劣行为，不能不引起中日两国人民的愤慨。佐藤政府为什么这样日益明目张胆地坚持所谓《吉田书简》、执意破坏中日贸易呢？……佐藤政府的对华政策是完全服从于美国侵略亚洲的战略需要的。美国要"遏制中国"，它就采取敌视中国的政策……于是就连普通的中日民间贸易，佐藤政府也要加以破坏来服从美国的侵略政策。

尽管如此，蒋介石仍然觉得"日台"关系险情丛生，吩咐张群大力拉拢日本。

1965 年 11 月，张群作为蒋介石的特使，赴梵蒂冈参加教廷大公会议闭幕仪式，途经日本的时候，对日本右翼政客极尽拉拢之能事。

岸信介、石井光次郎等人在东京新桥的高级"料亭"新喜乐设宴招待张群。宾主坐定之后，岸信介代为转达其兄弟佐藤荣作的特别说明，因为正逢秋高气爽、河豚肥美的季节，今天特以河豚盛宴款待贵宾。

张群吃得津津有味，大讲特讲苏轼的"春江水暖鸭先知"，然后借此施展拉拢之计：

"我们中国人是不作兴请人吃河豚的，因为河豚虽然味道鲜美，却有剧毒，所以俗话有所谓'拼死吃河豚'之句。我们不以河豚请客，是因为做主人的不敢负安全责任，做客人的也不一定有胆应邀。今天，诸位日本老朋友居然请我吃河豚，这是表示大家以生死交情待我；我欣然而来，开怀大吃，也正表示我也是以生死之交情对待大家。我深为今天这场宴会所感动。"

张群又掏出一个十日元的硬币，交给岸信介，这个突然的举动把岸信介等日本人弄糊涂了，急忙摆手谢绝："岳公，这是何意？"

张群笑着解释："请让我与主人一起去付餐费。"

岸信介更被弄得丈二和尚摸不着头脑："这又是为什么?"

张群城府特深，极其认真地说明原因："这是我们中国人结伴吃河豚的规矩，大伙一块儿吃，一块儿喝，同享乐，共生死，肝胆相照，义薄云天。但是，最后却是各付各的账，以示各人自己负责：万一有了三长两短，与他人无关。我这十元日币，是象征性的付钱。我衷心领受了大家的情义，却绝不能拖累大家。我们还是一起付钱去吧……"

岸信介等人暗暗称赞张群老谋深算，一场河豚宴会，竟被张群赋予浓厚的政治内容，借此表达了张群要保住日本这个反华基地的"良苦用心"，认为张群"够朋友"，便更加紧调动日本右翼势力，阻挠中日改善关系的更大发展。

蒋介石、张群趁热打铁，和日本签订了由日本提供一亿五千万美元的日元借款合同，派"外交部长"沈昌焕、"副总统"严家淦先后访问日本，还费尽心机请日本首相佐藤荣作于 1967 年 9 月 7 日访台。

张群奉蒋介石之命率领台湾文武大员到机场热烈欢迎佐藤荣作访问台湾，举行台湾最隆重的仪式显示台湾"最大的外交成果"。

张群与佐藤荣作两个老朋友在台北相见，都分外高兴，佐藤荣作格外动情地说："我终于实现来台湾访问的诺言了！十年夙愿一朝实现，我的心情分外愉快！"

张群马上带佐藤荣作去见蒋介石、宋美龄，蒋介石对佐藤荣作到台北访问表示最热烈的欢迎，佐藤荣作告诉蒋介石夫妇和张群：

"当我决定访问台北的时候，少数日本人纷纷前来阻止，问我为什么要去台北访问？但是我坚持自己的信念，毅然决定接受蒋介石'总统'的邀请来台北访问，实现了我多年来的夙愿。"

蒋介石、张群对佐藤荣作来台湾访问给予极高的评价，张群以"总统府秘书长"的身份，与夫人马育英在台北市"国宾"大饭店，举行盛大宴会招待佐藤荣作夫妇和随同来台北的五个国会议员、十三名随行人员，并邀请"日台"文化经济协会会长何应钦、"日台"合作策进委员会台湾方面召集人谷正纲，以及这两个机构的全体理事、监事、全体委员及其夫人约一百人出席作陪。

张群热情洋溢地致辞说，他十年以来多次赴日本，每次与佐藤荣作欢谈时都发出访问台湾的邀请，现在佐藤首相终于偕夫人联翩惠临，实现了来华访问的诺言，十年夙愿一朝实现，他心情之愉快是可以想象的。我们今天有机会来欢迎佐藤首相这样的贵宾，自然特别高兴。

张群讲到何应钦领导的"日台"文化经济协会和谷正纲主持的"日台"合作策进

会议的时候，称赞这两个机构对促进"日台"政治经济、文化和民族感情等方面做出的贡献，给"日台"当局帮助很大，被称为"日台"合作的桥梁，感谢佐藤首相对这两个机构的大力支持和帮助。

张群接着笑容满面地极力吹捧他的老朋友佐藤荣作的夫人说："首相夫人出身名门，有极深的文学修养，并精于花道、茶道乃至高尔夫球技，热心公益，是一位博学多才的贤妻良母，我们对她非常敬佩。"

接着，张群把目光转向佐藤荣作说："佐藤首相是一位杰出的卓越政治家，佐藤先生从政数十年，历任吉田茂、岸信介、池田勇人内阁邮政、建设、大藏、通商各省大臣，并兼任北海道开发厅长官、科学技术厅长官，对日本战后经济的复兴、国际地位的提高贡献至巨。三年来两任阁揆，一展宏图，克服了经济上的特殊困难，使不安定的政治局面得以稳定。"

张群根据蒋介石的指示，对新中国横加攻击，希望日本与亚洲反共国家加强团结，共同反对新中国。

佐藤荣作致辞的时候说，从他所住的东京私邸乘车去日本的休假胜地轻井泽，需要行车三小时，但现在乘坐喷气式飞机从东京到台北，也仅需三小时，科学的发达已经缩短了空间与时间。因此，为了增进"日台"的亲善合作关系，双方人民与人民间的相互访问是重要的。

佐藤荣作望了老朋友张群一眼，对张群刚才关于他访问台湾的事情做出证明说，当他决定来台访问的时候，有些日本人想阻止他来台湾访问，但是他坚持自己的信念，毅然决定接受台湾当局的邀请来台访问。佐藤荣作振振有词地说：

"日本战后的基本国策是维护自由，推行和平政策，与任何国家都要维持亲善友好的关系，因此，我来华访问是不应受人批评的。"

正当日本首相佐藤荣作不顾中日两国人民的强烈反对访问台湾的时候，佐藤政府于9月8、9两日竟制造事端，出动大批警察、特务和暴徒，打伤新中国廖承志办事处驻日人员、新中国驻日记者和工作人员多人，又一次制造了极其严重的反华法西斯暴行事件。

对此，蒋介石、张群拍手叫好，事情的经过是这样的：

9月8日下午，廖承志办事处驻东京联络事务所为抗议佐藤荣作"访问"台湾举行记者招待会，几名自称时事通信社记者的人未经邀请强行入场，被中国驻日人员当即拒绝。当晚，另有两名自称时事通信社的"记者"到廖承志办事处驻地挑衅，不顾中国工作人员的劝阻，拍摄了驻所楼房及工作人员头像。八点钟后佐藤政府当局增派了便衣特务，涩谷警察署公安股长高桥企图放走挑衅者。 而后佐藤政府竟派了大批警察和便衣特务到中国驻日人员住所挑衅，殴打了两名司机。 廖承志办事处代表向日本政府提出强烈抗议。

第二天上午，中国驻日记者得到确切的消息，日本右翼暴徒在警察当局的庇护和台湾驻日人员的支持下，准备来中国驻日人员住所施加暴行，当即通过驻东京办事处向日本警察当局提出抗议，并要求阻止即将发生的暴行，但是日本警察当局竟未采取任何措施。

下午 2 时，"日本爱国党"暴力团头目赤尾敏带领大批手持棍棒的法西斯暴徒在警察的保护下，来到中国驻日人员住所进行挑衅，肆无忌惮地诬蔑中国人民。 中国驻日工作人员立即要求在场的警察阻止暴徒的暴行，但是日本警察不仅置之不理，反而对赤手空拳的中国驻日工作人员的抗议行动进行镇压，打伤中国驻日人员多人。

消息传开，日本各界友好人士和爱国华侨纷纷赶来声援中国驻日人员的正义斗争。 由于中国驻日人员的坚决抗争和日本朋友们对佐藤政府的强烈抗议、谴责，右翼暴徒不得不狼狈逃走，还来不及溜掉的负责现场指挥的东京涩谷警察署的两名警察不得不供认了他们庇护暴徒的罪行。

对此，蒋介石、张群弹冠相庆，指示台湾驻日人员推波助澜，扩大事端。

针对日本佐藤政府在台湾当局支持下搞出的严重事件，9 月 10 日，《人民日报》发表名为《佐藤政府正在走东条的老路》的社论指出：

> 日本反动政府首相佐藤荣作，秉承美帝国主义的意旨，在 9 月 7 日至 9 日钻进我国领土台湾，同中国人民所唾弃的蒋介石匪帮举行"会谈"，策划反对中国人民的阴谋活动。与此同时，佐藤反动政府又在东京出动武装警察和便衣特务，殴打我工作人员，制造反华事件。对于佐藤反动政府的这种种疯狂敌视中国的罪行，中国人民一定要给予坚决的回击！佐藤政府上台以来，一贯追随美帝，拼凑反华的政治同盟，甚至拟定了一系列以中国为假想敌的军事进攻蓝图，并且大搞"两个中国"的阴谋，狂热推行反华政策。现在……佐藤同蒋匪帮打得火热，干了过去吉田茂、岸信介等历届日本反动政府所没有干的坏事。这就彻底暴露了佐藤政府的反动性和侵略性。佐藤政府加紧同蒋匪帮全面勾结的一个罪恶目的，是要把它的侵略黑手伸进我国领土台湾。佐藤上台伊始就狂妄地叫嚣什么"台湾归属未定"。日本财阀更赤裸裸地提出"新征台论"，叫嚷台湾是日本的"防波堤"，

决不能"放弃"台湾……佐藤这次正式访问蒋匪帮，更加暴露了日本军国主义势力妄图重新霸占我国领土台湾的狼子野心。

这时候，蒋介石、张群却把佐藤荣作访台视为他们晚年反共外交的"最大成就"，对佐藤荣作简直像对待神仙一样供奉。在9月8日的会谈中，将佐藤荣作大加吹捧，最后才扯到他最关心的反共问题上。

佐藤荣作也是日本很有城府的政治家，虽极为亲台，但却不愿公开承担反共义务，就只好搪塞敷衍道："日本在世界上曾扮演丑恶角色，所作所为有诸多错误，今后自不再如此。"

蒋介石如鲠在喉，非吐不快，但又不便直说佐藤荣作，便接受张群的建议转弯抹角地谈到中国1964年10月16日第一颗原子弹爆炸，然后直抒胸臆地说：

"吾人此际反共，不必恐惧苏俄之驰援，至少我军收复中国南部，决不致引起苏俄介入。"佐藤荣作听蒋介石、张群谈"反攻大陆"如听白日梦语，暗自好笑，但出于礼貌不忍点破。

当晚8时，蒋介石、张群在台北郊外阳明山中山楼举行晚宴，招待佐藤一行。

蒋介石知道自己无力"反攻大陆"，又与张群反复商量，便寄望于日本复活军国主义后再度进攻中国，从而达到他火中取栗之目的。因此，在佐藤荣作提到日本防卫问题时，蒋介石接过话茬大发感慨道：

"作为国家必须有自我防卫之力量，日本必须注意北方被苏俄侵占之领土（千岛群岛）。苏俄与美国不同，有领土野心，恐甚难于放手将四个岛屿交还日本耳！"

佐藤荣作不想上蒋介石、张群这个当，有意转移话题说："9月22日是吉田先生的米寿，应该好好庆祝一番！"

"啊，吉田先生八十晋八了，真是可喜可贺，"蒋介石若有所思，旋即吩咐张群："拿纸墨笔砚来！"

不一时，张群命人将文房四宝送到，蒋介石挥笔写下龙飞凤舞的"望重寰宇"四字寿轴一幅，感慨万千地说："吉田先生是日本能持大体，又具有远见的政治家，这四个字当之无愧！"

蒋介石又想到蒋经国与日本关系较浅，便与张群商量，请佐藤荣作以首相身份安排蒋经国访日，佐藤荣作不好推托，与蒋介石、张群商定蒋经国率领台湾代表团两个月后访日。

不久，1967 年 10 月 20 日，传来了吉田茂因病去世的消息。张群恰好当天到日本参加"台日"合作促进会会议，一到旅馆，岸信介就向他报告了吉田茂去世的消息，张群便赶赴东京大矶吉田茂私宅拜祭。当时尚未入殓，见了最后一面。吉田的女儿麻生和子说：

"当此家父去世的时候，刚巧阁下来到日本，今天和家父见了最后一面，这可以说是缘分。我想家父在九泉之下，必定满意了。"

蒋介石得此消息，立即命张群作为参加吉田茂国葬典礼的"特使"，又发来唁电说：

"吉田先生不仅为贵国复兴之元老，其硕德卓识，又为东亚安危相仗，不可或缺之哲人。一旦丧此老成，实为自由世界不可弥补之损失，岂此为中正私人情谊之哀痛而已。"

为拉紧"日台"关系，蒋介石派蒋经国以台湾"国防部长"的身份，应首相佐藤荣作邀请于 1967 年 12 月 27 日开始访问日本。

经张群多方联系安排，佐藤荣作派外相三木武夫到机场迎接，然后亲自与蒋经国进行会谈。蒋经国声称"光复大陆的决心不变"，佐藤荣作慑于国内外形势，不敢贸然做出反应。

蒋介石、张群获悉佐藤荣作将于 1969 年 11 月中旬访美，立即指示驻美、日人员与驻在国频繁接触，终于取得了令蒋介石、张群高兴的结果。

佐藤同尼克松发表的共同声明，特别谈到了台湾问题，声明说："总统言及美国对'中华民国'条约上的义务，美国重申遵守这个条约。总理大臣认为，维持台湾地区的和平与安全，也是日本安全的一个极重要因素。"

应蒋介石、张群的要求，佐藤两次访问美国的时候，叫嚷中国有"侵略倾向"，台湾是"日本安全的一个极重要的因素"，这同日本当年为制造侵华借口而叫嚷"满蒙是日本的生命线"同出一辙，是敌视中国的老手法的重演。

《人民日报》1969 年 12 月 25 日发表评论员文章《日本反对派休作梦想》，尖锐地指出这是"美、日、台"反动派相互勾结对中国人民的严重挑衅：

> 佐藤荣作在他和尼克松会谈的联合公报中，竟然公然声称中国神圣领土台湾省是"日本安全的一个极重要的因素"。在 12 月 1 日的演说中，他又说台湾的"安全"是日本"安全"的"严重问题"。这是日本反动派把侵略矛头直接指向我

国、妄想用武力阻挠我国人民解放台湾的赤裸裸的战争叫嚣，是对中国人民的猖狂挑衅！中国人民对日本反动派的这类论调并不陌生。当年日本军国主义侵略中国的时候，从田中义一到东条英机都使用过这种强盗逻辑。日本军国主义想把侵略魔爪伸向哪里，就说哪里是日本的"安全"所必需。……具有同帝国主义长期斗争经验的中国人民，对于日本军国主义的侵略本性早就看透了，并且保持高度的警惕。日本军国主义势力对于他们被迫滚出我国领土台湾和把台湾归还给中国，从来不甘心，梦想有一日重新霸占台湾。早在吉田茂内阁和岸信介内阁的时期，日本当局就曾掀起过一阵所谓"台湾归属未定"的鼓噪，叫嚷日本要尽一切力量阻止台湾"被共产党拿去"。佐藤最近的叫嚣同吉田茂和岸信介完全是一脉相承。

佐藤荣作去世后，蒋介石、张群非常悲痛，张群撰写《悼念佐藤先生》一文追述两人的交往称：

我原与佐藤先生之令兄岸信介先生相识，1953 我以特使身份赴日报聘的时候，应当时的首相吉田茂先生之邀，在宴会中始与佐藤会见。他继池田之后三任日本首相，对于日本的复兴，中日国交的重建建树颇多，为举世所共知，我所强调的是佐藤荣作的信念与品格，其重要性实远超过他一切建树之上。简言之，佐藤这个人，可以说是东方民族精神的代表者，他一生的事功，都是由这种精神出发的。

张群回忆起 1953 年访问日本的时候，曾带去了他写的一本小册子《中日关系与美国》，主张"日台"与美国合作，以谋亚洲的"安全与繁荣"，1971 年 4 月佐藤来台北的时候，两人曾经谈及此书。 佐藤回国后来函要张群送一本给他，并询问是否可以在东京加印分送友人？ 张群复函表示同意。

据日本《朝日周刊》记载，佐藤荣作病倒前夜，曾经于午后阅读《中日关系与美国》，并以红铅笔画线熟读，可见他对国事世局的关心，投老弥笃，而且同意张群的观点。 因此，张群满含深情地哀悼佐藤荣作的去世：

佐藤先生之逝世，在日本失去了一个伟大的元老政治家，在我们失去了一个国际友人，我个人则失去了一个志同道合的老友。我内心的悼惜，是无法用文字来表达的。《诗经·大雅》有言"虽无老成人，尚有典刑"，佐藤的品格与作风，已弘扬了大和民族的精神，作为日本立国的根基。

第二十四章　拼凑东亚反共链条

1949 年 7 月，中国人民解放战争犹如秋风之扫落叶，以泰山压顶之势迅速发展，蒋介石军队兵败如山倒。

蒋介石见蒋家王朝必然被赶出大陆，美国也想放弃对他的支持，不得不与张群、蒋经国等商量自谋生路之策。

连素称"智多星"的张群也感到绝望，哀叹说："连美国朋友都不管我们了，看来只有依靠我们的难兄难弟了……"

蒋介石毕竟比他的党徒们高出一筹，他反复观察挂在墙上的世界地图，煞有介事地道出他想于近期访问南朝鲜和菲律宾的打算。

最了解蒋介石思路门径的张群马上明白了蒋介石的意图，讲起他 1948 年作为蒋介石的特使访问被美国占领之下的日本，在表面上看，除了视察外交并为理解美国驻日当局的管理日本的政策，但最重要的任务是在对日合约签订之前，先与操有日本生杀大权的麦克阿瑟交换意见，策划反共的"东南亚联盟"。

张群提议，首先建立中日韩防共协定，再把印度、泰国、缅甸等国吸收进来，扩大为"东南亚联盟"，其主要精神，"在于共同防止共产主义思想之侵入，继而可以根据各国的实际情况，订立军事与经济协定"。但是因为当时美国还没有认识到这一问题的重要性，加之中国内战形势紧张，蒋介石突然把张群从日本紧急召回……

张群回忆了上述"幻想曲"，又顺着蒋介石的思路猜测说："我认为'总统'在这个时候访问南朝鲜和菲律宾，绝不是为我们在大陆的失利壮行色，而有更深远的考虑，它涉及今后的整个亚洲外交格局，甚至关系到我们能否东山再起的大问题。"

蒋经国似有所悟，试探性地向蒋介石讨教说："父亲，您此次出访菲律宾、南朝鲜，是意在遏制东亚共产党的发展吧？"

蒋介石颇为自负地告诉蒋经国和张群，他有这样的意思，但仅仅是表面文章，他已经冥思苦想出迫使美国重新支持国民党政权的"妙计"：由于大陆与苏联、东欧国家已经连成欧亚一大片，红色阵营业已形成，与以美国为首的西方阵营尖锐对立。美国现在已经感到欧洲存在危险，但是对亚洲特别是东亚的危险局势，还没有来得及考虑，蒋介石自我吹嘘说：

"我此次出访菲律宾和南朝鲜，就是向全世界宣告，我蒋某人是遏制共产主义在东亚扩散的带头人。"

张群恍然大悟，信服地称赞蒋介石颇有眼光和计谋。

蒋介石得意地走到挂在墙上的世界地图面前，举起教鞭沿着日本、朝鲜半岛、台湾地区、菲律宾，用力地划了一条曲线，滔滔不绝地大发议论说：

"我还要借此告诉美国，唯有建立这样一条反共链条，东亚诸国才能不被赤化。自然，美国在东亚的利益才能得到保护。"

张群、蒋经国齐声道好，吹捧蒋介石说："打出这张牌以后，就等于提前构成对美国的一个战略性呼吁。到那时，美国政府不用我们请，他就会主动地出兵保护台湾了！"

蒋介石得意地纵声大笑，一时间竟然忘记了自己即将被人民解放军赶出中国大陆的伤心现实。

于是，张群派出"政学系"干将吴国桢、王世杰等陪同蒋介石，7月10日自台北飞往菲律宾碧瑶，与菲律宾总统季里诺商谈组织太平洋反共联盟问题。

蒋介石、张群都没有想到季里诺地位不稳，不愿承担力不从心的反共任务；蒋介石又提出在菲律宾成立国民党流亡政府的问题，季里诺不感兴趣，蒋介石只得告别季里诺丧气地返回台北。

蒋介石不甘心失败，又在张群的支持下，8月3日由台北飞往南朝鲜。蒋介石与李承晚处境相同，两人一拍即合，共同商讨了发动远东各国建立反共联盟的具体步骤，还发表联合公报予以鼓吹。

逃台初期，蒋介石和张群都感到绝望，几乎要走投无路了，是朝鲜战争的爆发，使蒋介石"死而复生"。张群大力帮助蒋介石叫嚷"随时可以参加"朝鲜战争，鼓吹"中、菲、韩应紧密团结，建立亚洲反共阵线"，先后与美国签订了《联防互助协定》《共同防御条约》，与日本签订了"日台"和约。

蒋介石、张群由此定下心来，进一步考虑拼凑亚洲反共链条问题。

1952年8月，张群代表蒋介石访问日本洽商"日台"相互恢复"大使馆"、加强经济合作；1957年9月，张群以蒋介石的"总统特使"身份出访日本、南朝鲜，反复向日本、南朝鲜朝野鼓吹：

"国际共产主义在亚洲的主要侵略目标，一个是中国，一个是日本，自中国大陆沦入铁幕之后，共党进攻的箭头已指向日本，匪俄之发动侵韩战争，即为侵略日本的前奏。因此，中日的全面合作，必须扩大为以中日韩合作的东北亚集体安全的基础。"

在构筑东北亚反共链条的过程中，蒋介石、张群最感头痛的是日韩关系。

他们知道旧金山片面媾和后，美国就策动日本与南朝鲜建立正式邦交，蒋介石和张群也大力帮忙，日韩从 1951 年 10 月就开始举行预备会谈，1952 年 2 月举行正式会谈。

蒋介石、张群密切地注视着日韩会谈的进展，张群认为"日韩关系调整之困难，在于日韩两国历史上宿命的仇怨，日本统治南朝鲜时期，采取高压政策，南朝鲜人不忘旧恨"。

南朝鲜代表要求以日本清算三十六年的殖民统治为会谈的先决条件，提出"对日请求权"；日本方面则强调"树立日韩两国的基本关系"，也向南朝鲜提出请求权，因此谈判一开始就陷入对立，不欢而散。

张群得知在美国的压力下，日韩于同年 4 月 15 日举行第二次会谈，双方不仅在请求权问题上毫不相让，而且产生了新的争论焦点——"李承晚线"。

张群深知"李承晚线"是南朝鲜当局在 1952 年 1 月 18 日突然宣布设定的：规定在南朝鲜海岸延伸 196 海里的公海内，禁止日本渔船捕鱼，违反者即予捕拿，很快就逮捕日本渔船 326 艘，渔民 3904 人。为此，双方争吵不休，毫无进展。

蒋介石、张群极力撮合日韩会谈，他们从侧面促进日韩于同年 10 月 15 日举行第三次会谈，但是日本代表久保田出言不逊，竟然声称日本对南朝鲜的统治也有好的一面，比如把秃山变成了绿山，铺设了铁路，修筑了港口，增加了稻田，日本可以此为条件与南朝鲜方面的要求相抵。"久保田妄言"激怒了朝鲜民族，引起他们对日本帝国主义统治三十六年的痛苦回忆和愤慨。

日韩会谈中断达四年之久，双方关系日益恶化，李承晚拒绝与日本谈判建交之事。

张群认为撮合日韩重修旧好之重任，虽然当局以台湾最为适当，但是却一时难于着手。

1957 年岸信介上台后，张群访问日本、南朝鲜，与美国一起促成日韩于 1958 年 4

月 15 日举行日韩第五次会谈，但双方立场仍然尖锐对立，日韩会谈再次中断，张群颇为着急。

李承晚 1960 年被南朝鲜强大的群众运动赶下了台，代之而起的张勉与日本举行第六次日韩会谈，不久就被朴正熙发动军事政变推翻。

蒋介石、张群看到美国从其远东战略出发，希望把四方面的力量，即美国在日本、南朝鲜的军事力量与基地，日本的经济力量，南朝鲜、台湾地区的军事力量与战略地位结合起来，构成东北亚的反共据点。蒋介石、张群对此非常赞成，下大力气予以支持。

于是，张群于 1964 年 8 月先访问日本，与日本首相池田勇人磋商日韩建交问题。张群受池田勇人之托，斡旋日韩关系，促使双方早日建交。

接着，张群访问南朝鲜，力促朴正熙速与日本重建邦交。为此，张群与南朝鲜总理丁一权进行深入的会谈，他从建立反共链条的大局劝说丁一权道："所有亚洲自由国家，应该一致团结，以应付日益险恶的东南亚局势，尤其中日韩更应加强反共合作，蒋'总统'对日韩关系正常化寄予重大关切，希望能够获得圆满的结果。"

张群此次访问南朝鲜，以"杰出的外交手腕"，完成了两件大事：用张群的话说，第一件事是把南朝鲜方面搁置在"冰库"内七八年的韩日基本条约拿出来"解冻"；第二件事是暗中从侧面为貌合神离的日韩关系开辟道路，为日后佐藤荣作执政时期缔结日韩基本条约奠定了一定的基础，张群与丁一权也因此建立了深厚的交情。

1964 年 11 月 27 日，在张群的大力促进下，台湾与南朝鲜签署了"台韩"友好条约，"台韩"关系更为密切。

在美国的压力和台湾的撮合下，日本与南朝鲜于 1965 年 6 月 22 日在东京签署了日韩基本关系条约、渔业协定及有关换文。根据这些条约和协定，日本政府在十年内向南朝鲜赔偿三亿美元，贷款两亿美元，提供二亿美元的赊销贷款。

外电认为，日韩建交虽然是形势使然，但是张群的奔走撮合之劳不能埋没。

其后，"日韩台"三方在政治、经济、文化方面的合作关系得到较大发展。

1966 年 2 月 15 日，南朝鲜总统朴正熙到台湾访问，受到蒋介石、张群的热情接待，朴正熙邀请张群访问南朝鲜。张群秉承蒋介石的旨意提议说：

"日韩两国均为'我国'的近邻，文化上同出一源，在政治上爱好自由民主，经济上亦有密切关系，彼此友好合作，固为理所当然。"

1969 年 1 月，张群在"日台"合作策进会议上发表演说，认为策进"日台"合作的途径，虽然要向政治、文化、经济三方面齐头并进，但是在目前世界大势所趋都关心双方共同利益的形势下，无疑地应该把重点放在经济领域，基本点在于政治方面。

1971 年 6 月 29 日下午 4 时，汉城金浦国际机场，如临大敌，戒备森严。

南朝鲜新任国务总理金钟泌、副总理金鹤烈、外交部长金溶植等高级官员全部出动，欢迎南朝鲜重要客人的到来。

4 时 45 分，南朝鲜航空公司第 602 次班机自空而降，金钟泌等拥上前去，与走下飞机的张群一行热烈地一一握手寒暄，然后金钟泌把张群引至机场贵宾室，亲切地进行交谈。 这些南朝鲜官员在战前大都曾经旅居中国，均为张群的旧友，因此特别欢迎张群访问南朝鲜。

张群此次是应南朝鲜政府的邀请，参加南朝鲜总统朴正熙的第三次就职典礼，并对南朝鲜进行友好访问。

张群这次在访问日本之后访问南朝鲜，是负有蒋介石交给的撮合日本与南朝鲜关系的重要任务，使日本、南朝鲜、台湾地区三方联合起来，共同对付新中国。

吉田茂前几次访问台湾的时候，蒋介石、张群就曾经多次与吉田茂讨论这个问题，但是因为日本在历史上多次侵略朝鲜，遗留有许多积怨。 在美国的压力和台湾当局的说和之下，双方的关系虽然有所改善，但是仍然存在一些隔阂，蒋介石就让张群访问南朝鲜予以排除。

因此，张群离开台湾前，在台北松山国际机场就曾经发表谈话，说明他此次访问南朝鲜、日本之目的，特别强调说：

"日韩两国均为中国之近邻，文化上同出一源，在政治上同为爱好自由民主之邦，在经济上亦有密切关系，各方面都有悠久而深厚的传统渊源，彼此友好合作，固为理所当然。 台湾与日韩的关系虽然很密切，但是三方处境与心情不同，反共的方法也有异，因此如何互相协调，加强合作，实为当务之急，本人愿就此事与日韩友人交换意见。"

金钟泌陪同张群在机场贵宾室休息十分钟后，参加南朝鲜当局在机场举行的盛大军礼欢迎仪式。 金钟泌陪同张群登上受礼台，接受仪仗队的敬礼，再乘车检阅南朝鲜三军仪仗队，然后又返回受礼台，接受漂亮的南朝鲜姑娘献花，然后由金钟泌介绍张群与南朝鲜欢迎官员一一握手为礼。

张群接受军礼欢迎后，乘车前往机场出口处广场，参加旅居南朝鲜各地的华侨代表召开的盛大欢迎会。

张群在汉城华侨中学乐队的鼓号及华侨们的欢迎掌声中，在台湾驻南朝鲜"大使"罗英德的陪同下，缓步走向欢迎队伍，接受华侨幼童献花，满面春风与华侨代表握手问候。不巧天降蒙蒙细雨，张群冒雨徐行十分钟，才检阅完华侨的欢迎队伍。

在台湾驻汉城人员组织的"全体旅韩侨胞的热烈的掌声中"，张群登车驶往汉城，下榻于南朝鲜当局招待部长以上重要外宾的朝鲜饭店，美国特使副总统阿格纽、南越特使伪总理陈善谦、日本特使前外相椎名悦三郎等，也住在这座二十一层高的最新式观光旅馆里，为张群与他们接触、策划反共活动提供了方便。

6月30日上午10时，张群身着晨礼服，率领副特使杨西昆及台湾驻南朝鲜"大使"罗英德等，前往汉城青瓦台总统府，向南朝鲜总统朴正熙递交"国书"。朴正熙见老朋友来到，分外热情，破例趋前亲切问候，接受"国书"后，请张群等人落座，进行了时达二十分钟的谈话。

朴正熙首先问候蒋介石政躬康泰，张群即代表蒋介石向朴正熙转达"衷心祝贺和诚恳友谊"，并表示个人对朴正熙的"崇高敬意"，挖空心思把朴正熙吹得天花乱坠：

"朴大总统为亚洲杰出的革命政治家，本人素表钦仰，相信今后大韩民国在您坚强卓越的领导下，必更能举国奋发，气象更新，不但大韩民国复国的目的可以迅速实现，即亚洲整个反共前途，亦将因朴大总统的屏障前线，屹立中流，而有其更重大的贡献。"

接着，张群恭维朴正熙执政以来取得的"巨大成绩"道："朴大总统自1961年执政以来，先领导军事政府，肃清内部的颠覆组织，巩固反共建国基础，其功甚伟。1963年举行大选，还政于民，又以全民拥戴出任大总统，继续领导南朝鲜在各方面积极建设。十年以来，取得辉煌成就，且与我方交往频繁，密切合作。本人七年前也曾应邀来南朝鲜访问，备承朴大总统优遇，感激不尽。"

这些吹捧言词把朴正熙吹得晕晕乎乎，对张群更为热情。出于同样处于严重困难状态急于寻找摆脱困境的需要，张群与朴正熙就国际形势与台湾、南朝鲜的关系进行了深入的交谈。

朴正熙对蒋介石集团面临的困难形势"颇表关怀"，深信时局虽然比较艰难困苦，但是在蒋介石的"英明领导下"，台湾当局必然能够克服当前的困难，取得很快发展。

7月1日下午1时30分，张群率领台湾特使团全体人员，身穿大礼服前往汉城中央厅广场，参加朴正熙第三次就任总统典礼，与佐藤荣作、阿格纽、陈善谦等坐在观礼台正中。

下午 2 时整，具有东方特色的南朝鲜总统就任典礼开始隆重举行，首先由朴正熙宣读誓词，强调要为寻求"国际局势的和平及国家之统一与现代化而努力"。

仿佛要给朴正熙逆历史潮流的行径予以惩罚，这时下起雨来，而且越下越大，南朝鲜当局急忙给祝贺特使送来雨具，但是却把在场人员淋得像落汤鸡一般，好不狼狈，就职典礼只好匆匆结束。

下午 4 时 30 分，张群前往日本驻南朝鲜大使馆，会见当日从东京赶到汉城的日本首相佐藤荣作。 由于佐藤荣作当天要返回日本，原拟定仅做十五分钟的简短会见，但是由于两人"交谊素厚"，分别三年，今日在汉城相见，颇有"他乡遇故知"之感。张群有求于佐藤荣作，自然不会轻易放弃这次见面机会。

张群与佐藤荣作异地相逢，把臂话旧，绝非寻常酬应。 张群认为当年中国在联合国的代表权极为重要，希望日本为使台湾保住窃取的联合国非法席位给予大力支持。

佐藤荣作对此也"颇表关切"，他告诉张群，日本鉴于国际形势之变化，今秋将不再支持中国加入联合国的"重要问题"提案，但是将另行选择有效方法阻止台湾当局被赶出联合国。

张群认为，日本首相佐藤荣作态度的这一变化显然是受美国影响，虽然很不满意，但是也只得从长计议。 两人商定在张群稍后访问日本的时候，再制定详细的合作方案。

接着，张群一行均穿着大礼服佩戴勋章，前往汉城庆会楼参加南朝鲜国务总理金钟泌举办的庆贺酒会，与会者达千余人，适值天降倾盆大雨，祝贺人员都群集大厅，更显得拥挤不堪。 朴正熙周旋于宾客之间，与张群等祝贺使节亲切交谈，策划反共活动。

为显示"台韩"的特殊关系，朴正熙邀请张群离开庆贺酒会登楼，来到国务总理金钟泌的办公室，进用饭后酒，又赶往汉城市民会馆，观赏精彩的南朝鲜艺术庆祝表演，张群不顾疲劳，逾午夜方归，台湾记者吹捧道："张秘书长以八十三岁高龄而能耐此烦剧，受此劳顿，其秉赋之厚，诚非常人所能及也。"

7 月 2 日上午，张群前往青瓦台，受到朴正熙"热情而真挚的接待"，张群与朴正熙进行第二次会谈。 八十三岁的张群虽然鬓发皆白，额前布满皱纹，但是精神非常旺盛，看上去仿佛六十开外的人。

张群鼓吹加强"日韩台"团结，构筑东北亚反共阵线，朴正熙对台湾窃取的联合国席位能否保住颇为"关切"，与张群一起策划了克服"所可能遭遇的困扰"的方策。

当日中午，张群前往成均馆大学，接受该校所赠予的名誉政治科学博士学位，该校校长朴东昴率领教务长、各研究院领导及有关院系主任，在办公楼前列队欢迎。

朴东昴陪同张群来到校长室，与参加典礼的贵宾、前总理丁一权及现任文教部长闵宽植会见。他们帮助张群穿戴好该校预为准备的博士服、博士礼帽，一同乘车前往设在该校湖岩馆四楼的典礼会场。

赠予典礼由朴校长亲自主持，首先由该校教务长韩东湖宣读对张群授予学位的颂词，接着由朴校长亲手为张群加披政治科学博士学位肩巾，递上学位证书。朴校长在致辞时称赞张群曾经给南朝鲜独立运动多方支援，战后为"台韩"合作与文化交流"尤多卓越贡献"。

张群说明因为晋见朴正熙总统超过了预定时间，未能准时赶来参加典礼，致劳众位久候，深为歉疚，接着说他曾经先后接受过几个名誉博士学位，每次受赠学位，都感到自己才疏学浅，深为惶恐，尤其贵校今天赠给我名誉政治科学博士学位，更不胜惭愧与荣幸。特别是贵校有悠长历史，崇高地位，对发扬汉学及儒家思想久负盛名，本人素所钦仰，承蒙不弃赠予学位，使我能够跻身为贵校校友，深感荣幸。

张群称赞一千多年前的朝鲜圆光大法师所倡导的新罗精神，与中国儒学脉络颇有相通之处。中国儒学的若干精神历久弥新，虽时至今日，仍然可以作为现代政治的基本指导原则，国民党的三民主义其渊源实出于孔子的学说。

前总理丁一权代表观礼来宾发表热情洋溢的讲话，吹捧张群是一位"杰出的政治家、军事家、行政家、战略家和卓越的外交家，同时更是南朝鲜独立运动的大恩人"，是"南朝鲜的忠实友人"，声称"台韩"现在都负有相同的历史使命，希望双方都能完成"收复失土的大业，将来能够在北平或平壤相会"。

张群在热烈的掌声中走出会场，四个台湾留学生趋前致敬，张群友善地一一垂询，握手为礼，问寒问暖，极其关切。

朴校长陪同张群来到校长室，卸除礼服略事休息，又接受该校赠送的礼品：该校校史及该校所出版的南朝鲜古代典籍。该校校长还在学校的爱林餐馆设午宴招待张群一行，众人亲切交谈，尽兴而散。

张群回到旅邸稍做休息，又接受台湾电视公司记者采访，畅谈他此次访问南朝鲜的观感，称赞朴正熙执政后已经推行了两个五年经济建设计划，在工业和贸易发展方面取得了巨大成就。现在正实施第三个五年计划，并检讨过去的成就与缺失，采取补偏救弊的措施，一定会在各个方面齐头并进，加速发展，这有助于东亚反共链条的形成。

7月3日上午，张群一行前往汉城南山公园，向金白凡先生铜像献花致敬，看到金白凡的铜像雕塑得生动有力，广场环境优美轩豁。 张群称赞金白凡终身为争取南朝鲜独立而奋斗，赞扬金白凡曾经领导南朝鲜光复军在上海活动，特别是尹奉吉烈士在虹口机场投掷炸弹，炸死日本侵略上海的指挥官白川大将，重伤日本驻上海总领事重光葵，打击了日本侵略者的嚣张气焰。

金信将军吹捧张群那时正任上海特别市长，"暗中对南朝鲜革命志士掩护支持甚力，故南朝鲜光复军老同志始终对之感念万分"。

7月4日中午时分，张群一行由朝鲜饭店出发，前往金浦机场启程返台。 南朝鲜总理金钟泌率领外交部长金溶植、内务部长吴致成、国防部长丁来赫等重要官员，列队停机坪恭送。 南朝鲜军方出动陆海空三军及陆战队总司令在训练有素的仪仗队演奏下送行。

南朝鲜记者认为，这是极不寻常的特例，足见南朝鲜军方对张群访问南朝鲜之重视，表现出对南朝鲜友人张群的"崇高敬意"。

张群在台北松山机场受到"副总统"严家淦、"行政院副院长"蒋经国等的热烈欢迎，张群发表讲话，声称"台韩"反共态度坚决，构筑亚洲反共链条的事业已经获得"巨大进展"。

1972年"日台""断交"后，南朝鲜国会议长丁一权看到张群因几十年为之奔忙的"日台"关系以"断交"告终极为懊丧，加上夫人马育英1974年去世，张群更悲痛寂寞。 于是，丁一权两次派专使到台北，邀请张群到南朝鲜散散心，借此加强"日台韩"反共链条。

丁一权特别让他的专使告诉张群，如果张群能够到南朝鲜一游，他将摆脱一切公务，不仅陪同张群游览首都汉城，南下古州庆州、商港釜山，而且要飞到济州岛住两宿，观看世界闻名的济州岛窈窕海女在夕阳下入海探珠的奇特情景。

那时候，南越首都西贡被越南人民军攻克，朝鲜半岛风云紧急，台湾当局便同意张群前往南朝鲜协商合作反共问题。

张群于1975年6月26日中午搭乘南朝鲜航空飞机到达金浦机场，丁一权等登上飞机欢迎老朋友的到来。

当张群步下数十级狭而高的旋梯的时候，在还不太灼热的汉城六月末的骄阳下，停机坪上冠盖云集的欢迎人群立刻爆发出热烈的掌声。丁一权等人称赞八十七岁高龄的张群矍铄健步，不愧老当益壮的将军本色，为之惊叹，羡慕不已。

张群精神抖擞地前往他的老朋友、南朝鲜第一任总理和南朝鲜总统朴正熙夫人的墓前致祭。因为墓碑都建在高台小丘之上，需要攀登数十级台阶，张群虽然备有拐杖，却弃而不用，亦不让人搀扶，他独步上下，不因年近九十岁而稍失悼念的至诚。

张群屈指一算，下机后攀登台阶竟达一百五十六级，以他的高龄算来实非易事，张群颇有胜任愉快、引以自豪之感。

丁一权邀请张群到他的府第下榻，张群考虑到丁一权新近丧偶多有不便，便到台湾驻南朝鲜"大使馆"住宿。

张群考虑到蒋介石去世尚不到百日，加之南朝鲜要召开十天紧急国会，丁一权作为国会议长不能如约陪同他前往济州岛，心里就萌生了取消济州岛一行之意。恰巧张群的一个小同乡刚从济州岛度蜜月回来看望，张群就详细地打听有关情况。

小同乡告诉张群，济州岛有三多：多风、多石、多女人。那里民风古朴，以"二无"闻名南朝鲜：一是全岛无盗贼，二是家家无门户。

记者李嘉抢先问道："没有门户，从哪儿穿堂入户呢？"

张群一听，当即将手一挥做出决定："既然不得其门而入，那么我们就不去济州岛了！"

张群原定到汉城的第二天下午前去拜访南朝鲜总统朴正熙，但是朴正熙一大早就派人前来，辞谢张群的拜访，说明朴正熙将在总统府"蓝宫"以父执辈之礼设午宴盛情招待。

那一天，恰巧南朝鲜临时国会举行开幕典礼，张群应邀参加。

张群一进议长办公室，就看到丁一权与朝野两党的副议长、干事长都已久候多时，众人寒暄刚刚完毕，丁一权就指着两个在野党的国会副议长笑着对张群诉苦说：

"我与这两位都是有二十多年交情的老朋友，私下交情甚好，但是一走进国会场所，他们质问起政府来，真是铁面无情一步不让，好几次都使我下不了台，今天要请岳公以老朋友和友邦元老的资格来劝解。"

两个南朝鲜副议长也笑着对张群感谢台湾当局的友情，他们几次访问台湾的时候，都受到与南朝鲜执政党一视同仁的待遇，使他们非常感动。一个副议长又指着丁一权说：

"至于议长的诉苦，并不完全正确；实际上自丁议长就任以来，凭他高明的政治艺术，使在野党时常不好意思太坚持反对派的立场。"

张群本来是以宾客身份，来做礼节性拜会的，没有想到被夹在南朝鲜朝野党派的夹缝之中，虽然说是社交性的谈笑，但是也是一个不大不小的难题。

为了扫除建立亚洲反共链条活动中的障碍，张群首先感谢南朝鲜议会人士4月16日去台北参加蒋介石的祭礼，接着运用他的影响予以调解说：

"我此次以私人身份来南朝鲜访问，没有资格和能力调解贵国政党之间的政争，但是我们双方既有唇齿相依的患难之交，当然也就可以无话不谈。朝野之间的这种困难，各国都有，但是只要采取'国家至上，民族至上；意志集中，力量集中'的原则对待，就不难找到解决问题的办法，尤其是我目睹了中南半岛失守后南朝鲜的紧张局势，愿意把这十六个字送给南朝鲜朋友，作为政争中的座右铭。"

丁一权和在野党议会人员都对张群为巩固亚洲反共链条而做出的巨大努力表示敬佩，表示要按张群的话去做。

张群离开南朝鲜议会，在台湾驻南朝鲜"大使"朱抚松的陪同下，前往南朝鲜总统府所在地"蓝宫"会见朴正熙。

在上车之前，张群认真地整理了一下领带，口中念念有词说："今日利见大人。"

朴正熙对张群的到来，表示热烈的欢迎，竭力吹捧蒋介石，说他听到蒋介石崩殂的时候，"心中顿时觉得非常空虚"，认为这是亚洲反共事业的一大损失。至今他还时常回忆到台湾访问会见蒋介石的情形，认为"获益良多，抚今怀昔，感慨万千"。

张群与朴正熙在反共方面有共同语言，两人谈话非常投机，商定加强台湾与南朝鲜的密切合作，以巩固亚洲反共组织。

接着，朴正熙以丰盛的西餐招待张群一行，宾主谈笑风生，笑声不断。

张群在与朴正熙谈话之间，发现朴正熙烟瘾非常大，一根接着一根很少间断，可谓不折不扣的"瘾君子"，就微笑着婉转劝说朴正熙戒烟："朴大总统负荷国家重任，需要特别注意身体健康，抽烟太多，有害身心。"

朴正熙不以为然，频频摇头："我离不开烟，难以戒除啊！"

张群仍然和蔼地劝说："纵不能戒绝，总以少抽为妙。"

朴正熙感谢老朋友的关心，张群让人拿出两件礼物送给朴正熙：一幅中国著名画家蓝荫鼎创作的《台湾农村风光》。朴正熙立即被绮丽的台湾风光所吸引，大发感慨说："这幅出自名家之手的名画，至少价值五千美金！"

张群又赠送台湾故宫博物院所收藏的中国古代著名书法家颜真卿真迹珂罗版复印

本一册，朴正熙也视如珍宝，宾主尽欢而散，朴正熙亲自把老朋友张群送出门上车。

事后据担任翻译的金信将军透露，除了正式国宾外，朴正熙总统从来没有亲自到门口送客上车的先例。

金信将军还称赞张群此次访问为南朝鲜立下一大功劳，那就是张群对朴正熙的戒烟劝告居然生效，从那天中午开始，朴正熙的吸烟量已减少了一半。 到那时为止，恐怕只有张群一人能够当面劝说朴正熙戒烟。

应丁一权之邀，并请有事来汉城的陈纳德的夫人陈香梅陪同，张群前往南山一游，度过了一个愉快的星期天。

南山是汉城著名的风景区，张群一行登高望远，六百万人口的汉城风景尽收眼底，他们来到最豪华的山顶"熊馆"。 张群与老朋友陈香梅、丁一权把酒临风，畅谈在汉城相会之趣，颇有"献菊故人墓，悠然见南山"之实感。 为表示联合反共的决心，张群在金信的陪同下，先到中、朝与美国进行朝鲜战争谈判的板门店参观，然后来到美军在朝鲜登陆的仁川港游览，他们谈到仁川与中国山东最近，南朝鲜有这样的民间传说：烟台鸡鸣，仁川可以听到。 因此，台湾与南朝鲜当局"具有联合反共的有利条件"。 为使东北亚反共链条发挥作用，张群认为，日本前防卫厅长官金丸信在日本是个能够呼风唤雨的人物，就重点做他的工作。 金丸信提出一个主张，"日韩台"三方是"命运共同体"，张群拍手赞成。 两人又与南朝鲜前总理丁一权私下多次策划，由"日台韩"三方人士共同发起召开了东北亚地区战略情势讨论会，第一次会议1978年6月在金丸信的故乡日本山梨县举行，同年十一月在东京召开第二次会议，1979年4月在台北举行第三次会议，张群与金丸信共同策划，得出一个结论，就是要加强"日韩台"三方合作，就应邀请美国派出重要人物参加。 张群、金丸信认为要搞东北亚反共组织，离开美国的支持就毫无意义。

因此，经他们大力活动，东北亚地区战略情势研讨会于1980年1月在美国首都华盛顿举行第四次会议，美国众议院军事委员会主席普莱斯率领美国国会代表团，以观察员的身份出席会议并发表演说，会议得出必须加强东北亚反共组织的结论，张群得意地说：

"这个研讨会虽然只是一个民间组织，没有政治上的约束力，但是我们所获得的结论，乃是依据亚洲当前客观形势以及中日韩三方的切身需要而来，正是人同此心，心同此理，相信会得到很快发展。"

第二十五章　死保联合国非法席位

1971 年 7 月，台北，蒋介石官邸，尽管景色秀丽，安静舒适，但是蒋介石、张群还是觉得烦躁不安。

面对将于十月召开的联合国大会，蒋介石老是看着一张世界地图出神。

他与张群分析当时的国际形势，看到美国总统尼克松即将访问中国大陆，世界各地和联合国传来的消息又使他们胆战心惊。

原来，新中国在联合国的合法席位一直被国民党当局非法窃据，随着新中国国际地位的提高，这种局面越来越难以为继。

为了实现侵占我国领土的狂妄野心，日本右翼势力千方百计想把台湾从中国割裂出去。 他们在配合美帝国主义制造"两个中国"的罪恶阴谋方面一直是十分卖力的。在每年的联合国大会上，日本政府都积极地追随美国阻挠恢复中国在联合国的合法席位，把早已被中国人民所唾弃的蒋介石集团继续留在联合国内。 同时，他们又暗中策划"台湾独立"的阴谋，为进而吞并台湾制造条件。

为阻挠新中国恢复联大权益，蒋介石勾结美日等国策划、玩弄阴谋手段，从 1961年第十六届联大开始，采取把美国提案视为"重要事项"的对抗办法，即非经三分之二多数赞成票，不得改变代表权。 但到了 1971 年，形势发生了重大变化：中国邀请美国乒乓球代表队访华，尼克松总统特别助理基辛格访问北京，使全世界为之惊愕。

蒋介石惊呼形势危急，急忙与张群研究对策，然后于 1971 年 6 月 15 日发表"庄敬自强"的文告称：

> 古人常言："天下之事，在乎人为，绝不可以一时之波澜，遂自毁其志……"只要大家能够庄敬自强，处变不惊，慎谋能断，坚持国家及国民独立不挠之精神，那就没有经不起的考验。

为保住台湾当局在联合国的席位，蒋介石在恳求美国大力帮助的同时，打算派张群七月底前往东京与日本当局协商对策，但从日本传来的消息对台湾当局却很不利。

张群看到日本人眼见美国总统尼克松即将访问北京，"赶搭巴士"的心理非常普遍，日本左派人士更迫切地要求与中国建交，日本工商界人士也积极地谋求与中国增加贸易往来，特别是周恩来总理提出的"政治三原则"和"贸易三原则"威力巨大，一向与台湾关系密切的新日本制铁、三菱重工、东芝等日本重要经济垄断财团、企业开始对台湾避之若浼，逐渐疏远台湾人员，搞得台湾当局好不狼狈。

令张群头痛的是日本航行于"日台"之间的三井近海等五家轮船公司，为了准备与中国大陆通航，决定放弃"日台"航线，退出"台水会"。

"台水会"于1953年以日本政府为背景成立，为代表日本与台湾"海外航务联营总处"处理业务的机构，成员有三井近海商船、日本邮船、新日本近海、关西汽船、饭野海运六家，现在除近海邮船外的五家已经宣布退出，因此，这个与"日台"海运有密切关系的"台水会"事实上已告解体。

在开会前夕，张群又得到更为头痛的报告：先是新日本制铁、日本航空公司宣布退出"日台"合作促进会议，继之丰田自动贩卖、东洋纺织等大企业亦表示不拟参加，其他不是社长生急病住院，就是临时出差国外，想尽方法躲避张群一行，使张群感到极其难堪。

张群急忙与"日台"合作促进会议的日本方面常务委员矢次一夫、日本经济团体联合会副会长崛越祯三秘密商谈，索性决定取消邀请日本财界人士以观察员身份参加这次会议。

想到即将召开的"日台"合作策进会议，张群更加忧心忡忡，尽管台湾方面多次极力反对，日本方面仍然坚持要把过去的"政经分离"原则，改为"不谈政治、少谈经济、多谈文化"，张群在《我与日本七十年》一书中描述他当时的低沉心情说：

> 在这种逆转的情势下，我只能尽口舌能力之所及，尽量从事说服与挽救的工作，但我不敢自信能获得什么太大的效果，因此我说此行的心情是非常沉重的。

张群发现，日本对邀请台湾官方人士访问日本已经很不热情，自己以什么名义去呢？

恰在此时，"日台"合作策进委员会日方顾问岸信介及会长石井光次郎邀请张群到日本参加该委员会的第一届常务会议，张群便利用这一机会前往日本活动。

7月25日下午，天气炎热异常，突然天气骤变，因为一场飓风接近台湾，引起滂沱大雨，张群一行只得延期从台北松山机场出发。

送行的"行政院副院长"蒋经国、"外交部长"周书楷，把张群请到机场特别休息室，就张群此次访日的任务再次进行密谈，天气变好后才送张群一行登机起飞，但是到达东京后又碰上不顺心的事，因为"羽田机场飞机起降航次拥挤，在东京上空盘旋三十分钟"，才在羽田机场降落。张群的随行人员觉得兆头不利，预示着他们的此行必然是一次"艰难之旅"。

台湾驻日"大使"彭孟缉登上飞机迎接张群的到来，然后陪同张群缓步走下飞机。虽然碰上星期天，可是日方前来机场欢迎的场面"仍甚热烈"：日本前首相岸信介、众院议长船田中、前众院议长石井光次郎、前法务大臣贺屋兴宣、前外务大臣爱知揆一等一百多人已在停机坪等候多时。日本外务省也派亚洲局局长代表日本政府前来欢迎，张群与他们一一握手寒暄，然后前往下榻的台湾驻日"大使馆"。

张群稍做休息，就前往东京赤坂长谷川料亭，参加岸信介、石井光次郎、爱知揆一、田中龙夫和矢次一夫五人的"共同欢宴"，商讨如何保住台湾当局非法窃据的联合国席位等问题。

一到日本，张群就听到种种令他头痛的消息：就在张群一行赴日之前，在日本临时国会行将闭幕的时候，"日中国交恢复促进议员联盟"以自民党议员藤山爱一郎、社会党议员胜田间清一、日本公明党议员渡边一郎、民社党议员春日一幸等四人为代表，突然向日本众议院提出了恢复中日邦交的议案，马上就有二百三十八名议员签名，使张群惊奇的是其中竟有自民党议员五十四人之多！

这使张群不寒而栗，他比谁都清楚，当时日本众议院议员总名额为四百九十一人，除了空缺的五人及议长外，过半数为二百四十三人，这就表明，藤山爱一郎等人的提案如果再有五人签署的话，即超过半数可以成立。

正因为如此，蒋介石、张群与日本右翼首领都非常紧张，蒋介石指示张群赶快与日本当局协商对策。

执政的日本自民党总裁佐藤荣作、干事长保利茂面对党内议员竟然有五十四人签署促进恢复中日邦交议案的局面极为震惊，在张群和台湾驻日人员的大力活动和支持下，采取软硬兼施的紧急措施，总算个别说服三十余名日本议员退出，又利用自民党控制日本国会的局面，玩弄阴谋诡计使众议院事务局不受理藤山爱一郎等人的提案，遂使这一令蒋介石、张群头痛的提案胎死腹中。

这件事情使蒋介石、张群胆战心惊，认为从这场政治风波已可概见日本政界对台湾的情势是"如何不利"。 但是更为严重不利的消息接着不断传来,经济界人士像避瘟神一样逃避台湾人员的情形显而易见。

张群真是伤透了脑筋,就在 7 月 26 日会见日本首相佐藤荣作,向他求救。

张群首先要求与佐藤荣作就美国总统尼克松突然宣布访问中国大陆所引起的国际形势,互相交换意见。

张群告诉佐藤荣作,中共对美国采取的"新阴谋",无非是要达到"远交近攻"的目的;中共一方面欲利用与美国"交好"的态势对付苏联,一方面欲借此打击日本在"自由亚洲"的领导地位。

为了讨取佐藤荣作的欢心,张群主动向日本提供台湾当局获取的中国进行"文革"的情报,但是老奸巨猾的佐藤荣作连连唉声叹气说:"连尼克松也宣布要在 1972 年 5 月前适当的时机访华,我也无力补天!"

佐藤荣作担心日本政府的亲台做法过早地泄露出去,就与张群协商屏退双方人员,与张群就中国在联合国代表权问题进行一个半小时的密谈。

张群讲述了他与贺屋兴宣、田中龙夫、船田中等人协商的对策,还说他曾经前往东京虎之门医院探望正在动胆结石手术的日本外务大臣福田赳夫,说福田赳夫气色甚佳,谈笑如常,不日即可出院,预定休养数周即将到外务省视事。

张群感到佐藤荣作态度非常"诚恳",佐藤荣作对美国总统尼克松推行"越顶外交"极其恼火,日本政府在美国方面公开宣布前三分钟才接到尼克松将于翌年五月访华的通报。 这对佐藤荣作来说简直就是晴天霹雳,因为佐藤荣作 1970 年 10 月访问美国的时候,刚与尼克松总统商定"继续就未来发展对华政策紧密协商",但是美国在决定这样重大的问题前,却未对日本透露只言片语,佐藤荣作感到怎么也咽不下这口恶气。

张群唉声叹气说,中共可能于 1971 年 10 月的第二十六届联大重返联合国,恢复中共在联大的席位、驱逐台湾当局已为联合国多数成员国所赞成,台湾当局的处境极其困难,事情难办得很哪!

佐藤荣作拍拍张群的肩膀说,你们不必悲观丧气,日本虽然在中国问题上处于夹缝之中,尤其是中国开展微笑外交以来,日本亲中共的势力日渐扩大,对日本政府的压力与指责不能说不大,日本内阁及自民党有许多人纷纷劝说日本不当联合提案国,但是我将始终坚持"东洋道义","尊重""日台"和约。 日本为帮助老朋友渡过难关,不仅决定与美国合作充当提案国,在联大提出所谓大陆和台湾"复合双重代表制"，提出所谓"指定逆重要事项表决案"，就是将驱逐台湾作为须经联合国大会三分之二以上多数赞成，提出与承认大陆拥有代表权相对的逆重要事项案，而且要全力以赴为你们拉票。总之，日本一定保证设法帮助蒋介石、张群度过联合国这一关。

张群明白，这是佐藤荣作为阻止中国加入联合国所做的最后一次政治赌博，不仅将遭到日本在野党的强烈谴责，而且还会引起自民党内藤山爱一郎、三木武夫、大平正芳、中曾根康弘等人的反对，一意孤行会冒极大的政治风险，便认为佐藤荣作真够"朋友"，因而倍感亲切。

这次会谈比原定的一小时超出三十分钟，但是仍然没有谈完，临别的时候，佐藤荣作抱歉地说："时间真是不够，希望再约谈一次。"

当晚，台湾驻日"大使"彭孟缉在其"大使馆"举行盛大宴会，欢迎张群访日，岸信介、石井光次郎、贺屋兴宣、前尾繁三郎、椎名悦三郎等早已到达等候多时，但是却不见张群、彭孟缉的影子，"日台"双方人员都在焦急地等待。

这一天，日本的气温高达三十四度，东京的湿度又比台北高，遂使东京闷热异常，人们更加烦躁不安。

"日台"右翼人士等啊等啊，好容易等来一个人，但不是张群与彭孟缉，而是谷正纲。谷正纲急忙向日本右翼人士致歉，说明张群还在与首相佐藤荣作进行秘密会谈，张群特意派他来招呼客人。

宴会进行了快一半的时候，张群、佐藤荣作才先后赶到宴会场所。张群吹捧日本首相佐藤荣作亲自来台湾驻日"大使馆"，参加这个有四百余人出席的盛大宴会，"更为宴会增加了光彩"，"使宴会气氛至为热烈"。

张群恭恭敬敬地把佐藤荣作送走，又把日本民社党领袖西尾末广请到宴会厅旁边的一间密室，利用与日本首相进行长时间会谈的"余威"，向民社党领导人炫耀台湾当局的"神通与威力"，拉拢民社党领导人，参加日本右翼人士所搞的反共亲台活动，搞得西尾末广心里虽然极为恼火，但是却无法脱身，幸亏老天爷帮忙下起雨来，西尾末广才借故脱身。

张群晓得日本的官僚政客都有根深蒂固的"町人根性"，经济巨头对日本政局影响巨大，他在《我与日本七十年》一书中，就有这样的分析：

　　当时（明治维新以前）的商人通称之为"町人"，在社会上根本没有地位，一如我们过去所称"士农工商"，商人只列入最后一级。这些"町人"见了官府的人，都要跪在地下。见了武士，无论什么事，都不能辩论是非曲直，只有唯唯诺诺的份。等到明治维新以后，工商业兴起，对外贸易发达，政府标榜"殖产兴业"为大政方针，于是乃有政府与商人勾结的情形发生，工商业者大发其财，地位也就提高了。再加以政党必须以财阀为后援，使财阀变为政治的实际掌握者。今天日本经团联的会长、工商会议所的会长以及几个大企业的老板，其受人重视恐怕较之参众两院的议长为大。总理大臣做重大的决策的时候，事先也得和他们商酌协调，甚至对他们的许多要求，也不能不俯从其议。因为商人唯利是图，加以资本主义的思想又是重视个人主义，所以日本的政治便渐渐走向"重利轻义"的道路。政客、官僚尽管秉承武士道的系统而来，但自从他们与工商业者结了不解之缘，在气质上也就显然渗入了所谓"町人根性"。

正是因为如此，张群就特别在与日本财界人士拉关系上下功夫。

7月27日，张群率领他的随行人员和台湾驻日"大使"彭孟缉、"公使"钮乃圣、"参事"詹明星等人，前往日本经济团体联合会大楼七楼的会长室，拜会经团联会长植村甲午郎，称赞植村甲午郎是日本大企业家植村澄三郎的长子，历任日本内阁资源局调查课长、总务部长、企划院次长、日本航空公司董事长、日本原子能产业会议副会长等重要职务，与其前任石坂泰三都对台湾持"友好态度"，不断拉拢日本大企业家到台湾投资，阻挠他们与中国大陆进行大规模的经济贸易活动。

蒋介石交给张群的另一重要任务是平衡"日台"贸易逆差，改善"日台"经济关系，争取得到更多的日本贷款，从经济上拉住日本。

张群就让辜振甫向日方说明，1970年日本对台湾的出口比1969年增加31%，进口增加34%，1971年"日台"贸易可能超过10亿美元大关；台湾为发展重工业，要实施通信、制糖、制盐三大事业计划，希望日本增加贷款，双方的经济合作大有可为。

经张群多方努力，日本政府决定对台湾提供2250万美元的第二次日元贷款，可望在最近举行的日本内阁会议上获得通过。

张群感慨万千说，台湾当局早已向日本政府提出了这些计划，但是日本政府出于政治上的考虑，一直没有决定，对台投资"已不如过去踊跃"，这次竟然在日本对台湾舆论极端不利的气氛中终于获得突破性进展，张群认为"意义自然非常重大"。

接着，张群在植村甲午郎的陪同下，来到经团联大楼九楼会议室，出席"日台"合作策进委员会第一届常务委员会议，与代理会长石井光次郎、顾问岸信介等人，分析美国总统尼克松访问中国大陆以后的国际形势。

张群为纠正日本人的"重利忘义"之举，首先从吉田茂内阁重视"日台"关系的"远见"讲起，说他上次来日本赶上明治维新百年纪念，他曾经希望日本国民能够继续创造第二个明治百年，甚至创造第三个明治百年。要达到这个目标，就必须有树立百年大计的远见。张群以顾问身份致辞说：

"国际之间的关系，首应重视道义。日本明治天皇为树立日本百年大计，功不可没。值此国际间纷扰之时，日本应该另创百年大计，为中日两国之友好关系，互相努力。"

日方委员北泽直吉代表日本方面，就尼克松总统将于明年五月访问中国决定后的局势发表见解；张群指示台湾代表胡建中介绍了蒋介石的指示和"坚定立场"，张群接着发言，他引用日本著名学者、前文部大臣天野贞佑的言论促请日本政府应该以国际间之"正义"为基础"对处世局"，保住台湾当局窃据的中国在联合国的非法席位。

张群一行离开经团联大楼，前往东京著名的"贺寿老"赤坂料亭，出席日本劝业银行总裁横田郁及矢次一夫共同举办的宴席，称赞横田郁作为"日台"经济协会理事，发挥掌握日本劝业银行总裁的巨大权力，对台湾当局予以巨大支持，更希望横田郁运用他的巨大影响，说服日本政府在联合国对台湾当局进行"最有力的支持"。

当天下午，张群接见日本新潟县上越市市长小山元一，因为上越市是旧高田县与邻近市村合并而成立的新城市，张群兴致勃勃地讲起旧高田市为蒋介石和他对日本最有"感情"的地方，蒋介石和他早年留学日本时就分配在高田第十三师团野炮第十九联队实习，在那里度过了对两人一生都很有意义的时光。

张群特别提到，蒋介石和他就是从高田市回国参加辛亥革命的，因此，高田市可谓与中国的关系因缘非常密切。小山元一告诉张群，高田市为保存以往事迹，正兴建上越综合博物馆，敬请蒋介石题字，蒋介石特别赠送墨宝一幅，受到当地人士的重视。因此，小山元一市长得到张群访日的消息，特由新潟县赶到东京，晋谒张群致敬并转呈对蒋介石的谢忱，报告高田市成立"日台"亲善协会的经过情形。张群借此机会大力宣传台湾当局与日本人的"友谊"，恳请他们帮助台湾当局设法渡过"外交难关"。

7月28日，张群的活动日程更为紧张。

张群首先会见日本的"台湾协会"理事长田中泰作及其理事代表。这个组织是在台湾光复前，由居留台湾的日本人组织的民间团体，在很长时间里与台独分子"有所关联"。 经台湾驻日"大使馆官员多方开导与争取，现已与台独分子断绝往来"，并积极对台湾当局表示支持，因此，张群接受彭孟缉的意见接见他们以示勉励，拉拢他们搞反共活动。

接着，张群前往日本法务省，拜访法务大臣前尾繁三郎，两人在大臣办公室亲切交谈。 张群称赞前尾繁三郎历任日本自民党总务会长、干事长和内阁通产大臣、北海道开发厅长官等要职，多年来对"日台"关系"贡献良多"，蒋介石和他本人都对前尾繁三郎怀有"深深的尊敬之情"，特别希望前尾繁三郎在台湾当局的联合国席位问题上再提供大力帮助。

张群还提及有关台湾籍旅日侨胞的在日居留权问题，说明现在居住在日本的华侨有五万多人，约有一半以上是台湾省籍的华侨。 这些华侨早在战前就在日本居住，但是战后的居留资格和期限都没有确定。 台湾当局曾经多次催促日本当局予以解决，日本政府答称等日韩协定签署后比照旅日南朝鲜人的待遇解决，但是日本政府自食其言，日韩协定签署后已有六年，日本政府对此问题仍然拖延着不予解决。

因此，张群请前尾繁三郎大臣促使早日予以解决，以解除华侨的痛苦与不安，前尾繁三郎念在多年"老朋友"的份儿上，表示愿意尽力促成解决。 华侨们称赞张群此次访日除谈"外交问题"外，也为华侨办了件好事。

接着，张群再次前往日本总理官邸，参加佐藤荣作欢迎出席"台韩日"三方合作策进委员会会议人员的宴会。 宴会采取自助餐方式，准备了日式及西式菜点，供人们随意享用，以求尽兴。 三方人士云集一堂，反共目标相同，一个个放言无忌，举杯畅饮，热闹非凡。

张群与佐藤荣作、贺屋兴宣、南朝鲜前总理丁一权个别交谈，张群称赞佐藤荣作上台后就推行反共反华的强硬立场，顶着日本左翼力量的强烈反对，推迟中日邦交正常化的进程。 在对台政策上，他一上台就决定对台湾提供 1.5 亿美元的贷款，禁止对中国大陆出口成套设备贸易使用日本输出入银行资金，始终阻挠中国恢复在联合国的合法席位。

令张群特别注意的是，1969 年佐藤荣作访问美国的时候反复强调："维持台湾地区的和平与安全，对日本的安全是极其重要的。"

张群明白佐藤荣作这样做的目的在于与美国一道在军事上遏制大陆解放台湾，张群不愧是吉田茂的好学生。

张群与佐藤荣作谈得很投机，宴会结束的时候，佐藤荣作亲自把张群送到总理官邸大门握手告别。

张群再次前往经团联大楼宽敞而明亮的会议室，出席"中国二百人委员会恳谈会"。

这个组织是 1971 年 6 月，针对日本进步人士藤山爱一郎等要求日本政府恢复中日邦交、支持恢复中国在联合国的代表权的活动，由日本右翼学者、教授、评论家等亲台人士一百人组成，名称为"中国一百人委员会恳谈会"。但是在张群和台湾驻日人员的大力活动下，参加的人数逐渐增加到接近二百人，因此改为现名，张群和日本右翼人士大受鼓舞，大张旗鼓扬言将继续努力，要把其成员增加到一千人！

怎样能够拉拢住这些日本右翼人物，是直接关系到张群这次访日能否成功的大问题，他为此煞费苦心：

"因为他们是在以研究中国问题为名，这是一个很严肃的问题，也与我们的切身利害相关，他们的成员虽是反华反共的。但日本人此时却正是为着所谓'中国问题'而彷徨，因此我决定不和他们谈现实问题，更不需要再为他们提反共的意见，而只希望他们能运用其政治智慧和道德勇气来自加抉择。我以为唯有这样，才能使他们深思。"

为使与会者畅所欲言，张群与日方负责人商量，拒绝记者采访，由帝京大学教授、语言研究所所长江木武彦主持并致开幕词。

张群应邀在会议上致辞说，二十世纪七十年代是一个走向光明天堂的时代，也是一个走向黑暗地狱的时代，人类已走到十字路口。这个时代可能导引人类走向乐园，也可能导引人类坠入地狱。七十年代可以看到一个充满信心、活力、乐观和希望的世界；另一方面，又可以看到一个充满悲观、犹豫、失望和悲惨的世界。这个时代，一方面闪耀着人性的光辉，洋溢着爱心、同情与道德勇气；另一方面也暴露了人性的弱点——仇恨与残忍，自私与自欺，怯懦卑劣，颓废无耻。

张群鼓动如簧之舌滔滔不绝地"大发宏论"称："今天的文明人类正站在走向天堂或地狱的十字路口，一边是黑暗的深渊，但浮在深渊表面的，则是迷了心智的美丽幻景。时代正在考验人类的政治智慧和道德勇气，今后这个世界能否避免核子毁灭的灾难，会不会出现一个新的黑暗时代，实决于各国领袖人物能否高瞻远瞩，振聋发聩，挽狂澜于既倒，做中流之砥柱。"

张群振振有词地讲述了一番大道理之后，转而吹捧日本右翼人物具有"政治远见和卓识"，不仅是台湾当局的"患难朋友"，而且也是日本"开创新命运的一股精神和道德力量"，拉拢他们进行反共反华活动。

7月29日，可以说是张群最忙的一天。 张群首先会见驻东京的台湾记者，与他们共进早餐，对中国邀请美国总统尼克松访华大加攻击，然后前往自民党总部拜会该党三位最高负责人，即日本所谓的"党三役"，即干事长保利茂、政调会长小坂善太郎、总务会长中曾根康弘，然后与保利茂在大仓饭店樱花厅，就当前世界局势与日台关系恳谈一小时，保利茂又在该饭店的兰花厅设宴款待张群。

张群告别保利茂后，前往日本皇宫晋谒日本天皇裕仁。 他坐车由樱田门来到宫城前广场，经过马场先门、二重桥前，自坂下门进入皇宫，被引入新落成的日本新宫殿二楼。 这是采用日本古式色调的近代建筑，给张群一行以神秘而新奇之感。

裕仁天皇原在日本凉爽的那须高原别墅避暑，为接见张群而临时返回东京。 这是张群与裕仁天皇的第五次会见。 张群此次虽然是非官方访问日本的性质，但是裕仁天皇对张群的接待仍然非常隆重。 张群对上次访日的时候，裕仁天皇赠给的生日礼物酒表示感谢；裕仁天皇对台湾目前所处的困难境遇"深表关切"，希望张群在访日期间旅行健适愉快。 张群深知裕仁天皇根本不能问政，与其只是礼节性会见，也就不过泛泛而谈一番。

张群离开日本皇宫，应邀出席日韩合作策进会议，因为与裕仁天皇的谈话超过了预定的时间，所以做了一次"迟到的贵宾"。 虽然开幕典礼已经结束，仍然请张群补行发表讲演。

张群在以来宾身份致辞的时候，指责美国总统尼克松访问中国大陆为推行"不智政策"，"系由于对中国共产主义认识不足，将加深世界危机"，声称"日韩台"三方在历史上关系密切，具有共同的反共立场，应该加强团结合作。

7月30日，张群前往东京帝国饭店牡丹厅，参加亚洲国会议员联盟日本议员团（团长岸信介）及亚洲亲善交流协会（会长柳田诚二郎）共同举办的宴会，与岸信介、船田中、千叶三郎、增田甲子七、田中龙夫等再次见面。

张群鉴于这些人"都是以亚洲反共国家合作为职志的，所以应该特别着重于亚洲当前情势与如何促进亚洲国家团结合作的论点"，于是张群以日语即席发表演说，胡说自基辛格秘密访问中国和尼克松宣布即将访华以来，"世界情势更为混乱，唯苏联迄今保持沉默态度，实值注意"。

为给东北亚的反共分子撑腰打气，张群发表蛊惑人心的谈话称："明年五月以前，时局或有不能预料之演变，尼克松的访问计划是否能够实现，不无问题，劝告日方人士，切勿急于采取追随政策，务须认清实际，看清世局之演变。"

张群认为，佐藤荣作等日本右翼政客虽然是台湾当局"最能够依靠的力量"，但是也已经"不太可靠"，就特别提醒他们说：

"在此动荡不安的状况之下，日本对于中共问题，应以冷静态度处之。须知操切从事，并非贤明之策。反之，从容检讨研究，沉着应付，再行决定方针，庶为得计。日本明治维新以来树立国家百年大计，虽亦间有失误之处，但今日之日本，仍能建筑在自由与安定的繁荣基础上，此后日本的百年大计，必须审慎将事，从长远的观点加以考虑，就亚洲国家的地位，自身的利益，决定日本的立场和行动方针，才是真正的谋国之道。"

7月30日，张群会见日本外务省外务审议官法眼晋作，日本政府指定法眼晋作为外务省负责联合国中国代表权问题小组的主持人，张群与其详细地协商了在联合国保住窃据的席位的措施。

7月31日，张群与佐藤荣作进行第二次正式会谈，集中于中国在联合国的代表权问题。

当时传闻美国将对中国让步，同意准许中国进入安理会，也就是说，在不排除台湾当局的情况下，而将安理会的席位"让给"中国。

张群奉蒋介石之命顽固反对，向日本首相佐藤荣作申述台湾当局的"立场与决策"，落实与法眼晋作商定的办法。

张群把佐藤称为"知己"，请他无论如何要帮蒋介石留在联大。

佐藤荣作听到张群和蒋介石把他引为知己的话，决定给张群更为隆重的接待，连一点小地方都要细心照顾。

佐藤荣作想到自己受过吉田茂多年的熏陶，更应该具备"儒者和武士精神"，但想到"日台"关系不可乐观的前途，看到行年八十的老朋友张群那副忧伤的面孔，考虑到今后张群年岁会更大，健康可虑，再到日本来的机会恐怕也不多了，胸中就有一种说不出的滋味，眼里滚出几滴浑黄的泪珠说："请蒋'总统'和岳公放心，我在位一天，就绝对不办对不起老朋友的事！"

话虽如此好听，但张群与佐藤却谈不拢，两人在一种无法形容的沉郁气氛中沉默不语。

张群情知事情到了极其严重的地步，便使出浑身解数劝说，他讲得"很细密，很诚恳"，但是佐藤荣作借口对联大的细节问题不太明白，遇到重要关头即闪烁其词，张群感到很不愉快。

张群暗中思考佐藤荣作态度变化的原因，可能是前一天与美国驻日本大使迈尔进行过一次长谈，佐藤荣作的态度看来已受到美国的影响……

佐藤劝说台湾当局，在中国进入联合国的时候，不要自动退出联合国。

张群却认为美日等友好盟邦不应"不战自败"，因为中国要获得三分之二的多数票并非易事。

佐藤无可奈何地说，日本在联大问题上，只能配合美国的决策行动，因为在世界外交场合，日本影响力有限，不能不唯美国之马首是瞻。

张群是蒋介石处理"日台"关系的参谋长和代言人，对佐藤这番话听不进去。

佐藤荣作力劝台湾当局不要贸然退出联合国，他以中国春秋战国时代伯夷、叔齐的故事为例，劝台湾当局要重实际，不要上首阳山无谓饿死。

张群大不以为然，频频摇头，板着面孔说硬话："伯夷、叔齐是消极的，所以饿死在首阳山上。 我们是革命的，积极的，即使上了首阳山，也是去打游击，奋斗到底，不会饿死的……"

对此，佐藤荣作玩弄政客的狡猾手腕大包大揽说，在未来的联大会议中，日本将与台湾当局携手合作，为维护台湾当局在安理会的席位而奋斗，希望你们不要因为中国大陆进入联合国而退出。 佐藤荣作并保证，"日台"双方的友好关系应予维持。

张群觉得佐藤荣作的这种说法是相当"诚恳而善意的"，但是张群感到非常失望，认为佐藤荣作的态度已经有很大变化。 对于佐藤荣作的"劝告"，台湾当局终于因为与中共"势不两立"的原则而无法接受，当然更不能接受美国让中国取得安理会席位的意见。

佐藤见两人话不投机，心中不悦，但碍于同蒋介石、张群的老关系，不便发作，却又无法再深谈，便把他的夫人请出来与张群见面，拉家常打发时间，后来夫妇双双把张群礼送出首相府。

张群想到自己从1963年以来八年中六次访问日本，解决了"日台"之间的许多棘手问题，没想到对于中国在联合国代表的问题上竟以失败告终，因此郁郁不乐，骂佐藤荣作不再像以前那样"讲义气、重道义"了。

在返回下榻之地的汽车上，张群对佐藤荣作劝说台湾当局"不可上首阳山"的话仍然余怒未息，气愤地对随行人员说："这是什么话！"

张群对佐藤以奚落的口吻要台湾当局接受美日等国所做的安排耿耿于怀，他心灰意冷地取消了到九州等地访问的计划，告别佐藤等人准备离日回台。

随行人员记得清清楚楚，前一天张群应台湾驻日"大使"彭孟缉之请，登上东京新宿京王旅馆最高层的餐厅，兴致勃勃地欣赏新宿的美丽夜景，再次谈到原来准备要抽出时间访问四国和鹿儿岛，因为他与日本来往六十多年，唯有这两个地方未去过。但是他发现佐藤荣作在第二次的正式会谈中，并不如蒋介石与他本人所想的那么"讲义气，重道义"，张群便一直郁郁不乐，就取消了他的四国、鹿儿岛之行……

当晚在东京四川饭店举行的告别宴会上，旅日华侨苗剑秋"借酒发疯，装醉骂座"，高声抨击台湾当局腐败无能，几次指名道姓批评张群对日"外交"无力，"未能把中日关系搞好"，弄得举座不欢，场面十分尴尬，张群却居然微笑处之。

事后，当台湾驻日记者为张群打抱不平，为此向张群道歉的时候，张群却口出"异乎寻常之言"：

"这没有什么。这些事情，不要太在意。中日关系搞到今天这个样子，大家都会难过。我想大家都有责任。当然我的责任最重，挨点骂不要紧。我告诉你们成都弥勒院的一副对联，希望你们记住，每受了冤枉气的时候，念两遍就消气了。"接着，张群慢悠悠地念了出来：

> 大肚能容，容天下难容之事。
>
> 开颜常笑，笑世间可笑之人。

张群带着沉重的心情又登上富士山麓，拜访岸信介的新居，恳求老朋友运用他的社会影响力，在保住联合国席位问题上大力帮助，才于 8 月 2 日动身离开日本返回台湾。

在从台湾驻日本"大使馆"前往羽田机场的汽车上，张群望着窗外向后逝去的极为熟悉的东京景物，想到台湾当局被从联合国轰走，中日建交后他不可能再来东京了，就以极其悲怆的语调用英语道别："Saraba Tokyo！ Saraba Tokyo！"

同行人都听得出，张群是借日本著名歌手三桥美智所唱之名曲，抒发自己的悲伤感情："再见，东京！ 再见，东京！"

张群一行离开东京前，在东京车站的贵宾室略做休息，日本首相佐藤荣作突然赶来送行，与张群热烈握手，然后并肩而行，走完自贵宾室到车站约五百米的通路。佐藤荣作竭力吹捧蒋介石和张群，说什么如果没有蒋介石和张群，"就没有战后的日本，绝不会对不起老朋友"……佐藤荣作送张群登上火车，站在月台上一直等到开车，隔着车窗不断挥手与张群告别。

在返回台湾的飞机上，张群滔滔不绝地讲述佐藤荣作为他送行的情形，台湾记者认为"这是令人感动而毕生难忘的场面"。

张群在台北松山机场一下飞机，就受到"行政院副院长"蒋经国等的热烈欢迎，蒋经国马上把张群带去晋见蒋介石，汇报与佐藤荣作等人协商的保住窃据联合国席位的方案，蒋介石也非常失望。

张群劝蒋介石不要为日本首相佐藤荣作的态度变化过度忧伤，因为在这场马拉松式的中国代表权斗争中，美国的态度比日本更加重要。尽管美国正在与中共拉关系，但是从美国自身的利益出发，又反对驱逐台湾代表，因此说不定事情还有转机。

蒋介石认为张群讲得也有一些道理，还有挣扎的余地，就硬着头皮盼咐将"起死回生"之术立即付诸行动。

于是，蒋介石、张群多次派人到华盛顿，要求美国总统尼克松设法保住台湾当局在联合国的席位，并给日本政府施加压力支持蒋介石集团赖在联合国。

为了安抚台湾当局，美国在1971年的第二十六届联合国大会上，又炮制中国代表权问题的三分之二重要事项提案，强烈要求日本成为共同提案国，一下子又在日本掀起了轩然大波。

日本进步人士迅速行动起来发起反对运动，严词警告佐藤政府不要逆历史潮流而动。佐藤出于对蒋介石和张群的"老朋友"关系，不顾日本进步人士的严词警告，于9月22日会见记者时宣布，日本政府决定同美国联合向第二十六届联大提出所谓"重要问题"和"双重代表权"的两项提案，以使台湾当局留在联合国，阻挠恢复中华人民共和国在联合国的合法权利。

对此，《人民日报》1971年9月26日发表评论员文章《佐藤反动面目的又一次大暴露》，谴责佐藤政府的丑恶行径称：

佐藤反动政府9月22日决定悍然充当美国向联合国提出所谓关于中国代表权问题的两项提案的联合提案国。这充分表明佐藤之流一小撮日本反动派，决心继续追随美帝国主义制造"两个中国"的阴谋，顽固地与中国人民为敌。

长期以来，美帝国主义要尽种种手段，把中华人民共和国排斥在联合国之外，而日本反对派则一向为之奔走效劳。在本届联合国大会开幕前，尼克松政府眼看形势发展对它越来越不利，不得不玩弄新的花招，炮制出两项提案，继续阻挠恢复中华人民共和国在联合国的合法权利，并妄图在联合国内公开制造"两个中国"。佐藤政府积极参与这一阴谋，为美国出谋划策，穿针引线，起了十分恶劣的作用。

佐藤在中国代表权问题上的拙劣表演引起世界舆论的强烈谴责。佐藤政府敌视中国的这种行径也激起了日本人民的强烈反对。日本社会党、公明党、民社党等在野党派以及执政的自民党内不少有识之士也都要求佐藤政府改变敌视中国的政策。佐藤之流极端孤立，处境非常困难。他们慑于国内舆论的强大压力，对是否充当美国提案的联合提案国问题迟迟不表态，甚至还放出空气，说什么要谋求日中关系"正常化"。现在，真相已经大白。所谓改善"日中关系"，纯粹是烟雾，佐藤反动政府决意与中国人民为敌到底，死不回头。

《人民日报》评论员文章尖锐地揭露佐藤政府的阴谋称：

佐藤荣作竟然把日本充当美国提案联合提案国的做法，说成是日本政府对华政策的"大转变"。好一个"大转变"！这是变本加厉、肆无忌惮地搞"两个中国"或"一中一台"的阴谋。佐藤本人在记者招待会上公开宣传，日本充当联合提案国是"根据日本的国家利益"。日本外务省人士更加露骨地宣称，"坚决把台湾和中国分离开，是日本安全上不可缺少的因素"，这就再清楚不过地暴露了日本军国主义染指我国领土台湾省的狼子野心。谁都知道，日本反动派一直伙同美帝国主义策划和支持所谓"台湾独立运动"，妄图把台湾从我国领土分割出去。最近美帝纵容"台独"分子进行猖狂活动，这就使佐藤之流忘乎所以，更加积极地参加与美国政府搞的"两个中国"或"一中一台"的阴谋，决心跟着美国干到底。

考虑到蒋介石、张群不断派人苦苦相求，日本首相佐藤荣作只得为蒋介石、张群出谋划策，出动大批人员到纽约拉票。有的国家的联大代表藏到厕所内躲避，台湾"外交部长"周书楷等人竟在厕所外等候，死缠不放。

具有历史意义的第二十六届联合国大会经历了一场激烈的战斗，阿尔巴尼亚及阿尔及利亚等国共同提出的"恢复中国席位、驱逐国民党政府"的议案，极有可能获得通过，中华人民共和国的合法席位眼看就要恢复了！

蒋介石这下急了眼，再次与张群商量对策，然后命台湾驻日"大使"彭孟缉向日本首相佐藤荣作求救，又命周书楷与美日代表商量应急之策。

佐藤荣作应老朋友蒋介石、张群之请，把日本曾担任过驻联合国首席代表的官员都调到联合国，帮助美、台首席代表布什、周书楷渡过难关。

"美日台"三方官员绞尽脑汁，终于想出所谓"逆重要事项"议案，也就是把驱逐蒋介石政府在联合国的代表也作为"重要事项"处理，需要有三分之二以上的赞成票才能通过；同时让中华人民共和国参加联合国，拥有安全理事会常任理事国的地位。

周书楷一听拼命反对，声称蒋介石、张群决不同意这么办。布什把面孔一拉，训斥周书楷道："你们要明白，这个修正案的要害首先是阻止联大驱逐你们的代表！"

日本首席代表中川融老奸巨猾，抢先插嘴说："我们明知中国政府一贯坚持一个中国的立场，却仍要提出这个修正案，是估计即使这一修正案得以成立，中国仍会拒绝参加联合国，结果还会达到阻挠恢复中国合法席位的目的……"

周书楷这才恍然大悟道："明白了，这个修正案本身就是'两个中国'计谋的产物！"

布什、中川融、周书楷这次决心大干一场，三方人员倾巢而出，拼命在联合国内外拉票，手段可谓"无所不用其极"。为了得到某国的一票，常常在联合国的餐厅门口"探寻迎候"，希望能与该国代表"巧遇""谈几句"。台湾代表更是抓住就粘上不放，甚至跟上他国代表进入厕所，出尽洋相！

1971年10月25日，联合国大会对美日等国的"逆重要事项"提案投票表决，结果以五十五票赞成、五十九票反对、十五票弃权被否决。这时会场上一片欢腾，台湾代表周书楷垂头丧气，硬着头皮发表有气无力的声明称：

"联合国已自行破坏了宪章，中华民国退出联合国。"

在一片嘘声中，周书楷率台湾代表团走出会场。接着，联合国大会以七十六票对三十五票通过了接受中国、驱逐国民党政权的决议案。会场上再次呈现一片欢腾景象，各国代表热烈欢呼！鼓掌！拥抱！

这个消息霎时间传到北京，周恩来、乔冠华正与尼克松的总统特别助理基辛格进行着有趣的交谈。

乔冠华以愉快的口气问基辛格："博士，你看今年这届联大，我国能恢复席位吗？眼下联大正对此进行表决呢！"

基辛格毫不犹豫地断言说："我估计你们今年还进不了联大。"

乔冠华已从周总理那里得到了确实消息，眨眨眼故意请教："那么，你估计我们什么时候能进去？"

基辛格还被蒙在鼓里，以博士派头深沉地扶扶金丝眼镜，稍做思索，尽量友好地放宽条件说："估计明年差不多了。待尼克松总统访华后，你们就能进去了！"乔冠华是人逢喜事精神爽，他刚获悉林彪折戟沉沙温都尔汗的消息，兴奋地豪饮赋诗："月黑雁飞高，林彪夜遁逃。无需轻骑逐，大火自焚烧。"现在又得到恢复中国在联合国合法席位的喜讯，情不自禁地仰头哈哈大笑，豪爽地反驳道："我看不见得吧？"

基辛格离开中国后才得知事情真相，衷心感谢周恩来等人待人宽和，若换了赫鲁晓夫，非当面让他下不来台。

与北京喜气洋洋准备出席联大相反，台北充满懊丧气氛，张群哀叹这是"迁台以来的最大挫折"。蒋介石咬牙切齿地咒骂联合国"已向暴力屈服，已成众恶之源"，并自我安慰"我们'国家'的命运不在联合国，而操在我们自己手中"。

为稳住阵脚，蒋介石与张群反复协商应对之策，然后强打精神，于 1971 年 10 月 26 日发表《为联合国通过非法决议告全国同胞书》，挖空心思声称：

"无论国际形势发生任何变化，我们将不惜任何牺牲，从事不屈不挠的奋斗，绝对不动摇，不妥协！"

蒋介石又接受张群的建议，召集国民党第十届中央委员会临时全体会议，听取"行政院长"严家淦的"外交报告"，听从佐藤等老朋友的建议，操纵全会做出决议，表示决不承认联合国的"非法"决议。

蒋介石、张群请求日本首相佐藤荣作帮助台湾当局展开"外交活动"，奈何比利时、秘鲁、黎巴嫩、墨西哥、厄瓜多尔等国先后同台湾"断交"，纷纷同中华人民共和国建交。蒋介石气急败坏地发表 1972 年元旦文告，声称与中共"势不两立"，绝无任何"妥协余地"。

这时，张群向蒋介石报告，美国总统尼克松、日本首相佐藤荣作，表示美国与日本都将继续维持对台湾的关系，蒋介石才稍稍安下心来。

第二十六章 阻止"日台""断交"

1971 年 7 月 15 日，台北日月潭涵碧楼，园林秀美，荫凉宜人。

蒋介石正提着一把喷壶，悠然自得地为怒放的满院亭花浇水；蒋经国紧紧地跟在后面，提着一个水桶帮忙。

突然，台湾当局"外交部次长"杨西昆赶来紧急报告，有美国政府派基辛格秘密访问北京的消息。

霎时间，蒋介石、蒋经国都震惊得说不出一句话来，都觉得这个消息简直难以置信。

蒋经国急忙把张群请来协商对策，张群根据他对中美、"台美"关系的深入分析，显然已有一定的心理准备。

张群转身询问杨西昆，是否接到台湾驻美"大使"沈剑虹的报告？

见杨西昆连连摇头，张群就要杨西昆给沈剑虹打越洋电话，问他是否从美国政府人士那里听到有关基辛格秘密访问北京的消息，台北刚刚听到新闻快报，要沈剑虹证实他们听到的消息是否正确。

蒋介石、蒋经国、张群都对沈剑虹的表现极为不满，殊不知沈剑虹恰巧到外地出差，直到尼克松宣布北京之行决定的前二十分钟，沈剑虹才从美国国务卿罗杰斯打给他的电话中得知真情。沈剑虹一下子惊呆了，他镇定下来要给台北打电话报告的时候，却碰到美国的越洋电话接线生罢工……

依靠现代化的通信手段，蒋介石父子和张群很快分别从华盛顿、北京得到准确消息，中美两国发表公告，宣布美国总统尼克松将在 1972 年 5 月前的适当时机访问中国。蒋介石父子和张群深感台湾与美国的关系"绝对不会与以前一样了"，便指示杨西昆约见美国驻台湾"大使"马卫康、美国国务院主管东亚事务的助理国务卿格林，向美国政府提出严重抗议，美国官员以美国政府"不会牺牲任何友邦"搪塞。

在张群等人的建议下，蒋介石主持召开国民党中常会，提出要斗志不斗气，要坚定反共的信心与决心，不动摇、不妥协、自强自立。

蒋介石父子、张群哀叹他们不能阻止中美关系的改善，在1972年2月21日尼克松访问北京之际，张群在参加"国大"一届五次会议期间，格外关注着尼克松访问北京的情况。

那一天，台北北风凛冽，地冻天寒，无力的阳光给冰冻的大地送来的一点暖气转瞬即逝，寒冷把人们驱向温暖的居室。

张群官邸一楼的小客厅里，温暖如春，鲜花盛开，张群却如坐冰窖，浑身发冷。

原来，他正在聚精会神地看电视。

电视屏幕上，尼克松总统乘坐的专机徐徐降落在北京机场，银白色的机身在初春温暖的阳光映照下闪闪发光，舱门开处，尼克松身穿厚实的大衣走下飞机，拘谨地同周恩来总理握手，主动表示：

"I am very happy！"（我非常高兴！）

张群看着尼克松和周恩来检阅仪仗队的情景，气得太阳穴激烈地跳动，脑袋爆炸般疼痛，他在紧张地思考对策，以备蒋介石父子紧急召见之需。

与此同时，蒋介石、蒋经国父子在台北市郊外士林官邸的密室里，两人的四只眼睛也紧盯着尼克松访问北京的电视不放，他们又把张群请来密商对策。

张群长长地叹了口气，为蒋介石父子吃"舒心丸"说："幸好现在日本仍是老朋友佐藤掌权！"

蒋介石频频摇头叹气道："这个老朋友也不可靠了，也在脚踩两只船！"

张群搜索枯肠地劝说道："佐藤正催《产经新闻》记者赶写《蒋'总统'秘录——中日关系八十年之证言》，为'总统'在日本恢复名誉，还经常派岸信介秘密来台沟通消息，应该说是很不容易了！"

蒋经国气恼地骂道："佐藤是个老滑头，他也想'赶搭巴士'凑热闹！"

张群冷笑道："院长所说不错，但依我看，佐藤想'赶搭巴士'，但周恩来很可能不理睬他！"

正在这时，日本首相佐藤荣作派他的胞兄岸信介来到台北，蒋介石在张群的陪同下赶忙把岸信介请来相见。寒暄过后，蒋介石就忍不住动气地指责说："佐藤首相脚踩两只船，又要北平又要台北，怎么对得起我蒋某人！"

岸信介唉声叹气地谈到，日本各界人士对周恩来提出的中日复交三原则赞成的人越来越多，对亲台人士避之如瘟疫，不得已碰在一起也是"不谈政治，少讲经济，多说文化"，岸信介兄弟只能费尽口舌尽量说服日本有权势人士与台湾当局保持关系，但也难以取得很大效果。

蒋介石看了张群一眼气哼哼地说："我就不信，佐藤还坐在首相宝座上嘛，谁捣蛋，就格杀勿论！"

岸信介苦笑着说不能硬来，讲了这么个例子更令人长吁短叹：

就在本届国会即将闭幕之时，忽然跳出四条大汉，众人一看，原来是自民党的藤山爱一郎、社会党的胜田间清一、公民党的渡边一郎、民社党的春日一幸，都是在日本政界响当当的人物，立刻引起全场注意。

这四个人打着"日中国交恢复促进议员联盟"的旗号，突然向众议院提出恢复中日国交议案。他们的能量很大，参加的议员人数飞速增长，如果再有五人签署"凑热闹"，这个议案就可超过半数，宣告成立！佐藤兄弟采取紧急措施，才没有发生危险事态，却使"日台"关系的阴影越来越浓。

岸信介深鞠一躬告诉蒋介石和张群说："首相还让我转告'总统'，他已命日本驻巴基斯坦大使曾野明，把首相的施政方针演说和福田外相的政府统一见解的抄件，当面交给了中共大使。"

蒋介石急得直想跳脚骂人，话到嘴边，对岸信介又客气了几分："你们怎么这样干，真不够朋友！"

岸信介瞪大眼倔强地反驳说："我们正是够朋友才这么干！"

蒋介石大惑不解，翻着白眼问："这又为何？请道其详！"

岸信介叹口气说："这才叫不得已而为之！尼克松访华和中共加入联合国后，与中共拉关系的国家越来越多，形势逼迫日本也考虑对北平的关系，谁敢违抗这一趋势，谁就会被赶下台！谁也没有办法！"

张群思路敏捷，怕蒋介石再说出一气之下伤人的话，得罪了岸信介这个难得的老朋友，就急忙接过话茬儿打圆场说："除了你们弟兄俩，谁对我们也不会有这么好！对此，我们心里有数，请放心。"

岸信介为张群如此善解人意感到满意，以武士道精神拍着胸脯保证道："首相为'总统'的私谊，宁愿遭受日本左派的攻击，不以为苦！"

经岸信介、张群一番劝说，蒋介石这才明白，让佐藤同时与北京、台北打交道，貌似对他不利，实则偏袒于他，时至今日，只得出此下策。

　　蒋介石此时是按下葫芦浮起瓢，刚送走岸信介，又对尼克松很不放心，担心美国会随时抛弃他，紧张得坐卧不安。

　　经过蒋介石父子与张群的一番策划，台湾"国大"五届五次会议对尼克松访问北京一事发表声明称，台湾当局"戡乱反共国策"决不改变，不承认中美间达成的任何协议；诬蔑中共为"叛乱集团"，无权统治中国。

　　尼克松怕蒋介石前来纠缠不休，干脆派美国主管远东及太平洋事务的助理国务卿格林，到台北向蒋介石、张群简报尼克松北京之行概况，特别向蒋介石保证："忠实地履行所有的承诺，仍是美国对外政策的基础，包括共同防御条约及其他关系。"

　　蒋介石不相信格林的保证，又指示台湾驻美"大使"沈剑虹会见美国总统尼克松，要求尼克松当面澄清美国对台湾所做保证中的可疑之处，以消除因《上海公报》中未提及美台共同防御条约而引起的不安。

　　尼克松向蒋介石的代表应付道："我在北京的会谈受到全世界的注目，被称为伟大的历史性事件，会对我们在太平洋地区乃至全世界的朋友产生持续多年的影响，这朋友中自然也包括蒋介石'总统'。"

　　沈剑虹是蒋介石、张群多年培养出的台湾"外交精英"，他根据蒋介石、张群的一贯思想反驳说："蒋'总统'认为，阁下北平之行的最大受害者，正是我们，希望总统一定要对得起老朋友！"

　　尼克松暗骂蒋介石、张群派人对他苦苦纠缠，为照顾与蒋介石、张群的多年交情，耐着性子解释说："为照顾台湾利益，我和周恩来在北京围绕台湾问题进行过激烈较量，谈判极其艰难。基辛格把美国从台湾撤军说成是一个目标，乔冠华坚持美国必须无条件撤军。"

　　沈剑虹暗想："访问北平是你尼克松自己跑去的，又没人强迫你去，谁让你去活受罪！"但他不敢得罪美国总统，只是运用张群的外交策略，挖空心思好言好语争取对蒋介石更有利的结果。

　　尼克松故意摆出老朋友的姿态，以诉苦的样子摆龙门阵道："双方在台湾问题上形成僵局，我坦率地对周恩来说，如果公报在台湾问题上过于强硬，势必会在美国国内造成困难。我将受到国内各种各样的亲台湾、反尼克松、反中华人民共和国的院外集团和既得利益集团的交叉火力的拼命攻击，整个的对华主动就有可能成为两党之间的争议问题。到时候，如果我无论是否由于这个具体问题而落选，我的继任者就可能无法继续发展北京与华盛顿的关系！"

尼克松告诉沈剑虹，正是由于美国领导人与蒋介石、张群的多年"友情"，才在中美关系中留下了台湾问题的一个"尾巴"：

"美国方面声明：美国认识到，在台湾海峡两边的所有中国人都认为只有一个中国，台湾是中国的一部分。美国政府对这一立场不提出异议。重申它对中国人自己和平解决台湾问题的关心。考虑到这一前景，它确认从台湾撤出全部美国武装力量和军事设施的最终目标。在此期间，它将随着这个地区紧张局势的缓和逐步减少它在台湾的武装力量和军事设施。"

沈剑虹刚想指责美国出卖"老朋友"，尼克松将面孔一拉，以不容置疑的口吻说："总之，这是我费尽心机为蒋'总统'争取到的最好结果，此外本总统就无能为力了。再说日本的佐藤政府也正在与周恩来私下接触，蒋'总统'并无异议，为什么单独限制美利坚合众国的行动呢？"

尼克松这一"军"真把沈剑虹"将"住了，一时哑口无言，尼克松趁机做出送客之态："请转告老朋友蒋介石'总统'，美国决心遵守对'中华民国'的承诺，台湾所要求的，正是美国总统的保证。"

沈剑虹告别尼克松，第二天就乘飞机回台北向蒋介石、张群汇报，听说蒋介石正在日月潭边休息颐养，即请张群陪同动身前往。

三月的日月潭正是风光秀丽之时，湖的北半部形同日轮，南半部细长，酷肖上弦之月，湖四周翠山环抱，林木茂盛。灿烂的阳光下，堤峰青翠，湖水晶莹，绿波如镜，景色如画。

为排解心中的烦忧，蒋介石坐在静谧的园林别墅石凳上，拿腔作调地吟诵清代诗人曾作霖写的日月潭诗：

> 山中有水水中山，山自凌空水自闲。
> 谁划玻璃分色界，倒垂金碧浸烟鬟。
> 蓬莱可计乘风到，艋舺知为举火还。
> 别有洞天开海外，人家鸡犬绝尘寰。

沈剑虹多次向张群请教晋见蒋介石的时间，张群便选择蒋介石情绪较高的时节，请蒋经国赶快带沈剑虹向蒋介石做了汇报。蒋介石感慨万千，手举拐杖说："从此以后，我们要比以前更依靠自己。"

蒋介石看美国拉不住了，又让张群在 1971 年 7 月访问日本的时候，重点破坏中日建交问题。

八十三岁的张群第四次见到首相佐藤，两人一起高声大骂尼克松不够朋友，佐藤大肆宣泄心中的愤懑情绪：

"两个大国甚至还没有相互承认，它们的首脑竟能相会并且坐下来一起谈判，真是越出常规，但它必定会被看成是一件有重大历史意义的事件！"

张群对佐藤的话不屑一顾，从鼻孔里冷笑一声，不无讥讽地问道："阁下在施政演说中声称要和大陆改善关系，贵国驻巴基斯坦大使曾野明也主动和大陆官员接触，人家就是不理，这又是为什么？"

佐藤摇摇满头银发，递过一份《人民日报》上刊载的"上海公报"，指给张群看他用红笔密密圈圈画出的部分：

"中国方面表示：坚决反对日本军国主义的复活和对外扩张，坚决支持日本人民要求建立一个独立、民主、和平与中立的日本的愿望。"

佐藤苦笑着问张群道："岳公，你说谁是军国主义？ 说什么日本人民希望独立，什么意思？ 真叫人头疼！ 试想，日本一旦中立，首先倒霉的不正是受到苏联威胁的中国吗？"

张群不愿谈这个话题，又把话头转了回来："我不明白，大陆为什么不理解你的主动行为？"

佐藤荣作不愧是有见地的政治家，他紧皱眉头，对这个他极感不痛快的问题进行分析说：

"在周恩来眼里，我可能已到政权的末期，而一位行将下台的首相对其他国家是一文不值的，大陆不愿同我这个难以对付的老头子谈邦交正常化问题，对我的内阁采取敌视政策，以便给日本各界要求我引退下台的势力助一臂之力，争取同下届内阁谈判邦交正常化问题时，处于有利地位。 岳公富有韬略，熟谙纵横捭阖之术，阁下以为如何？"

张群紧紧握住佐藤青筋暴突的大手，将白头贴向佐藤的满头银发，颇为动情地说："在当前险恶的形势下，首相才是逆风中的劲草，不愧是蒋公和我的好朋友！"

张群从与佐藤荣作等人的会谈中，预感"日台"关系前途凶险，因此除了紧紧拉住佐藤荣作、岸信介等右翼人物外，还需要更多地与日本进步政界人士接触，经张群多方联系，终于会见了三木武夫、大平正芳。

时任日本副首相的三木武夫对如何会见张群颇费心思，最后选定在东京柳桥的一家艺妓馆里设宴款待张群，而且找了四个陪客。

张群本来想与三木武夫好好谈谈中日关系等政治上的问题，但是入席的时候，突然发现有四名陪客，其中两人曾经担任日本驻华大使，现在都已是退休人物，心里颇为恼火。三木武夫看在眼里，就手指两位前驻华大使，做意味深长的说明道：

"这两位都是我做日本外务大臣的时候任命的驻华大使，我觉得他们是今天这顿午宴的最适当的陪客。"

张群暗骂三木武夫老奸巨猾，但是却不敢得罪于他，因为三木武夫是自民党中思想比较进步的分子。在张群与台湾驻日人员的眼里，对三木武夫难免有"道不相同"之感，平日很少交往，即使偶尔在外交应酬场合狭路相逢，也未必能够交谈上两句。在台湾驻日"大使馆"每年举办的双十节酒会中，似乎从来没有出现过三木武夫这个日本政界重要人物的影子，在中日关系即将发生变化的情况下，更应紧紧拉住三木武夫不放。

张群想到这里，感到要抓住时机，在三木武夫身上大做文章，便面带微笑地谈起他们之间的一段趣事：

"从 1957 年访问日本的时候起，我就与三木武夫阁下开始交往，我们谈起话来十分投机，经常温酒促膝交谈天下事。有一次，我们俩在一家饭店开怀畅饮，推杯换盏喝得十分尽兴，两人都有了几分醉意，分别出门时彼此把皮鞋穿错了，竟也凑巧大小合度，当时并未发觉，第二天我才发现……"

三木武夫也急忙插话说："我也是第二天发现皮鞋怎么变了……"

张群滔滔不绝地说下去："我一想准是与三木武夫阁下穿错了皮鞋，急忙派人送还，互相换回原物，亦佳话也。"

张群说罢两人的这段故事，把众人逗得哈哈大笑。

张群又扭转话题，感谢三木武夫在自己 1963 年访问日本的时候，冒着滂沱大雨到机场欢迎，又设宴予以款待，于是，两人又兴致勃勃地谈起张群那次访问日本时的许多逸闻趣事……

因为有四个陪客在场，张群始终没有涉及政治问题，三木武夫更不主动地谈政治性话题。张群凭着深厚的涵养讲了许多笑话，才使宾主尽欢而散。

在告别的时候，三木武夫握着张群的手说："您是我唯一的台湾朋友。"

在返回的路上，张群对他的随行人员说："三木武夫和我分手时说的话，似乎意味深长，但始终有些莫名其妙……"

如果说张群与三木武夫的宴会表面上还笑声不断，张群与现任外务大臣大平正芳的会见就"不太愉快"。

张群一到东京，就吩咐台湾驻日"大使馆"人员安排他会见大平正芳，很快就得到回答，约好在东京著名的大仓饭店进行一小时的会谈。

张群想到自己也与大平正芳有一些交情，现职外务大臣大平正芳会给自己面子，透露一些内情，也好返回台湾向蒋介石"交账"，但是台湾驻日"大使馆新闻官"却不知内情，把张群这一不能张扬的重要活动，告诉了日本和台湾记者。

第二天，张群看到日本报纸到处登载他即将与日本外务大臣大平正芳进行会谈的消息。张群大发脾气，派他的秘书前往台湾驻日"大使馆"，狠狠地批评了把事情搞砸了的"新闻官"。

第二天，张群一到大仓饭店，大平正芳就声色俱厉地批评台湾方面不会办事，把本来可以做好的事情弄坏了，张群急忙认错打圆场，忍气吞声好不容易才维持住没有搞僵的局面。据随行的台湾记者李嘉在《东京漫笔——岚山的红叶与张岳军》一文中，做过这样的记述：

> 不知大平是因此生了气，还是借题发挥，在大仓大饭店的那一席会晤上，他始终不愿多谈，更没有说出一句正经话。在这种情况下，原来预定一小时的会谈，不到三十分钟就草草结束了。在会谈一开始的时候，大平的表现即是不甚愉快，那么草草结束而辞出的张先生，自然也很不高兴。他们两位在会谈时并没有作过什么深入的商谈或是激烈的辩论，一开始就是冷战的空气包围之中。好像除了寒暄一番以外，就没有什么话题。后来大平突然站起，把事先准备好的礼品当面赠给张先生，张先生也只好接过礼品告辞而出。以往和张群先生有过多次欢谈的大平正芳，这次竟是如此豹变，张群先生自然马上感觉到了，以后我到台北见到张群先生时，他总是提起这一段故事。

张群返回台北前夕，台湾记者李嘉在刚刚开张的东京京王大饭店租了一间第四十一层最繁华的宫廷套房，邀请张群来放松一下。

张群一到就津津有味地欣赏著名设计家剑持先生的杰作，称赞纯法国式的装饰美不胜收，从第四十一楼房间的窗子里，一直可以远望到八王子市，夜景实在美极了。张群问及在这套住房住一天要多少钱，李嘉说定价四百美元。

李嘉递给张群一首五言绝句，说是几年前李嘉陪同张群游览岚山红叶时所写，李嘉知道张群最喜欢岚山红叶，深知只有绮丽的岚山风光和着重器皿与气氛的日本料理，才能慰藉张群由于对日关系多次受到创伤的心情，希望以此引起张群的兴趣，使张群能够高兴一些。张群明白李嘉的用意，接过来读道：

斜风细雨故人来，烟罩岚山晚色哀。

红叶如怜天外客，今朝应为贵宾开。

张群读罢刚要说"好"，不知是谁突然说起设计专家剑持先生在京王大饭店快要落成的时候突然自杀了，一下勾起张群对"日台"可能"断交"的痛苦预测，脸上的笑容顿时消失了，压抑着沉痛感情说："以后如有机会再来东京，真愿意从容地在这里住一夜。"

台湾驻日"大使"彭孟缉和李嘉"本想借此安慰在日本一星期里为剧激的公务和酷暑所苦"的张群，没有想到是谁一句话破坏了张群的兴致，便相互约定避免谈及政治问题。

张群是个明白人，完全了解众人的良苦用心，重新在脸上露出笑容，讲一些天南地北的逸闻趣事，紧张的心情似乎也轻松了一些。

张群根本没有想到，那个晚上竟然成为他在日本的最后一个夜晚。

张群一行回到台北后，看到七十二岁的佐藤荣作在中国问题上一意孤行，逆历史潮流而动，引起日本各派政治力量的反对，使日本政局开始动荡。

蒋介石、张群大感惊恐，全力支持佐藤荣作保住首相宝座，但终究不能阻挡历史潮流，佐藤只得于 1972 年 6 月 17 日宣布辞职。

佐藤荣作一宣布下台，日本自民党就对总裁宝座展开激烈争夺，实力人物三木武夫、田中角荣、大平正芳、福田赳夫都跃跃欲试，"三角大福"之战拉开战幕。

蒋介石对日本这场总裁争夺战比日本人还要关心，急忙召见蒋经国、张群、台湾驻日"大使"彭孟缉等人协商对策，一致商定要全力以赴支持福田赳夫执日本政坛牛耳。

张群深知福田赳夫是日本著名的右翼政治家，1905 年 1 月生于日本群马县，与蒋介石、张群渊源极深，是当时日本亲台派的密友。他 1941 年就随汪精卫伪政府的"经济顾问"到中国主持汪伪政权"储蓄券"的发行工作，翌年任汪伪政权的经济顾问，后任大藏省大臣、官房长官、银行局长、计划局长；战后历任自民党副干事长、干事长和内阁农林、大藏、外务大臣等职，是日本政坛上颇有影响的人物。 1976 年出任日本首相，1978 年主持签订《中日和平友好条约》，对华态度有所改变。 这是后话，暂且不提。

张群为蒋介石出谋划策道："福田赳夫是日本政坛上官僚派的典型代表人物，为保守本流中的旁流，属岸信介的嫡系大将，在日本一呼百应，只要我们把友好议员和右翼势力动员起来，就可能把亲台派首领福田赳夫拥上日本首相宝座，开创对日关系的新时代！"

张群这番话说得蒋介石来了精气神儿，便让张群亲自出马和佐藤、岸信介兄弟联系，又命彭孟缉回日本会见福田赳夫，动员贺屋兴宣、滩尾弘吉、椎名悦三郎等右翼实力人物，帮助福田赳夫全力以赴投入竞选。

1972 年 7 月 5 日，日本自民党在东京日比谷会堂进行总裁选举。

台湾驻日"大使"彭孟缉遵照蒋介石、张群的指示，动员台湾在日本的所有力量协助福田赳夫投入选举大战，务求福田赳夫旗开得胜，马到成功。 完全没有想到第一次开票结果，福田赳夫仅比田中角荣少得六票，四个候选人都没有超过半数票。

彭孟缉受蒋介石、张群之命私下会见福田赳夫，祝贺福田赳夫取得了相当理想的战果，又代表蒋介石、张群表示要紧急动员起来，全力以赴支援福田赳夫与田中角荣一决雌雄。

当天中午，田中角荣和福田赳夫展开决战，双方摩拳擦掌，气氛极为紧张，中午 12 时 30 分刚过，在一旁观战的台湾驻日本"大使"彭孟缉看到一个虎背熊腰的大汉在台上跳了起来，举起右手，用拇指和食指搭成"O"字，大喊大叫发出获胜的信号。

彭孟缉赶快过去一问，才知道此人乃是代表田中派在台上监票的足立笃郎。 刹那间，议会厅热闹非凡，掌声和吼叫声震天，田中派和大平派议员欣喜若狂，福田派议员则垂头丧气，因为开票结果是田中角荣以二百八十二票对一百九十票的压倒性优势获胜。

张群得到田中角荣出任首相、大平正芳出任田中内阁外交大臣的消息，马上产生了"万事休矣"之感，急忙与蒋介石商量对策，指示台湾驻日"大使"彭孟缉进行破坏。

彭孟缉遵照蒋介石、张群的指示，怀着极其惋惜的心情，赶到福田赳夫家登门慰问，说他曾多次会见日本右翼团体"大日本爱国党"党魁赤尾敏、"大日本爱国者团体联合时局对策协议会"代表浅沼美智雄。

彭孟缉吹嘘这两个人物在日本具有巨大能量，他们奉日本浪人头山满、内田良平为师，以猖狂反华为己任。他俩曾于1958年10月10日在东京新桥火车站前召开"援蒋反共支持台湾国民大会"，在会上叫嚷组织"反共义勇军"援助蒋介石"反攻大陆"；1960年10月10日派暴徒到东京日比谷公园，杀死主张中日友好的日本社会党委员长浅沼稻次郎；1971年9月，他俩又率领"犹存社""日本青年社""忧国青年同盟""防共挺身队"等八个右翼团体的首要分子访台，创下日本右翼团体联合访台的先例，受到蒋介石的亲自接见。张群更与他们打得火热，使这些右翼人物的反华气焰更加嚣张。

彭孟缉代表蒋介石、张群向福田赳夫和以滩尾弘吉为首的亲台派致意，感谢他们坚决反对日本与台湾"断交"，特别劝说福田赳夫不要灰心，蒋介石、张群指示台湾驻日人员全力支持福田赳夫重整旗鼓夺取日本首相大权。福田赳夫深受鼓舞，也对蒋介石、张群表示感谢，然后冷笑一声说：

"我们有的是机会，如果田中角荣在处理台湾问题上失败，右翼势力马上就会联合起来，把田中角荣拉下马！"

彭孟缉告别福田赳夫，他又按照张群的旨意，去找浅沼美智雄和赤尾敏密谋反对日中建交活动。

浅沼美智雄是日本右翼行动派头目，他气势汹汹地叫嚷："要成立亚洲反共军事同盟，肃清自民党内容共派，防止日本政府承认中共，全力加强与'国府'（指台湾）的联系！"

赤尾敏挥着拳头请战："我将率'反共挺身队'专门对付田中角荣、大平正芳，首先散发反对传单和抗议书，必要时冲进首相官邸，结果田中、大平两个老儿的狗命！"

彭孟缉将他这些活动成果兴冲冲地报回台北，向蒋介石、张群邀功。

使张群忧虑的是，这时候，蒋介石正患肺炎住院治疗。

原来，基辛格、尼克松访问北京，给蒋介石当头两棒，一下子把这个八十六岁的反共老手打倒了，先做前列腺手术，后又转为慢性前列腺炎的宿疾，身体从此一蹶不振，走了下坡路。1972年7月，蒋介石又因染感冒而转为肺炎，住进荣总医院治疗。

蒋介石一起床，贴身侍卫就赶快送上印着蓝色线条的纯白色毛巾，侍候他刷牙、洗脸，再送上两杯开水，一温一烫供蒋介石选用。然后，随蒋介石到阳台上做柔软体操、唱圣诗，唱到"圣哉、圣哉"的时候就朝东方脱帽敬礼，之后再回房静坐祈祷、写日记。

等蒋介石利用他一天中精神最好的时间写完日记，贴身侍卫立刻把当天的《"中央"日报》《中国时报》《联合报》呈上。

张群深知蒋介石的读报习惯：平日蒋介石只看报纸的大标题，对特别感兴趣的文章或新闻报道才交代给秘书，用红笔勾出在早饭时读给他听。今天他则一反常态，痴呆呆盯着一张报纸看个不停，嘴也骂个不停："娘希匹，娘希匹……"

贴身侍卫大惊，不敢惊动蒋介石，蹑手蹑脚来到他背后，偷偷一看，只见报纸上登着日本首相田中角荣、外相大平正芳在第一次内阁会议后对记者的谈话，田中宣称要加快中日邦交正常化的步伐，大平的谈话更使蒋介石触目惊心：

"'日台'关系的处理与日中邦交正常化，是同等重要的问题。台湾的将来究竟如何，不能妄加评论，但我们希望'日台'之间的经济、文化关系能够保持稳定。保持这种稳定的关系是政治家的责任。随着日中邦交正常化谈判取得进展，尤其是谈出结果的时候，很难设想日华和平条约还能继续存在。怎么办？这些具体问题现在还不好说……"

突然，随着一声惊天动地的咳嗽，蒋介石立刻瘫倒在软椅里，张群和贴身侍卫急召医生、护士前来抢救，医院里顿时乱作一团……

蒋介石刚缓过气来，就指示张群让"外交部长"沈昌焕召见日本驻台"大使"宇山厚，谴责田中内阁关于要实现中日关系正常化的表态，是"违背国际信义和应遵守的条约义务的"，又于7月25日命驻日"大使"彭孟缉会见日本外相大平正芳，声称蒋介石、张群坚决反对日本与大陆"国交正常化"。

彭孟缉见大平正芳和田中角荣对其要求置之不理，就根据张群的安排私下会见日本右翼老政治家、亲台派"总司令"滩尾弘吉。

彭孟缉知道滩尾弘吉和椎名悦三郎、前尾繁三郎都是蒋介石的老朋友，三人时常聚会交换支持蒋介石、张群的意见，亲台派议员将其称为"三贤人会"，他们的意见颇受自民党各派领导人的重视，"日台"间一遇难题，总是要推滩尾弘吉出面解决。

滩尾弘吉听了彭孟缉的连篇诉苦，当即决定派日本右翼"新兴实力人物"、著名的自民党鹰派议员玉置和郎访台，协商保护"日台"关系的方策。

张群、彭孟缉深知玉置和郎是大陆浪人出身的日本政客，早年曾在山西省陆军军官学校就读，后来在中国经商，战后转入日本政界，曾任自民党社会保障部长、青年对策部长和农林水产省、冲绳开发厅政务次官。他一贯亲台，与张群关系密切，曾受滩尾弘吉之托，率领自民党右派议员赴台，与蒋介石、张群密谋阻挠中日建交的方策。

张群陪同蒋介石在荣总医院六病房接见玉置和郎，蒋介石稍做寒暄就气鼓鼓地说："你回去告诉田中角荣，过去双方的关系是战胜国与战败国的关系，吾人不仅没有对三百多万侵略过中国的日本军民进行报复，而把他们像朋友一般送回日本，又放弃赔偿权利，帮助日本恢复经济，真是仁至义尽。现在'中华民国'地位下降了，日本就翻脸不认人，与大陆拉关系。你回去告诉田中角荣，叫他派代表团来，看他怎么向我解释?"

蒋介石、张群见日本当局对他们的要求仍然置之不理，便派国民党中央委员会秘书长张宝树在访问南朝鲜归途路过东京，劝说自民党政要改变意图，又让"行政院长"蒋经国8月8日发表谈话，督促日本政府"反省"。

田中首相和大平外相在稳步推进中日邦交正常化的同时，将日本驻台"大使"宇山厚召回东京，商量实现中日邦交正常化时对台湾的应变措施，觉得应派一名政府特使向蒋介石、张群做说服工作。

田中角荣和大平正芳觉得这位特使人选极其特殊，他必须是蒋介石、张群信得过的人，同时也要懂得中日恢复邦交是大势所趋，能够做蒋介石、张群的工作，本人也要愿意干。

田中和大平选来选去，最后选中了椎名悦三郎。

张群对椎名悦三郎也很熟悉，了解他1898年1月16日生于日本岩手县，侵华战争时期曾任伪满国务院总务司统制课长、产业部矿工司长和日本商工省临时物资调整局第五部长、总务局长、军需省总动员局局长、商工省次官、军需省次官；战后任自民党经理局局长、官房长官、通产大臣、外务大臣，与蒋介石、张群私交颇深。

田中角荣、大平正芳请椎名悦三郎就任自民党副总裁，以特使身份出访台湾。椎名知道这是一份不好干的差事，固辞不就，田中再三以重任相托，说明在台湾有张群保驾，保证不会为难他，椎名才勉为其难。

田中角荣和大平正芳请椎名悦三郎出席新成立的自民党"日中邦交正常化协议会"会议，听会长小坂善太郎宣读日中邦交正常化的基本方针称：

"在对待日中邦交正常化问题上，日本政府应注意以下各点：鉴于日本与'中华民国'的关系颇深，谈判要千方百计在保持原有关系的基础上进行……"

小坂善太郎会长的话音刚落，经张群、彭孟缉多次做工作的日本亲台派议员滩尾弘吉、玉置和郎、中川一郎等就纷纷追究责任，指责只讲保持"日台"原有关系不成，必须讲"要保持外交关系"。最后，张群、彭孟缉寄予极大希望的中川一郎气势汹汹地说："大多数人的意见是应该保持包括外交在内的原有一切关系，希望按多数人的意见办。"

小坂善太郎会长不愿与张群、彭孟缉"交情极深"的日本右翼议员多做纠缠，就虚与委蛇表示接受中川一郎的意见道："那好，把原稿中的'要'字改为'应'字，就这样定了。"

自民党的日中邦交正常化基本方针一通过，田中角荣和大平正芳就催椎名悦三郎带着这个方针启程赴台。

椎名悦三郎久经外交沙场，也深知蒋介石、张群很难应付，特别是必须做好说服张群的准备，自己才不会在台湾出洋相。

于是，椎名悦三郎不慌不忙向田中角荣请示对台交涉方策，田中角荣笑着说："'基本方针'都讲到了，请灵活运用。"

椎名悦三郎万般无奈，只好硬着头皮飞往台湾，他不禁暗想，蒋介石、张群将以怎样"险峻的气氛"迎接我呢？

《椎名悦三郎回忆录》对蒋介石、张群等人精心设计的欢迎椎名的场面，有如下精彩描述："我一跨出飞机舱门，就被几百名赶到机场示威的粗野群众包围起来。写有'椎名滚回去'的标语牌密密麻麻，口号声、辱骂声犹如雷鸣，石块、鸡蛋朝车子飞来。我们的车子有人吐唾沫，有人用脚踢。有的车子的挡风玻璃被棍棒打碎，停在那里动弹不得。"

椎名悦三郎颇感狼狈，但因肩负着"倒霉"使命，也不好发作，正在为难、混乱之际，幸好张群和"外交部长"沈昌焕赶来，训斥示威暴徒不得对日本特使无礼，两人亲自把椎名悦三郎送到迎宾馆，椎名悦三郎赶快向张群说明：

"自民党的决议，对日本政府也有约束力，请岳公帮我渡过难关！"

张群拍着胸脯慨然相允道："老朋友，请放心，只要有我在，就不会使你太难堪！"

因为蒋介石有病住院，张群第二天陪同椎名悦三郎会见"行政院院长"蒋经国。双方寒暄既毕，蒋经国就毫不客气地质问椎名悦三郎："大平外相关于'日台'条约可能不复存在的真意何在？"

椎名悦三郎小心翼翼地解释道："大平外务大臣实际上是这个意思：表达了他的真

实心情，即对日中邦交正常化后日华和平条约名存实亡感到惋惜，同时也说出了从逻辑上讲无可奈何的原始想法。"

蒋经国想起父亲的交代，正色质问道："田中首相态度如何？"

椎名悦三郎绞尽脑汁搪塞道："田中首相对此说法始终没有表态。"

蒋经国抓住要害问题紧追不舍："'原有关系'到底有何含义？"

椎名悦三郎耐着性子详细地解释说："'原有关系'这个表述非常含蓄，里面有不少文章，甚至包括外交关系在内，会议记录都记得明明白白。田中首相、大平外相过些日子去北京谈判，是要以它为依据的。如果最后谈不拢是不会妥协的，有可能中途回国，等有了协议会同意的新方案之后再去。我们顾问议员的态度始终很坚决，决心用协议会的结论这把戒尺来要求田中首相，让他按协议会结论的精神办事。"

蒋经国将信将疑地发问道："田中首相会按协议会的结论行事吗？"

椎名不敢直接回答，寻思半天才绕着弯儿说："协议会召开成立大会时，首相、外相都出席了，都在会上致辞，表示要按协议会的意见办。"

蒋经国又按照蒋介石的指示将矛头对准大平正芳质问："大平外相对我们的驻日'大使'彭孟缉说，日中邦交正常化后，日华和平条约就不再存在了。这如何解释呢？"

椎名悦三郎心中不悦，带着求救的目光望张群一眼，压下心中怒火解释说："大平外相到底怎么讲的，我没有听见，但记得他在另一个场合讲过'从逻辑上讲不能并存'这个意思。首相至今没有说什么，但表示要尊重和服从协议会的决定。看来，大平大臣只是谈了一下个人看法。"

蒋经国对椎名悦三郎这个解释很不满意，转身向陪同接见的台湾"外交部长"沈昌焕询问究竟。

听完沈昌焕对一系列问题的说明，蒋经国扭住不放追问：

"总之，那些话是在外务大臣和驻日'大使'这样两位负责人之间谈的，所以我们不得不把这次谈话看成是代表政府的正式发言。请特使回国后查一下记录，以便让我们了解日本政府究竟做何打算。在我们看来，这是'断交的预兆'。"

椎名悦三郎知道这是核心问题，忙命日本驻台"大使"宇山厚说明情况，又圆滑地抹稀泥道：

"的确有当时的谈话记录。大平外相的意思似乎是说，'日中邦交正常化之后，日华和平条约就可能不起作用了'，并没有正式表示'出于无奈，只能这样，请转告贵国'这种意思。　再说那也不是讲这种话的场合，由于和'大使'彭孟缉的个人关系很好，所以流露了一些表示担心的情绪，那种场合不可能讲'务必转告'这类的话。"

蒋经国暗骂椎名悦三郎老奸巨猾，老想用绕圈话把他绕进去，就拉长脸，提高声调说："我代表蒋'总统'和政府严正声明，万一日华条约被毁弃，日本必须承担由此产生的一切责任。　尽管我们可能遇到种种困难，但我们仍将为了亚洲的和平走我们自己的路，可能将采取一切措施维护这种权利。"

椎名看事态严重急眼了，忙向张群投去求援的目光，张群装作视而不见。　椎名悦三郎无可奈何，只得保证可以发表声明宣布：

"日中邦交正常化的谈判，是基于自民党的决议，因此，关于台湾问题，包括外交关系在内，原来的各种关系都将维系下去。"

蒋经国立即抓住不放，逼椎名悦三郎如实发表声明，椎名只好照办。

周恩来看了椎名悦三郎在台湾发表的讲话，立即在9月18日深夜召见日本自由民主党日中邦交正常化协议会会长小坂善太郎等五人，指出椎名在台湾的讲话远远偏离了中日两国关于邦交正常化的路线，倒向了台湾，接着阐述了中国的原则立场，对自民党某些人鼓吹的所谓"不能抛弃台湾"及搞"两个中国""一中一台"等谬论进行了有力批驳。

小坂善太郎原来估计有张群保驾，椎名悦三郎不会遇到使其难堪的事情，现在急忙利用椎名悦三郎在台北被打的消息，向周恩来做解释。　周恩来明察秋毫，以嘲讽的口吻说：

"这是蒋介石、蒋经国搞的双簧，这也是历史的转变，就是说，谁欢迎田中首相新的对华政策？　是七亿中国人民；谁反对田中首相日中邦交正常化政策？　是台湾的少数顽固分子，这是很好的现实对照。"

小坂访华团中有一些亲台人物，周总理耐心地做他们的工作说："对于日本在处理邦交正常化之际面临的某些困难，中国方面会予以适当照顾和体谅，但这只能是在日方接受恢复邦交三原则的前提基础上。　代表团各位先生来华访问，肩负着光荣的使命，希望能坦率地交换意见，加深相互理解，起到为田中首相访华铺设轨道的作用。"

经周恩来总理耐心细致地做工作，不少亲台派议员转变立场，支持田中改善日中关系。

对此情况，张群有他的看法，认为椎名访台结果对田中访华并无影响。　蒋介石见此情况气急败坏，让张群指使彭孟缉勾结日本暴徒设法破坏。

于是，日本右翼组织"防共挺身队"暴徒闯入田中首相官邸，提交反对日中邦交正常化的抗议书，散发反华传单。

对此，田中角荣毫不理睬，日本"防共挺身队"的暴徒又身带刀子和抗议书，杀气腾腾地徘徊于田中官邸周围，扬言要杀害田中、大平，以此阻止田中、大平访华。

田中首相、大平外相于1972年9月25日动身访华，与周恩来总理、姬鹏飞外交部长进行多次会谈，在9月28日的最后一轮会谈中，大平外相专门谈到了蒋介石、张群最为担心的台湾问题。他小心翼翼地说：

"有四千名日本人在台湾做买卖，开商店，每天大约有上千名日本人去台湾旅游。明天就要同台湾断绝外交关系，同贵国建立外交关系。出现这样大的变化能不能平安无事，我们真是提心吊胆。"

大平看了周恩来一眼，又谨慎地说出尽量讨好蒋介石、张群的话："所以，我想向您说一下。从明天起，现有的外交关系就转到你们这边来了，但现在实际存在的'日台'关系还是要保持。这是我们的殷切希望。你们对此也许不'同意'，但是否可以表示'理解'呢？"

周恩来高瞻远瞩，当即表示："可以表示理解。"

大平心中的一块石头落了地，总算有了可以应付蒋介石和张群之词，即发电命日本驻台"大使"宇山厚会见台湾"外交部政务次长"杨西昆，通报田中角荣与周恩来马上就要签署的日中共同声明的内容，通知蒋介石、张群和台湾当局，日本将与中国大陆建交，大平正芳外交大臣将在日中共同声明公布后发表关于"日台"条约即将终止的谈话。

为对蒋介石、张群表示安慰，大平正芳特别讲明田中首相"感谢蒋'总统'在战后长时期对于日本的好意"。

杨西昆见此情况实在无话可说，便从桌上拿起早已准备好的蒋介石致田中角荣的信宣读。

9月29日上午9时，日本外务省次官也召见台湾驻日"大使"彭孟缉，提前通告日中联合声明的内容，正式通知他：

"台湾和日本的外交关系虽然不能继续下去了，但我们希望今后继续同台湾保持经济和其他方面的业务关系。"

同日上午10时，北京一片节日景象，人民大会堂光彩夺目，灯火辉煌，中日联合声明签字仪式隆重举行。

　　大平外相出席完签字仪式，立即动身赶往北京民族饭店，在新闻中心接见记者，专门谈到"日台"条约说："联合声明没有涉及这个问题。 日本政府的见解是：作为日中邦交正常化的结果，可以认为日华和平条约已失去意义，宣告结束。"

　　蒋介石、张群肺都要气炸了，但又对日本无可奈何，为挽回面子，指示台湾"外交部"9 月 29 日深夜发表对日"断交"声明。

　　9 月 29 日，"日台"双方的"大使馆"不再升旗。 10 月 28 日，彭孟缉乘坐从羽田机场起飞的"中华航空公司"班机离日返台，向蒋介石、张群复命，"日台"外交关系至此宣告结束。

第二十七章　为蒋介石送终

1972 年秋季，台北近郊阳明山果实累累，挂满枝头，芦花如雪，曲径通幽，别具诗情画意。

但是，在经受尼克松访问中国，田中角荣访问北京并与台湾"断交"的沉重打击后，张群亲眼看到八十六岁高龄的蒋介石终于气得倒下了。

张群和蒋经国及国民党高级官员忧心如焚，天天去看望蒋介石。

9 月 30 日上午，蒋介石的病情稍有好转，就手扶拐杖，在张群和彭孟缉的陪同下，溜溜达达来到"阳明瀑"旁边的"大屯瀑"。

蒋介石举目观望眼前的瀑布，觉得这真正是天下奇景：苍劲的古树苔藓斑驳，枝叶茂盛，藤萝相映，确实令人心旷神怡。

蒋介石扶杖走上一座平台，凭栏纵目遥望台北盆地，又看到台口一副笔力遒劲的对联，说尽了站在这个平台上的妙趣：

> 笑看星斗樽前落，俯视河山足底生。

张群看到八十六岁的蒋介石性格古怪，喜怒无常，面对阳明山的大好秋光，顿觉江河日下，今不如昔。

蒋介石想到尼克松、田中角荣打了他两闷棍，身体状况就显著恶化了：尼克松访华气得蒋介石前列腺发炎，手术后转为慢性宿疾；田中访华又气得他患感冒而转为肺炎，不得不住院治疗，今天情绪稍好就出来散心，但是行走之间又情不自禁地讲起田中角荣、大平正芳访问大陆的事情。

随行的张群、彭孟缉见蒋介石又提起要命的话题，都提心吊胆，就煞费苦心专讲阳明山的大好秋光，蒋介石却固执地追问："尼克松和田中角荣爬长城，谁爬得高?"

张群根据他掌握的情报据实而报："自然是田中角荣。"

蒋介石歇斯底里地厉声质问："为什么？　什么意思?"

张群对此自有他的解释："这表示日本比美国走得远，尼克松去得早，田中角荣要走得远，爬得高！"

"娘希匹！"

蒋介石一下子喘不过气来，摇摇晃晃要摔倒，张群忙让贴身侍从七手八脚，把蒋介石塞进车送回医院。

这时候，岸信介又秘密来到台湾。 张群首先对岸信介热情招待，互道别后之情，商讨在"日台""断交"后改善双方关系的方策，准备应付蒋介石、蒋经国父子的办法。

蒋介石一缓过气来，张群就带岸信介来看蒋介石。

岸信介见蒋介石骨瘦如柴，长脸蜡黄，忙上前把日本右翼即将开展的活动作为"礼物献给蒋'总统'"：

"我们将在日本开展感激'总统'、感谢'总统'的运动，在日本的各大城市为'总统'树立铜像，开动'宣传机器'大讲'总统'恩惠日本的德政，让《产经新闻》登载《蒋'总统'秘录》，在日本人中间树立蒋'总统'的伟大形象！"

蒋介石脸色稍好些，仍挥舞拐杖不罢休："你们要想办法，把田中角荣拉下台……"

岸信介急忙答应，与张群一起告别蒋介石，另找地方研究在日中间兴风作浪的措施……

就在同一天下午 1 时 5 分，田中首相、大平外相满载日中邦交正常化的丰硕成果，回到充满节日气氛的羽田机场。

机场上，正举行日本战后独一无二的盛大欢迎仪式，人员级别之高之全可谓空前绝后：不仅有临时代理首相三木武夫、通产相中曾根康弘和自民党副总裁椎名悦三郎，而且有在野党的社会党成田委员长、公明党竹入委员长、民社党春日委员长等。朝野大员一齐出动欢迎田中角荣、大平正芳出访中国归来，都对田中内阁一举实现中日邦交正常化给予积极的评价，把中日复交看作日本外交的巨大历史成果。

另一方面，日本右翼团体和亲台势力却暗中应蒋介石、张群的请求，在岸信介等操纵、唆使之下，出动大批宣传车，把高音喇叭开到最大限度，吼声震天，呼喊"打倒田中内阁"的口号。

诚如张群所料，在日本自民党内，福田赳夫又重新燃起"角福"之争的战火，以滩尾弘吉为首的亲台派议员个个怒不可遏，对田中首相事先不跟他们打招呼就断然与台湾断绝关系、同新中国建交的做法非常恼火，商定要在自民党参众两院议员听取田中首相报告访华情况的全体会议上，对田中角荣、大平正芳进行质问，发动大规模攻势，以达到蒋介石、张群所日思夜想的目标——把田中角荣、大平正芳拉下马。

在日本参众两院议员会议上，田中角荣首相神采奕奕地发表讲话说："我肩负日中邦交正常化的重任，遵照党的决定访问了北京，再次感谢党给予的鼓励和合作。"

突然，会场上吼声四起，喝倒彩声冲天。

田中首相扫视会场一周，见亲台派议员个个横眉立目，直着脖子喝倒彩，而到会的五百多人中，亲台派占了很多，知道今天是星期六，议员多半回选区去了，暗想今天任务艰巨，额头不禁渗出了汗珠。

他深知，这是蒋介石、张群在联合日本右翼势力与他和大平正芳的一场生死较量，事关重大，非同儿戏，万万不可粗心大意，于是他掏出手绢擦把汗，提高声调，朝喝倒彩的方向解释说：

"到底是不是不折不扣地遵守了党和各位给政府的规定呢？ 我不想违背党给政府的规定去恢复日中邦交，也许有人认为多少出了点儿格。 不过，我是最后才下的决心，尽了一切力量。 许多人长期以来主张日中之间要邦交正常化，但始终未能如愿以偿。 这是压倒一切的头等大事。 事情到了最后关头，我考虑再三，终于下了非下不可的决心。"

田中角荣首相的话音未落，会场上立刻响起雷鸣般的掌声，顿时赞声四起，热气腾腾，与窗外飕飕刮过的阵阵秋风，适成强烈的对比。

大平正芳外相接着汇报中日联合声明的内容，也受到热烈欢迎。

日本右翼议员也毫不让步，双方又展开一场激烈的斗争。

蒋介石听张群禀报了日本亲台派的活动，干枯的脸上有了几丝笑容。 但是，台湾驻日"大使"彭孟缉又向蒋介石、张群报告了令他们沮丧的消息：

也是 1972 年 9 月 30 日上午 9 时，日本外务省一片忙碌气氛。

日本外务省次官法眼晋作紧急接见台湾驻日本"大使"彭孟缉。 只见张群极其欣赏的这位台湾一级上将、两任参谋总长的昔日威风早已无影无踪，一脸晦气，萎靡不振，静静等候日方宣布"判决"。

法眼晋作双眼充满血丝，一副睡眠不足的样子，他向彭孟缉提前通告了中日联合声明的内容，然后让他正式报告蒋介石、张群："台湾和日本的'外交'关系虽然不能继续下去了，但我们希望今后继续同台湾保持经济和其他方面的关系。"

法眼晋作接着接见台湾《"中央"日报》等驻日本记者，特意谈到台湾记者在日本的待遇问题：

"日本既与中华人民共和国复交，今后对'中华民国'护照自然就不再承认；持用'中华民国'护照的中国记者，今后在日本的身份是'无国籍'，但这丝毫不影响台湾记者在日本居住。今后，大家在日本照常居留，照常采访，照常工作……"

台湾在日记者对"无国籍"者的称呼听来特别刺耳，但这也是没办法中的办法，只得暂且接受下来再说。

当晚，台湾"外交部"发表声明，宣告与日本断绝"外交关系"。

蒋介石肺都快气炸了，但是接受张群的建议，不敢惹日本人，只得忍住心头怒火，命令全台湾岛警察保护日本在台湾的"使领馆"、企业和日本人。

张群向蒋介石建议，在台湾驻日"大使馆"撤出日本问题上，采取低调措施，能拖就拖，能赖就赖，不能轻易撤出，要想方设法在日本待下去……

各国驻日本记者没有看到即将闭馆的台湾驻日本"大使馆"的声明，纷纷到台湾驻日本"大使馆"探问究竟。

台湾驻日本"大使馆"新闻处官员奉台北指示发表消息说，台湾当局"外交部"已宣布对日"断交"并曾发表书面声明，唯"大使馆"尚未收到"外交部"的声明全文，"大使馆"本身并无声明发表。

外国驻日本记者都觉得这件事情有些奇怪，纷纷到台湾驻日本"大使馆"打探消息，有的成心要看台湾当局的笑话。

台湾驻日本记者黄天才被外国同行问得又急又烦，就去问台湾驻日本"公使"钮乃圣："这份声明应该早就拟好了的嘛，怎么会迟迟发不出来呢？"

钮乃圣万般无奈地连连摇头，压低声音把张群的"计谋"告诉黄天才说：

"以往，大家每每责备我们政府不肯委曲求全，说我们死守'汉贼不两立'的原则，凡是与中共建交的国家，我们就立刻宣布与人家'断交'，今后，大家不应该再这样责备我们政府了。今天上午外交部还来电报，嘱我们去'侧面'打听一下，向外务省问清楚，是否'真要'和我们'断交'。"

黄天才对此感到纳闷，急忙问道："哦？那是为什么？"

钮乃圣欲言又止，叮嘱不许对外报道之后才以实相告：

"我想，部里也许还存有万一之想，日本与中共建交，却并不一定要与我们'断交'；如果日本不宣布与我们'断交'，我们也不必采取行动呀。其实，我们已经一再报告台北，中共与日本谈判建交，唯一的先决条件就是要和我们'断交'。中共对这一点，非常坚持，台北应该知道的……不过，部里到今天还有电报来，我们也只好再托人去确认一下。 我托请对我们非常友好的日本政坛长老贺屋兴宣先生去问法眼晋作次官。 结果，法眼次官答复得斩钉截铁：日中(共)关系正常化的结果，中日(即日台——著者)和约自然就丧失其存在意义，双方外交关系自亦随告终止云云……我们外交部的声明，也许最后才改了较强硬的语气，发布时间就耽搁了……"

1972 年 10 月 10 日，张群建议蒋介石发表文告，强调"力排横逆，自谋自备，再开新局"，并对台湾驻日"大使馆"下旗事宜做出有关指示……

10 月 25 日下午，黄天才又以记者身份前往台湾驻日本"大使馆"采访，新闻参事钟振宏低声告诉黄天才："我们明天就不再升旗了。"

黄天才觉得事有蹊跷，急忙追问道："那么，今天就要举行'下旗'仪式了?"

钟振宏据实而告："不举行下旗仪式，只是和往日一样'到时候降旗'就是了，'大使馆'奉到的指示是：'明天不再升旗。'"

"为什么?"

"我们收到的'外交部'的指示是'明天不再升旗'，没有搞'下旗'仪式之说。至于为何要如此，原因不明。'外交部'的指示中还特别交代：今天下班后，取下'使馆'大门口的铭牌。"

黄天才大惑不解："这是否表示我们和日本的谈判不顺利?"

钮乃圣摇摇头说："应该不会。 我想，这还是双方协议做此'低调'处理的。 日本方面似乎担心我们如果举行'下旗'仪式，侨胞们难免有激情表现，不能再刺激侨胞们了。"

11 月 28 日，台湾驻日本"大使"彭孟缉离日返台，日本政要和国会议员到机场送行的寥寥无几，彭孟缉满脸离愁，只能强颜欢笑。 台湾记者抓住不放，批评他"下旗回台，尚不知羞"。

彭孟缉离开日本之后，台湾驻日"大使馆"和"大使"官邸几乎人去楼空，占地三百多坪的"大使馆"房舍及庭园显得空空荡荡、冷冷清清，只有钮乃圣几个人做善后工作。

12 月 25 日，台湾驻日本"大使馆"总务人员高弘慌慌张张向钮乃圣报告："日本外务省中国课官员又来电话，问我们何时可以搬空，何时可以把'使馆'钥匙交给外务省。 口气很不好，好像在下逐客令……"

钮乃圣气得鼓鼓的，也没有办法，强打精神发出指示：

"你可以答复他，'大使馆'仍是我们的产业，我们只是准备交由日本政府代为管理罢了。 他们没资格催我们搬家。"

台湾驻日本人员嘴巴虽然很硬，但根据张群的意图不与日本硬顶，只得在中日建交三个月后的 12 月 28 日正式闭馆。

对台湾驻日"大使馆"闭馆时间的选定，张群和台湾官员煞费苦心，黄天才透露台湾方面的考虑如下：

"表面上看，这个日期没有什么特别意义，充其量不过说它是双方宣布'断交'后整整三个月。 因为宣布'断交'是 9 月 30 日，则 12 月 28 日恰是整整三个月。 可是，对于我们和日本'断交'后的实务关系之承续上来说，'选定'12 月 28 日闭馆，就很有一番特别意义，尤其对旅日侨胞的直觉感应上，意义重大。 因为日本采用阳历比我们彻底，公家机关及民间习俗都采用阳历，但在年节庆祭方面，却仍然采用传统方式。 于是，阳历新年前后，日本都有长达数日的'年休'；年前更有'忘年会'，元旦也搞祭祖拜神。 通常，公私机关一直放假到新年开年后的 1 月 4 日或 5 日。 台湾驻日'大使馆''选定'12 月 28 日闭馆，在侨胞心理上，就像是'大使馆'在'年休'，不会感到特别刺激。 因之，这个日期的选择，也是合乎所谓'低调处理'的原则的。"

台湾驻日"大使馆"交出之后，张群等与日本方面多方联系，双方决定分别设立"亚东关系协会""交流协会"，处理双方的有关事宜。

这样，就产生"亚东关系协会东京办事处"设在哪里的问题，张群与台湾方面决定不另行购置而租屋使用。

真要租屋也不太容易，张群与台湾官员提出四项择屋标准：

第一，在市内闹区，不在偏远地区，以预防破坏；

第二，建筑物四周独立，不邻靠其他建筑；

第三，建筑物不作单独使用，不需高楼大厦，最好是十层以内的中型建筑。 由台湾机构租用中间数层，上下各层均有其他用户(夹在中间，以策安全)；

第四，租户单纯，出入管制方便。

台湾驻日人员根据张群与台湾当局指示要满足的这四项条件四处寻找，最后选中了东京塔下南侧不远的东麻布一丁目的"平和堂大楼"。

这是一栋七层楼，台湾"亚东关系协会"租用二、三、四层，其余为楼主自用，一层开办高级钟表店，装潢美观高雅，枣红色建筑甚为抢眼，台湾方面极为满意。

1973 年 1 月 4 日，"亚东关系协会东京办事处"在平和堂正式开张营业，极力宣传"平和堂风水极佳，亚协业务鼎盛"，给人以"似乎是'大使馆''领事馆'搬新家、换新人之感"。

关于"亚东关系协会"首任驻日代表的人选，张群和台湾官员也伤透了脑筋，煞费苦心也找不到合适的人选。

日本外务省早就向台湾方面打招呼，未来"日台"交涉窗口机构的规模不会大，层次不会高，不管将来所设机构的名称如何，日本只准备在台湾设置一个"事务所"，设所长一人，由原日本驻台湾"大使馆"公使伊藤博教担任。

张群与蒋经国反复协商，最后选中了"重量级人物"马树礼。他曾担任国民党中央党部第三组(海外工作会)主任，时任台湾广播公司董事长，又是国民党的"中央"委员、"立法"委员。

马树礼也觉得他与伊藤博教不太对等，但出于蒋经国、张群亲自派遣，只得硬着头皮到东京赴任。

按照常规，"亚东关系协会"驻东京办事处应隶属于台湾"经济部"，但经台湾"行政院院长"蒋经国做出裁决：

"亚东关系协会及其所属驻日各单位，在体制上仍隶属'外交部'，亚东关系协会驻日代表之地位，一如派驻其他'国家'之'大使'，代表'国家元首'驻在东京。"

马树礼上任前，张群曾经给他秘授在日本度过最困难时期的锦囊妙计。

1973 年 1 月 26 日，马树礼乘华航班机到东京上任，场面很冷清，他也不敢多计较，先在东京王子大饭店开了一间双人房间，暂作栖身之所，又向车行租了一辆日产座车，一周后才搬进租来的一层五十七坪公寓作为寓所。台湾"教育部"派驻东京文化参事宋越轮回台后，马树礼接受了他留下的一辆宾士，这才有了自己的座车。

按照张群的吩咐，马树礼赴任后的第一件事，是限令"亚东关系协会"驻东京办事处的总务人员，在三天内将台湾驻日本"大使馆"里的残留物品全部搬空，打扫干净，正式交给日本外务省代管，又指示"加强对旅日侨胞和日本人的服务"，甚至取消工作人员的"国定休假"，为他们办理"护照"。

为打开极其困难的局面，马树礼根据张群和自己多年对日工作取得的经验，以日本国会为主要工作对象，下大力气、费大本钱拉拢日本右翼议员。在拉紧与滩尾弘吉、贺屋兴宣等老一代亲台派首脑人物的同时，重点拉拢大量的少壮派议员，建立为他所用的"反共大军"。

马树礼根据张群教给的锦囊妙计，设法"真正掌握日本政局运作的枢纽"，请滩尾弘吉、田中龙夫、石原博太郎、渡边美智雄、藤尾正行、玉置和郎等"国会大老"出面活动，以"日华关系议员恳谈会"为名，集结五十二名议员发起组织一个超派阀的自民党籍国会议员社团，征求参众两院议员入会，很快凑足一百五十二人，超过了众参两院自民党议员总数的三分之一，成为"日台""断交"后支持台湾最得力的一个日本政治实力团体。

1973 年 3 月 14 日上午，"日华关系议员恳谈会"宣告成立，张群的老朋友日本前文部大臣、前众议院议长滩尾弘吉就任会长。

应张群的要求，滩尾弘吉把日本外务省亚洲局长吉田健三和条约局长高岛益郎请来报告"断交"后的"日台"关系，"亚东关系协会"驻日正副代表马树礼、林金茎应邀参加。

吉田和高岛指出，根据中日建交联合声明，只能把原台湾驻日"大使馆"的九十四把钥匙交给中华人民共和国，不能再还给台湾当局。

马树礼、林金茎极其恼火，买通日本右派议员集中炮火对日本外务省横加攻击，第二天派代表去见日本首相田中角荣吵闹不休，又连续三次召开"日华关系议员恳谈会"，要求外务大臣大平正芳出席备询，均以失利宣告"保产纠纷"战的失败。

张群、马树礼认为此举虽然失败，但却"震惊了日本政坛"，使外务省不敢小瞧日本政界的亲台势力，证明他们以"日本国会为主要工作对象的战略路线是绝对正确的"，今后要利用日本亲台派议员为台湾"冲锋陷阵"。

日本议员藤山爱一郎指责马树礼在日本"不择手段"，"太过分了"，"不是一个外国代表所应做的"。对此，马树礼在蒋经国、张群的大力支持下气势汹汹地叫嚷：

"正是因为你们不把我当作外国代表，我才这样做的。我的身份是外国侨民，在日本，我所做的并没有超越外国侨民的身份。南韩及北朝鲜的侨民，有时做的不是更厉害吗？"

马树礼怀着凄凉的心情向张群报告、诉苦说，日本外务省根本不把台湾驻日本的"亚东关系协会"放在眼里，不把"亚东关系协会"和自己作为交涉对象，所有人员一律按一般侨民对待，必须到东京有关地区公所领取居留证，连其代表和副代表也不例外。

马树礼上报张群和台湾"外交部"称，日本也不许"亚东关系协会"对外行文，更不准以其名义签发证照，必须借用台湾驻南朝鲜"大使馆"的名义，并钤盖台湾

"驻南朝鲜大使馆"的印章，甚至有人到日本法院控告"亚东关系协会"盗用台湾驻南朝鲜"大使馆"的名义招摇撞骗。 日本法院传讯马树礼到法庭说明情况，最后由台湾驻南朝鲜"大使馆"出具证明。

更使马树礼感到难堪的是，按照日本法律的规定，外国侨民在日本居住一年期满后申请延期的时候，必须到当地区公所按指纹（打手印），马树礼、林金茎也不例外。为避免打手印，他们就在请示台湾"外交部"和张群之后，在一年到期后携带家属返回台湾，再回东京重新提出申请。

就连日本设在台湾的对等机构——日本交流协会的理事长西山昭也当面对马树礼奚落说："在国际法上，亚东关系协会是没有国际地位的。"

马树礼认为西山昭是日本的资深外交官，也是一位知名的国际法专家，又处于同自己相同的地位，他竟说出这样刺耳的话来，这话肯定代表了日本外务省的观点。 马树礼就恼羞成怒，当场翻脸，严词大发雷霆，遵照张群在适当时机态度可以强硬的"计谋"，给日本外务省施加压力说：

"好！ 你谈国际法，说亚东关系协会在国际法上没有地位，那么，以后日本人要去台湾申请签证的时候，不要再来找我；日本渔船误闯台湾海域被扣，你也不必来找我，你到中共大使馆办交涉好了！"

马树礼尽管嘴很硬，但也不敢忘记张群关于"日台""断交"后台湾当局在日本"处境艰难，必须小心从事"的嘱咐，不得不哀叹"主观条件如此凄凉，客观环境无比恶劣"，张群和台湾当局不准他"意气行事"。

张群苦思"日台""断交"后让马树礼、林金茎在日本混下去的方策，他深感可以利用的资本少得可怜。

在"航权"战火揭开序幕之后，马树礼认为，"日台"航线问题是台湾方面握有与中国大陆与日本争执筹码的唯一事项，便想在"航权"问题上与日本外务省大战一场，以泄心头闷气，便赶回台北"述职"，请示台湾当局关于"日台"航线问题的正式立场，制定下一步的行动方案。

张群和台湾当局认为，"日台"航线问题的交涉形势"非常险恶"，表面上看中国大陆要把台湾的"华航"驱离东京，逼着"华航"改变名称，不许"华航"涂台湾"国旗"，实际上是要把台湾的势力完全驱逐出日本。 因此，张群和台湾当局需要"绝对硬撑"下去，从而制定了关于"日台"航线谈判必须坚持的四项基本原则：

第一，"华航"飞机一定要在东京起降；

第二，必须继续享有以远权，即台湾飞机经东京再飞往美国；

第三，"华航"绝不改名；

第四，飞机上的台湾"国旗"绝不能移动。

马树礼从台北回到东京后秘密接见台湾驻日本记者，指出协助台湾当局制定的这四项原则，正好与中共的各项要求针锋相对，真是势不两立，所以这一仗会打得"很辛苦"，强调台湾当局有打到底的决心，有"宁为玉碎"的决心，要求台湾驻日本记者以"大局为重"，与他密切配合，不要挖新闻，不要抢独家，更要慎防被别人利用。

在"日台"航空谈判期间，"日台"航线的飞机照常飞行，为保住这条"黄金航线"，张群等人建议台湾当局"观光局"派出一个观光代表团到日本活动，准备举办大规模酒会，演出台湾的民族舞蹈。

对此，日本十八家旅行社，以日本运输省管辖的关系企业"交通公社"为首，联名发函通知日本各旅行社，指出所谓的"中华民国"已不复存在，台湾只是"中华人民共和国"的一个省，希望日本各旅行社不要参加"中华民国观光局代表团"举办的酒会，这很快得到许多日本旅行社的大力支持。

马树礼急得暴跳如雷，立即下令以"亚东关系协会"的名义给这日本十八家旅行社发函施加压力，限期到当月月底道歉并撤回联名书函，否则将不接受他们送来的前往台湾的任何签证申请。

结果，出乎张群、马树礼的预料，只有一家日本旅行社道歉并撤销联署，另外十七家日本旅行社对台湾当局施加的压力置之不理。马树礼无计可施，只得向蒋介石、张群求援。

蒋介石命张群把日本亲台派"总司令"滩尾弘吉请到台湾，秘密策划成立亲台组织。

滩尾弘吉回到日本紧张活动，利用议员地位为发展"日台"关系摇旗呐喊，想方设法维持双方的非官方往来。

1973年4月，正是日本樱花盛开、春光艳丽的时节，蒋介石在荣民总医院六病房接到廖承志率领中日友好协会代表团访日的消息，不由得与张群讲起了他和廖家的恩恩怨怨。

想当年，廖仲恺、何香凝夫妇追随孙中山革命，帮助孙中山改组国民党，廖仲恺兼任国民党中央工人部长、农民部长、黄埔军校党代表、军需总监、大元帅府秘书长等要职，成为国民党左派的旗帜。

那时候，三十八岁的蒋介石是广东革命政府军事委员会中的八名委员之一，兼国民革命军第一军军长、黄埔军官学校校长、广州市卫戍司令、长洲要塞司令等职，有日本参谋本部派出的间谍浪人铃木贞一陪伴左右。蒋介石通过铃木贞一与张群保持联系，共同扶保蒋介石成为"中国政坛上一颗扶摇直上的新星"，而廖仲恺则成了蒋介石向上爬的一大障碍。

1925年8月20日，廖仲恺被国民党右派集团暗杀身亡，蒋介石闻讯大喜，立即以广州卫戍司令身份宣布广州戒严，被军委会赋予审查任何个人与党政军机关和全权处置粤局的权力，他趁机软禁政敌胡汉民、许崇智，成为军事方面最有实力的人物，又借军权成了中国第一人。

抗日战争爆发后，蒋介石见何香凝积极从事抗日救亡运动；日本投降后又反对蒋介石发动内战。蒋介石为给何香凝点"颜色看"，指使国民党特务扣押了廖梦醒的弟弟廖承志。

蒋介石告诉张群，他后悔当初没有把廖承志干掉，才使廖承志得以率领中日邦交正常化后第一个大规模代表团访日。蒋介石在病房里坐卧不宁，下令对廖承志不能手软！

台湾驻日人员奉蒋介石、张群之命物色暴徒，不少右翼头目在中日复交后都不愿明目张胆地反华了，而暴力活动的老手赤尾敏与马树礼等人则一拍即合。

张群对赤尾敏了如指掌。原来，这赤尾敏在日本被称为"暴力狂""永久的斗士"，他早在1937年就伙同侵华特务巨头儿玉誉士夫建立"对支同志会"，大搞侵华特务活动，战后组织"大日本爱国党"，对高崎达之助等进步人士展开暴力活动。1960年，他指使暴徒枪杀了日本社会党委员长浅沼稻次郎，叫嚷"哪儿有左翼，哪儿就有赤尾敏"！

赤尾敏指使暴徒尾随廖承志在日本各地活动，不断向"中日友协代表团"乘坐的汽车投掷"抗议"传单，但慑于廖承志在日本的崇高声威，赤尾敏没敢命暴徒下毒手。

廖承志访日促使中日关系健康发展，两国政府根据中日联合声明的规定，着手进行以缔结航空、贸易、海运、渔业等协定为目的的谈判，这就好像用一把锋利的钢刀，一刀一刀地剜割蒋介石、张群的心头肉。

蒋介石躺在医院的病床上对张群冷笑道："签订航空协定？没那么容易，搞不好，就让田中角荣滚下台！"

　　蒋介石接受张群的建议，指使台湾当局气势汹汹地发表声明称：如果日本在空运方面不与台湾合作，日本飞机经过台湾上空时，将被视为不明飞行体处理。言外之意，将对日本飞机开炮轰击！

　　蒋介石、张群这样牛气十足，是有他的"道理"的。

　　在中日间的诸多协定中，以签订航空协定、实现中日通航尤其困难。这是因为"日台"间虽断绝"外交关系"并互撤了"使馆"，但涂有台湾所谓"国旗"的"中华航空"班机仍照飞日本，进出东京羽田国际机场，日本航空公司也继续往返台北，这就严重违背了中日联合声明的精神，构成制造"两个中国"的重大政治原则问题。

　　蒋介石气呼呼地对张群等人叫嚷："田中角荣，你要签订航空协定，看你怎么越过这个障碍？哼，协定签不成，说不定就要了你的老命！"

　　蒋介石、张群调动台湾当局部署在日本的所有兵马，全力以赴勾结日本右翼势力，处处与田中角荣、大平正芳为难。

　　由于台湾驻日人员勾结日本右翼势力暗中捣乱等多种原因，在一段时间里，田中内阁连续出事：田中角荣访苏发表日苏联合声明时上了苏联人的当，漏掉了一段文字；石油冲击，物价飞涨；支持南朝鲜中情部特务绑架南朝鲜民主人士金大中，遭到了世界舆论的谴责。

　　蒋介石、张群不断得到"好消息"：日本首相田中角荣、外务大臣大平正芳声望一落千丈，处于风雨飘摇之中。特别是 1973 年 11 月一直在政策上支持田中的大藏相爱知揆一突然去世，田中只得请政敌福田赳夫出任藏相。

　　蒋介石、张群获此消息好不欢喜，指使台湾在日势力，与日本右翼亲台派相互勾结、沆瀣一气，猖狂地抵制中日两国政府签署的航空协定。

　　蒋介石、张群得到报告，田中、大平抱着必死的决心搞中日航空协定。1974 年 1 月 3 日大平动身访华，同姬鹏飞外长、周恩来总理多次谈判，毛泽东主席与大平正芳谈笑风生，宛如多年未见的老朋友。最后，在日本承认一个大前提，即承认中日航空协定是国家间协定、"日台"航空协定乃民间性质的条件下，中方对日方的处境和某些困难予以体谅和照顾，两国政府终于达成处理"日台"航线的六条协议，由日本政府予以宣布。

　　大平正芳回到东京，1 月 16 日召开自民党外交调查会、政调会外交和交通两个小组委员会以及航空对策专门委员会的联席会议，把中方照顾日方达成的六条协议高声宣布出来：

（一）根据日中联合声明精神，尽快缔结日中航空协定，同时通过缔结民间协议继续维持日台航线；

（二）日本企业"日本航空"的班机将不再飞日台航线；

（三）日本政府不强求"中华航空"更换公司名称和旗帜，但将通过其他途径就其名称和旗帜的性质表明日本政府的看法。日本有关部门今后提到"中华航空"时，将称它为"中华航空（台湾）"；

（四）"中华航空"使用羽田国际机场。成田机场启用前，中台双方合用羽田机场，但时间上要做必要的调整；

（五）使用大阪机场的"中华航空"班机，将转移到日台双方同意的其他机场；

（六）"中华航空"常驻日本的营业处、办事处以及其他地面服务设施的业务，将委托代理店或其他业务团体办理。但是，在确保航空安全、安定从业人员的生活方面，将提供必要的方便。

对此，蒋介石、张群感到非常头痛，下令台湾驻日人员不惜一切代价，务必予以破坏。

于是，对日本外务大臣大平正芳花费心血和中国政府谈妥的处理中日航空问题的六条方针，日本亲台派议员大叫反对，滩尾弘吉尖声高喊：

"这个方案，台湾是不会接受的。日本在国防、经济两方面都和台湾有很深的关系，今天和它一刀两断，要三思而后行，我们坚决反对。"

大平正芳明白这是蒋介石、张群指示台湾驻日人员极力活动的结果。他深知亲台派在日本政界具有举足轻重的影响，他们翻云覆雨的能量不可轻视，只得花费时间说服亲台派。

玉置和郎、中川一郎等"青岚会"干将拼命攻击田中内阁的对华政策，叫嚷同"中华民国断交是莫大的损失"，要求田中首相、大平外相辞职，打算以此向蒋介石、张群报功。

在1974年4月初举行的日本参议院预算委员会和自民党总务会会议上，玉置和郎等同大平外相展开激烈争论，攻击大平推行"屈膝外交"，赤尾敏还率领"大日本爱国党"暴徒到大平私宅闹事，施加压力。

田中、大平顶着巨大压力发誓："即使粉身碎骨，也要签订日中航空协定。"终于在 1974 年 5 月 24 日在北京与中国签订了《中日航空运输协定》。

大平外相正式发表谈话说："日本不能承认台湾飞机上的青天白日图案是国旗标志。"

躺在病床上的蒋介石得到这个消息，急忙召见张群商议对策，指示蒋经国向日本提出抗议，停止了"日台"航线的航运业务。

"日台"航线停航使日本亲台派深受刺激，他们在台湾驻日人员的配合下纷纷出动，对田中内阁大加挞伐，颇有把田中角荣首相、大平正芳外务大臣拉下马之势，一时搞得乌烟瘴气，把田中角荣、大平正芳搞得极为头痛。蒋介石、张群大声叫好，怂恿日本亲台派议员再努把力，争取推翻田中内阁。

田中角荣、大平正芳晓得这是北京、东京、台北三方的激烈较量，为缓和与亲台派议员的矛盾，他们派滩尾弘吉、玉置和郎等亲台派头目赴台，做台湾当局的工作。

蒋经国、张群在病榻前向蒋介石请示处理方针，蒋介石有气无力地回答："如果日本政府官员发表谈话，承认青天白日旗是"国旗"，（日本与台湾之间的）航线可以恢复。"

滩尾弘吉、玉置和郎接到蒋经国的答复，认为要田中内阁发表蒋介石所要的声明是不可能的，只好会见张群商量善后措施。

张群认为要解决"日台"航线停航问题，使日本与台湾方面都满意的方法很难找到，为今之计，日本方面要千方百计讨好蒋介石，只要讨得蒋介石的欢心，一切问题才好谈起。

在张群的促使下，为安慰蒋介石，滩尾弘吉、玉置和郎与台湾方面商定从 1974 年 8 月 15 日起，在《产经新闻》上连载《蒋"总统"秘录——日中关系八十年之证言》。

滩尾弘吉与蒋经国、张群进一步协商，在日本《产经新闻》上连载蒋介石秘录的时候，要发一个蒋介石的近照，这可难坏了蒋经国、张群。

因为这时候，蒋介石右手肌肉萎缩的症状已经十分严重，只要一坐起来，他的右手就无法控制而自然下垂，便使蒋介石的"总统形象欠佳"，令蒋介石病重的事实大白于天下，所以曝光不得。

宋美龄听到这个消息，认为是辟蒋介石病重之谣的大好机会，力主尽快安排蒋介石接见日本记者，以证明蒋介石还健在人世，至于隐藏手病的办法，尽力去想！

蒋经国难违"母命"，只好与张群商议后和医疗小组召集人王师揆及侍从商量。王师揆说，蒋介石心脏停止跳动的现象已发生过几次，而且心脏停止跳动的间隔时间越来越短，坚决反对蒋介石接见日本记者。

蒋经国、张群极力反对，要专家们想出合适的办法来。

蒋介石的贴身侍从副官翁元突然灵机一动，提出一个方法，就是用透明胶布将蒋介石萎缩的右手手腕"绑"在椅子的把手上，再穿上长袍马褂，从外表上就看不出蒋介石的右手有什么问题了。

宋美龄、蒋经国、张群都说这是个好办法，但宋美龄又摇摇头说：

"《产经新闻》名气不大，换一家日本大报吧！ 要不就请他们把照片分发给所有的日本报纸和台湾报纸刊登！"

蒋经国皱皱眉头劝宋美龄说："母亲不了解情况，日本其他大报都不理我们，只有《产经新闻》愿意干这件事，要是得罪了《产经新闻》，我们在日本连发几十个字的消息都困难，更别说连载二百多万言的大部头秘录了！"

张群也站出来为蒋经国帮腔，宋美龄很器重张群，认为他既是日本问题权威，又是蒋介石的"智多星"。 既然张群也有这样的主张，宋美龄就只好表示同意，并答应承担说服蒋介石的重任。

宋美龄来到病榻前跟蒋介石一说，蒋介石当然也心有不甘，他想看看这本秘录在日本出版后，他的"名誉"在与台湾当局断交后的日本得以恢复的情况，才舍得离开这个世界。

因此之故，对让他接见日本记者的安排，蒋介石完全同意。 他又接受张群的建议，根据自己病重的特殊情况，还特别提出这样的摄影要求：不准对他近摄，不准只摄他一个人，而要从客厅门口摄起，蒋氏家族十二名人员排列两旁，蒋介石、宋美龄并排居中而坐，蒋介石的脸色就看不清了。

于是，吸取蒋介石最小的孙子蒋孝勇结婚后向他举行奉茶仪式时的经验教训，先扶蒋介石坐在椅子上，贴身侍从副官翁元立刻用透明胶布在蒋介石的右手腕上方缠上一圈，直接粘在椅子的右边把手上，再把陪同人员唤进摆好阵势，最后才把日本记者古屋奎二请来采访、摄影。

日本记者古屋奎二事后告诉张群，他当时带着极强的神秘感进入客厅，只见蒋介石、宋美龄夫妇端坐正中，蒋介石身体有些清瘦，精神似乎还蛮不错。 但只要仔细观察，便可发现蒋介石双眼眼眶严重下陷，脸孔苍白。

为掩护蒋介石"过关"，蒋经国和宋美龄主动担任接见主角，滔滔不绝地讲话欢迎日本记者古屋奎二访台，蒋介石也偶尔插上几句话，但日本记者古屋奎二已发觉蒋介石的舌头似乎有硬化的感觉，而且不断喘着大气，证明蒋介石的病已到了相当严重的地步。

蒋经国、宋美龄怕这出戏演得太长会露出马脚，忙催日本记者古屋奎二赶快摄影；日本记者古屋奎二更觉得能够得到给蒋介石、宋美龄摄影的批准很不容易，担心错过蒋介石还活在世上的良机，就举起相机照个不停。

看照得差不多了，蒋经国急忙把日本记者古屋奎二请到侧室设宴招待。

王师揆事后告诉张群，他当时的胆几乎被吓破了，匆忙招呼医疗小组医生、护士和侍卫人员冲上前来，把蒋介石抬回病床之上，整个士林官邸像打了一场大仗一般忙乱不堪！

随着《蒋"总统"秘录》在日本《产经新闻》上长篇连载，蒋介石从病床上又听到了张群等人报告的来自东京的对他来说是"特好"的消息：

日本亲台派右翼议员藤尾正行、滩尾弘吉等在日台航线问题上频频向田中角荣发难，使田中角荣逐渐陷入困境。 他们集中火力在田中角荣的经济来源问题上追究发难，依靠强有力的舆论攻势，很快就使对田中"金权政治"的批评发展成为燎原大火。

到了 1974 年 11 月 26 日，田中角荣四面楚歌，他对于继续执政终于丧失信心，无可奈何地向自民党副总裁椎名悦三郎提出辞职。

张群兴致勃勃地报告蒋介石说，由椎名悦三郎裁定的新内阁成员反映了日本右翼势力的意图：三木武夫为首相，福田赳夫任副首相，大平正芳当藏相，中曾根康弘登上自民党干事长的宝座。

蒋介石得意地呼唤侍从副官："来，拿酒来，为田中老儿从权力宝座上摔下来，干杯！"

可能是应了乐极生悲的古语，张群没有想到的事发生了，这也许是蒋介石的回光返照。

就在 1974 年 12 月，台湾发生流行性感冒，蒋介石受感染发展成肺炎，到 1975 年 1 月 9 日晚睡眠中出现了心肌缺氧症，虽然经过紧急抢救脱离险境，但却肺部疼痛，不时发烧，痰涌于喉，不能出之于口。 为防止感染，病床安上了玻璃罩，鼻孔插上了氧气管。

蒋介石自觉病势加重，明白时日不长，油将尽灯欲灭，源已断而水枯，应该考虑后事了。

宋美龄、蒋经国见蒋介石形销骨立，头似骷髅，双目无神，行将就木，拖得差不多了，便在 1975 年 3 月 29 日合搞了遗嘱。

拖到 1975 年 4 月 5 日清明节，蒋介石的病情突然恶化，张群等人急忙前来探望，焦急地听候消息，士林官邸忙作一团。

这时候，台北市上空雷声隆隆，大雨倾盆，蒋介石在大雨滂沱中，于 11 时 50 分一命归天，享年八十九岁。

蒋经国在日记中吹嘘乃父之死使"风云异色，天地同哀"，张群等人认为是天然巧合，但是谁也不敢说出口。

张群怀着沉重的心情帮助宋美龄、蒋经国安排蒋介石的丧事。

于是，蒋介石死后两小时，台湾"政府新闻局"发表蒋介石的死亡公报，宣布从 4 月 6 日起一个月为"国丧期"，把蒋介石的遗体停在台北市的"国父(孙中山)纪念馆"五天，供人们瞻仰。

美国总统福特对蒋介石之死反应冷淡，只拟派农业部长去台北敷衍。经蒋经国苦苦哀求，张群多方周旋，福特总统才改派副总统洛克菲勒自华盛顿来台北应付了事。

日本亲台派议员催促日本政府派代表到台北吊唁，三木首相考虑到中日关系，仅以自民党总裁的名义发了唁电，让佐藤荣作、岸信介、滩尾弘吉赴台参加蒋介石的葬礼，花圈上连自民党的名义都没有用，仅称友人代表。

台湾当局却给佐藤三人以准"国宾"的待遇，在佐藤三人所驻旅馆及专车上都悬挂太阳旗。自 1972 年"日台""断交"以来，在台湾还是第一次出现太阳旗，不少人见了都觉得颇有讽刺意味。

张群热情地招待佐藤荣作、岸信介、滩尾弘吉三位老朋友，请他们继续运用在日本的政治影响，对台湾当局"多加照顾"。

四人谈起蒋介石去世后的"日台"关系，明白中国大陆与日本的外交关系都会以排山倒海之势向前发展，因此心里均有一种无可言状的凄凉之感……

第二十八章　美满的婚姻生活

张群的婚姻生活，在台湾被奉为楷模，流传着许多动听的故事——

二十二岁的张群，在上海找到了自己的如意夫人。

有一天，张群作为基督教圣公会信徒，到上海北四川路的基督教怀恩堂做礼拜，经在该教堂任职的朋友丁文骏介绍，认识了在怀恩堂弹钢琴的小姐——晏摩氏女中教师马育英。两人经几次接触就互有好感，愿意多多往来，便在外国老师的监督下谈起了恋爱。

据丁文骏介绍，马育英1889年正月十一日生于江苏省昆山县的一个小康之家，自幼受过父亲邑诸生马霞城和母亲的良好教育，但是在马育英七岁的时候，父亲和两个弟弟、一个妹妹先后去世，母女二人穷困孤寡，相依为命，后来母亲带她到上海进入圣经学校工作。马育英十一岁进入上海浸信会所办的晏摩氏女子中学就学，十三岁受浸归主，十九岁中学毕业后应聘在扬州慕究理女子中学任教，三年后回到上海，在晏摩氏女校教书。

张群见马育英虽然比自己大四个月，戴一副深度的近视眼镜，但是容貌秀丽，娴雅端庄，而且自幼在教会学校读书，能歌善舞，见多识广，具有渊博的知识，加之富有中国妇女传统的勤劳善良美德，张群多次说，他所看中的便是马育英非凡的贤惠美德。

那时的张群，更是公认的美男子，风度潇洒，相貌英俊，智慧超群，马育英一见倾心，就决心与他成就百年之好。

但是好事多磨，根据教会学校的规定，教会的女教徒不准出来约会，与人恋爱谈话的时候，必须有人陪伴在旁。这自然给这一对意中人带来许多不便，为了摆脱教会的羁绊，两人都希望尽快结婚。

随着爱情的加深，张群与马育英1912年4月订婚，原定同年六月结婚，但是却遇到了意外事件：张群一次外出，遇到一场暴风雨的袭击，淋得浑身透湿，又湿又冷回来就病倒在床，医生诊断为伤寒，住院治疗三个月，只得将婚期推至 10 月 5 日。

当时，蒋介石因公出差，由张群代理第八十九团团长。 他后来回忆起当时结婚前后的情景说：

"那时刚好团部有一辆双马驾驶的马车，可以借用当作结婚的礼车。 马车在当时算得上最新式的代步工具了，车身很漂亮，顶棚可以撑起来。 这辆摩登的马车便是代替了当时的'花轿'了，我们决定在她的怀恩堂举行婚礼。 婚礼完全是宗教仪式，一切都由外国牧师安排。 那天结婚的礼堂完全用青色的竹子来装饰，与众不同，也别具一格。 结婚以后，因国事战乱不安，同时为了彼此的进步，我们决定五年之内不生子女。"

张群与马育英结为恩爱夫妻，决心互敬互爱，白头到老。

张群与马育英结婚后，或者作为高级将领长年在外征战，或者作为蒋介石的高级幕僚随伺在蒋介石身旁，或者作为外交使节与外国驻华外交官谈判，或者领受蒋介石交给的困难任务到东京长期交涉外交问题，夫妻之间自然是别离多于两人在一起厮守团聚，但是马育英总是愉快地挑起家庭重担，尽心抚养教育子女。 张群在《先室马育英女士之生平》中写道：

> 民国六年（1917 年）北方局势益乱，南方护法政府成立，余奉命奔走四方，并两度赴日，使命屡迤，不遑家室，时国内战乱相寻，即有聚首，身心皆不得安，而育英民国八年携长子继正返川之行，在川江酆都县高家镇遭沉船之厄，九年离川，十五年离开封时，皆迫于战祸，仓皇出走，均极人世之危苦。二十六年对日抗战军事展开，余随军赴汉口转重庆。二十九年赴成都主持川政，育英于是年送长女赴英留学，并赴德视长子，在德察知欧战即将爆发，遂毅然携子女赴美，然后经港回川。

马育英携子女回到成都的时候，张群正主持川政。

马育英一回国，就积极投入到抗日工作中去，发动成都妇女开展轰轰烈烈的捐募军鞋活动，召开捐募军鞋慰劳抗日将士大会，由马育英出任主席，不但发表激昂慷慨的讲话，而且以身作则带头捐献。 马育英一走进励志社，立刻就被各方面人士包围得水泄不通，问话像雨点似的飞来，使人连听也来不及。

这时候的马育英，有条不紊地镇静处理各种问题，颇有她丈夫的政务干练之风；她微笑着接待四面八方的来访者，没有官腔，没有呐喊，活像一个家庭主妇；她对许多情况都非常了解，极有把握地指出记者采访报道的参议员数字不准确，哪个地方的写法不符合事实，需要更正，记者回去一查资料，发现马育英所说果然不差，于是激动地写下这样的报道：

"我第一次看见张群主席的夫人马育英，是在成都励志社的一个盛大宴会上。我的身旁坐着一位五十多岁的老太太，态度非常安详。我和她慢慢地谈起话来。我发现她的眼神里有一种祖母的慈祥，语音里含有同情他人的谦虚诚恳的声调。直到散会的时候，我才知道这位谦谨、和蔼、平易近人的老太太，就是四川省主席张群的夫人。"

有一个记者奉命前往采访马育英，两人像老朋友一样唠起了家常。马育英说她与张群民国元年结婚，民国二年到日本，民国四年到美国，主要是为了求学，断断续续生了四个孩子，她颇有感慨地说：

"内战频繁的年代，虽然有了四个孩子，但是不得不南北奔波，与孩子在一起的时候，心里惦念着丈夫；把孩子交给母亲与丈夫在一起的时候，心里就不放心孩子。我时常想念母亲，我七岁就死了父亲，母亲就剩下我这一个女儿，所以精神上就常常受一些刺激，生活不安定，经济上也不富裕，要精打细算过日子，身体就难免受些影响，到成都后情况才大有改善。多亏张群时常照顾她，我们一家才其乐融融。"

马育英送给记者两本杂志，两人热烈地谈论起抗战与婚姻生育问题，记者关心地问道："您的身体比从前好些了吗？"

马育英摸着较以前红润的脸庞回答："这边天气好些，但是还是睡不好，每天有很多班火车经过这里，吵得很！"

记者想到她的丈夫是四川省主席，还愁一套房子，随口劝道："搬家吧！"

马育英却苦笑着频频摇头："房子不容易找。好容易找到一所房子，又给儿子、媳妇了！"

记者联想到张群的一贯作风，他认为马育英说的是实话，不由得感叹说："控制胜利很久了，我们还是这样苦——我看世界上男人最苦，不如做女人！"

马育英爽朗地笑了起来，然后发表不同意见说：

"女人是不容易做的。有些男人说愿意做女人，但是真的让他做女人，恐怕几天就不愿意了。妻子们常说：丈夫比孩子更不好照应哩，不听话！"

马育英的话引起两人的愉快笑声，马育英认为做官的贪不贪，与妻子有很大关系，她对此有独到的见解：

　　"妻子要是贪财，就逼着丈夫捞钱。 丈夫为了讨妻子的欢心，也要去弄钱。 只要钱到手，那些妻子就不问来源，有的妻子逼着丈夫为儿子赚钱，这不好：儿子有儿媳妇管他；有没有儿媳妇，母亲都有责任。"

　　记者深知马育英是她这些主张的实践者。 在这方面，张群夫妇在国民党营垒里是少见的，记者在马育英沉静的面颊上发现有一种善于忍耐的世界，而在她的眼眶里、嘴角上，都流露出一种异乎寻常的感人气度，而这一点，正是张群夫妇的共同之处。

　　记者把话题转移到张群的子女上，马育英更是打开话匣子，滔滔不绝地讲起儿子结婚时的难忘情景：

　　"我儿子结婚的那一天，我对他说：'媳妇年纪轻，父母又不在身边，她有过错，公婆不便说，你可以提出来，但要好好地说她。'"

　　马育英说，她经常与丈夫讨论子女的教育问题，认为对子女的教育关系重大。 她兴致勃勃地说：

　　"做父母的应该早有准备，譬如准备有几个孩子，孩子应该像哪一位，总要一代比一代强才好。 现在有些人对孩子总是养而不教，教育又不普及，道德水平低，很多事就不易推行，这些现象广泛存在，做起来非一朝一夕能够见到功效。 大家不要怕难，要从一点一滴做起……"

　　但是，记者回来之后却无从下笔，记者发现马育英的谈话是那么朴实自然，始终体认你的心理，谈令人颇感兴趣的话题，使人感到她是从艰苦生活中磨炼出来的人，一心一意扶助丈夫发展，从不计较个人得失，不愧是成功的妻子、母亲。 记者从访问中也得到深切的关怀与鼓励，然而关于她与张群的内幕新闻，却一点儿也没有得到，一时无从动笔，怎样向报社交差呢？

　　记者反复思考，觉得所得也不少，于是提起笔来洋洋洒洒地写道：

　　"我领略出张群夫人马育英的性格，最突出的是善于为他人着想，我敬重她身上那种看不见的爱国抗日情怀，表现在她温和的言谈中，表现在她那慈祥的笑容里，这是一个具有虔诚信仰的人，才能具有的品格。"

　　张群多次颇带感情地称赞他的贤惠的妻子马育英，在他当年奔走四方之际，是马育英上奉老母，曲尽孝心；下扶子女，竭力教导；生活所资，悉赖自力，她遇到的困难处境亦非常人所能忍受。 张群充满深情地说：

　　"追溯其与余相识之初，我正委身国民革命，育英不顾危险与艰辛，毅然许婚。 结缡以后，相励于艰苦之际，相慰于忧患之时，余从政数十年中，育英如随在任所，除操作家务暨努力于宗教事之外，对用人行政，从不过问。 然于持身处事、存心立命之本，则规诫时加，不徒为贤妻，实亦为诤友。 古人所谓'内助'，育英所以相助者不仅家庭细事之间而已。"

在台湾，张群与马育英对子女教育的成功受到许多人的称赞，不少人向他们请教教育子女的经验，张群则把功劳归于夫人马育英：

"所生子女四人，长女亚兰，适刘；次女佩蓉，早夭；长子继正，次子继忠，皆为基督教徒。 育英对子女爱之至切，教之甚严，以自身之信仰，做子女立身之准绳，并以自身之行谊，做子女效法之楷模，不独为贤母，实为严师矣。"

凡是到过张群家的人，无不对马育英赞不绝口，只见她对客人谦恭有礼，以丰富的学识与客人天南海北无所不谈。

尽管张群一直官居高位，掌握蒋介石交给的许多大权，但是马育英从来不过问政治，一说到政事就自动回避，张群夫妇的这一做法很受人称道。

客人们不难发现，张群家人的谈话音调很有意思。 张群是四川华阳人，说一口四川话；马育英是江苏人，讲一口上海话，六十三年如一日，谁也不强迫谁改变口音，各说各的方言，互相都能听得懂，而且说者、听者都很高兴。

张群家的餐桌也与众不同，在一般人家，六十多年的老夫妻的生活习惯早已相互融合适应，但是这一对老夫妻却依然保持着各自的特点：张群是非辣椒吃饭不香，马育英则是纯粹的上海人口味，一点儿辣椒也不吃。 因此，他家的餐桌上的菜，总是辣、甜各半，四川菜与江苏菜平分秋色。

张群对自己的婚姻生活很满意，他生动风趣而又有滋有味地对人评说他六十三年的夫妇生活说：

"从初恋到结婚是恋爱；有了孩子，夫妻间除了爱，又增添了恩情，这时是恩爱；待孩子抚养成人，各自独立而去，老夫老妻彼此怜惜，可以说是怜爱。"

晚年的张群，对多病的妻子照顾得极为周到。 越到晚年，张群越珍惜与马育英的妻夫恩爱。 马育英身体多病，经常卧病在床，张群时刻把夫人放在心上，无论走到哪里，都不忘给马育英买爱吃的东西，经常打电话回去问候病情，嘱咐儿子好好照顾妈妈。

张群出差回来，总是先回家看望妻子，把一份珍贵的礼物交到夫人手中。 无论公务多么繁忙，张群总是设法推托掉晚上的应酬，腾出时间在家里陪伴病床上的老伴，天南海北给夫人讲述生动有趣的故事，连儿子都惊奇父亲竟然对母亲有说不完的话。

张群夫妇都是虔诚的教徒，他们常常相对祈祷，纵谈宗教问题。

马育英自幼就在教会学校读书，又曾留学美国、日本，结婚后长期在家研究中外经学，世界宗教知识可谓极其渊博。 张群就经常向夫人请教宗教方面的问题，无不得到令他十分满意的回答。

这一天，马育英低声给丈夫吟诵唐朝大诗人白居易的《读禅经》：

> 须知诸相皆非相，
>
> 若住无余却有余。
>
> 言下忘言一时了，
>
> 梦中说梦两重虚。
>
> 空花岂得兼求果，
>
> 阳焰如何更觅鱼。
>
> 摄动是禅禅是动，
>
> 不禅不动即如如。

张群听得津津有味，然后结合自己丰富的知识滔滔不绝地讲述独到的体会，两人热烈地讨论中国与外国的经学问题，那高深的宗教造诣，那虔诚的宗教热诚，都令人赞叹不已。

只见两人洋溢着对宗教的虔诚和怜爱的笑脸，常常使家人感到由衷的钦佩和喜悦。 张群认为，宗教对马育英一生有重大影响：

"自髫龄受浸，其思想感情与行为，皆与其信仰相融会，爱国爱人，重于爱己，而本于国家与人类之兴亡祸福皆决于上帝之信念，故其敬事上帝之衷忱，尤涵盖一切。禀此专灵坚定之信心，造次颠沛，笃守不渝。 其自奉甚俭，而乐于助人及捐助宗教事业，视人之疾苦，有如身受，并以此宗教信仰，随缘应机，推己及人。 至于世间伦理，则善顺人情，恪遵礼法，自七岁丧父，与寡母贫困相守，曲尽孝心，六十年如一日。 来归后，越八年始返四川，即以孝其母之道孝翁姑，对尊长以敬爱，对子侄以慈祥，因使雍睦之气，充满一门。"

由于张群长期身居台湾高位，他与马育英几十年恩爱相处，白头到老，因而在台湾各界人士中，有许多人把张群与马育英的姻缘视为婚姻和夫妻生活的一种典范。

1961年5月9日，张群府第一派喜气洋洋，亲友一千余人参加张群夫妇的金婚纪念活动。

对此，张群以平常心处之，上午仍然到"总统府"处理"秘书长的公务"，下午5

时才偕夫人马育英到台北宾馆，在那里举行茶会，招待前来祝贺的亲友。 在众人的热烈掌声中，张群伉俪切开一座精制的金婚蛋糕，热情洋溢地招待宾客，张群面带微笑致辞说：

"各位朋友，今天是我和育英结婚五十周年纪念。 几个月前，有朋友说应该纪念一下，热闹热闹；有的朋友甚至要组织五十对夫妇来招待我俩，如此浓情厚谊，使我夫妇感到愧不堪当。"

七十二岁高龄的张群胸前佩一朵红玫瑰，打着红领带，幽默地告诉来宾：

"今年春天，我们夫妇到大贝湖度假，觉得那里的风景很好，希望在金婚纪念日的时候，再去那里做'旧婚旅行'。 但是，最近工作特别忙，国庆节也马上就要到了，所以不能离开台北。"

张群"透露内幕"说，亲友们为了纪念我们的金婚，几乎分成了许多"派系"：有的主张邀请我们前往渝园去尝四川家乡味，有的提出在水泥大厦聚会。 我夫妻觉得这都不敢当，所以在这里举行这个简单的茶会，以表达对亲友们的衷心感谢之意。

张群不改乡音，以地道的四川话致辞说："光阴过得真快，五十年前的情形，现在还是清清楚楚地留在我们的记忆之中。 不过，五十年的时间也的确不短，彼此共同生活，也确有许多值得回味的地方。 为了表示对亲友们的谢意，特别准备了一件小小的纪念品——一张纪念卡片，上面印有我夫妇银婚和最近的照片以及结婚五十周年的一点感想。"

张群夫妇把他们的礼物奉送给各位宾客，只见这个纪念卡的封面由五彩寿石、两朵牡丹、一对白头翁构成，封底为撩人眼睛的金色图案，里面是张群夫妇银婚和最近的丽影，其短文极为精彩：

> 民国元年（1912 年）之春，群与育英因丁文骏伉俪之介相识，是年 4 月订婚，10 月 5 日在上海怀恩堂举行婚礼。自尔迄今，相敬相爱，相谅相助，信仰归一，志趣共同，盖成就此姻缘者，在天，善保此姻缘则在于己，然婚后生涯，别离多于团聚，忧患多于安乐，及兹回溯，前迹犹新，而时运递嬗，人事变迁，当时襄礼之花童，今日已头白，反躬抚事，深感神恩。金婚纪念，适届中华民国五十年国庆之期，所愿益励修齐，仰答复帱，谨缀数言，借酬友好期待之忱，并以此自勉。

中华民国五十年 10 月 5 日

张群　马育英

众人看了，都爱不释手，只听张群最后说："我们夫妇之有今天，是托神的福，国家的爱护，朋友的关怀。对各位的盛情，铭刻在心，不知何以为报，谨祝各位健康、快乐！"

众人以热烈的掌声欢迎马育英讲话，只见马育英在旗袍左胸前绣了一朵紫色美龄兰花，手提金色皮包，脚着金色皮鞋，显得格外愉快而慈祥，她朗声说道：

"我和张先生是于五十年前的今天，在上海北四川路基督教怀恩堂结婚的，由于彼此信仰基督和乐相处，生活愉快。"

当天晚上 8 时，台北怀恩堂举行礼拜，为张群夫妇祝寿，使台北怀恩堂显得空前热闹，喜气洋洋。

宋美龄也以"中华基督教妇女祈祷会主任委员"的身份，在台北市长沙街一段 27 号的妇女联合会举行茶会，祝贺老朋友婚姻幸福。蒋介石也亲自参加，赠送精致的名贵木质镶金纪念盾：

> 岳军
> 　　　同志
> 育英
>
> 金婚志喜
>
> 天作之合
>
> 蒋中正
> 　　　同贺
> 宋美龄

宋美龄特意为张群夫妇定做了玫瑰金色五层大纪念蛋糕作为纪念，还举办祈祷会为张群夫妇及家人祝福。

1971 年 10 月 5 日，八十三岁同庚的张群与马育英渡过了两人的钻石婚。

在西方，结婚六十周年是要大大庆祝一番的，台湾受西方的影响较深，人们也要好好祝贺张群夫妇的钻石婚。张群和马育英极力主张一切从简，人们只得照两位老人的意见办。

在喜气洋洋的气氛里，人们举杯祝贺张群与马育英结婚六十周年，把他们当作处理恋爱、婚姻和夫妻关系的楷模。有个朋友讲起好多高级官僚不是三妻四妾，就是在外面出入妓院，过着荒淫无耻、纸醉金迷的生活，不可与张群夫妇同日而语，有人颇感兴趣地问起张群、马育英这对老寿星夫妻的相处秘诀。

张群对此也很有感慨，他稍加思考道出四条秘诀，那就是敬、爱、谅、助，并结合自己的体会详细地予以解释，这八字秘诀的含意是"相敬以礼，相爱以诚，相谅以恕，相助以勤"。

张群强调夫妇之间如果能够做到这八个字，他们的婚姻一定美满。 听者都深以为然，认为夫妻相敬、相爱、相谅、相助，的确是张群与马育英六十三年婚姻生活的真实写照。

人们对张群的四条秘诀表示强烈的兴趣，请求张群对其要诀予以阐述。

张群引述中国俗语"人熟不如礼熟"，引述英国大戏剧家莎士比亚"一切真挚的爱，都建筑在尊敬的基础上"的名言，说明相敬以礼是夫妇间应有的态度。 他认为，只要尊重对方，谦抑自己，夫妇间必能永远保持和谐。

谈到相爱以诚，张群认为这是夫妇间应有的精神：诚是从心中发出来的情感，所谓"诚于中而形于外"。 夫妇间的感情，应该是真诚的，没有条件的，也必须信任对方，才能表现出自己真诚的爱。 张群很赞成"疑来则爱去"这句英国谚语，说明信是爱之母，疑是爱之敌。

张群认为，相谅以恕是夫妇间应有的德行，世界上的事，不外乎讲理与讲情，夫妇间需要情理并重，处处为对方着想。 理是冷的，情是热的；理是刚的，情是柔的；用情来伴随理，冷暖刚柔互相调剂，家庭里便能够永远保持鲜花盛开的春天。 如果一味"公说公有理，婆说婆有理"，赢了理却伤了情，家庭的和谐就难以保持了。 张群希望夫妇间能够以勤俭互勉互助，共建兴旺幸福的家庭。

至于相助以勤，张群认为这是夫妇间应有的习惯，勤与俭是治家的要诀，勤则家兴，俭则家富，能勤必能俭，两者是相连的。

张群得出结论说："美满姻缘成就在天，保持则在于己。"这是他六十年来婚姻生活的深刻体念。

张群应来宾的请求发表感想说，结婚纪念是属于两个人的事，也是家庭中重要的纪念日，值得庆祝，尤其是夫妇共同生活六十年，这是很不容易的。 如果是在太平时期，夫妇俩身体都健壮，他和老伴倒真愿意和儿孙、亲友们相聚一堂，谈谈笑笑，但是目前时局艰难，最好从简。

客人要他谈谈对婚姻的看法，张群侃侃而谈道："我觉得像我们那种半旧式、半自由的婚姻也很不错。 旧日的那种父母之命、媒妁之言的婚姻，未免太过分了；现在一些闪电式的一见钟情，又太儿戏。 婚姻是人生的一件大事，应该尊重。 婚礼要庄肃，但是不要铺张，我很不欣赏时下流行的又吵又闹的结婚典礼和边吃边唱的喜筵。"

六十年来，他们夫妇和谐相处，现在已由两个人发展到三代十七个人：两儿一女，两媳一婿，孙子、孙女、外孙各三个，真是合家欢聚，其乐融融。

记者向张群提出一个令人极感兴趣的问题："在这个可纪念的第六十年，你将送给夫人什么纪念品？"

张群风趣地回答："二十五年银婚时，我送给她一套银器；三十年珍珠婚，我献上一个珍珠别针；三十五年蓝宝石婚，我别出心裁，买了一枚三环的戒指，一环镶着蓝宝石，一环缀着红宝石，另一环是钻石。我把四十年红宝石婚和六十年钻石婚的礼物，一股脑儿都送了。我告诉夫人：'我把我们未来的礼物，一次都送给你了。'多好的预兆！"

张群对爱的哲学颇有研究，他对夫妇之间"不是妥协，就是退让"的说法，很不以为然。他认为夫妇间可以让"永不妥协"存在，他举自己家里分别讲四川话、上海话和吃不吃辣子悉听尊便的例子，说明婚姻生活中的一些不妥协，有时候反而增加了夫妇间的情趣，张群关于爱的哲学赢得了广泛的共鸣。

张群夫妇与子女的感情极深，自幼教育他们要做正直诚实的人，不能凭仗老子的地位胡作非为，要依靠自己的勤奋努力有所作为。

晚年的马育英，随着年事日增，血压较高，心脏衰弱，加之生性素畏烦嚣，因此足迹罕出户庭，仅于基督教教义研究、祈祷修持等事从不懈怠，不断地与张群切磋教义，并在蒋介石夫人宋美龄的领导下，参加台湾的各种宗教活动。

1969年10月，张群请台湾著名眼科医生给马育英检查眼病，发现马育英得了白内障，目力急剧衰退，需要手术治疗，但是担心她的心脏病、高血压不能进行手术。

马育英告诉张群，自己意志坚定，情绪正常，可以进行手术，张群与医生研究之后，顺利地动了手术，结果良好。1970年1月试配眼镜，开始不太习惯，慢慢就适应了。

同年3月1日，马育英因行走不慎跌伤，张群把医生请到家里，为妻子精心医治，到了1971年7月，已可缓步下楼，但是体质仍然很虚弱。张群与子女细心照顾，马育英的身体逐渐好了起来，一家人都非常欢喜。

1971年的夏天，张群的次子张继忠突然患病住进医院，需做手术治疗，马育英得知此事急火攻心，再次摔倒头部受伤，年迈的病弱之躯雪上加霜，病情加重也住进了医院，八十三岁的张群两头跑，看望了老伴又去看望儿子。

马育英在医院里总是挂念着刚做手术的儿子的病情，不断向张群打听消息。张继忠得知这一情况心里很不安，就坐着轮椅到另一个医院探望母亲。

只见父亲正在病榻前悉心照顾母亲，三人在医院病室里相见，互相问候慰勉。 马育英高兴地叮嘱儿子安心养病，这里有父亲照料，尽可放心，充满了家庭的温馨。

马育英头部跌伤后，委顿床褥不能下地行动，只是凭借张群及其子女的精心照顾、信仰和医药护理之功效，勉强维持生命。

熬到 1974 年 6 月 29 日，马育英的病情急剧恶化，心脏、血压出现异常，张群请来医师，诊断为急性冠状动脉阻塞，便把马育英送入台湾荣民总医院治疗。

这一下把张群一家全部动员了起来，子女轮流守候，张群亲自陪住院中，但因马育英的身体过于虚弱，病情日渐加重，医药之力已无效果。

马育英知道自己剩下的日子不多了，但是显得极为平静，谆谆告诫孙男娣女要继承张群的孝顺勤学之道。

次子张继忠正因肠胃病就医割治，听说母亲病重，7 月 6 日急忙赶到荣民总医院，与母亲见了最后一面。 马育英嘱咐他要终身忠于宗教事业，并注意身体健康。

马育英这天情绪很好，与张群在病房里虔诚地祈祷。 就在当天下午 6 时 40 分，在张群的陪伴下含笑而终，享年八十六岁。

张群厚葬马育英，平添了许多孤寂，他始终怀念与自己恩爱生活六十三年的夫人马育英。 张群怀着深厚的感情著文纪念老伴马育英称：

"育英经过多年的疾病，愈后愈形沉重，近年来自知其尘世之生命已将结束，但即在极端痛苦之际，除经常祈祷外，并请伺疾之看护为诵有关教义之书刊，而对家人及友识之信仰与生活，仍甚关切，神志清醒，态度安详，不言苦，亦无呻吟，亦无忧惧，以至于最后之一息。"

张群与马育英的恩爱和睦关系在台湾有口皆碑，受到台湾各界人士的广泛敬慕。张群时时流露对妻子的深厚感情：

"基于七十余年之笃信力行，其肉体生命虽终结，而其灵性生命则永久持续。 明知草草浮生终有一死，人天虽有暂隔，将来终共永生。 惟自维薄德，得此贤妻，六十三年之岁月，相敬相爱，缺失相谅，艰困相助，始终如一。 际此邦家多故之秋，竟舍我而去，胸念平生，终难自遣。 谨述育英之行谊以告知交，惜文字所能宣达者究有限度，殊不足书育英之生平，亦不足尽我之胸臆也。"

1976 年 7 月 25 日，台湾的四川文献社全体人员集聚一堂，以成都民间常食用的"九大碗"乡土菜，招待自美国来到台湾的国画大师张大千，张群作为张大千的老朋友自然应邀参加。

张群一走进聚餐大厅，就受到众人的热烈欢迎。 张群与老乡亲们亲切寒暄后，看着成双人对的客人，触景生情说："你们今天都带太太，我已没有太太，两年没有太太了！"

记者向张群打趣道："岳公续弦啊！"

张群听了，不高兴地责备说："续弦？ 只有你才会续弦！"

记者和众人急忙向张群道歉，称赞张群夫妇伉俪情深，业已经过六十年钻石婚仪式，张夫人上寿归主，但是张群仍然悼亡未已！

第二十九章　不做寿,不避寿

许多台湾朋友说,在比较缺乏人情味的台湾,张群每年的寿礼活动搞得喜气洋洋,张群的亲朋好友集聚一堂,谈笑风生,愉快轻松,成为不少人愿意去的地方;而台湾最高统治者也前来凑热闹,就越发引人注目。

对于过生日,张群一直坚持"不做寿,不避寿"的原则。

张群对此含意解释说,不做寿,是不设寿堂、不设宴;不避寿,是寿筵之日,与平时一样在家,亲友来访贺寿时奉上一杯茶,拱手致谢:"有的朋友老远来了,如果面都不见,岂不更为失礼?"

过七十岁生日的时候,他坚辞亲朋好友来祝寿。

为此,张群找了两个理由,一个是把责任推到共产党身上:"共党未灭,何以为寿?"这在台湾是无人敢予以反对的;二是把老妈抬出来做挡箭牌:"母亲健在,依据中国传统,父母在,做子女的还不能言寿。"

于是,人们便想办法为张群祝寿。

1957 年 5 月 9 日是张群六秩晋八华诞,一些有影响的朋友说动台湾当局,这一天在台湾"外交部"举办授勋仪式,由"外交部长"叶公超授予张群与多米尼加驻台湾"公使"毕律兹勋章。

有人发现,两位获得勋章者的生日都是 5 月 9 日,便把他俩称为"双老寿星",纷纷借叶公超的香槟酒向张群与毕律兹祝贺生日快乐。两个老寿星也频频举杯,相互祝贺这一奇特的生日际遇。

人们仔细打量两个老寿星,张群虽然比毕律兹大十二岁,但是两人在身体健康与精力的充沛方面却相差无几,张群看上去也不过是五十岁左右的人。只见张群头发灰白,两颊红润,谈锋甚健,对任何人都和蔼可亲。

张群有自己过生日的独特原则,作为"总统府秘书长",那天照常上班办公。有人友好地向他祝寿的时候,张群总是当面拱手道谢。

一个记者与张群开玩笑，问他为何没有外出避寿？ 张群含笑而答："我既不避寿，也不做寿。 位高或年长的人应该避寿，像我这样的人，不必如此。 我自己就是寿堂，也就是签名簿，朋友们的盛情，我都当面道谢。"

张群见这个记者还不太明白他的意思，就打开话匣子，滔滔不绝地频发妙论道：

"我自己很年轻，人生刚刚开始。 过去的观念是'人生自四十开始'，现在医药进步，营养改良，人类的寿命已经延长，所以用现在的眼光来看，'人生自七十开始'。 我既未年过七十，所以我很年轻，不必做寿。"

1959 年 5 月 9 日，张群家里热闹非凡，张群的好友与子女们早就要为这对恩爱夫妻举办七十寿辰庆祝活动，来祝贺的人们前呼后拥，络绎不绝，"祝岳军夫妇寿比南山"的祝福声不绝于耳。

张群和马育英早吩咐下来，一概不接受祝寿的礼物，人们只好将礼品带回。

但是，张群夫妇很快遇到了最大的难题：蒋介石派人送来一幅特大的精致寿屏，上面有蒋介石亲自撰写的"松柏同春"四个大字。

这可使张群与马育英做了难，两人稍加商量，认为绝不能驳身为"国民党总裁兼总统"又是盟兄蒋介石的面子，就破例收下蒋介石的寿屏，把蒋介石送的寿屏端端正正高挂在寿厅中央。 张群仔细欣赏蒋介石龙飞凤舞书写的"松柏同春"四个大字，引起他的诸多回忆。

张群思绪万千，想到自 1906 年十八岁时与蒋介石在保定陆军速成学堂相识，已经有五十三个年头。 半个多世纪的交往，他始终追随蒋介石左右，鞍前马后出了无数锦囊妙计，帮助蒋介石渡过多少难关，他真是激情澎湃，心中犹如万马奔腾，充满无限感慨。

然而他毕竟是不同凡响的张群，慷慨激昂的情绪一闪而过，马上极力赞扬五十三年来蒋介石对自己的栽培提携之恩，感谢马育英作为贤明妻子的内助之功。 张群特别代表马育英向蒋介石派来祝寿的人，转达他们对蒋介石的深切感谢，表示马上将到"总统府"登门拜谢。

蒋介石听了派去祝寿的人的汇报，自然也是满心欢喜。

张群和马育英一接受蒋介石的寿屏，立即招来了麻烦事情。

"副总统"陈诚得到汇报，马上也题词祝贺，派人把寿屏送来。 张群夫妇也不好驳陈诚的面子，只好收下这份礼。

张群夫妇担心其他官员效仿蒋介石和陈诚的样子送礼祝寿，立即宣布只接受"总统""副总统"两份礼，其他送礼者一律谢绝，马上派人到大门口好言好语挡驾，并拿出早已写好的谢帖表示他们作为老寿星的谢意：

"惠而好我，已详酬叠之云情，德以爱人，尚翼高明之曲谅，谨铭厚意，秦璧嘉珍，肃馨谢忱。"

1967 年 5 月 9 日，是张群八十岁华诞之日，人们又提出为他做寿，还说他的母亲张太夫人已经去世，这下就失掉不做寿的理由了吧。

这也难不倒张群，他又想出了新理由："当此母难之日，想到母恩未报，更觉得惶恐罪咎，不做寿为妙。"

尽管如此，亲朋好友还是为张群举办了盛大的祝寿活动，张群送给每个祝寿者一管派克 71 型金笔作为礼物。记者黄肇珩就用这个"奖品"写下《常笑不老的张群》的特稿，在台湾各大报纸发表，由此开始了与这位谦和、风趣的长者的长期交往。

1978 年 5 月 9 日，是张群的九十岁生日华诞。

这一天，台北三军军官俱乐部热闹非凡，最宽敞气派的胜利厅里设置了规模巨大的寿堂，正中挂着一个闪亮的斗大的"寿"字，四周摆满苍劲高洁的松树、翠绿文雅的修竹和鲜花怒放的寿菊，充满着盎然的生气。

从上午 9 时起，台湾"总统"严家淦伉俪、"行政院长"蒋经国伉俪等一千余人先后到达，在祝寿签名册上恭恭敬敬地签名，表示诚挚的贺忱，等候老寿星的到来。

9 时 45 分，张群抵达寿堂，严家淦、蒋经国等台湾政要亲自到寿堂门口迎接，并热情地向张群祝贺。

前来参加祝寿活动的客人每人得到一本由"中日关系研究会"印行的《张岳军先生对日言论选集》，该书收集了自 1947 年以来张群对日重要言论六十一篇。

隆重的祝寿仪式于上午 10 时正式开始，由"总统"严家淦主持并致祝贺词，严家淦表达客人的共同心意说：

"今天欣逢岳军先生九秩华诞，我们在这里以这样一个简单、朴素却又隆重、热诚的仪式，来祝贺岳军先生的皓寿。岳军先生向持'不做寿，不避寿'的宗旨，抱不随流俗、不立崖岸的胸襟，有不矜不伐、不妄不夸的美德。他主张维护优良的传统文化，但应改革不合潮流的习俗，曾经说过'喜庆应酬，过于矫情，固然不必；做的太多，也不适宜'。这几句话，有影响社会、启发人群的深意，所以我们今天签名祝寿并以这样简单的仪式来祝寿，相信必为岳军先生所乐于接受。"

严家淦称赞张群先生在政治上的"辉煌成就"和意境高超、寓意深远的《谈修养》后，予以总结说：

"以岳军先生的丰功伟业，卓行佳言，他的道德，他的人望及其元气充沛，康强寿考，就是从养身、养性、养慧、养量、养望的修养功夫中得来，这正是大家最好的榜样。"

严家淦代表所有来宾一同恭祝张群福如东海、寿比南山。

老寿星张群在热烈的掌声中致答词，对于严家淦"总统"的祝贺、评价和朋友及各界人士的贺忱，表示衷心的感激，他说自己从去年冬天患病入院到现在已经半年。在此期间，承蒙"严'总统'、蒋'院长'及各位亲友存问，如被春风"，今天乘此机会谨致诚恳的谢意。

张群风趣地大发弘论说，今天这个集会有两个意义，一是庆生，因为他重病得以康复；一是祝寿，因为他今年已九十岁，在这个集会中，他感到双重温暖。

这位台湾政坛上的长者谦虚地表示，自问过去为"国家"效献不多，对于严"总统"的过誉之词愧不敢当，但是古人有言"行百里者半九十"，倘若天赐我年，自当以有生之岁月，为"建国"大业贡献，并致力于宗教的修持及身心的修养，以酬答各亲友对我的关爱。

张群满面笑容地致答词后，亲手切开九层大蛋糕给众人分享。

寿堂中，大家一面喝茶品茗，一面愉快地话家常，笑声不断，充满着一片喜气和乐的气氛。

时光飞逝，转眼进入1986年，九十八岁的张群依然在他的府第里日行三千步，看来健康如故，但是毕竟年龄不饶人，他显然觉得疲倦之意时时袭上心头，看到盛开的鲜花，就停下来极感兴趣地俯身触摸，他走走停停，倒也逍遥自在，活像神仙一般。

然而，白内障使张群的视力明显下降，在子女和亲朋好友的劝说下，做了两次手术，效果还比较理想，到了1987年遍染春色的三月，终于可以下地走路了，张群便兴趣盎然地到户外散步。

张群慢慢地边走边瞧，觉得走累了，看到路边有张小凳，便想在小凳上休息片刻，不料一下子坐歪了，顿时跌倒在地。

随行人员大惊，急忙把张群扶了起来。这时候，张群发现腿部疼痛异常，家里人马上把他送进荣民总医院。

经透视检查，医生确诊为坐骨受伤，虽然没有骨折，但是需要住院治疗，看到没有太大危险，人们才放下心来。

　　依照旧历的算法, 张群 1987 年应该是九十九岁的人了, 到 5 月 9 日, 是张群的九十九晋百大寿, 人们都主张大事庆祝。

　　3 月 11 日, 台北《"中央"时报》记者黄肇珩到荣民总医院事先访问他, 提议好好庆祝一番, 张群说不做寿的原则和理由照旧, 但是不避寿也许做不到了, 他做出一副无可奈何之态道:

　　"如果亲友来了, 自己不出面迎谢, 很觉失礼; ——接待吧, 单是拱手也吃不消了!"

　　张群把"了"的语音拉得好长, 把两人都逗笑了。 张群神秘地说:"到生日那一天, 恐怕你这采访了我二十年的记者, 也查不出我到哪里避寿!"

　　黄肇珩模仿张群的四川话反驳道:"恐怕您是避也避不开的!"

　　这句话逗得两人哈哈大笑, 但是张群想到自己的身体状况, 叹口气说:"我是主张不做寿也不避寿的。 今年, 我还是不避寿, 但是, 看来不能像往年那样在家里接待祝寿的客人, 恐怕要'避'在医院里过生日了。 不过, 我不是来医院避寿的, 的确是在调养。"

　　他们都非常清楚, 庆祝张群百岁华诞的准备活动一直在紧锣密鼓地进行。

　　不出所料, 张群 5 月 9 日的百岁华诞搞得分外隆重。

　　张群"百龄大庆"的寿堂设在台北三军军官俱乐部, 隆重的庆典仪式由谢东闵主持, 各界人士三千余人参加, 台湾"行政院长"俞国华送来气派的寿屏, 其他头面人物的寿礼也源源不断地送来, 国民党中央特意送来一本祝寿画册, 张群接过仔细翻阅, 看到是由台湾十二位著名画家合作完成的, 张群吩咐家人仔细收藏。

　　使张群感到格外激动的是收到了来自大陆的许多老朋友的贺电, 他一一拿来欣赏, 认为大都感人肺腑, 令他浮想联翩。

　　张群格外重视中华职业教育社正副理事长胡厥文、王艮仲的贺电, 因为张群早年曾经在上海办过职业教育, 不由使他想起在大陆的许多难忘的日日夜夜。

　　张群与黄炎培等人都很重视中国的教育事业, 认为极有必要建立教育团体, 因此, 1917 年张群协助黄炎培创建了中华职业教育社, 先后开办了中华职业学校、中华工商专科学校、中华职业补习学校、比乐中学和职业指导所等, 其中以中华职业学校历史最久, 他们共同为中国的教育事业做出了贡献。

　　张群由此想到大陆毕竟还有一些人没有忘记他做的好事, 这对晚年的张群在精神上是莫大的安慰, 因此, 张群反复阅读胡厥文、王艮仲经中国驻美大使馆转来的贺电电文：

　　欣逢期颐大庆，缅怀昔年公与任老协力兴办职业教育，工商专校桃李满天下，弥增景仰，敬电祝贺。

民革中央主席屈武、副主席朱学范、斐昌会、钱昌照、郑洞国当年都是张群的老友，此日也隔海遥祝，电文为"敬贺百岁大庆，更祈康泰长寿"等。

度过了百岁大寿，张群生活的信心更高，他深信按照自己行之有效的修养之道行事，注意提高处事和生活艺术，始终保持乐观豁达的心境，维持健康的身体状况是完全可能的。他甚至于想着要达到"双甲子"的奋斗目标，即活到一百二十岁，打破中国人长寿的纪录。

在这种思想的指导下，张群努力提高生活质量，他把世界上的许多事情看得更淡了，注意培养多种爱好。

作为虔诚的基督教徒，张群更把精力放在基督教教义的研究、祈祷上，他平生所嗜好的便是书画，一有机会就购买珍贵的书画精品，长时间兴趣盎然地进行欣赏，但并不想长期据为己有，担心自己一旦去世会被他人毁坏。

为了更好地保存中国的珍贵文化遗产，他下决心毅然将多年来收集的名画好书，都捐给了台湾故宫博物院。

过了百岁的老人，在台湾被看作德高望重的象征，各阶层人士对他都很尊重，台湾当权人物见了他都礼让三分。他的修养理论更是引人瞩目，直到最后时日，他仍然有着一般人难以想象的影响力。

这样，张群九十岁以后的生日到来的时候，就有更多的人员前来庆贺。

每到这一天，台湾要员李登辉、倪文亚、孔德承等人都到张群寓所专程庆贺。张群的老朋友，九旬老人张学良也前往祝贺，两个白发老人久久地握着青筋暴突的双手，打开回忆的闸门，活龙活现地讲述几十年的风雨人生，评论中国叱咤风云的历史人物，两位久经历史风云的老人聚首一处，总有说不完的话。

特别是每到张群生日到来之时，总有来自大陆的问候，通过各种曲折迂回的渠道传到台北张群官邸，引起张群对于往事的诸多回忆，不禁产生种种复杂的联想。每到这时，张群总是暗暗盼望有大陆的消息传来。

随着时光飞逝，张群虽然已经老态龙钟，昔日美男子的风采已难再寻，但是他的头脑依然清醒，仍然密切地关注着时局的发展变化。

他有时在家人的陪同下，缓慢地穿过花园小径，浏览大自然风光；更多的是坐在轮椅上，由家人推着缓缓前行；特别喜欢在阳光下听儿媳读报纸新闻；也乐意让孙子、孙女推着他唱歌、玩耍。

到了1990年12月14日，张群终于走完了一百零二岁的人生之路，永远地休息了……

12月14日上午，正在高雄地区巡视的台湾“总统”李登辉闻讯，立即致电致哀，台湾上层头面人物大多参加了张群的葬礼。

张群毕竟是中国具有一定影响的人物，他的去世依然引起人们的关心，引起各方面的关注。

国家主席杨尚昆专门致电哀悼。

法新社曾经发出这样的电讯：“台湾对外政策的监护者去世。”

台湾媒体对张群去世做了大量报道，这样的说法颇引人注目：

> 今天上午逝世的“总统府”资政张群，在政治哲学方面，是国父信徒；在人生哲学方面，则为基督教信徒；政治理论，兼采中国儒、法两家宗旨，虽出身军事学校，然精勤学问，文武兼长，对于中国历代之治乱得失，了如指掌；并参证欧美现代政治理论及实际，体察中国国情，融会贯通，而不囿于偏局之见；显示识见高远，襟怀恢宏，具有政治家风范。

第三十章　高超的处世生活艺术

在台湾内外，张群以高超的处世之道、卓越的生活艺术闻名于世，受到许多人的称赞，产生了很大影响。

张群的"居敬行简"最受人称道。

"居敬行简"出自《论语·雍也》："居敬而行简。"朱熹说"居敬"的意思是"言自处以敬"，台湾记者认为张群颇有处世之道，称得起处事圆滑，八面玲珑，处变不惊，当艰不乱。

首先，张群最懂得伺蒋之道，他最善于体察蒋介石的心情与专断骄矜的脾气，深知蒋介石最讨厌部下拉帮结伙，私立派系。因此，张群虽然被推举为政学系的头子，但是他坚持不吸收新成员，不搞明显的组织活动，主要依靠个人的本领，巧妙地施展权术，猎取个人的政治地位。

张群最善于揣摩蒋介石的喜怒哀乐和因时而异的需要，据此看风使舵，见机行事，常常拿出蒋介石最为需要的办法与计谋，帮助蒋介石渡过难关。如劝说张学良率军出关以赢得中原大战的胜利；对青年党的曾琦、民社党的张君劢等人所做的卓有成效的"糨糊胶水工作"，使蒋介石得以摆脱政治危机，从而赢得蒋介石的信任。

为了讨取蒋介石的欢心，张群非常推崇唐朝大臣郭子仪的名言："功盖天下而主不疑，位极人臣而众不妒。"他从不任用同乡同学亲朋好友，所用之人都经过蒋介石的批准，决不在人前议论蒋介石，防止使蒋介石对自己产生任何不满的可能性。他不但身体力行，而且大力宣传。

台湾"总统"严家淦1979年5月9日在张群九十岁寿诞仪式上的祝寿词中，对张群与蒋介石的关系有这样的评价：

"岳军先生与'总统'蒋公于民国前五年在保定全国陆军速成学校一同应考，被派赴日本留学。岳军先生与'总统'蒋公同校同队，同时也加入了同盟会，成为同志。辛亥武昌起义后，岳军先生随同蒋公回国参加革命，此后同受国父领导，安危相仗，志业相同，直到民国十五年国民革命军在广州誓师北伐，岳军先生赴江浙策反；北伐军进抵南昌，岳军先生回总司令部担任总参议。从那时开始，差不多半个世纪，一直没有离开过'总统'蒋公，对于蒋公……只有岳军先生认识得最为清楚，体会得最为深切。"

张群对蒋介石伺候得可谓无微不至，张群笑称自己是蒋介石的"走狗""侍妾""厨子"，人称蒋介石的"终身参谋长"，都有几分道理。

张群非常明白他与蒋介石的特殊关系，始终本着忠勤伺候、谦抑律己的原则要求自己，殚精竭虑，唯蒋是从，想蒋介石之所想，做蒋介石想要做或吩咐他做的事。张群几十年如一日，谦恭有礼，忍辱负重，不辞劳苦，不讲价钱，不提条件，见危受命，毁誉疑谤在所不计，安危同仗，甘苦与共，不愠不怒，不发牢骚，成为蒋介石最得心应手的助手。这也正是张群从政八十年从未受到蒋介石的奚落和冷遇的奥秘所在。张群对人吐露心曲说："我辅佐蒋公，是本乎为蒋公分忧分劳的原则，尽量不使自己在任何对人对事方面，反而为蒋公增添负荷。"

张群除对蒋介石有绝对的忠心之外，就是凭着高超的智慧，取得蒋介石离不开他的地位。

张群具有丰富的政治、军事知识，通晓国内外大事，富于判断力，无论多么复杂的情况，遇到什么困难的问题，只要蒋介石把他召来，张群总是能够拿出令蒋介石满意的解决办法；无论什么艰巨的使命，蒋介石派他担当重任，他大都能够旗开得胜，马到成功，多次将蒋介石从四面楚歌的境地解脱出来，无怪乎蒋介石称他为"智多星"。

张群具有临难不惧、遇事不慌的本领，总是能够凭借高超的手腕逢凶化吉、遇难呈祥。1949年他作为蒋介石的说客，在昆明被卢汉扣留软禁了两天一夜，连到厕所都被黑衣人以枪抵腰，形同罪犯。他也估计十之八九要被交给共产党处置，但是张群神情安静，不改故常之态，亲自动手给卢汉写信，希望卢汉念及昔日的眷护之情放他一条生路，终于如愿以偿，由此可见他的"居敬"精神。

与此同时，张群也对耶稣和老子两个"圣人"非常崇拜，对于"行简"身体力行且很有成效。

作为虔诚的基督教徒，张群非常崇拜耶稣，称赞耶稣有独特的俭朴方式：终日身着一袭破旧的教袍，手持信手从树上折下的枝条拐杖，风尘仆仆地奔走于世界各地，领导成千上万的犹太人周游四方，致力于推翻罗马帝国对犹太民族的高压统治，蔚为一股庞大的民族活动力量，因此遭到追随罗马帝国的势力的迫害攻击，将他钉死在十字架上。 张群称赞耶稣之为人处世，一身之外绝无长物，他没有财产，亦无妻室，有人要求做他的信徒，他提出的先决条件是抛弃一切财富，才能收留。 耶稣认为富人进天国，犹如骆驼通过针孔。 张群认为耶稣的人格，可以说是尽了"居敬行简"的极致。

张群非常崇拜老子，赞成老子所言"为学日益，为道日损，损之又损，必至于无"，认为那是为人处世的座右铭。

台湾记者称赞张群是耶稣、孔子"行简"学说的最好体现者：张群任四川省主席的时候，所居于成都华西坝的官邸条件较差，四川政要及老乡、亲友，纷纷前来表示要大力帮助改善或代为购置新的官邸，都遭到张群的坚决辞谢。 人们提到诸葛孔明经营四川的时候，尚有桑树八万株，良田四十顷，而张群在故乡做最高长官，却连薄产也没有。

据记者调查，张群日常生活与馈赠亲友的开支，都以现钞支付。 张群的经济来源就是工资，他不开支票，是因为在银行没有户头。 台湾记者认为，张群对于财富的观念，与耶稣颇为近似。

张群善于利用圆滑的手段明哲保身，优哉游哉，躲灾避难。

1977 年 9 月 1 日，台北发生了一次强烈台风。 第二天记者访问张群，话题自然从台风讲起，从中引出许多关于人生观和修养的妙论，使人叹为观止，觉得张群的人生经验是从生活中体悟出来的，也时常在生活中得到印证。 张群深有体会地说：

"昨夜强烈台风袭击台北，风雨突然进入我的书房，原来树叶堵塞了凉台上的排水沟，我只好用报纸挡住渗透之路。 今天我推开窗户一看，满院子树木东倒西歪，最令人印象深刻的是，越高的树，折断得越多。 我由此想到古人的几句话：'树出于林，风必折之；人出于众，众必毁之'。"

对于蒋经国 1978 年出任台湾"总统"，张群认为是封建性质的行为，虽然不太高兴，但是仍然在公开场合吹捧蒋经国经蒋介石的多年身教与言教，经受了多年的忧患磨炼，勤心忍性，庄敬自强，"蒋经国先生的智慧与才力，已为大家所共见共信，他当选第六任'总统'，确实实至名归"。

1978 年 1 月，一个台湾记者前往荣民医院探望张群，向张群请教处世经验。 张群指着桌上的盆花巧妙地比喻说：

"我在人生旅途中步上高山，已有力衰之感。 有的花是长期开，有的花是越冷越开花，我就是越在寒冷的天气里越开花的。"

在荣民医院宽敞的病房里，张群侃侃而谈如何巧妙地待人处事，特别强调忍耐自制的道理，其作用不仅在于消灾免祸，而且在于明哲保身。　张群反复强调，忍耐的积极意义是不愿为了细小的挫折或枝节的横逆经历，浪费自己的精神和体力，要保留并积蓄一切力量，来担负更重大的责任，从而达成更远大的目标。

台湾记者由此想到，张群怪不得能够在复杂险恶的国民党营垒里，不管风吹浪打，仍然能够安然无事，成为蒋介石身旁为数极少的"不倒翁"。　他处事八面玲珑，左右逢源，有人叫张群"水晶猴子"不是没有道理的。

台湾记者称赞张群一生帮助蒋介石立下了众多"功业"，张群微微一笑，指向挂在客厅对面走廊上自己亲手题写的一副对联"一笑一少，一怒一老"，将其称为"四一"联，便说我们不提事功谈书画吧！　于是，津津有味地谈起他的收藏，他的嗜好，他的生活，他的健康之道，这位谦和、风趣的老人，更喜欢轻松的话题。

张群是一位"富有"的收藏家，他脸上挂着笑容说："我这个兴趣大概与祖传有点关系，小时候看多了，兴趣也就慢慢地培养起来了。"

在民国初期，张群自己动手收藏了他喜欢的第一幅画，那是童二树的泼墨荷花，他视如珍宝，爱不释手。　其后五六十年来，他对名家的书画收藏与兴趣，随着时光的飞逝而增加，看见有价值的书画，就尽其所能买下来。

有人问张群收藏了多少著名书画，他也记不清了。　他想了半天道："可以这么说，我个人所收藏的张大千的作品，足已开一个画展。"

了解张群的人，都知道他喜欢张大千的画，并不是因为张大千是他的四川老乡，是与他相交几十年的老朋友，而主要是他认为张大千在国画艺术上达到了登峰造极的地步。

张群特别喜欢张大千的代表作《长江万里图卷》。　他说，这真难为了张大千，在这六十尺长、二十寸高的素绢上作画，真是难乎其难。　张群说已拿定主意，以后要把这份由一千五百多名海内外友好列名敬赠的贺礼，送给台湾"国立故宫博物院"珍藏展览，让世人共赏。

在历代画家中，张群与张大千都最喜爱清初画家石涛。　石涛是广西全州人，原名朱若极，曾参加轰轰烈烈的反清斗争，失败后出家为僧，法名原济，亦称元济，后人误传为"道济"，字石涛，又号苦瓜和尚、大涤子、清湘陈人，他饱览黄山、敬亭山等名山大川，善于体察自然风光，"搜集奇峰打草稿"。　因此，他画的山水画，意境苍茫宏伟，恣肆新颖，他的《通景大屏十二幅》等都是对后代美术产生巨大影响的作品。

张群得到石涛的《通景大屏十二幅》欣喜异常，但是它太大了，家里挂不下，他就把非常喜欢的当代著名画家徐悲鸿的得意之作《四个喜鹊》，挂在客厅中央墙壁上尽情欣赏。

张群不仅喜欢绘画、热衷于书画收藏，还在书法上下过一番苦功，能够写出一手好字。一个记者慕名向张群提出索字的要求，张群看这个记者诚心诚意，就欣然命笔，龙飞凤舞地写道："古德云：竹影扫阶尘不动；吾儒云：月轮穿沼水无痕。"记者把张群赠给的书法视如珍宝，仔细收藏，认为由此可以看出张群淡泊明志的坦荡胸怀。

张群也很喜欢欣赏音乐，他常忙里偷闲出席有较高水平的音乐会，津津有味地欣赏贝多芬、柴可夫斯基和孟德尔逊的经典之作，把这视为最美好的艺术享受，有余音绕梁、三日不绝之感。

张群的另一嗜好是饮酒。在他家里，珍藏了许多中外名酒，有百年前的白兰地、威士忌……而且特别钟爱白兰地。他极其崇拜"斗酒诗百篇"的唐朝大诗人李白，他酒量很大，经常趁着酒兴吟诵李白《将进酒》中的千古名句：

> 人生得意须尽欢，莫使金樽空对月。
>
> 天生我材必有用，千金散尽还复来。
>
> 烹羊宰牛且为乐，会须一饮三百杯。
>
> 岑夫子，丹丘生，将进酒，杯莫停。
>
> 与君歌一曲，请君为我倾耳听。
>
> ……
>
> 主人何为言少钱，径须沽取对君酌。
>
> 五花马，千金裘，
>
> 呼儿将出换美酒，与尔同销万古愁。

张群努力营造和谐的家庭气氛，他老少三代十八人，相处得友好和谐。张群神秘地告诉客人："我们家一半是四川人，一半是广东人，和睦相处，其乐融融，可以完美地享受家庭的温暖和人生的乐趣。"

张群一生达观、愉快、轻松，站得高，看得远，又有很强的记忆力。他喜欢与年轻人接触，结交了不少年轻朋友，以使自己始终保持朝气蓬勃的心态。许多年轻朋友都说，张群先生的身体和思想都很年轻，富有朝气，因为他的心总是敞开的，以接纳新生事物。

张群访问欧洲的时候，曾经游览世界闻名的罗马特勒维温泉，有人拿给他一枚铜币，要他投进喷泉赌个好运。张群婉言谢绝，因为他不相信命运。

张群强调保持淡泊宁静的心态，努力做到忘年、不怒才能到达完美的长寿之目标。

张群认为要忘年、不怒，必须有淡泊的胸襟。他谆谆告诫朋友们不要把心事带到床上去，生活要力求质朴自然，表里如一。

张群说，淡泊的胸襟是指生活的淡泊，心情的恬静，绝不是要降低对事业的热忱。张群赞成诸葛亮的"非淡泊无以明志，非宁静无以致远"的名言，因为胸襟淡泊才能轻视自身的名利，才能明事业上的志，求事业上的远。

张群把宁静列为养心、养慧的重要法则。他认为，一切智慧都由宁静中的深思熟虑获得，只有保持宁静的心情，才能做深入的思考，才能产生远大的见识。只有达到淡泊宁静的境界的人，才能饱经艰危，坚韧不拔，有足够坚毅的意志。

张群以亲身实践说明，宁静可以使人当机立断，从不优柔寡断，耽误大事；宁静使他忙而不乱，履险如夷。

张群特别主张随遇而安："无论处顺境也好，处逆境也好，我总是随遇而安，以不骄不馁自勉。即使遇到为难的事，除了想办法去克服以外，还是夷然自处，竭力避免因犯难而困扰，庶几不致因困挠而跌倒。就是到了生死关头，我是一个基督教徒，个人的命运只有听上帝来安排了。"

第三十一章 与张大千的友情

张群与张大千有几十年的交情，可谓世纪交往，相知相惜，情同手足，弥足珍贵，留下许多脍炙人口的佳话，他们的珍贵友谊被传为美谈。

张群与国画大师张大千同是四川人，张群的故乡是华阳县，张大千为内江县人士，两人以同乡、同宗、同好并兼于五月同寿，特别是对于书画的欣赏与收藏兴趣，对于国家民族前途的关怀与热爱，使他们契合相投，情同手足。

1937 年春，国画大师张大千在北平中山公园水榭举办国画展览。张群大力帮助，以张大千杰出的书画激发人们的爱国热情，取得巨大成功。

从此，张群、张大千的友谊日益加深，甚至要在一天共同过生日。

1975 年 5 月 9 日，是张群八十七岁寿诞，而那年的阴历四月初一，为张大千七十七岁生日。一个阳历，一个阴历，同在五月份，前后不差两三天，于是，两位老人分别在旧金山、台北通过书信相约，争取在台北一起过生日。

张群、张大千都没有想到，蒋介石在 1975 年 4 月 5 日去世，他们不便在这个时候大办生日活动。接着，张大千病倒，不能很快来台湾欢聚，他们只好把时间推迟到 1975 年年底。

张群遗憾地说，大千念念不忘这个约会，每次来信都提起此事，正应了一句古语："人在异乡为异客，每逢佳节倍思亲。"每到重大节日更思念相隔重洋的老朋友，他更期盼尽快回来。

张群慢慢合起纸扇，充满无限思念之情道："大千说，哪一天只要能坐飞机，他就回来，不一定要等到过年。"

隔着浩瀚无边的太平洋，这一对老朋友频频互相安慰，遥遥怀念他们的情同手足之谊，殷切地期盼尽快地相聚于台北的老梅之下。

张大千远在美国旧金山环荜庵，但时时惦念着远在台北的老友张群，他一时不能回台湾与老朋友相聚，就千里念友情，先寄一枝春。

1975 年 11 月，张大千托香港大成出版社社长沈惠苍将一把折扇带到台湾，赠给张群，感谢老朋友在他病中频频慰问与关心。 沈惠苍说，张大千殷切地盼望能够尽快回台湾与老友张群欢聚。

张群接过这珍贵的礼物观看，只见张大千精心地在扇面上画了一枝生机盎然的老梅，并以遒劲的毛笔字题词一表心意：

> 堂里国花长在梦，
>
> 捻毫先寄一枝春。

张群又看到张大千在便条上写道："此扇到时，想天祥老梅已开，未追陪徘徊其间，百感交集。"

可能是张大千写到这里发现有误，不是天祥老梅，于是在便条上又做了校正："画上文山老梅误画为天祥老梅。"

张群深知老朋友张大千对梅花有着特殊的爱好，台湾的文山老梅更令他怀念，又由文山老梅想到张群，因此在便条中写道："我的病已经平复，渐能操笔，惟时复颤掣耳！"

张群看罢，对张大千的病情好转感到欣慰，但是仔细一想，觉得不太对劲，感到不太放心，就翻来覆去细读纸扇上的题字和便条内容。

事有凑巧，张群看到报纸上有一篇《环荜庵访问记》，立即拿来仔细阅读。 这篇访问记详细地报道了张大千的近况。 张群把两者对照分析，得出这样的结论：张大千的健康状况并不像他告诉张群的那样已经平复，他还不能站着说话，今年极少有作品问世，躺着翻身仍然很困难，医生不准他坐飞机旅行。

张群忧心忡忡，很希望能立刻飞到旧金山的环荜庵，探望老友张大千的病情，畅谈别后之情。

张大千病情一好转，就于 1976 年返回台湾探望老朋友张群，两人亲切相聚，总有说不完的话。

张大千感到每次千里迢迢从美国返回台湾，与老友张群欢聚，都感到其乐无穷，其他朋友也对他非常关心，使他多年在外国生活产生的思乡之情在很大程度上得到了缓解。 但是这终究是权宜之计，不能与张群经常相聚，怎样才能找到万全之策呢？

张大千苦苦思索，逐渐产生了落叶归根的想法，于是向张群谈出了心中的奥秘："虽信美而非吾土兮，曾何足以少留？"

张群拍手称妙，帮助张大千在台北外双溪建造了摩耶精舍，张大千隔年就返台定居了。

张大千一回台湾定居，就传出了"蜀中三老"喜相逢的佳话。

"蜀中三老"是指张群、张大千和李璜，三人之间有几十年的交情。

中国青年党主席李璜与张大千、张群相交，多半归功于张大千二哥张善子的中介。

张善子比张大千大十六岁，也是一个著名画家，他养虎、画虎，自称为"虎痴"，他早年就以画虎闻名艺坛。 抗日战争爆发后，张善子以猛虎气吞山河的形象表现中华民族的威武不屈气概，鼓舞中国人民的抗日热情。

张群、李璜对张善子非常敬重，对他的爱国精神给予极高的评价，都经常去探望张善子。 四个人不断在一起议论抗战大局，探讨书画艺术，彼此结下深厚的友情。

李璜一见到张大千，就毫不客气地要求再尝"大风堂"的家乡菜，张大千就把张群请来一同品尝。

李璜满含深情地对张群、张大千讲起，当年他到苏州网师园探望张善子的时候，张大千亲自炖了一锅"东坡肉"予以招待，顿时把张群、张大千带回到对几十年前往事的回忆之中。 张群情不自禁地背诵起张大千的一首题画诗：

> 十年去国吾何说，万里还乡君且听。
>
> 游遍欧西南北美，看山还看故山情。

张群、张大千引用林语堂庆祝他七十岁诞辰的时候所写的诗"是归乡年纪且回乡，归来吧"，劝说李璜回台湾定居。

这时正是摩耶精舍里荷花盛开的季节，张大千请张群、李璜一同观赏荷花，谈起朱自清那篇著名的《荷塘月色》，三人都颇有兴致。

张大千顿时来了创作灵感，吩咐弟子把作画原料和工具拿来，张大千挥毫画了一枝荷花，那酣畅的墨色，格外翠绿的荷花叶生气勃勃，胭脂薄施的荷花瓣娇艳无比，真难以想象出自一个八十岁老人之手！

张群、李璜都拍手称绝，张大千题名《荷》，赠给李璜，李璜视如瑰宝珍重收藏。

此情此景，不禁引起了三位老朋友的思乡之情。 他们相互约定，一定要争取有一天结伴还乡，重登峨眉山顶，共同欣赏富甲天下的蜀中美景，以慰海外赤子的桑梓之情！

在这里采访的记者也被深深地感动了，称赞这蜀中三老都是高龄老者：张群时年九十一岁，李璜次之，八十四岁，张大千最小，也八十一岁了，但是都具有一颗"赤子之心"。他们一起谈往事，议书画，笑语喧哗，轻松愉快，格调高雅，满室生辉，在人情味比较淡漠的台湾，真是一个难得的聚会。

张大千回台湾定居后，与张群的来往更为密切，每当张大千家里做了好菜好饭，每当张大千有新作诞生，每当摩耶精舍梅丘的梅花盛开，张大千总是把张群请来共同分享；张大千每次举办他的画展，总是把张群请来一同观赏，虚心地请张群发表意见，给予严厉的批评。

每当此时，张群总是把此当作他人生的一大乐事，既给这位著名国画大师的新作以崇高的评价，也毫不客气地给亲爱的小老弟指出缺陷，毫无保留地提出自己的建议。张大千总是手抚长髯虚心倾听，称赞岳公有些真知灼见给了他一些难得的灵感。

台湾记者深知张群、张大千都酷爱梅花，也采访到两位老人的许多梅花趣事：每当张大千从日本购买梅花回到台湾，总是不忘送几株给老友岳公；张群府里的优良品种白梅在炎热的夏天盛开的时候，张群马上请张大千偕夫人和孙女绵绵来家里共同欣赏。

张大千总是欣然应邀而来，他发现张群家的白梅，恰如那年立春时节摩耶精舍红梅开得像海棠一样神奇。两人在盛开的白梅前大声议论，共同探讨，谈笑风生，堪称人生一大乐事。

恰在此时，台湾摄影家胡崇贤也应张群的邀请来观赏罕见盛开的白梅，他看到两位老人有这样高的雅兴，就抓住难得的时机，为这对老朋友留下了在盛夏津津有味地赏梅的珍贵合影。

1976年5月9日，张群、张大千共度生辰，互赠诗画，观赏京剧，被台湾媒体广泛报道。

为向两位老乡长贺寿，台湾的四川同乡会人员特意把两位老寿星请到台视剧场，观赏他们最喜爱的京剧。

第一出《红鸾禧》由台湾著名京剧演员郭小庄、高惠兰演出，张群、张大千称赞他俩的演技更加成熟；

第二出《姑嫂比剑》由廖宛芬、张安平合演，两位老寿星为他俩的高强武功拍手称妙；

第三出《龙凤呈祥》由哈元章、孙元坡、严蓝静联袂演出，两个老友夸奖演员的艺术水平大有提高。

精彩的京剧演出，使两位老寿星度过了一个愉快的夜晚。

为庆祝两人的共同生辰，张群赠给张大千一首诗祝寿，寄托对老朋友的祝贺之情：

> 海内树交游，髯张询胸绝。
>
> 画笔臻神化，万象列咫尺。
>
> 上窥唐宋本，远摹敦煌壁。
>
> 国际知声名，寰宇遍踪迹。
>
> 与君同乡里，早岁得相识。
>
> 频年遭战乱，形影叹疏隔。
>
> 不图忧患余，犹能亲晨夕。
>
> 相期底定年，归共蜀山碧。

张大千珍重地收下张群的贺寿之诗，也把自己精心制作的泼墨山水画赠送给张群。

张群深知这幅画是张大千为表示自己对老朋友的真挚情谊，精心创作的一幅长幅山水画。 张大千早在卡迈尔的时候就动手创作，费尽心血画了一半，回台湾时还没有完成，特意将未完成的画送到画店仔细存放，以保持画纸的平整。

张大千对自己的身体不争气不能马上画完，不能送到张群的手中而向老朋友致歉，保证一定要抓紧时间把这幅山水画最后完成。

谁知天有不测风云，张大千这个心愿没有兑现就因病住院。 张群几乎天天到医院探望，他的思想也常常处于矛盾之中：

既想劝小老弟多注意身体健康少画一些，但是看到张大千的画堪称国宝，就又希望张大千能够多多发挥艺术天才，为祖国的绘画艺术多留一些珍贵的遗产，因此摇头苦笑说："真不知道怎样告诉他，要怎样多多爱护自己啊！"

张群了解张大千酷爱大自然，在大陆时就遍游中国的名山大川，从中吸收丰富的养料，从而创作出许多叹为观止的名画，丰富了中国的美术宝库；旅居美国和巴西之后饱览美洲山水，也结出丰硕的成果。

于是，张群更有意识地陪同张大千在台湾的摩耶精舍里散步，欣赏梅丘的秀丽风光，帮助张大千撷取大自然的神韵，调养美术家的性灵，再将大自然之美熔铸在他的作品之中，从而使万化结合为一，达到天人合一的境界。

这正是张大千多年来走的"以造化为师"的创作之路，因此所画的山水画既气势磅礴，又超凡脱俗，必然流传千古。

张大千诚挚地告诉老朋友："你的友情和关爱，也是我画笔不歇的动力！"

台湾记者称赞张群与张大千具有钟子期与伯牙一般的友谊，他们有长达半个世纪相知相解的珍贵友情，他们彼此心灵的深交真使人感动，堪称人间难得的真情。张群与中国艺术界的朋友都希望张大千早日康复，一同游览于台湾故宫博物院和历史博物馆中。

不久，张大千病重住进荣民总医院治疗，一个星期昏迷不醒。

张群忧心如焚，不顾自己年高也有病缠身，天天在护士小姐的搀扶下，到医院探望老友，看着处于昏迷状态的张大千，张群深有感慨对也来荣民总医院探望的台湾记者说：

"正如你所说，大千一生为'情'所羁绊：他有关怀感念他人之热情，钟爱国家的爱国之情，热爱故旧之友情，对人类另一半女人之爱情，通达人性之人情，更有对于宇宙大自然之深情。正由于大千是个情深的人，所以他常常不顾自己身体的不适，尽情地付出他的关爱，而他与我长达半世纪的交往，就显得相知相惜，更加珍贵！"

台湾舆论对张群、张大千相识、相知、相交半个多世纪的友情充满赞美之词，发表的有关文章比比皆是。

有人认为张群比张大千大十岁，按理说应该居士多照顾岳公，但是恰恰相反，事实是张群在日常生活中处处照顾张大千。

这是因为，张群的人生修养已经达到炉火纯青的地步，在养生方面有令人赞叹的大道至理，能够发出"人生七十才开始"的妙论，以此获得"不服老"的资本，才有照顾小老弟的条件。

台湾记者认为张大千则自幼诗酒风流，洒脱豪放，足迹遍及中国甚至世界各地，不辞辛劳观赏世界名胜古迹，从中吸取丰富的营养，创造出举世惊叹的美术珍品，难免不多耗费精力，但是多亏他有独特的自适之道，始终乐其天真，再加上张群为爱惜张大千的旷世天才而自愿做出奉献，才使张大千虽届八十高龄，仍然可以发出"人劳心不老"的冲天豪情！

1977 年年底，张群因饮食不调得病住院，虽经几位名医精心治疗，但毕竟是九秩高龄之人，抵抗力减弱，病势日趋加重。

张大千得此消息忧心如焚，急忙在弟子的扶持下前往荣民总医院探望，但是却被拒之门外。 张大千大为不满，吵嚷着要去探望老友的病情。

医护人员赶快拿出"行政院长"严家淦、"国防部长"蒋经国在签名簿上的亲笔签名，给张大千看，说明这样做完全是为了更好地对张群进行精心治疗。 张大千这才表示谅解，也挥毫签名恋恋不舍而去。

张群的病情显著好转之后，张大千得到医院可以探望的通知，立即赶往医院，进入加护病房看望。

张大千紧紧地握着张群的手，庆幸老友闯过了鬼门关，亲自陪同张群坐移动病床，乘电梯到有高级设备的地方检查。

张群为有张大千这样的老朋友探望，感到无比骄傲，在电梯中对张大千开玩笑说："大千，现在我们是'同梯共济'啊！"

张群的幽默之言把张大千与医护人员逗得开心地笑了。

张大千看张群病情显著好转，面色好多了，就有意宽解道："您的气色好啊，可喜可贺！"

张群微微一笑，指着他的心脏调侃着告诉老友："你是'知人知面不知心'，我的心坏了！"

张大千大感不解，医护人员告诉张大千，张群发现有轻微的心脏病，不过并不严重，只要稍加注意就不会有大问题，张大千这才放下心来。

在一段时间内，张群与张大千的身体都不太好，不能经常相互探望，为了及时沟通消息，"智多星"张群想出一个好办法，他们两家共同请了一位特别看护孙小姐。

他们安排上午孙小姐到张大千家，下午到张群家，通过孙小姐了解对方的相互情况。 为了使张群放心，张大千经常让孙小姐撒点小谎隐瞒自己的病情，以免让张群担心。

张群在得病之前，经常进城到台湾仁爱路张大千家里做客聊天，或是两人一起外出共进午餐。 后来，张群体弱多病不便外出参加晚宴，多数时间是在家里吃点淡食而已。

可是，每当张群与张大千一起共进午餐的时候，张群总是格外高兴，表现得老当益壮。 张群特别喜欢喝白兰地酒，就与张大千一起浅斟慢酌，谈笑风生，尽情地享受人生的乐趣。

张大千太要强，不愿事事打扰弟子，不久就出了麻烦。

1978年4月的一天深夜，张大千在灯下作画的时候，要到厨房取东西，不慎跌了一跤。 他知道张群在荣民总医院正住院治疗，担心张群知道情况后，以长兄身份责骂他不当心，就让他的弟子送他到台北中心诊所医治。

张群知道张大千跌伤后，急忙抱病到台北中心诊所探望张大千，他风趣地对张大千说：“天大的秘密，迟早会让别人知道的。”

张群说着，把早已写好装在镜框里的一首贺寿诗，拿到病床前给张大千看。 张大千双手接过仔细观看，轻声朗读：

> 敦盘鼎鼎两艰辛，忍事降心迹已陈。
>
> 何以髯张绝艺手，丹青留供世人珍。

张大千看罢连声道谢，吩咐公子保罗仔细收藏。

这时，来探望张大千的台湾记者也连连称赞。 记者告诉张大千，昨天他到张群的病房去看望慰问，张群说起要送给居士一首贺诗，记者对此很感兴趣，当时就想先睹为快。 但是当他斗胆提出先行拜读的要求的时候，张群却微笑着频频摇头说：

“对不起，我不能先给你看。 按照送礼习惯，照例要先给收礼人看——还好，我今天拜读也很荣幸！”

张大千听了记者讲述的这个故事，更对张群增加了几分敬重之情。

张群、张大千都有一颗炽热的爱国之心。 1981年四川省遭受严重水灾后，两人都积极参加台湾川康渝同乡会举办的募捐活动，各捐两万元台币，救助四川灾民。

在台湾，“三张一王转转会”相当有名，他们的活动被传为美谈。

“三张”依照年龄次序为张群、张大千、张学良；“一王”即王新衡。

张大千1978年回到台湾定居后，这些老朋友见面的机会多了起来，他们四人情投意笃，相聚起来特别融洽，首先由张大千发起，张群、张学良、王新衡欣然赞成，就来到摩耶精舍的大千书房欢聚，商定采用“轮流坐庄制”定期聚会，于是“转转会”宣告成立。

每逢“转转会”活动之日，“三张一王”四个老朋友推杯碰盏，谈起往昔的难忘岁月，总有说不完的话题，总是谈笑风生，其乐融融。

张学良将军回忆起与张群的多年交往，绘声绘色地讲起张群帮助张学良戒毒的故事。

那是1933年3月12日，张学良一到上海，就被特别市长张群接到张公馆，举办宴会盛情招待。

张学良将军无心欣赏上海春意盎然、绿草如茵的美丽景色，郑重其事地当众宣布称：

"为了能够上前线杀敌报国，从明天起，我就借岳军兄这块宝地戒毒。为了不致吓着各位，我要闭门谢客，还望诸位仁兄成全！"

在日寇发动"九一八事变"后大举入侵华北的严重形势下，全国人民的抗日热情空前高涨，因此，张群、宋子文等人对张学良的这个需要痛下决心的举动，发出一片喝彩之声。

在张群等人的大力支持下，张学良以顽强的毅力终于戒毒成功。张群热情地向老朋友祝贺，称赞这是利国、利己的果敢行动！

张学良还提到在"西安事变"前，他要见蒋介石，总是通过张群安排。对张群多年的帮助，张学良表示衷心的感谢。

张群也称赞张学良抱着满腔爱国之情，为国家、为民族，做出了巨大贡献，中国人都不会忘记张少帅……

王新衡则讲起1966年3月，蒋介石曾经亲自向张群表示，希望张群出马做"副总统"候选人，张群推说年事已高，建议蒋介石选拔七十岁以下的人为宜；蒋介石接受张群的建议，与张群等人共同商量提名严家淦。开票后，张群很尊重"副总统"候选人严家淦。在当晚的宴会上，张群就把宴会的第二个位子让给严家淦，岳军先生的决决大度之风受到台湾各界人士的称赞。

张大千、张学良也讲起因石涛假画案，两人结为挚友的往事，"转转会"笑声不断，气氛极为友好而轻松。

然而好景不长，张大千于1983年4月2日溘然病逝。

张群看到比自己小十岁的小老弟张大千竟然先于自己去世，他闻噩耗万分悲痛，感到又失去了一位挚友，对张群的老年之心无疑又是一个沉重打击。

在台湾的故宫博物院，张群被推选为张大千治丧委员会主任委员，张群怀着复杂的感情说：

"我有二十多年未为亲友主办丧事，今天被推为张大千治丧委员会的主持人，唯有敬谨接受。 因为大千先生在文艺方面有卓越的成就，去年获得中正勋章，社会对他景仰，学术界对他推崇，他的寓所摩耶精舍早已成为观光的好地方。"

张群怀着对老友的怀念之情说，张大千前年曾经答应为旅居日本的侨领做一幅巨画，我和朋友都担心这要耗费他许多时间与精力，怀疑他的体力支持不了，我就写了两首诗，亲自来到摩耶精舍，当面送给张大千，劝说他多多节劳，要爱护身体，以应付更多的需要。

当时张大千虽然表示听从张群的劝告，但是张群认为，张大千还没有引起足够的重视，就故意用重话警告他说：

"大千，你的生活、习惯和嗜好，须要注意调整，我比你长十岁，因为我注重修养，健康情况比较好，你再不好好地将息，爱护你自己，说不定你比我先走，还要我来为你办丧事！"

张大千听了老朋友的肺腑之言，感动得流下泪来，张群也情不自禁地老泪纵横，劝张大千一定要保重身体。

张群说到这里，颇有感慨地说："今天我不幸而言中，他的丧事竟要我来主持，我心里十分悲痛！"

张群怀着极其沉痛的心情，回忆他与张大千六十余年的密切交往。 两人亲如手足的往事，就像电影镜头一般，一幕幕在张群的脑海里闪过。 他流着热泪，提笔为张大千敬写如下挽联：

> 五百年国画大师，阅览之博，造诣之深，规范轶群伦，无忝邦家称瑰宝；
> 半世纪知交莫逆，忧患共尝，艺文共赏，仓皇成永诀，空余涕泪对梅丘。

出于对张大千的思念之情，在张群的提议下，"转转会"从1983年10月2日恢复每月的聚餐活动。 每到约定的日子，张群总是早早来到摩耶精舍张罗，等候几个老朋友的到来。

不一时，张学良由赵四小姐陪同，王新衡亦由夫人陪同先后来到，他们一同就餐，恰巧这天是王新衡夫人的七十岁生日，张群、张学良、王新衡都向王夫人祝贺，独缺张大千先生的祝福，王夫人感到很难过。

为改变因思念张大千产生的沉闷气氛，九十五岁的张群主动与张学良、王新衡夫妇拉家常，告诉他们自己的腿疾接近痊愈，健康状况良好，几个老朋友的脸上这才有了笑容。

午餐之后，张群与张学良、王新衡夫妇走访"张大千先生纪念馆"，看到景物依旧，但故友业已仙游，都产生了无限的伤感。 他们在张大千的蜡像前合影留念，然后到张大千的长眠之地"梅丘"前默祷数分钟，以寄托共同的哀思。

张群看到"转转会"的会友都还健在，依旧砚湿墨香，张大千却"独自成千古"，确实是最大的遗憾！

第三十二章　张群的欧非亚美之行

1965 年 11 月 29 日，台北松山军用机场人山人海，把机场贵宾室围得水泄不通，形成台湾机场少有的热闹景象。

台湾"总统府资政"张群以"特使"身份，代表"总统"蒋介石赴梵蒂冈参加大公会议的闭幕典礼。

原来，天主教为国际有名的宗教团体，其大公会议 1862 年首次在梵蒂冈举行，中辍百年之久再度于 1965 年 12 月召开，将宣告天主教立法新原则，成为今后修改教会法渠之源泉，邀请台湾当局派遣特使参加。

蒋介石认为此次大公会议意义重大，特派张群为特使，前往梵蒂冈参加大公会议的闭幕典礼。

于是，张群于赴梵蒂冈之前，先飞赴东京出席"日台"合作策进会议，与日本政界元老吉田茂、前首相岸信介、首相佐藤荣作及朝野友识，就当时的国际局势交换意见，然后于 12 月 2 日转程前往罗马梵蒂冈教廷，出席天主教大公会议闭幕典礼；在归台湾途中又奉蒋介石之命，专程赴马尼拉参加菲律宾共和国新总统马科斯的就职大典。

张群的这趟"外交"旅程，由台北飞往日本，飞越北极航线抵达欧洲诸国访问，再经中东、东南亚"回国"，历时三十三天，在地球上飞行了三万多公里，访问欧亚中东十六国，与各国元首及政府官员会谈，慰问旅居各地的华侨，日以继夜，行程紧凑，对于这位年逾古稀的老人是够辛苦的。

台湾记者认为，古人所说仆仆风尘道，耿耿赤子心，在某种程度上，可以说正是张群此行的写照。

为扩大张群出访的影响，蒋介石还命"行政院长"严家淦、"国防部长"蒋经国率领台湾文武大员并动员大批民众到松山机场送行，把机场贵宾室挤得水泄不通，严家淦、蒋经国代表蒋介石祝张群一路顺风。

张群大半生为蒋介石效劳奔走四方，一直没有机会到欧洲旅行，他私下一再表示，在他有生之年，一定找机会到欧洲去看看。因为他对西方的文化艺术向往已久，早就抱有浓厚的兴趣；他还认为自己作为虔诚的基督教徒，也应该前往圣城耶路撒冷去瞻仰一番，这两个愿望在这次"外交"活动中都实现了。

张群在松山机场贵宾室会晤记者时，介绍梵蒂冈位于意大利首都罗马城西北角的高地上，是一个政教合一的国家。教皇为梵蒂冈首脑，具有最高的权力，梵蒂冈与一百一十一个国家和地区有正式外交关系，向一百零八个国家和地区派驻圣师或宗教代表，在世界上具有一定的影响，特别是推行敌视新中国的外交政策，严重干涉中国内政，更使台湾当局感兴趣。

因此，张群大力赞扬梵蒂冈大公会议取得的成就，以及天主教"追求真理和辨别善恶"的精神，他认为大公会议可以促进天主教的大团结。

张群乘坐的飞机 12 月 5 日在米兰停留四十分钟，时间虽短，但是张群仍然抓紧时间接见旅欧华侨。

张群非常喜欢向他献康乃馨的小姑娘胡红玉，轻轻地拍着胡红玉的头，很快消除了小姑娘的紧张情绪。张群拉着她参加茶话会，与旅欧华侨亲切地交谈，很快赢得了旅欧华侨的好感。

张群一行离开米兰，经过一个小时的航程，到达意大利首都罗马。

在晴朗的夜空下，前来欢迎的华侨使罗马机场显得格外充满朝气，在警车的护卫下，张群一行来到下榻的"大世界旅社"。

也许是天公作美，12 月 7 日天气晴朗，阳光灿烂，与邻国比利时、荷兰、卢森堡那多雨、阴霾的天气迥然有别。

张群头戴大礼帽，身着燕尾服，胸前缀着一枚附有红白色绶带的彩玉勋章，乘坐气派的礼车，在意大利摩托警卫的引导下，驶过暂停交通的街道，开往梵蒂冈。

礼车到达圣伯多禄广场的时候，张群看见附近几条街道上早已聚集了数千名观众，驻足观看九十个国家的特使前往仪式所在地的盛况。

半小时后，张群的礼车进入庄严宏伟的圣伯多禄教堂。

张群极其感兴趣地看到，圣伯多禄大教堂那巨大的门口有一条甬道，通往位于正殿的教宗保罗六世的红色座席前。只见甬道两旁，设有两排长台，上面坐着来自世界各国的两千三百多个枢机主教及主教，他们都身穿红袍、戴红帽，那道貌岸然的神态使张群肃然起敬。

张群被引导到为特使们特设的看台上，左右两排特使看台，从侧面向着教宗的红色座席。

这一天的早晨天公作美，告别阴雨沉闷的天气，微风拂面，阳光灿烂。

二十五万观众等候三个小时，终于得以观看在圣伯多禄露天广场举行的盛大典礼，但是仍然有两个老年妇女体力不支昏倒在地，被警护人员紧急抬到救护车上抢救。

上午 11 时，教皇戴着金碧辉煌的教宗金冠，身穿引人注目的白袍，坐在他的红色座椅里，被抬着穿过欢呼、跳跃的人群，"教宗，教宗"的热情欢呼声直冲云天。

张群的座位与意大利总理莫洛的座位相邻，两人都互相久仰大名，今天在此相见，都觉得别有一番滋味在心头，因此一边亲切地交谈，一边欣赏庆祝盛况，只见场面宏大，多姿多彩，很富于戏剧性。

临座另一位特使对张群啧啧赞叹道："即使以好莱坞的全部想象力与专门知识，也难以与这场出色的戏剧相比！"

张群虽然出于礼貌点头应付，但是事后却开玩笑说："在这出精彩的戏剧中，从头到尾，我只不过是一个又聋又哑的人。"

这是因为，张群虽然在最好的位置上观看了庆祝活动的全过程，但是四项议程都采用拉丁语进行，他一句话也听不懂，而且累得够呛。

原来，只要尊贵的教皇一立起，全场二十五万人都要跟着站起。

张群粗略地计算了一下，在四个小时的庆典中，人们陪同教皇站着的时间足有一半。

下午稍事休息，张群就与一百余名特使集体参拜教皇，他们一个个轮流致辞，张群操英语代表台湾当局和蒋介石表达对教皇的敬意说：

"我们以深切的兴趣，注视着大公会议的顺利举行。 大公会议现已圆满闭幕，我们愿借此机会，向阁下致以衷心的贺忱。"

为表示对张群的特别礼遇，教皇又单独地予以接见。

张群恭恭敬敬呈上蒋介石的亲笔书函和英文副本，并送上他的特别礼物：金币、银币、镍币各两枚，教皇表示感谢。

张群称赞教皇保罗六世在大公会议 12 月 8 日闭幕礼的时候，强调天主教将放弃保守态度，加强与各国天主教徒之间的合作关系，赞扬教皇在 12 月 7 日大公会议的最后一次会议中，宣布的关于宗教自由、教会活动、司铎生活与职责、教会与现代世界的关系等四项重要宗旨。

张群滔滔不绝地讲述大公会议一百年举行一次，他能参加这次闭幕典礼感到非常荣幸。

教皇保罗六世对台湾当局派张群特使和八位主教前来参加庆典表示感谢，对能够会见张群这样的亚洲著名政治家感到荣幸，称赞台湾经济近几年取得较快发展。

接着，张群饶有兴趣地去参观著名的千柱泉胜地，但是到那里一看已经关门，因为时值寒冬季节关门较早。为表示对中国贵宾的敬意，殷勤的主人特别延长了开放时间。

张群兴致勃勃地穿过那千股高喷水柱间的数百级石阶，陪同游览的年轻人都觉得相当吃力，张群却感到乐在其中。

张群又马不停蹄地参观庞大的罗马竞技场，观看身着古装的斗剑士的武术比赛；也曾驱车赶赴罗马世运会运动场参观；还前往著名的特勒维喷泉，欣赏作曲家由特勒维喷泉带来灵感创作而风行一时的世界名曲《喷泉中的三个铜币》，到午夜才结束一天的行程。

12月9日，张群一行离开罗马来到威尼斯，只见这是一个美丽的水上名城，他们搭乘"水上公共汽车"前往水滨饭店。沿途只见无数小木船在寒风中系岸不航，水上自横，世界闻名的圣马可广场的鸽子早已入睡，浪漫的对对情侣也早已不见踪影。但是张群的豪兴仍然未减，兴趣盎然地在圣马可广场散步，充满了浪漫情调，夜深时刻才回去休息。

可能是过于劳累，一夜暴风骤雨张群竟然毫未觉察，12月10日上午出门一看，威尼斯的许多地方，甚至圣马可广场都被两英尺深的海水淹没，强风把浪花刮到市内各地，形成极为独特的景观。

张群觉得威尼斯的一个显著特点是，到处都修建有仅容两人行走的小木桥，不时见年轻人搀扶着老年人小心翼翼地通过。

张群比那些老年人岁数要大得多，但是他谢绝了他人的帮助，一个人非常轻巧地走过一座座两英尺半高的小木桥，甚至还有意地在那些有弹性的小木桥上轻轻地跳动，以体会畅游威尼斯的快乐。

张群幽默地说："我们在威尼斯是陆海空活动，其乐无穷！"

张群一行以紧张的节奏，穿过威尼斯运河，步行通过蜿蜒的古老街道，然后改乘火车前往佛罗伦萨。

佛罗伦萨是意大利著名雕刻、绘画大师、建筑家、工程师和诗人米开朗琪罗的出生地，被称为"西欧艺术的摇篮"。

张群一行在米开朗琪罗那庞大的博物馆里逗留的时间最久，实现了多年来要仔细欣赏米开朗琪罗的著名雕塑《大卫》的夙愿，他对二十英尺高的大理石大卫雕像看得入了迷。

张群晓得大卫是以色列伯利恒先知耶亚的第八个儿子，他在祖国遭受外敌入侵、面临灭亡的生死关头，挺身而出打退侵略者，成为以色列国王。

张群称赞米开朗琪罗的作品没有沿袭前辈艺术家所遵循的模式，他创造的不是胜利后的英雄，而是战斗前的猛士，每一块肌肉都生动地传达出大卫内心的紧张与激动：双目怒视前方，眉头紧促，鼻翼暴张，双唇紧闭，显示出一种战无不胜的气势。这个雕像的完成，使年仅二十九岁的米开朗琪罗成为意大利最知名的雕刻家。

张群抓紧一切时间浏览佛罗伦萨这座历史名城，对一座以大理石建筑的白色大教堂印象最深，他小心翼翼地抚摸那绿色、淡红色的大理石墙壁，称赞它优美壮观，张群在那里观赏良久，花去许多时间。

张群见在佛罗伦萨剩下的时间不多了，只在伽利略故宅对面的一个小饭馆里略事休息，又利用最后的时间参观伽利略故宅，称赞伽利略是意大利杰出的天文学家和哲学家，是他首先提出地球围绕太阳转而不是太阳围绕地球转的理论，为人类文明做出了巨大贡献。

听说米兰刚刚开始上演意大利十九世纪著名剧作家佛尔蒂的名剧《命运之力》，张群又不辞辛苦从佛罗伦萨赶回米兰，只在路边的小馆里喝了一杯咖啡，在车上吃了六片面包干当作晚餐，全力以赴赶路，但还是来晚了。当赶到世界著名的司卡拉歌剧院的时候，已经开演了。

张群只得踮起脚尖观看，直到看完第一幕第一景，才去找座位。张群一直看到午夜一点半演出结束，才恋恋不舍地离开歌剧院。

在访问西班牙、法国等欧洲其他国家的过程中，张群也特别注意参观古老的欧洲文化古迹，处处观察入微，力争有真知灼见。

在欧洲访问的二十多天里，张群看到二战后欧洲国家经济繁荣，人民生活水平提高，就遵照蒋介石的旨意，拉拢欧洲国家搞反对新中国的活动。

12 月 29 日傍晚，菲律宾首都马尼拉，车水马龙，万家灯火。

张群一行乘坐瑞士航空公司的飞机，从欧洲经泰国首都曼谷抵达马尼拉，参加菲律宾总统马科斯的就任典礼，受到菲律宾政府官员和旅菲华侨两千余人的欢迎。

张群出席了规模盛大的菲律宾正副总统就任典礼，与菲律宾总统马科斯进行深入的会谈，又与美国特使约翰逊、日本特使岸信介多次交谈，还接见了十二个旅菲侨团首领，然后动身返台。

在马尼拉机场，记者向张群提出这样尖锐的问题：阁下为何急于返台？

张群稍加思索回答说："我公务繁忙，'总统'吩咐我必须在年底返台，一为共度除夕和新年，二因美国副总统约翰逊将在明年元旦访问台北，我要兼程赶回台北参加各项准备工作，因此在马尼拉只能逗留三天。"

记者又提出更加尖锐的问题：阁下急于返台，是否与即将举行的台湾正副"总统"有关？ 阁下是否准备竞选"副总统"？

这个问题触动了张群的心事，各种滋味顿时涌上心头，但是张群圆滑而直率地侃侃而谈：

> 早在六年前大选的时候，我就恳辞"副总统"之提名，现在事隔六年，本人的态度依旧，应该选拔比我更加优秀、更加年轻的人才担当重任。我们实行政党政治，候选人均由党所决定，外间有关此事的各种传说，均不确实。

为扩大张群外访的影响，在张群返回台湾的时候，蒋介石下令大搞欢迎仪式，这一下，台湾松山军用机场顿时热闹起来，"行政院长"严家淦、"国防部长"蒋经国率领台湾文武官员都到机场欢迎，把机场搞得拥挤不堪。

台湾"外交部礼宾司长"夏功权当机立断下达命令，要所有人员在机场贵宾室外的停机坪的红线条外排列队伍，张群下飞机后与所有欢迎人员一一握手，感谢"政府首长"和各界人士的热情迎迓之劳。

按照蒋介石的旨意，张群在机场发表长篇讲话，大事渲染他这次欧亚之行的"巨大成果"。

张群介绍他在大公会议闭幕后，先后访问西班牙、瑞士、联邦德国、希腊、约旦、泰国、菲律宾等国。

张群说他在西班牙的四天中，曾经拜会佛朗哥元帅及其外交部长，就国际局势和双方关系交换意见，张群吹捧佛朗哥是个"英明盖世"的人物，他三十多年的建国成就，维护了西班牙传统的历史文化精神，张群认为台湾与西班牙都坚决反共，有相同的立场和一致的目标，西班牙的建国经验，有许多值得台湾虚心学习。

张群说，他们一行经日内瓦、柏林来到耶路撒冷，在伯利恒参加了圣诞礼拜和游行活动。

张群说他访问约旦期间，受到约旦国王侯赛因的优厚礼遇，待之以"国宾"之礼。

西方舆论指出，张群在三十二天的外访中，虽然风尘仆仆，不辞辛劳，无奈新中国的国际威望日益提高，国际影响显著提高，张群在很多地方备受冷遇，只得以加强文化合作应付局面，反映出台湾当局夕阳西下的悲凉处境。

蒋介石看到张群的欧亚之行取得一定影响，1967年12月又派他做非美之行，以扩大台湾的"国际影响"。

1967年12月27日，台湾"总统府秘书长"张群率领台湾代表团离开台北，取道香港飞往非洲，以"特使"身份参加利比里亚正副总统的就任典礼。

在台北松山机场，张群向记者发表谈话说，台湾与利比里亚订立友好条约"建交"以来，已有三十多年的历史，彼此"邦交素笃，往还频繁"，这次"总统"派本人以特使身份参加该国的隆重大典，至感荣幸。

12月29日，张群乘坐的飞机在象牙海岸首府阿比让机场降落，该国总统伍弗布尼自己并不出面，只派红衣卫队在机场迎接，再让外交部长俞舍到旅馆登门看望，对张群到利比里亚之前先访问象牙海岸极为欣赏，又设宴代表伍弗布尼总统招待张群。

俞舍感谢台湾派技术人员帮助他们发展农业生产，因为象牙海岸的大部分国土，曾经被欧洲国家的农业技术人员视为不能耕种之地，但是台湾派遣的农耕队推翻了欧洲技术权威的结论，辛勤的劳动结出了可观的果实，不但能够种植二熟、三熟的稻米，而且种活了各种粮食和蔬菜，增强了象牙海岸朝野发展农业生产的信心，因此表示感谢。

张群称赞象牙海岸总统伍弗布尼是非洲卓越的大政治家，近年来大力协调非洲国家之间的矛盾，努力建设现代化国家，对非洲贡献颇多，影响很大；称赞象牙海岸经济发展迅速，台湾农耕队在贵国的工作也极其顺利，取得了显著的成就，希望双方的友好关系得到更大发展。

张群访问象牙海岸早于美国副总统约翰逊几天，张群大力宣传台湾的对非"外交经常抢先机，采主动，给人以清新的印象"。

张群一行于12月30日离开阿比让，于1968年元旦到达利比里亚首都蒙罗维亚，与美国副总统约翰逊等七十多个国家的特使，参加了利比里亚正副总统的就任典礼，该典礼长达八个小时，张群自始至终坚持参加。

在与利比里亚领导人的会谈中，张群称赞杜伯曼总统为非洲最受尊敬的元老政治家之一，在非洲具有很大影响力。张群吹嘘台湾农耕队为帮助利比里亚发展农业生产取得明显成绩，台湾著名农业专家、前台湾大学农学院院长马保之，来利比里亚开办农业大学，都很受欢迎，张群对此大事渲染说，这是台湾与利比里亚"友谊亲密的象征"。

张群感谢利比里亚领导人在联合国为保住其席位给予的巨大帮助，使其产生了"天涯若比邻"之感，认为"当前亚非两洲已经成为世界时局的重心"，双方距离虽然遥远，但彼此互有影响，希望双方的关系更为密切。

张群结束访问非洲的行程之后，又奉蒋介石之命前往美国，会见美国国务卿腊斯克、助理国务卿彭岱等重要官员，就联合国现况和中国大陆形势交换意见，接见台湾学人留学生及华侨，竭力加强"台美"关系。

美国圣若望大学为对张群表示敬意，在该校图书馆大厦举行向张群赠授荣誉法学博士的特别典礼。该校校长凯希尔神父亲自授予张群学位证书，该校亚洲研究中心主任薛光前博士致辞。张群也随后致辞，对该校向他赠授学位表示感谢，希望大力加强"台美"关系。

张群结束非美之行，于 1968 年 1 月 22 日返回台湾。

第三十三章　百年人生讲修养

1990 年 12 月 14 日，张群府第一片忙乱。

张群因心肾功能衰竭，终于走到了他生命的尽头而在台湾去世，享年整整一百零二岁，可谓近代中外军政人物中罕见的长寿者。

张群的去世，曾经引起各方面的关注，台湾当局举办盛大追悼会，台湾和海外人士发表了不少纪念张群的文章。当时的中国国家主席杨尚昆也专门致电哀悼，更引起了强烈反响。

在台湾，张群是很受尊重的人物，这不仅因为张群在中国国民党营垒里，一直居于高位，终生为蒋介石服务，还延及蒋经国、李登辉两位台湾领导人，而且因为他以讲究养生之道闻名于世，至今在海内外仍然流传着张群养生之道的故事，使不少人受益匪浅。

许多人都向张群询问健康长寿之道，在这方面，张群的确自有主张，具有一种独特的修养，五十年代初曾著《谈修养》一书，可谓张群在这方面的集大成之作。

那是在 1953 年，蒋介石为总结在大陆失败的教训，为统治台湾培养高级人才，在台湾阳明山开办了一所"革命实践研究院"，请他最信任的张群出马担任主任之职。

张群不断请蒋介石和国民党高级官员到他主持的"革命实践研究院"讲课，这些人讲完之后，都一致要求张群讲课。

对此，张群颇费思量，他不愿跟在蒋介石等人后面讲那些人云亦云的反共的老生常谈，而讲了他最有深刻体会的修养问题。

为此，张群很下了一番功夫，把他几十年为人处世、在蒋介石身边巧为周旋的经验体会，极其系统而细致地进行总结，归纳出所谓"五养箴"的养生之道：

一是特别强调养身。这就要求保持有规律的生活，从"起居有时，饮食有节"做起。他深有体会地说，平时遇到很多朋友，本来身体很好，但在强壮有为的年龄，却自负力强过人，或纵情声色，或恣意口腹，以致未老而先衰。因此他认为，保健之道应该随时注意节制，"以保持细水长流"。 他赞成一周工作五天，每年有定期休假的制度。

其次，要有愉快的心情。 他回忆起曾在南朝鲜看到的一副对联："一笑一少，一怒一老。"虽然只是寥寥八个字，含意却很深远。 他说，如果把它改成"大笑一次，年轻一天；大怒一次，短寿一年"，当更加精辟动听。

再次，提倡勤爱劳动。 他认为健康与劳动有关，从小养成勤劳的习惯，一生都受用不尽。

他的这一主张充分地体现在亲自编写的《不老歌》中，这八句话二十四个字是张群养身之道的高度概括：

> 起得早，睡得好，
>
> 七分饱，常跑跑，
>
> 多笑笑，莫烦恼，
>
> 天天忙，永不老。

张群认为，养身在他的养生之道中处于首要位置，是修养的根本功夫。 假若没有健康的身体，就会影响心理的健康发展，就谈不上其他修养，所以一定要保持规律的生活、愉快的心情和勤劳的习惯。 张群格外重视笑的作用，主张带着欢笑度过一生。

张群始终保持严格的生活习惯，不管多么忙碌，就是在出国访问期间，也要求自己每天按时起居，没有特殊情况，决不紊乱。 坚持一天两餐，以新鲜蔬菜、水果为主食；坚持每天在居所的院子里散步三千步。

二是主张养心。 就是要培养虔诚的信仰、淡泊的胸怀、坚毅的意志、永恒的热忱。

张群主张具有虔诚的信仰。 他认为所谓信仰，不限于狭义的宗教信仰，而是从广义上予以解释。 每个人都应该树立其"思想的中心"，就是应有笃信的道理或目标，其特征是：对此目标精诚贯注而不移，对所信仰的道理一生拳拳服膺而不变，为实现此一目标鞠躬尽瘁、奉献牺牲而不辞。 这样心有主宰，才不致为外物所牵移。

张群主张具有淡泊的胸襟。 他认为一个人如果不能恬淡寡欲，就容易为财色等念头引诱而破坏心力的专一。 他引述《西游记》中唐僧取经的故事，首先降服一条玉龙化为白马供其驱策，又收服一只猿猴作为随从，唯其以坚强的毅力制伏自己的"心猿意马"，才能一心一意到西天取经。

张群强调"慎独"的极端重要性。他引述汉代杨震"天知、神知、你知、我知"暮夜拒金的故事，赞赏英国历史学家麦考莱的名言："一个人真正品格的衡量，要看他在无人发现的时候做些什么。"

张群认为要有坚毅的意志，就是要有"虽千万人吾往矣"的勇气与决心，这来源于孟子的"配义与道"，只有平时养成这种浩然正气，才能在危险关头不致为他人夺志而变节。

张群提倡要有永恒的热忱，就是指"有定向而专一的内燃力量"，维持炽热以至于永久。他赞成孔子"知其不可而为之"的精神，为实现自己的理想可以抛头颅、洒热血。

张群强调养身与养心并重，八十岁以后对人摄生之道领悟更深，把《不老歌》发展为一首《自律歌》：

> 日行三千步，夜眠七小时。
>
> 饮食不逾量，作息要均衡。
>
> 心中常喜乐，口头无怨声。
>
> 爱人如爱己，报国尽忠诚。

三是主张养慧。如何才能具有高度的智慧呢？

首先，头脑保持"宁静"，他列举《大学》"定静安虑得"、佛家"定生慧"、《淮南子》"宁静致远"、耶稣登山默祷等例子，说明宁静可以获得智慧，产生灵感。

其次，张群主张去蔽，就是要排除成见，他引述《列子》中怀疑邻居的儿子偷斧子的幽默故事，说明成见危害不浅；他认为孔子"毋意、毋必、毋固、毋我"的戒条是求取真知的要诀。

再次，要有持续不断的好学精神，他非常赞成孔子"好学敏求""学而不厌"的精神与其"思而不学则殆"的主张，张群根据《大学》上所谓"即物穷理"的方法，联系日常接触的事物、粗浅的道理切实体察，正是取得智慧的来源。与此同时要注重实践，就是要以力行来求真知的贯彻，学而致用且实践力行，才能使自己睿智超群。

四是主张养量。怎样才能使肚量宽宏呢？他说的"量"是肚量、变量，就是要谦仰以应世，宽恕以待人，忍耐以自制，协和以容众。

他对此加以发挥说，待人要谦逊有礼，谦虚才能容人，"以能问于不能，以多问于寡"，才是尊贤容众的肚量。谦虚的反面是骄傲，张群引述《新约全书》中"自卑的必升为高"的名言，劝人不要夜郎自大，以免落入井底之蛙的可怜境况。

张群劝说朋友对人要宽恕，能忍耐。 忍耐就是"不与人争气"，不争气就量大，他讲述孔孟和耶稣忍愤制怒的故事，阐述对待横逆的各种不同的处置方法。 他认为忍耐不是妥协，而是控制"血气之怒"，血气之怒不可有；忍耐不是消灭"义理之怒"，义理之怒不可无。 他认为忍耐不是消极的东西，而是积极的宝物，如《新约全书》中保罗所说"奔向那摆在我们面前的路程"。

张群认为要成就大事，必须"协和容众"，他引用了这样的名言："各种不同的颜色，即使不是悦目的，也有需要，它们可以织成美丽的图案。 各种不同的音调，即使不柔和的也有需要，可以变成一首动听的歌曲……如果把一根线、一个音符、一只齿轮拆开来看，也许是没有效用、没有美感的，但是把各种颜色的线编织起来，将各种音符结合起来，把各种零件装配起来，你就可以发现，结果是多么完美而调和。"

张群认为变量的宽宏与否，常常决定一个人事业成就之大小。 如果一个人气度偏狭，就容易刚愎自用，重骄自大，无以接纳正人君子的建议与批评，就容易为奸诈谗谀小人所乘，被陷于不义而至身败名裂。 因此，张群总是劝说好友，做人切忌骄泰，虚骄自满、纵欲自肆者必败。

五是主张养望。 这里的"望"是指声望，即社会对自己的信赖，如何建立这种信赖呢？

就是要以公诚化怨怼，言行忠信笃敬是与人和谐相处的原则，张群非常推崇郭子仪"功盖天下而主不疑，位极人臣而众不嫉"的名言，把郭子仪作为以诚待人的楷模大力提倡。

就是要以负责树众信，做事要负责尽职，反求于己无愧于心，终究必能得到大众的信赖，成为领导人物。

就是要以服务为领导。 耶稣对他的门徒说："你们中间谁愿为首，就必须做众人的仆人。"张群认为苏轼说得好："凡民之行，以身先之，则不令而行；凡民之事，以身劳之，则虽勤不怨。"由此可见，以服务为领导，可以说是千古不易的至理。

就是要以牺牲求创新。 耶稣说得好："一粒麦子没有落在地里死了，仍旧是一粒；若是落在地里死了，就结出许多麦粒来。"张群认为，为了创造自己和国家民族的伟大生命，经常需个人贡献出一切力量，甚至牺牲自己渺小而短促的生命，以谋求大我生命的延续和光辉，勉励众人成仁取义，以"创造宇宙继起的生命"。

张群强调他的"五养箴"是一个整体，五项相辅相成，缺一不可，而且有两个先决条件：一是诚，要真心去做；二是恒，要不断地坚持，修养是一辈子的事情，行之以诚，持之以恒，精诚无间，才能立身行事，有所成就。

张群的《谈修养》一发表就不胫而走，在台湾广为流传，1968 年整理出版后不到两年就重印九次，台湾上上下下争相传观，一时洛阳纸贵。

张群的《谈修养》之所以在台湾流传很广，是因为张群虑操宏远，立论高超，自己现身说法，以自己的经验教训娓娓道来，读之亲切有味，讲得的确有道理。此外，人们还从张群身上找到最好的注解。

1957 年 6 月，张群在扶轮社的一次聚餐会上，以《人寿几何》为题谈论养生之道，提出"人生七十才开始"的主张：

"过去一般人都说：'人生自四十开始'，依我的看法，那句话早已不合时宜了。现在科学发达，时代进步，人类的寿命也一年一年地延长，我们应该说'人生自七十才开始'；同时，从前人们所说的'人生七十古来稀'，也应该改为'人生七十今后多'，才能配合时代。"

张群认为人生数十寒暑，显得非常短促，除了极少数人受了特别刺激厌恶人生不惜自杀的以外，可以武断地说，没有人不愿意长寿的。

张群举例说明秦皇汉武，为了求长生不老之药，在中国求不到，甚至派人到外国去求，这是大家所熟知的故事；曹孟德横槊赋诗"对酒当歌，人生几何？譬如朝露，去日苦多"，已经成为流传千古的名句，他对人生的嗟叹，可以说到了极点！

张群列举古今中外的大量事实，得出人可以活到一百二十岁至一百四十岁的结论，这只是可能而不是必然，是否长寿要讲究"生活法则"，注意养生之道。

张群认为，中国自古就讲究养生之道，他特别推崇宋代大儒程伊川的名言：

"口中言少，心头事少，肚里食少，有此三字，神仙可到。酒宜勿饮，忿宜速惩，欲宜力制，依此三宜，疾病自稀。"

张群对清人曾国藩的研究心得也极其赞成："养生之道，以'君逸臣劳'四字为要。省思虑，除烦恼，二者所以清心，君逸之谓也；行步常勤，筋骨常动，臣劳之谓也。"

张群介绍自己的养生之道是头冷、脚暖、肠不过满，认为中国的这个俗语很有道理："一饭少三口，饭后百步走，讨个老婆丑，活到九十九。"

人们可以看到，张群一生遇到蒋介石、蒋经国、李登辉三代领导人，都以娴熟的事主为官之道处理得很为得体，其中尤其是自 1908 年结识蒋介石直至 1975 年蒋介石去世，蒋介石遇到什么难题，只要把他找来，总能得到迎刃而解的办法；在很多情况下，蒋介石心里在想什么，张群总是判断得清清楚楚，因此常常是蒋介石想要说什么，张群就能够说什么，蒋介石对他有什么吩咐，他总是能够做得使蒋介石满意。因而，蒋介石称张群为"智多星"，视为他身边的诸葛孔明，看作有力的左右手，须臾不可或离。

另一方面，张群在蒋介石面前表现得又是那么谦和、自制、宁静、寡欲，对蒋介石完全不构成什么威胁。蒋介石既能得到能力超群的幕僚协助他处理棘手的内政外交问题，维护对台湾的统治，又唯命是从，得心应手，没有什么后顾之忧，因此能够得到蒋介石的完全信任，成为蒋介石半个多世纪的高级"不倒翁"。

蒋介石死后，张群看到子继父业的蒋经国及蒋经国之后的李登辉，都有自己的一套用人之道，他就知趣地远离台湾当局的政治中心，优哉游哉地过起了颐养天年的自在生活，一天天乐呵呵地走亲访友，游历名山大川，编写对什么人都有利无害的《论修养》《不老歌》之类的回忆录。

张群逢人绝对不谈容易刺激蒋经国、李登辉的敏感性话题，而滔滔不绝地讲解他的长寿秘诀，要人们凡事豁达超脱，不追求名利，做到"忘年、不怒、常笑"。有人执意刨根究底，张群就微微一笑：淡泊明志，生活俭朴，超脱愉悦，表里如一……

张群虽然在长达六十多年的时间里一直身居高位，但是他对同僚或下级都能够和气相处，从不倚仗一二人之下、亿万人之上的权力，作威作福，欺压他人，因此，张群在国民党营垒里人缘极好，遇到什么难办的事都愿意向他伸出求援之手，国民党的大小官吏，都能够从张群的《谈修养》一书里学到为官之道；要保官、要升官，也可以从这里找到灵丹妙药；就是在国民党官场里混得不得志被削职丢官而意气消沉的"倒霉鬼"，也可以从《谈修养》中得到慰藉，还能够找到四处钻营、卷土重来的门径。

只要一有机会，张群就滔滔不绝地讲他那套"长寿经"。

1963年5月访问日本前，张群与台湾《新生报》记者避开敏感的政治性话题，谈起勤练身体、每天多运动等问题。

张群和蔼地问记者："你们做新闻工作的人，一定很忙吧？更要注意锻炼身体。保健是重要的，尤其是年轻人，更要注意这一点。譬如你们做新闻工作的人，每天在外面跑，身体就是最大的本钱。"

他告诉记者，自己虽然已经进入古稀之年，但是每天还在不断地运动，锻炼身体。

记者对此产生了强烈的兴趣："您每天在做些什么运动？"

张群兴致勃勃，如数家珍："我每天早晨大约六时起床，我主要的运动就是在院子里散步，或徒手做体操，有时还骑脚踏车。"

记者觉得老人骑车上街太危险，疑惑地问道："骑脚踏车？"

"是的，不过，它不是骑着走的，而是固定的。我每次大约骑二十分钟，练练腿力。"

记者再次仔细打量张群，只见这位七十多岁的老人虽然鬓发已白，额前也布满皱纹，但是精神非常健旺，仿佛五十开外的人。

记者发现这位老人很健谈，说话的声音响亮而清晰，口音带有淡淡的四川腔，便情不自禁地向张群请教养生之道。

张群认为要谈养生，有规律的生活是不可缺少的。他侃侃而谈道："我不吸烟，也不大饮酒，每天保持相当的食量。有一点我绝对遵守，不胡乱吃东西。"

记者又问他最喜欢吃什么？张群透露了他饮食上的一项嗜好"饮冰"："我喜欢吃冰，不过，现在已好些，以前我是离不了它的。"

记者有意转移话题，挖掘新的宝藏："您每天在工作余闲做些什么消遣？"

"在家里看书，听音乐。"

张群说他每天工作要超过十小时，有时忙起来，回家已经很迟了，但是他爱音乐，够水准的演奏会，他都不轻易放过。

谈起他的日常生活，这位高级官员也难免发出淡淡的抱怨："工作忙起来，很难得和家人见面。"

张群带着慈祥的神情说他有两个儿子、四个孙子，而且都住在台北，但是他却遗憾地说："虽然我们彼此住得很近，但因大家的工作都非常忙，见面机会并不多。"

记者觉得很惋惜，张群却开朗地告诉记者，他已经采取了一个补救办法："每个礼拜天中午，我邀儿孙回家，一起吃中餐。除非有重要的事，不然，我都在家主持，和儿孙们聊聊家常。"

记者故意打趣说："那岂不要破钞加点菜？"

"当然要加菜喽！不过，只加菜的量，让大家吃个饱！"

说到这里，张群与记者一起开心地笑了起来，张群又说起他的修心养性是与一位虔诚的基督教徒有关的。

每到礼拜天，张群都与夫人马育英一起到教堂去做礼拜，抛却尘世的一切烦恼，专门修心养性，对身体健康颇有助益。 在张群夫妇的影响下，他的二儿子就是一位牧师，在台北主持一座教堂。

记者谈起六年前张群欢度六十九岁寿诞的时候，提出的"人生七十才开始"的主张，张群更是打开了话匣子："这些年来，不少人和我见面的时候，都在讨论它，认为这句话具有积极的人生意义。"

张群兴致勃勃地宣称，如果大家都抱有这个看法，情绪就会开朗，自然就会觉得年轻了。 他大发感慨说："我们不要怕年老，不要让'老'字存在心中，自然就不老了！"

记者记得张群的生日是 5 月 9 日，正在他访问日本期间，提起他关于"不做寿，不避寿"的一贯主张，就不无担心地问："你今年的生日要在日本过了，日本友人替你做寿，怎么办？"

张群坦然一笑道："我还是那六个字：'不做寿，不避寿'。"

张群九十三岁生日的时候，应记者的要求，提出了八字真言："少吃，多吃；多吃，少吃。"

张群的意思是说平日少吃，身体健康，一辈子就可以多吃些；如果贪吃，就会影响身体健康，吃的机会也就少了。

第三十四章　撰写《我与日本七十年》

张群留下的最重要的著作就是《我与日本七十年》，在中国的台湾和日本都有一定影响。

提起撰写这本书的缘由，那还是 1964 年张群访问日本经东京前往矶谷赴日本前首相吉田茂的午宴，两人杯盏交错开怀畅饮的时候，吉田茂首先提议的。

吉田茂认为张群是日本人的老朋友，张群十九岁的时候与蒋介石一起赴日本求学，就开始与日本人有了密切交往，可以说自日本天皇、首相到日本的政治、经济、文化各界人士，都有过接触，交了不少日本朋友，到 1964 年为止五十年间的中日关系，张群都是参加者和见证人，最有资格撰写《中日关系五十年》，应该把它写出来。

听了吉田茂的建议，张群也认为他说得有些道理，缓缓地点头补充说：

"至于（中日）政府间的关系，自从国民政府在广州成立、誓师北伐以后，凡是中日间若干重要事件的交涉折冲，我可以说是无役不从。战前如此，战后亦复如此。"

张群决心接受吉田茂的建议撰写回忆录，他希望将来有机会能够重赴当年第二次革命失败之后，与蒋介石亡命日本的时候所赁居的小滨"一角楼"，专心致志地撰写《中日关系五十年》。

张群久有此心，当时已经积累了不少资料，打算着手这项工作，但是一旦要动手的时候，才发觉事情绝对没有想象的那么简单，特别是张群一直在蒋介石身边高官得坐，骏马得骑，但是"却因为个人职务与两国关系，以现代人论述现代事，难免不涉及若干人事上的恩怨是非，所以不便着笔"。

张群还对记者透露他当时不愿意立即写回忆录的原因："日本名人现在很流行写回忆录，但是很多都是在为自己的过去辩护，把战争责任推掉，这样就似乎失掉写回忆录的真意，写出来也就没有意义了。"

1974 年 8 月，日本《产经新闻》开始连载《蒋"总统"秘录》，张群认为《蒋"总统"秘录》写的也是八十年来中日关系的种种事情，内容难免要重复，便知趣地将撰写回忆录的工作停了下来。

张群还悄悄地对人说："现在不能写，回忆录要写就写真的，写假的有什么用？我也许会写，也许写成后交给律师，等三十年后发表。许多资料，要到日本找，譬如钮乃圣就很适合做这件事。"

直到《蒋"总统"秘录》连载完毕并出版专书以后，日本、台湾的不少人又催促张群继续撰述他的回忆录，以当事人的立场现身说法，追述往事，以作为《蒋"总统"秘录》一书的补充及旁证。

在此情况下，张群才同意继续撰写。这样，一拖就是将近二十年。

张群说，他决定撰写《我与日本七十年》的宗旨是：吉田茂逝世、"日台""断交"后，他着手来写此书，一方面可以作为一项近代史资料的补充；一方面希望两国人士看过之后，能够了解中日两国过去这段血泪交织的历史关系，体验到"前事不忘，后事之师"的教训，甚至逆历史潮流而动，达到他与蒋介石都不可能实现之目的：我更希望能以余年尽其最大之努力，看到"日台"关系的重新恢复，"以告慰于国父与'总统'蒋公在天之灵"！

对于蒋介石、张群如何背叛中国革命先行者孙中山的伟大学说，如何坚持顽固的反共立场、歪曲中日关系历史，中国和世界舆论已有定论，作者在本书里不再浪费笔墨，只就张群在《我与日本七十年》一书中具有的一些积极的东西做一些探讨。

张群以其亲身经历，反映了他担任国民政府外交部长期间，与日本三任驻华大使会谈的情况，对我们研究民国时期的外交活动具有重要参考价值，张群在该书"前言"中写道：

> 时至今日，回头检讨，实有无限的辛酸与艰苦。大体说来，在"七七事变"以前，日本甚强，而中国甚弱，以弱对强，我方对日本种种无理的要求，接受则被认为当然，拒绝则触其愤怒，处于这种情势之下，可说是软硬两难。在大战爆发之前夕，我受任外交部长，先后与有吉明、有田八郎及川樾茂三个大使谈判。到了川樾茂任大使时，竟经历八次会谈之多，对方紧锣密鼓凌逼万端，在漫长的时日与不断的谈判中，我既不能接受对方的要求，同样也不能让谈判破裂，目的在争取我们备战的时间。在这一阶段中，可说是千辛万苦，心力交瘁。

在与日本人七十年的交往中，尽管张群顽固地坚持反共立场，极大地限制了对日本的认识程度，但是他作为复杂的历史人物，在对日本问题的研究上却有独到之处。

　　张群集七十年与日本人交往的亲身经验教训，使他对日本民族有深刻而发人深省的看法。

　　张群不仅谴责日本军国主义发动侵略战争，而且也反对战后的日本当局为东条英机等甲级战犯翻案之举，他颇有感慨地写道：

　　　　我们试想，日本军人这种侵华的构想，实已不待田中义一的时代，便早已存在了，而结果却几乎使日本陷于万劫不复之境。当然丰臣秀吉仍为日本人所崇拜之勋臣，乃至东条英机实为侵华之主要战犯，最近居然也被日本政府明令奉祀于忠烈祠，这只是基于他们国家的立场，认为他们是为他们的国家效忠而死。日本人认为历史人物的功罪原本是神授相对的，各人的立场不同，也殊难做一定的评价。

　　也有人引用张群最欣赏的王阳明的诗《睡起偶成》来形容张群：

　　　　起向高楼撞晓钟，尚多昏睡正懵懵。
　　　　纵令日暮醒犹得，不信人间耳尽聋。

第三十五章　张群的历史功过

　　张群是国民党元老之一，在国民党营垒里，在台湾，他都是举足轻重的人物，在中国近代史、当代史上都曾经产生过一定的影响。

　　自张群 1990 年 12 月 14 日去世至今，海内外虽然有一些回忆性文章发表，但是却无系统的全面评价。

　　本人在写完《张群传》之际，觉得应该做一尝试，对张群的历史功过做些评价，以就教于海内外专家学者和关心张群命运的人士。

一、参加辛亥革命和讨袁斗争，推翻清王朝和袁世凯统治

　　张群的青少年时期，正值中国人民反对清王朝腐败统治的民族民主革命思潮蓬勃兴起于中华大地，孙中山等革命先行者大声疾呼挽救国家危亡，张群受到席卷全国的革命思潮的影响，极感兴趣地阅读进步报刊、书籍，萌发了投笔从戎的强烈愿望。

　　十八岁的张群 1906 年考入清政府陆军部开办的通国陆军速成学堂，它是保定军校的前身，张群又于 1907 年末被保送赴日本留学，进入振武学校学习并在日本陆军高田联队实习。

　　尽管日本当局对中国留学生的爱国活动防范极严，但是无论如何也无法阻挡孙中山和同盟会对张群等人的巨大影响。 张群热心地阅读邹容的《革命军》、陈天华的《警世钟》《猛回头》等爱国书籍，爱国觉悟大为提高，在黄郛的影响下加入了同盟会和丈夫团，秘密从事革命活动。

　　1911 年 10 月 10 日辛亥革命爆发后，张群受上海同盟会负责人陈其美之召，与蒋介石一起秘密潜回上海，进入沪军都督府参加上海起义。

　　上海光复后，张群先后担任第二师军械科长、参谋、代理团长。 二次革命的时候，张群出任讨袁军副官长，带领一支队伍参加进攻江南制造局的战斗，并奉陈其美之命策动第九十三团起义，失败后逃亡日本、印度尼西亚。 在东南亚得知蔡锷于云南

举起反袁护国旗帜的消息后,张群迅速于 1916 年 1 月化装回国,任浙江督军署参谋。1917 年 9 月,张群追随孙中山出任大元帅府参军,奉命前往四川联络护法力量。

应该说,张群早年参加同盟会的反清斗争,投身辛亥革命,参与讨伐袁世凯的护国战争,都是值得肯定的。

二、参加北伐,有所建树

北伐战争开始前秣马厉兵的革命气氛,把张群吸引到广州,被蒋介石请进北伐军总司令部,参与北伐重大事项的谋议。张群多谋善断,谦和有礼且善于言辞,很快成为蒋介石的股肱。

张群协助蒋介石和以加仑将军为首的苏联军事顾问,制定了集中兵力、各个歼敌的北伐战略方针,"先定三湘,规复武汉",要首先打击威胁最大的吴佩孚,就需要分化孙传芳,蒋介石便派张群担负这一重任。

面对势力仍然强大的北洋军阀,北伐战争开始进行得并不顺利,攻打南昌受到挫折,北伐军处于不利地位,幸亏张群争取孙传芳暂时采取"中立"而赢得了宝贵的时间。北伐军得以入赣作战,从而取得江西战役的胜利。

蒋介石大喜过望,兴冲冲地把北伐军总司令部迁入南昌,正式委任张群为总司令部总参议,主持总司令部的日常工作,直接参与北伐军重大问题的决策,并帮助蒋介石观察时局的迅速变化,笼络高级将领,收编各派军队,成为蒋介石得心应手的首席幕僚。

为帮助蒋介石迅速拿下上海、江浙等中国最富庶的东南地区,张群奉命到天津请出黄郛,联络江浙大资本家取得巨款,又赶赴中国北方秘密拉拢冯玉祥、阎锡山,拥护蒋介石形成"中心力量",为此搭进了他一万多元的积蓄。

为促使东北易帜,张群奉蒋介石之命,前往东北做张学良的工作;又借参加日本阅兵典礼为名,作为蒋介石的密使前往东京,希望日本不要干涉国民党的统一事业,为此可以与日本讨论双方悬而未决的问题,使日本首相田中义一承认东北易帜是中国的内政问题,终于使蒋介石在形式上完成了全国的统一。

北伐战争是在中国共产党提出的反对封建主义、反对军阀的口号下进行的,共产党人在军队政治工作和发动工农群众方面做出了巨大贡献,苏联军事顾问的帮助和苏联提供的物资支援起到了重要作用。北伐战争之所以能够在短时间内取得巨大成功,是国共双方合作结出的硕果,其中也有张群的一份功劳。

三、出任外交部长与强敌折冲樽俎

日本帝国主义发动"九一八事变"侵占东三省后，1935年又发动"华北事变"蚕食华北，不断挑起事端，华北危机一触即发，国民政府的对日外交变得非常引人注目。在此严重局势下，张群于1935年12月16日出任外交部长。

在一年零两个半月的时间里，张群与三个日本驻华大使展开激烈的谈判，尽管日本方面软硬兼施，态度蛮横，但是张群始终坚持中国的原则立场，没有在日本侵略者面前屈服让步，在很大程度上改变了蒋介石屈辱退让、妥协求和的立场，有力地遏制了日本帝国主义的嚣张气焰，为维护国家主权和领土完整做出了艰苦的努力，也改善了蒋介石的内外形象，连中共中央领导人毛泽东也在致傅作义的信函中赞扬说，"蒋氏政策之开始若干的转变"，"实为近可喜之现象"。

美国圣若望大学1968年授予张群荣誉法学博士的证词中，对此做出很高的评价：

> 1935年至1936年间，中国北方风云激荡，张群先生适于此际荣膺外交部长，曾以极坦挚之态度与极精确之判断，力劝日本军阀改变对华黩武政策，共消亚洲未来之祸，呶音喑口，几竭精力，顾其所愿，未能有成，而其善邻之仁，审时之智，与赴事之勇，则至今日本朝野犹各追思感恩，不辍于口，是则中国智仁勇之君子三大道，已由张先生以躬达于国际，宁不可羡，而张先生维护远东和平之潜德，亦由此益彰也。

四、促蒋抗战，坐镇后方

随着日本帝国主义对中国侵略的日益扩大，张群审时度势，由赞成蒋介石"攘外必须安内"，到劝说蒋介石考虑全国人民的抗日热情，在1937年7月7日的"卢沟桥事变"爆发后转入全面抗战，并协助蒋介石改组国家领导机构，实行战时体制，以军事委员会为最高统帅部，张群被任命为军事委员会秘书长。

在一段时间里，蒋介石受投降派影响，举棋不定的抗战态度比较消极，张群基于对国际国内形势的深入分析，揣摩准蒋介石的心理后，以利害关系劝说蒋介石：从目前我们的国力和各项准备远未就绪来说，与日本作战是难以取胜的；但是民气这么高，中共主战的态度如此坚决，我们如果求和，日本的要价一定会很苛刻，而中共和民众以及许多军队必定闹事，岂不天下大乱？所以我们只能硬着头皮应战，一方面加紧充实我们的实力，另一方面争取国际的援助；以我们的地广人多，打得日本精疲力竭，那时候再来谈判谋求和平，国家也就太平无事了。

张群这番话，对劝说蒋介石改变对抗战的消极态度起了一定作用。 1938 年 1 月，蒋介石任命张群为行政院副院长；1939 年，任国防最高委员会秘书长；1940 年，出任军事委员会委员长成都行辕主任兼四川省主席，以他的较高威信和才能主持大后方行政六年之久，解除了蒋介石的后顾之忧，以四川丰富的人力、物力支援全国抗战，对抗战大业做出了自己的贡献。

五、参加重庆谈判,签订《双十协定》

日本无条件投降后，蒋介石迫于全国人民要求不打内战的压力，也没有做好发动全面内战的准备，只得玩弄手腕三次电请毛泽东来重庆谈判。 毛泽东毅然来到重庆，使蒋介石措手不及，急忙指派张群作为国民党方面的主谈人参加谈判，这使张群颇为尴尬。 面对毛泽东、周恩来的和平攻势，张群只得说出老实话："我方在党内并未就谈判做任何讨论，也未准备任何方案与中共谈判。"

在谈判中，张群虽然秉承蒋介石的旨意，提出许多企图消灭共产党势力的主张，但是在全国人民要求停止内战的强烈压力下，由于毛泽东、周恩来的高明谈判策略，由于蒋介石还没有做好发动全面内战的准备，蒋介石只得指派张群在《双十协定》上签字。 该协定的签订，与张群不愠不怒的杰出谈判艺术有一定关系。

在此后的停战谈判中，张群与周恩来、马歇尔奔走全国各地消除战火，也做出了自己的努力。

六、吸收日美科技,发展台湾经济

张群认为，日本和美国经济发达、科技先进，台湾必须吸收日美的经济、科技，才能得到较快发展。 因此，张群历次访问日本的时候，总是主动地与日本财界人士接触，一方面，如台湾记者黄天才所说，不遗余力地在拉拢日本财界人士上下功夫，"或是苦口婆心地规劝说服，或是痛陈利害做狮子吼"，"目的在劝日本政界悬崖勒马，却是釜底抽薪去对日本财界着力用功夫"，利用日本财界人士对日本政界的巨大影响，拉拢日本当局亲台反共；另一方面，让随行的台湾银行董事长张兹阁、台湾水泥公司董事长林柏寿等银行和企业界人士，积极地与日本有关人员接触，以获取日本对台湾的贷款，引进日本的先进科学技术。

为此，张群还报请蒋介石批准，策划组织了"日台"文化经济协会和"日台"合作策进会议，定期在东京、台北召开会议，为吸收日本贷款和科技，促进台湾经济发展起了很大促进作用。

张群认为，美国具有更雄厚的经济实力和先进科技，也大力推进"台美"经济合作。因此，应该说，台湾经济的较快发展，也有张群的一份功劳。

七、对日外交维护国家利益

在台湾领导人中，张群是与日本关系最密切的人，他与日本有七十多年的交往，从当外交部长开始，长期与日本进行外交，到台湾后更是多次访问日本，被称为"台湾对日政策之代言人"，正如台湾记者黄天才所说：

"老人从五岁那年'目击'中日甲午战争，随后'身经'七十年中日关系的断续起伏变化，尤其在我国民革命军誓师北伐以后，中日两国间大小事件的折冲交涉，老人真是'无役不从'……老人一直在中日交涉的第一线上首当其冲，承担着直接责任；这一段漫长岁月中的中日关系，好的时候少，坏的时候多；无事的时候少，有事的时候多，老人所经历的艰苦辛酸，自是一言难尽。"

对于自己任外交部长期间与日本驻华大使的艰苦交涉，张群在《我与日本七十年》一书中，有着非常传神的描述：

> 我不是一个易于冲动的人，国脉如丝，不绝如缕，我也很了然我国危险的处境，但跟日本人办交涉，在日本人不断的步步进逼、蛮不讲理的压迫之下，我亲历其境，首当其冲，也几乎动了肝火……

对于有人称他为"亲日派"，他对儿子张继正语重心长地披露心迹说："我不是亲日派，而是知日派。日本是我们的邻国，不管它是朋友也好，敌人也好，总之，它的一举一动，都与我们息息相关。多研究日本，了解日本，所谓知己知彼，对国家一定有好处。我们不可以盲目地亲日，也不可以盲目地仇日。"

张群给儿子讲了这样一个故事：

日本自明治维新后就十分崇尚法治，有个日本警察负责侦办一个案子，他发现罪犯竟然是他的父亲，虽然痛苦万分，但还是出来检举父亲，以维护法律的尊严。

在与日本七十年的交往中，张群既能够基本上维护国家利益，又结交了许多日本朋友，这是一般人很难做到的。

八、主张国共合作和一个中国原则

张群不仅参加重庆谈判、停战谈判，而且在抗日战争期间，也做了有关国共合作的不少工作。 1981 年 10 月 13 日，中国著名爱国人士在北京举行座谈会，曾经为国共两党合作奔走的全国政协常委梁漱溟在座谈会上深情地回忆说：

"'卢沟桥事变'后，我经南京国民党方面的同意，第一个去延安。 我一直奔走于延安和后来退守的武汉、重庆两党之间，为促进国共两党团结抗战而出力。 我同蒋介石有多次接触，代表国民党方面和我接触的还有张群、何应钦。 在台湾，我有不少旧熟人，已分别三四十年了，我们不能共同为国事尽力，感到很遗憾。 我希望有机会去台湾同张群等老朋友会晤，也希望台湾的旧熟人到大陆参观访友，让我们共同为台湾回归祖国，实现和平统一而效力。"

到台湾之后，张群始终坚持一个中国原则，反对有些人搞"台湾独立"和"两个中国"的活动；在四川省遭受严重水灾时，张群捐出两万元台币救助四川灾民。

九、廉洁谦恭，德高望重

国民党高级官员大都贪污腐化、道德败坏，而张群作为蒋介石的亲信，一直处于高位，但是他却不贪污腐化，不雇用保镖，以相对廉洁清新的形象鹤立鸡群，确实是很难得的。 在刚到上海任特别市长的时候，他借住吕班路一处小型住宅，有个姓郑的朋友劝说张群找一处大型住宅，张群说薪俸太低无力购置。 郑氏朋友慷慨地以两万元的低价卖给他一处住房，张群却一下付不出房价，只好分期偿还；在任四川省主席的时候，他家住房紧张而且环境嘈杂，有些国民党要人为巴结他而奔走奉送房屋，张群却婉言谢绝。

国民党高级官员大都三妻四妾、金屋藏娇，不断出入妓馆嫖娼，张群却始终与同龄结发之妻马育英夫妻恩爱、白头到老，从来没有张群出入红灯区的报道与传言；马育英死后，有人劝说张群续弦找个老伴，他也一口回绝。

不管对上对下，张群都彬彬有礼、谦恭相处，从无疾言厉色之时。 凡是向张群提出帮助的人，他都给予大力帮助，又不以恩人自居要求报偿，即使受到委屈也不怨天尤人，尤其热爱、扶持年轻人，交了许多朋友。 张群与张学良、张大千、王新衡组织的"三张一王转转会"被传为美谈。

张群重视人生修养，他以其渊博的知识、丰富多彩的经历，得出独特的体会。 有人问他身体为什么那么好？ 他侃侃而谈称："因为我无病、无痛、无烦恼，快活如神仙"，他拟定的座右铭是"口中无怨言，心里常快活"。

张群的《谈修养》一书在海内外都有广泛影响。

张群愿意与各阶层人士接触交往，他与"东北救亡总会"人士有这样一段交往：

1945 年 7 月，张群与吴铁城联名邀请"东北救亡总会"人员举办过一次座谈会，到会的客人有阎宝航、高崇民、徐寿轩、宁武、周鲸文等十余人。 据闻张群在座谈会上表示，共产党、毛主席曾经提出过组织联合政府的主张，他希望这一主张首先在东北组织的接收工作中能够实现。 此事虽然被蒋介石否决，但是东北人却对张群留下了良好的印象。

大概出于这些原因，1987 年张群百岁大寿的时候，大陆的一些民主人士才发电报予以祝贺；张群 1990 年去世时，国家主席杨尚昆还专门致电哀悼。

毋庸讳言，作为蒋介石的终身幕僚，张群一生顽固地坚持反共立场，也有不少罪过，主要有三个方面：

一是为蒋介石发动"四一二反革命政变"出谋划策，给国家民族带来巨大灾难。虽然他为人处世圆滑，没有赤膊上阵挥舞屠刀残杀革命民众，而本着太缺德的事情不轻易直接插手的原则，推荐他与蒋介石的老同学、日本参谋本部特务、甲级战犯铃木贞一等人与青红帮分子联系，由他们挥舞屠刀犯下罪恶滔天的兽行，但是张群也难辞其咎。

二是帮助蒋介石加强专制统治，实行独裁专政，依靠美国援助，发动全国内战，将全国人民置于战乱之中。

三是到台湾之后充任"总统府秘书长"十八年之久，跟着蒋介石叫嚣"反攻大陆"，效力至勤。 特别是多次跑到日本拉拢日本政府与亲台右翼势力，反对新中国，破坏中日关系，为蒋介石的"反攻复国"效劳，可谓很不光彩的一页。

不过，在目前香港、澳门相继回归，解决台湾问题提上议事日程的今天，我们应该更多地想到张群先生对国家、民族的贡献，希望他没有看到的祖国统一局面早日实现。

从某种意义上说，著名民主人士章士钊所写的《怀张岳军（群）》一诗，可以表达祖国人民对张群先生的怀念之情：

　　　　四十年过旧迹非，适然相望海之湄。

燕来几度新巢定，人在无妨野圃移。

如子壮猷仍自展，只今时难要同支。

张公九尺饶苍鬓，倘许料量似少时。

在这首诗中，章士钊满含深情地回忆起他与老朋友张群的两次密切交往。

一次是两人饮酒对诗，张群得意地集唐代诗人杜甫诗句为一联：

乱插繁花向晴昊，重来语燕定新巢。

章士钊拍手称绝。

另一次是张群任上海特别市长的时候，好不容易才移居上海亚尔培尔路新宅，章士钊以翁覃溪所撰写的《野圃记》和他创作的《新野圃记》作为礼品赠送。张群欣喜异常，装裱悬挂，引以为荣。

章士钊在诗中愉快地回忆这些有趣的往事，希望张群能够充分发挥自己的聪明才智，为祖国的统一大业做出贡献。

张群年谱

1889 年　5 月 9 日（清光绪十五年四月初十），出生于四川省长宁县的一个小官吏张汉霞之家，母亲姚氏，祖籍华阳县。

1903 年　进入华阳中学读书。

1906 年　考入保定陆军速成学堂（保定陆军军官学校前身）。

1908 年　与蒋介石等六十余人公费派往日本留学，进入振武学校学习；加入同盟会、丈夫团（成城团）。

1910 年　振武学校毕业后，以士官候补生资格，分发日本陆军新潟高田第十三师团野炮第十九联队实习。

1911 年　10 月 30 日，与蒋介石等人一起秘密返回上海，在陈其美的领导下参加上海起义。

　　　　11 月，先后任第二师军械科长、参谋、代理团长；与黄郛、蒋介石"桃园三结义"。

1912 年　6 月，患伤寒病住院三个月。

　　　　10 月 5 日，与马育英结婚。

1913 年　3 月，经天津转赴英国留学时，得知国民党领导人宋教仁被害的消息，遂转赴上海。

　　　　7 月，任讨袁军副官长，参加攻打江南制造局之役。

　　　　8 月，策动驻龙华第九十三团起义失败后亡命日本。

1914 年　3 月，进入日本陆军士官学校继续学业。

1915 年　日本陆军士官学校毕业，前往印度尼西亚爪哇巴达维亚中华学校教书。

1916 年　自南洋化装归国，任浙江督署参谋，被秘密派往浙江驻上海办事处担任联络工作。袁世凯死后前往北平谋事，见北方政局混乱，又离开北平返回上海。

1917 年　10 月，赴广州出任孙中山的大元帅府参军，被参谋总长李烈钧派往四川联络护法力量，回到广州后出任军政府副官长。 不久，离开广州前往上海。

1918 年　秋，代表上海《中华新报》《民国日报》，参加上海新闻记者访问团前往东京，会见日本参谋本部次官田中义一，说服日本当局放弃侵华图谋。

1919 年　再赴四川任警务处长，协调四川各派关系。

1920 年　离开四川，赴上海经营机制牙刷公司。

1922 年　赴北平任北洋政府总务处长、交通部航政司长等职。

1924 年　11 月，任河南省警备处长兼警备司令、省会（开封）警察厅厅长，帮助胡景翼治理河南。

1926 年　赴广州任北伐军总司令部参议，参与北伐重大事项决策，赴南京游说孙传芳采取"中立"态度。

12 月 18 日，奉蒋介石之命赴天津，请黄郛南下共事。

1927 年　春，留守南昌，出任北伐军总司令部总参议，主持总司令部工作；兼任军事委员会委员，参加蒋介石在庐山牯岭召开的密谋"清党"的会议，协助蒋介石策划"四一二反革命事变"。

8 月 12 日，发动"四一二"大屠杀后声名狼藉的蒋介石辞去北伐军总司令等职务下野，张群伴随蒋介石回奉化溪口密谋对策。

9 月 28 日，陪同蒋介石从上海乘船赴日本，取得宋母对蒋介石与宋美龄完婚的允诺；陪同蒋介石会见日本首相田中义一、黑社会首领头山满、美国驻日外交官。

1928 年　初，帮助蒋介石重掌大权，任中央政治会议委员兼外交事务委员会委员，参与中枢决策。

5 月，为解决日本出兵山东的问题，奉蒋介石之命，以个人名义前往东京，会见日本首相田中义一和外务省亚细亚局局长有田八郎，然后回国与侵华日军司令官福田就"济南惨案"进行交涉。

8 月，奉蒋介石之命前往东北说服张学良易帜。

9－11 月，以蒋介石私人代表的身份，以参观日本阅兵为名，与日本首相田中义一交涉东北易帜问题，迫使出中义一承认东北易帜是中国内政；后出任军政部政务次长。

12 月 29 日，以中央代表身份监视张学良易帜，完成中国形式上的
统一。

1929 年　3 月，当选国民党中央执行委员，出任上海特别市长。

1930 年　6－9 月，中原大战爆发后，蒋介石处于不利地位，只得任命张学良为陆
海空军副总司令，派张群为监督代表北上，说服张学良接受任命，率部
进关，从而使蒋介石取得中原大战的胜利。

1931 年　12 月，蒋介石在"九一八事变"后对日本一再妥协，因声名狼藉被迫下
野，张群辞去上海特别市长之职。

1932 年　5 月，任豫鄂皖三省"剿匪"总司令部党政委员兼政务指导委员会常务
委员；任北平政务委员会常务委员、军事委员会北平分会委员、北平市
整理指导文化委员会副委员长，代表蒋介石负责对日交涉，协助军事委
员会北平分会委员长何应钦，与侵略华北的日军签订屈辱的《塘沽协
定》。

1933 年　7 月，任湖北省政府主席。

1935 年　12 月 12 日，出任外交部长。

1936 年　与日本驻华大使有吉明、有田八郎、川樾茂进行外交谈判。

1937 年　3 月，辞去外交部长，改任中央政治委员会秘书长兼外交专门委员会主
任委员。

　　　7 月，全面抗战爆发后，出任最高统帅部军事委员会秘书长。

1938 年　1 月，任行政院副院长。

1939 年　1 月，任党政军指挥一元化的国防最高委员会秘书长。

1940 年　1 月，任军事委员长重庆行营主任。

　　　11 月，任军事委员长成都行辕主任兼四川省政府主席，主持四川政务
六年。

1945 年　8 月，与王世杰、邵力子作为国民党政府代表参加重庆谈判。

　　　10 月 10 日，签署《双十协定》。

1946 年　1 月，张群与马歇尔、周恩来组成三人小组会商停战事宜，与周恩来达
成《关于停止军事冲突的协议》，与周恩来签署《关于停止国内冲突的
命令和声明》。

　　　8 月，兼任军事委员会委员长重庆行营主任。国民党政府还都南京后，

仍然兼任国民政府主席行辕主任。

9 月，赴美国就医，拉拢美国当局支持蒋介石发动全面内战。

11 月，病愈后经加拿大、日本回国。

1947 年　4 月 23 日，出任行政院长。

1948 年　5 月，改任总统府资政。

9 月，以总统代表的身份赴日本，会见驻日盟军总司令麦克阿瑟及日本政界领袖，视察盟军占领政策的实施情况；回国后，任国民党中央政治会议秘书长兼行政院政务委员。

1949 年　1 月，赴汉口、长沙，与白崇禧等人协商蒋介石下野问题。

2 月，任重庆绥靖公署主任，该公署撤销后任西南军政长官公署长官。

8 月 24 日，与蒋介石商讨"确保大西南方案"。

11 月 14 日，蒋介石自台北飞赴重庆，帮助张群部署重庆防务。

11 月 30 日，国民党政府自重庆迁到成都，张群辞去西南军政长官之职。

12 月 7 日，飞赴昆明劝卢汉在云南顽抗，劝卢汉把云南省政府机关迁往滇西，把昆明腾给国民党中央军政机关。

12 月 9 日，卢汉起义后，张群被扣押。

12 月中旬，乘法国环球公司班机，经越南海防、香港乘海船前往台湾，仍任"总统府资政"。

1950 年　任国民党中央非常委员会委员、中央评议会委员。

1951 年　兼任"行政院设计委员会委员"。

1952 年　帮助蒋介石与日本签署"日台"和约，创立"日台"文化经济协会。后赴日报聘访问，行前发表《中日关系与美国》一书，推动"日台"互设"大使馆"。

1953 年　兼任台湾"革命实践研究院主任"。

1954 年　开始任"总统府秘书长"，长达十八年。

1957 年　9 月，以"总统特使"的身份访日，与首相岸信介、前首相吉田茂会谈并发表联合声明。

1963 年　5 月，应"日台"合作策进委员会与"世界道德重整会"的邀请访问东京。

1964 年　8 月 12 日，应日本前首相吉田茂的邀请访问日本，代表蒋介石向吉田茂赠勋。

8月20日，应前南朝鲜国务总理丁一权邀请访问南朝鲜，与朴正熙总统会谈，促进日韩关系及台韩友好条约的签订，接受南朝鲜国立汉城大学赠予的名誉法学博士学位。

1965年 12月，赴梵蒂冈出席天主教大公会议闭幕典礼，之后访问欧亚中东十四国、二十七个城市，历时三十三天。

1967年 12月，以"特使"的身份赴非洲利比里亚参加正副总统就任典礼，顺访象牙海洋，然后访问美国会见国务卿腊斯克，接受美国圣若望大学名誉法学博士学位。

1968年 1月22日，结束非美之行回到台湾，整理出版《谈修养》。

1971年 7月，出访日本，与首相佐藤荣作等进行四次会谈，竭力阻挠中日建交。

1972年 9月，中日建交。张群反对中断"日台"关系，后辞去"总统府秘书长"。

1974年 7月7日，夫人马育英去世。

1975年 4月5日，蒋介石去世，张群担任治丧委员会委员，举行大殓时为蒋介石灵柩覆盖国民党旗帜；蒋经国继任"总统"，张群辞去"总统府资政"。

1986年 患白内障眼疾，动两次手术。

1987年 5月9日，百龄大寿，中华职业教育社正副理事长胡厥文、王艮仲，经中国驻美大使馆转来贺电："欣逢期颐大庆，缅怀昔年公与任老协力兴办职业教育，工商专校桃李满天下，弥增景仰，敬电祝贺。"民革中央主席屈武、副主席朱学范、斐昌会、钱昌照、郑洞国，此日也隔海发来电报遥祝："敬贺百岁大庆，更祈康泰长寿。"

1988年 1月13日，台湾"总统"蒋经国去世，张群在治丧委员中名列第七位。

5月9日，台湾"总统"李登辉、"立法院长"倪文亚、"考试院长"孔德承和九旬老人张学良等人，登门祝贺张群生日愉快。

1990年 12月14日，因心肾功能衰竭在台湾去世，享年一百零二岁。国家主席杨尚昆致电哀悼。